LK7 9304

L

HISTOIRE DE SENS.

RECHERCHES
HISTORIQUES
Sur cette Ville et ses Environs.

SENS. — IMPRIMERIE DE THÉODORE TARBÉ.

RECHERCHES

HISTORIQUES ET ANECDOTIQUES

SUR

La Ville de Sens,

SUR SON ANTIQUITÉ ET SES MONUMENTS;

RECUEILLIES ET RÉDIGÉES

Par M. Théodore Tarbé.

A SENS,

Chez Théodore Tarbé, Imprimeur-Libraire
et Éditeur.

1838.

AVIS

DE L'ÉDITEUR.

Il est peu de villes en France dont les Histoires plus ou moins volumineuses n'aient été imprimées et livrées au public. Jusqu'à présent, SENS n'a pas joui de cet avantage. Seulement, deux auteurs, Jacques *Taveau*, avocat, et dom Hugues *Mathoud*, bénédictin, ont publié, en latin, des *Histoires des Archevêques de Sens*. Nous devons encore citer dom *Morin*, bénédictin de Ferrières, qui a fait imprimer une *Histoire générale des pays de Gastinois, Sénonois et Hurepois*; Paris, V.e *Chevalier*, 1630, 1 vol. in-4.º

Quant aux ouvrages manuscrits, et concernant l'Histoire de cette Ville, il y en a un grand nombre de conservés dans les bibliothèques publiques ou particulières. Les plus anciens sont des chroniques écrites en latin, et qui ont été publiées la plupart, dans les précieuses collections de dom *Luc d'Achery*, d'André *Duchesne*, et dans le *Recueil* des Historiens des Gaules et de la France, de dom *Bouquet* et autres bénédictins.

Depuis 1757, les *Almanachs historiques* de la ville de Sens contiennent et publient chaque année des notices curieuses sur l'Histoire de cette Ville, sur celle des paroisses de l'ancien diocèse de Sens, et sur les Communes du département de l'Yonne. Ces *Annuaires* sont assez recherchés; plusieurs même manquent aux collections, et leur réunion est presque impossible à compléter. Pour ce dernier motif, et surtout à cause de l'incommodité d'avoir à consulter tant de petits volumes, nous avons été engagé, maintefois, à en réimprimer la collection, en un ou deux volumes, par des personnes qui s'intéressent à l'histoire du pays sénonais. Plusieurs savants de la capitale, et plusieurs bibliothécaires des principales villes de France, nous ont de même beaucoup encouragé à faire cette publication.

— iij —

Nous croyons que l'on nous saura gré d'avoir enfin répondu à ces pressantes invitations. Nous publions donc toutes ces notices, en les classant méthodiquement et par ordre chronologique, et nous les complétons en y ajoutant quelques morceaux inédits.

Ce volume contient particulièrement la topographie historique et anecdotique de la ville de Sens, et des recherches sur ses monuments religieux, et sur les lieux antiques situés dans ses environs.

Un autre volume contiendra d'autres recherches sur la statistique du département, sur ses antiquités, ses anciennes voies romaines, ses vignobles et des notices curieuses et anecdotiques sur les principales Communes du département, telles que Joigny, Villeneuve-le-Roi, Brienon, S.ᵗ-Florentin, Vézelay, Pontigny, Villeneuve-l'Archevêque, Sergines, Thorigny, Villeneuve-la-Guyard, S.ᵗ-Julien-du-Sault, Chéroy, Cérisiers, Pont-sur-Yonne, Fleurigny, Vallery, etc.

Toutes ces notices qui ont paru dans les Almanachs de Sens, seront corrigées, augmentées et revues avec soin.

Nous avons préféré le format in-12, pour rendre l'ouvrage moins cher, et pour le mettre à la portée d'un plus grand nombre de nos compatriotes.

Il nous reste à déclarer ici que nous n'avons pas eu la prétention de donner ce volume comme une véritable *Histoire de Sens* ; nous ne le publions que comme une collection de notices intéressantes qui ont paru séparément, et depuis plus d'un demi-siècle, sur l'Histoire de notre Ville.

N. B. Nous avons évité, autant qu'il nous a été possible, de répéter plusieurs fois, dans ce volume, les mêmes faits historiques ; si malgré nos soins, on en remarque encore, la cause en provient de ce que ces *répétitions*, qui sont du reste très-rares, ont eu lieu dans les notices qui ont paru à différentes époques dans les ALMANACHS DE SENS, et dont nous publions aujourd'hui la réunion.

HISTOIRE
DE LA
VILLE DE SENS.

CHAPITRE PREMIER.

ORIGINE ET FONDATION DE CETTE VILLE.

Recherches sur les Gaulois-Sénonais, et sur l'ancien AGENDICUM.

La Gaule était divisée en trois parties fort inégales, savoir : l'*Aquitaine* (1), entre la Garonne et les Pyrénées ; la *Belgique*, à l'extrémité opposée, entre la Marne et la Seine d'une part, et le Rhin de l'autre ; enfin cette large bande qui restait au milieu et s'étendait depuis la Manche et l'Océan jusqu'à la Méditerranée et les Alpes, était ce qu'on appelait la *Celtique* ou la *Gaule* proprement dite. Cette troisième partie surpassait seule en grandeur les deux autres, et ses habitants ne portaient pas d'autre nom que celui de la nation entière, c'est-à-dire

---

(1) La Guyenne qui faisait autrefois partie de l'*Aquitaine*, en a tiré son nom.

celui de *Celtes* ou de *Gaulois*. Longtemps avant César, les Romains avaient assujetti toute la partie méridionale de la *Celtique*, le long de la mer, depuis les Alpes jusqu'aux Pyrénées. Ils lui donnèrent le nom de *Province romaine*, ou simplement *Province*, de-là le nom de *Provence* que porte aujourd'hui une grande partie de cette contrée.

La Gaule fut par suite subdivisée en dix-sept grandes provinces; les villes qui en étaient autrefois les capitales ou métropoles civiles, sont devenues par la suite métropoles ecclésiastiques ou archevêchés. Beaucoup d'autres villes qui portaient le nom de *civitas* ou *cité*, sont devenues évêchés suffragants; d'autres enfin qui n'avaient que le titre de *castrum* ou *château fortifié* ont aussi obtenu des siéges épiscopaux, mais bien plus rarement. Voici les noms des dix-sept provinces de la Gaule, suivant la notice de d'Anville.

1. *Narbonensis prima*. La première Narbonnaise; *Narbonne*, métropole.

2. *Viennensis*. La province Viennoise; *Vienne*, métropole.

3. *Narbonensis secunda*. La seconde Narbonnaise; *Aix*, métropole.

4. *Alpes Maritimæ*. Les Alpes Maritimes; *Embrun*, métropole.

5. *Alpes Graiæ et Penninæ*. Les Alpes grecques et pennines; *Moûtier* ou *Moustier* en Tarentaise.

6. *Aquitania prima.* La première Aquitaine ; *Bourges*, métropole.

7. *Aquitania secunda.* La seconde Aquitaine ; *Bordeaux*, métropole.

8. *Novempopulania.* La novempopulanie ; *Euse*, ancienne métropole, ville aujourd'hui détruite entièrement. Le siége a été transféré à *Auch*.

9. *Lugdunensis prima.* La première Lyonnaise ; *Lyon*, métropole.

10. *Lugdunensis secunda.* La deuxième Lyonnaise ; *Rouen*, métropole.

11. *Lugdunensis tertia.* La troisième Lyonnaise ; *Tours*, métropole.

12. *Lugdunensis quarta vel Senonia.* La quatrième Lyonnaise ou la Sénonaise ; *Sens*, métropole.

13. *Belgica prima.* La première Belgique ; *Trèves*, métropole.

14. *Belgica secunda.* La seconde Belgique ; *Reims*, métropole.

15. *Germania prima vel superior.* La première Germanie ou la haute Germanie ; *Mayence*, métropole.

16. *Germania secunda vel inferior.* La seconde Germanie ou la basse Germanie ; *Cologne*, métropole.

17. Et *Provincia maxima Sequanorum.* La grande province des Séquaniens ; *Besançon*, métropole.

Plusieurs villes importantes, qui ne possédaient

primitivement que des siéges épiscopaux, ont été érigées par la suite en siéges métropolitains; telles que *Paris*, qui a été distrait de la quatrième Lyonnaise ou Sénonaise; *Alby*, autrefois de la première Aquitaine; *Toulouse*, de la première Narbonnaise; *Arles*, de la Viennoise; et *Cambray*, de la seconde Belgique.

L'archevêché de Sens comptait anciennement sept évêchés suffragants; leurs noms formaient, comme on va le voir, la devise de *Campont* que le chapitre métropolitain de Sens portait dans ses armes, avec huit crosses qui étaient celles de l'archevêque et des sept prélats qui lui étaient subordonnés.

      C hartres.
      A uxerre.
      M eaux.
      P aris.
      O rléans.
      N evers.
      T royes.

Le siége de *Nevers* est bien moins ancien que les autres. Son territoire dépendait auparavant de l'évêché d'*Autun*; *Nevers* en fut distrait par la suite, érigé en évêché, et soumis à la juridiction métropolitaine de *Sens*. Son premier évêque fut saint *Arc* ou *Arey* (*Aregius*), qui vivait en 590. Voilà pourquoi l'on a remarqué que saint Savinien n'y avait envoyé aucun de ses disciples, tels que Potentien, Sérotin, Altin, Eodald et Aventin, qui ont été prêcher la foi à Orléans, Chartres, Paris, Meaux, Troyes et Auxerre.

En 1621, après la mort de Jean *Duperron*, archevêque de Sens, Louis XIII, sur les instances de Jean-François *de Gondy*, évêque de Paris, obtint du pape Grégoire XV l'érection de cette dernière ville en archevêché, et après avoir distrait du ressort de Sens les évêchés de Chartres, Orléans et Meaux, on créa encore un nouveau siége (celui de Blois), en faveur de la capitale du royaume. Depuis saint Denis jusqu'à Jean-François de Gondy, Paris a eu 116 évêques qui ont été suffragants de l'archevêché de Sens.

Nous n'avons fait cette digression sur l'antiquité de la Métropole de Sens, que pour prouver que si cette ville se glorifie de l'avoir été, dès les premiers siècles de l'Église, c'est qu'elle était auparavant dans les Gaules un chef-lieu considérable auquel César donne le nom d'*Agendicum* dans ses commentaires. Ce grand conquérant a dit des Sénonais : « *Senones, quæ est civitas imprimis firma et magnæ apud Gallos autoritatis*; les Sénonais, qui sont une nation des plus puissantes et des plus accréditées parmi les Gaulois. » Quelques critiques veulent que *Sens* n'ait pas été l'ancien *Agendicum*; les uns le placent à

Provins, d'autres à *Milly en Gâtinais*; mais s'ils retirent à Sens la gloire d'avoir porté cet ancien nom, pour en gratifier des villes subalternes, quel autre nom veulent-ils que notre métropole ait porté du temps de César, car certes elle devait en avoir un, celle qui fut l'ancienne métropole des Sénonais, et qui devint ensuite l'une des grandes métropoles ecclésiastiques de France.

Plusieurs de nos annalistes se sont plu à donner à la ville de Sens, une origine toute fabuleuse. Ils ne la font remonter pas plus haut que le déluge, et ils se contentent de nous dire que Samothès, quatrième fils de Japhet et petit-fils de Noé, après avoir beaucoup voyagé, s'arrêta enfin près des bords de la rivière d'Yonne, dans une plaine fertile et agréable, non loin du confluent de la Vanne. Il y fonda la ville de Sens, l'entoura de murailles et de tours, et la déclara la capitale de son royaume. Samothès, suivant eux, a été le premier roi des Gaulois, et ils nous en donnent une liste de 66 autres, jusqu'à Mérovée. Nous la rapportons ici, parce que l'on y trouvera des noms célèbres dans l'histoire de Sens, tels que ceux de Sigovèse, de Bellovèse, et de Brennus, grands conquérants, et chefs de Gaulois-Sénonais.

1. Samothès ou Gomer, surnommé Dis.
2. Nagas ou Magus, ou Magog.
3. Sarron ou Savon, son fils.
4. Druyus ou Dryclus, son fils.

5. Bardus I, le restaurateur de la poésie et de la musique.
6. Longho, son fils.
7. Bardus second, son fils.
8. Lucus.
9. Celtès.
10. Galatès ou Galathès.
11. Narbon, son fils.
12. Lugdus, son fils.
13. Belgius ou Beligius, son fils.
14. Jasius ou Janigena.
15. Allobrox ou Allobrogus.
16. Romus.
17. Paris.
18. Lemmanus.
19. Olbius.
20. Galathès second.
21. Namnès.
22. Rhenus ou Rhemus.
23. Francus ou Laodamas, ou Francion.
24. Arogilus.
25. Ambigatus.
26. Sigovèse.
27. Bellovèse.
28. Senan.
29. Coman.
30. Caramond.
31. Brennus.
32. Gelate.
33. Congolitan.
34. Anaorestès.
35. Viridomarus.
36. Matalus.
37. Biorix.
38. Cintibilis.
39. Bituitus.
40. Cotugnatus.
41. Vercingentorix.
42. Francon.
43. Clogion Ier.
44. Hérimer.
45. Marcomir Ier.
46. Clodomir Ier.
47. Anthenor.
48. Rather.
49. Richimer Ier.
50. Odemar.
51. Marcomir II.
52. Clodomer.
53. Farabert.
54. Sunon.
55. Hilderic.
56. Barther.
57. Clodion.
58. Walther.
59. Dagobert.
60. Clogion II.
61. Clodomir II.
62. Richimer II.
63. Théodémer.
64. Clogion III.
65. Marcomir III.
66. Pharamond.
67. Et Méroüée ou Mérovée.

La ville bâtie par Samothès fut par lui nommée *Aleuse*, ayant eu égard, dit dom Morin, aux rivières et aux ruisseaux qui arrosaient son territoire. Le roi *Allobrogus* (15.ᵉ roi des Gaules), lui donna par la suite le nom d'*Allobria*. Plus tard on l'appela *Orbandelle*, à cause des trois *bandes* ou chaînes d'*or* pur dont elle était entourée, comme d'une ceinture. C'est à cause de cette ceinture d'or, et parce que les Sénonais étaient dans l'usage de se dorer leurs membres, qu'ils furent longtemps appelés *aurati* (dorés); comme les peuples du Poitou furent appelés *pictavi* ou *pictones*, parce qu'ils chargeaient leurs cuisses et leurs bras de peintures en allant à la guerre; et de même que les Romains distinguaient trois grandes parties dans la Gaule, *Gallia togata*, *Gallia braccata*, et *Gallia comata*, parce que les peuples de la première portaient de longues robes, les seconds des braies ou hauts-de-chausses, et les troisièmes leurs cheveux longs.

Rien de plus incertain que ces noms d'*Aleuse*, d'*Allobria* et d'*Orbandelle*, que l'on veut que la ville de Sens ait portés anciennement. Par la suite elle a été appelée *Agendicum*, comme on le voit dans les commentaires de César. Adrien Valois veut qu'on préfère *Agedincum*, d'après Surita et les annales de saint Bertin. Dans la table Théodosienne on lit *Agetincum* ou *Agetineum*, et dans Ptolémée *Agedicum*; d'autres auteurs ont encore écrit *Agre-*

dicum, *Agendic* ou *Agendinck*, ou *Agentinkum*. Nous avons déjà dit que plusieurs critiques ne voulaient pas laisser ce nom à la ville de Sens; nous ne leur répondrons pas, en peu de mots, comme Scaliger : « qu'*Agendicum* est la ville de Sens, et non pas *Provins*, comme des insensés le pensent. *Non autem Provins, ut stulti putant.* » Nous chercherons à en convaincre nos lecteurs, par des preuves et non par des injures.

On a donné à tort une étymologie latine à *Agendicum*; on fait venir ce mot d'*agere*, *dicere*, et l'on dit que c'était dans cette métropole que les Gaulois se réunissaient pour tenir leurs États, pour délibérer sur leurs opérations militaires : *Agenda dicere*; mais *Agendicum* étant un mot gaulois, c'était dans la langue celtique qu'il fallait en chercher l'origine. On a encore proposé une autre étymologie bien moins naturelle sur *Agendicum*; ce mot, a-t-on dit, est une ellipse qui renferme cette phrase, *Agendicum castellum, cum quo erant rationes Agendi in bello.* Forteresse avec laquelle on a les moyens de faire la guerre. *Agendi cum*.

Valérius Flaccus nous a donné l'étymologie de *Senones*. Selon lui ce mot vient du grec *kœinones*, en changeant la première lettre; ce mot aurait pour racine *kœinos* qui signifie *novus*, nouveau. Les Sénonais furent ainsi appelés, parce qu'ils passèrent les premiers et au grand étonnement des Italiens, dans la partie de l'Italie appelée depuis Gaule Cisalpine. Mérula se moque de cette étymologie. Bullet et d'autres savants nous apprennent que dans la langue des Gaulois *Sen* était la dénomination qui désignait l'excellence, la dignité; on la donnait aux Druïdes, et aux Prêtresses. Celles-ci avaient un établissement dans une île voisine des côtes de l'Armorique (la Bretagne) appelée l'île des Sennes et aujourd'hui par corruption des *Saints* ou des *Sains*. Les peuples qui prétendaient la primauté dans les Gaules et qui l'avaient du temps de Brennus, s'appelaient pour cette raison les *Sénonais*. Les Gaulois, qui au nombre de 300 mille, après avoir pris Rome, s'établirent en Italie, n'étaient point tous de la même cité ou nation des Sénonais. Mais le nom de *Sénonais* que l'histoire leur donne permet de croire que les premiers mouvements pour l'émigration ont été donnés par ceux de *Sens*. Cette conjecture est d'autant mieux fondée que du temps et de l'aveu de César, le peuple de ce pays tenait un rang distingué dans les Gaules : *Civitas imprimis firma et magnæ inter Gallos autoritatis* ; il a donc dû, plusieurs siècles avant cet empereur, avoir une influence marquée dans les affaires générales de la Celtique.

Le nom de *Senones* était commun à plusieurs cantons de l'Europe. En France, un bourg du Perche, à quatre lieues de Verneuil, nommé Senonches, est appelé en latin *Senones celsi*. Un autre bourg de Lorraine, chef-lieu de la principauté de Salm, est nommé *Senones*, en latin *Senoniæ*; mais il doit ce nom à saint Gombert ou Gondelbert, archevêque de Sens, qui peu de temps après la mort de Clovis II (en 778) quitta son évêché, et alla fonder, dans le désert du Chaumontoir, un monastère auquel il donna le nom de sa ville épiscopale. Strabon parle aussi d'un peuple *Sénonais* qu'il place dans le voisinage du Hainaut, vers l'occident, et qui était différent du nôtre. En Italie un canton assez étendu et plusieurs villes célèbres ont tiré leurs noms des Sénonais, ou au moins ont été peuplés ou fondés par ces peuples, tels que Sienne, Milan, Cumes, Bresce, Vérone, Bergame, Trente, Vicence, Senigallia, Pavie, etc. Trogue-Pompée dit en parlant de la ville de *Sienne*, que les Gaulois la bâtirent pour ceux d'entre eux qui étaient chargés d'années ou valétudinaires, et pour ceux qui faisaient le commerce de bœufs (*armentarii*). Il ajoute que l'histoire est là-dessus d'accord avec la tradition; que malgré le changement qu'ont dû opérer dans l'habitant de Sienne, le laps de temps, la différence du climat, la communication et des alliances avec les cités voisines, ce peuple paraît encore tenir aux Gaulois et aux Bretons ses premiers ancêtres, par la conformation du corps, par la beauté du visage, la finesse du teint et même par les mœurs. Ce portrait flattera nos concitoyens, mais un vieux géographe latin qui a tracé un tableau curieux et piquant des mœurs particulières des habitants des diverses provinces de la France, a traité les Sénonais moins avantageusement; il a dit d'eux : « *Senones facili sunt ingenio nec ita astuto, ut reliqui Galli, superstitionem retinentes.* Les Sénonais ont l'esprit vif, mais ils n'ont pas la finesse des autres Français; ils tiennent encore aux superstitions. » L'auteur par ce dernier reproche, voulait sans doute parler de l'attachement peut-être un peu minutieux de nos ancêtres pour la religion catholique; en cela il faisait leur éloge, et donne à soupçonner que lui-même suivait un autre culte. Les Auxerrois sont caractérisés encore plus sévèrement : « *Autissiodorenses ingenio quidem minimè sunt malo, sed facile irritabili et ad seditiones proclivi, et rei faciendæ avidò.* Les Auxerrois sont aussi d'un esprit un peu méchant; ils s'irritent facilement, sont enclins à se révolter, et avides d'agir (1). »

---

(1) La qualification de *li buveor d'Aucerre*, les buveurs d'Auxerre, donnée aux Auxerrois dans un manuscrit du temps de Philippe-le-Bel, a bien pu donner lieu également à ce dicton grossier répété par des voisins envieux de la supériorité de cette ville : *Les gens d'Auxerre, enfants du vin, âpres de la gueule, légers de la main*. Le même manuscrit donne aux habitants de Sens le sobriquet de *li chanteor de Sens*, les chanteurs de Sens. Ce qui a pu leur mériter cette épithète, a été

Les Gaulois-Sénonais qui ont suivi Sigovèse dans son expédition, restèrent en partie dans la Bohême; le reste alla se fixer entre le Wéser et l'Elbe au bord de l'Océan; et les Sénonais qui s'établirent dans ces contrées prirent le nom de *Semnons* (Semnones). Tacite qui en parle, dit que ces peuples étaient les plus puissants parmi les Suèves. Les *Semnons* sont aujourd'hui les *Saxons*.

Après avoir démontré que les Sénonais, en même temps que les Celtes ou les Gaulois (1), du surplus de leur population avaient colonisé un grand nombre de cités lointaines, nous allons reprendre l'histoire de notre ville, à commencer par les temps les plus reculés, et en classant les faits chronologiquement.

---

sans doute leur affection particulière pour le *chant* d'église, et parce que cette ville était autrefois peuplée de chantres. De là vient peut-être aussi le reproche de superstitieux qu'on leur a donné, comme nous venons de le rapporter. Charlemagne institua trois grandes écoles pour apprendre le *chant* Grégorien. La première à Metz, la seconde à Sens, la troisième à Orléans. Le Chapitre de Sens a, de temps immémorial, interdit la musique dans son église, et préféré le *chant*; et en cela il a toujours été fidèle à cet ancien axiome : *Ecclesia Senonensis nescit novitates*.

(1) Les Celtes ont donné leur nom à la Celtibérie, aujourd'hui occupée par l'Arragon; les Gaulois à la Gallo-grèce, etc.

CHAPITRE II.

Temps fabuleux et incertains.

Claude *Champier*, dans un ouvrage intitulé : *Les antiquités des Gaules*, publié en 1556; Antoine *Covillard*, dans ses *Antiquités et singularités du monde*, in-8.°, 1557; et Jacques *Cassan*, dans ses *Dynasties des anciens rois des Gaulois et des Français, depuis le déluge*, dédiées à Louis XIII, in-8°, font naïvement, d'après *Béroze* et *Annius de Viterbe*, le récit suivant : nous le rapporterons, pour ne le pas laisser ignorer à nos lecteurs qui n'y ajouteront pas plus de foi que nous.

« *Samothès*, autrement *Javan*, et surnommé *Dis* (1), 4.° fils de *Japhet*, fils de *Noé*, persuada à son aïeul et à son père de l'envoyer légat et prince de la Gaule : ce qui lui fut accordé. Il monta sur mer, fit voile en Grèce, où il laissa du peuple qu'il nomma *Yones* du nom de *Yonichus*, son oncle, puis descendit en Italie où il visita son frère aîné (*Gomer*), passa les Monts et entra avant dans la Gaule, jusqu'à ce qu'il vînt faire station le long

---

(1) César, dans ses commentaires, dit que les Gaulois prétendaient tirer leur origine de *Dis*, divinité qui chez eux était la même que Pluton chez les Grecs et les Romains.

d'une petite rivière qu'il nomma *Yonne.* Ce fut l'an 152 après le déluge (1).

» Trouvant près des cousteaux de la rivière d'Yonne, le pays beau et fertile, Samothès délibéra faire illec sa demeure, et y commença une cité qu'il nomma de son nom *Zenone*, et depuis *Senonense.* Trouvant dans le pays, pierre, sable et bois, ils firent sur une montagne, où de présent il y a une église de Saint-Bon, quelques bâtiments, du moins pour loger leur chef et les principaux des familles, à la conduite desquels ouvrages Samothès vaquait journellement.

» Vingt-deux ans après la fondation de la cité *Senonense*, la province commençait si bien à s'augmenter en peuple, que Samothès voulut découvrir autre province..... Il alla fonder la ville d'Autun.

» L'an 1900 du monde, naquit Magus, fils de Samothès, la royne étant en la ville de *Senonense*, où il fut fait de grands festins. Elle avait déjà eu plusieurs enfants qui étaient décédés jeunes.

» En 1909, Samothès reçut des lingots d'or et d'argent que lui envoyait le monarque son aïeul (Noé).

---

(1) Ce déluge ayant été universel, on doit croire que *Samothès* n'a pu emmener avec lui une colonie nombreuse, et qu'il trouva la Gaule déserte et inhabitée ; mais ce qui rend encore tous ces faits invraisemblables, c'est qu'il est constant que les hommes ne se séparèrent qu'après avoir bâti la Tour de Babel, 340 ans, et non 152 ans après le déluge.

Il avait fondé plusieurs villes entre les rivières de Seine et de Loire, et il prenait un singulier plaisir en notre pays du Gastinais, lors plein de bois et déserts. Il y fit construire un château dont on voit encore les vestiges. Il y était, lorsqu'il reçut les lingots à lui envoyés; il était accompagné de son fils âgé seulement de neuf ans, lequel pour quelque dépit se mit à crier. Au moyen de quoi Samothès lui présentant un lingot d'or, lui dit : Tiens, voilà de l'*or, ris*, ce que l'enfant fit. Et c'est pour cela que ce lieu fut nommé *Lorris*. Il y fit construire une ville, autrefois bien plus grande et plus somptueuse qu'elle n'est aujourd'hui. (C'est *Lorris* en Gâtinais qui a été célèbre par sa coutume.)

» Le même écrivain continue son récit, sur le même ton, et va jusqu'à dire que Noé, sa femme, et toute leur suite, vinrent en France pour voir leur fils Samothès, descendirent à Bordeaux, visitèrent Lorris, Sens (1) et Autun, et se retirèrent de la France pour se rendre en Toscane, etc. »

---

(1) Un petit village près de Sens, s'appelle *Noé;* nous sommes surpris que notre auteur n'y ait pas fait voyager le patriarche *Noé*.

CHAPITRE III.

Expéditions de Sigovèse *et de* Bellovèse, *et des deux* Brennus.

Les faits que nous allons rapporter sont fondés sur l'histoire, et nos lecteurs sauront les distinguer de ceux qui précèdent.

Environ l'an de Rome 165, du temps de Tarquin l'ancien, *Ambigat* régnait sur toute la Gaule Celtique. Ce prince trouvant que ses vastes provinces regorgeaient d'habitants, et voulant se débarrasser d'une jeunesse vive et remuante, mit *Sigovèse* et *Bellovèse*, ses deux neveux, à leur tête, et les engagea à aller s'établir dans des contrées lointaines.

Sigovèse passa le Rhin, traversa la forêt Hercinie (la forêt Noire), s'ouvrit un passage, par la force de ses armes, et s'empara de la Bohême et des provinces voisines; il y laissa une partie de son armée qui était de 150 mille hommes, et continuant sa marche, il alla se fixer entre l'Elbe et le Wéser, au bord de l'Océan; ceux de *Sens* particulièrement s'établirent dans ces contrées. D'eux sont sortis les *Semnons* (ou Saxons), dont nous avons parlé plus haut.

Bellovèse tourna du côté de l'Italie, et passa les Alpes. Il mena avec lui une partie des habitants du pays de Bourges, de l'Auvergne, du Sénonais, des pays de Chartres et d'Autun. Il s'établit dans l'Insubrie et y bâtit Milan. Dans le même temps, une autre troupe de Gaulois, aidée de même par Bellovèse, et composée principalement des habitants du Mans, se fixa dans le même pays et y bâtit Bresce, Vérone et d'autres villes. Depuis il se fit encore d'autres irruptions des mêmes peuples, dans le voisinage des pays dont leurs compatriotes s'étaient emparés.

Près de deux siècles après, l'an de Rome 364, les Gaulois-Sénonais firent une nouvelle irruption en Italie, sous la conduite de Brennus l'ancien. Arrivés en Toscane, ils assiégèrent d'abord Clusium. Les habitants de cette ville envoyèrent sur le champ une ambassade à Rome, pour demander du secours contre ces étrangers, dont le nombre, dit Rollin, la taille et l'armure avaient répandu partout l'épouvante. Voici quelle fut, dit Tite-Live, la cause de cette guerre dont les commencements furent si funestes aux Romains.

Aruns (1), habitant de Clusium, vivement piqué d'un affront qu'il avait reçu de ses concitoyens,

---

(1) Une belle estampe représente *Aruns* qui vient trouver *Bellovèse* au pied des Alpes, et lui fait présent à lui et à ses troupes du vin de Toscane. C'est plutôt à *Brennus* qu'il s'était adressé, comme on va le voir.

alla dans les Gaules chercher le moyen d'en tirer une vengeance éclatante. Il se rend chez les Sénonais, découvre à leurs chefs la plaie de son cœur, les engage à passer avec lui en Italie, leur exagère la douceur et la richesse du climat, et après leur avoir mis sous les yeux l'exemple de leurs ancêtres qui s'étaient tant félicités de s'être expatriés, il termina son discours par un présent des vins les plus excellents qu'il avait pu trouver en Toscane. On dit que les Gaulois ne purent résister à des propositions qui leur étaient faites d'une manière aussi éloquente; ils se décident à passer les Alpes; Aruns leur sert de guide, et pour le récompenser, ils forment le siége de Clusium.

On trouve le détail de cette guerre dans Tite-Live, et dans beaucoup d'autres historiens; mais Rollin regarde comme plus vraisemblable que les Gaulois dont il s'agit ici, furent ceux qui étaient établis aux environs de la mer Adriatique, et que c'est là qu'Aruns alla les chercher.

Précédemment, lorsque Bellovèse eut conduit les Gaulois en Italie, on distingua le pays qu'ils avaient quitté, et celui où ils s'établirent, par les noms de *Gaule Transalpine* et *de Gaule Cisalpine*. Polybe place ceux de Sens le long de la mer Adriatique, et le pays qu'ils occupèrent fut même appelé de leur nom, le *Sénonais*. Ce ne serait donc pas les *Sénonais-Celtes*, suivant Rollin, mais leurs descendants transplantés en Italie depuis deux siècles, qui auraient défait les Romains à la journée d'Allia, et ensuite saccagé et brûlé Rome. Quoi qu'il en soit, cette expédition, d'abord si heureuse pour ceux qui l'entreprirent, ne se termina pas de même. Ils furent battus plusieurs fois par Camille, et dans le dernier combat que ce général leur livra près de la voie Gabine, ils furent tous passés au fil de l'épée. Mais suivant Polybe qui n'est pas d'accord ici avec Tite-Live, les Vénètes (les Vénitiens) s'étant jetés sur le pays des Gaulois (de la mer Adriatique) leurs voisins ; ceux qui assiégeaient le Capitole s'accommodèrent avec les Romains, leur rendirent leur ville et coururent au secours de leurs compatriotes.

Brennus était le chef des Gaulois-Sénonais qui emportèrent Rome d'assaut, et attaquèrent le Capitole, où s'étaient retirés les plus puissants de cette ville, avec ce qu'ils avaient de plus précieux ; ils auraient été pris sans le cri d'une *oie* qui réveilla la sentinelle. Néanmoins l'extrême nécessité contraignit les Romains de composer avec Brennus auquel ils comptèrent mille pesant d'or. C'est en mémoire de cet événement, qu'anciennement à Sens, et dans toute la province, on tirait tous les ans une *oie* qui était suspendue la tête en bas (1), et qu'à Rome, on

---

(1) Si l'oiseau sauveur du Capitole était si chéri des Romains et obtenait parmi eux des honneurs qu'on pouvait re-

faisait une procession ridicule qui était comme le récit et l'expression de ce singulier événement. D'une part on voyait une *oie* portée respectueusement sur un brancard; de l'autre un chien pendu à une potence. De toutes parts retentissaient les cris du peuple qui chantait la délivrance de la capitale du monde sauvée par une troupe d'*oisons*.

Les Sénonais d'Italie étaient pour Rome des voisins incommodes; ils ne surent pas conserver longtemps la paix qu'ils venaient de conclure; ils la rompirent ensuite pour se liguer avec les Samnites; mis en déroute, dans la bataille où Décius se dévoua, ils firent un nouveau traité qu'ils n'observèrent pas plus scrupuleusement; ils eurent des intelligences avec les Étrusques, ennemis de Rome. L'an de Rome 469 ils se déclarèrent ouvertement, passèrent en Étrurie, assiégèrent Arétium qui était

---

garder comme un culte; pour la même raison, dans quelques provinces de France, à l'époque de la Saint-Martin, cet oiseau était livré à d'horribles tortures avant de servir aux repas des combattants. Le pauvre animal est suspendu à un pieu; un autre pieu plus court que le premier est planté devant lui, et ne laisse qu'un étroit passage aux bâtons que des bras robustes lancent successivement, avec la plus atroce cruauté, vers ce malheureux but. Celui qui sépare l'oie du pieu, par un dernier coup, termine ainsi le supplice de cet animal; il est proclamé vainqueur, et emporte pour prix, une bête défigurée, dont la chair meurtrie ne peut plus lui offrir qu'un mets dégoûtant.

alliée des Romains. Britomaris, Sénonais, jeune homme de la maison royale, arrêta même et tua des ambassadeurs que Rome avait envoyés pour réclamer contre cette infraction aux derniers traités de paix. Les consuls Dolabella et Domitius, arrivèrent bientôt avec une forte armée, et vengèrent le meurtre impie des ambassadeurs romains, par l'extinction totale d'une nation peu de temps auparavant si nombreuse et si puissante.

Si le nom Sénonais fut alors entièrement détruit en Italie, la mère-patrie pouvait l'y faire revivre, et se rendre encore formidable aux Romains. Quelques années après cette funeste catastrophe, vers l'an de Rome 473, les Sénonais-Celtes firent avec les autres peuples gaulois une nouvelle émigration. Une foule de braves guerriers coururent franchir les Alpes, pour venger la mort de leurs ancêtres. Ils pouvaient diriger leurs pas vers l'Italie; mais la Providence qui veillait au salut et au repos de Rome, leur fit prendre une autre route. Sous la conduite d'un second Brennus, ils arrivent en Dardanie. Là, partagés en deux corps, à cause d'une sédition, les uns restèrent avec Brennus, et périrent misérablement devant Delphes ainsi que leur chef. Les autres au nombre de vingt mille seulement, ayant à leur tête Léonor, Luthaire, Belgius, et Céréthrius, passèrent dans la Thrace, et vainqueurs de tous les obstacles qu'ils rencontrèrent, ils s'établirent dans une partie de l'Asie mineure, appelée depuis Gallo-Grèce ou Galatie. C'est à leurs descendants qu'est adressée l'épître de saint Paul aux Galates (1). Saint Jérôme qui vivait plus de 600 ans après le passage des Gaulois en Asie, dit que les Galates parlaient encore non-seulement le grec, mais aussi la même langue qu'il avait entendu parler à Trèves; ainsi l'on peut présumer que les Gaulois qui s'établirent en Asie (2), venaient particulièrement de la Belgique, et que ceux qui suivirent *Brennus* à Delphes et le général Acichorius, venaient du pays Sénonais.

Voici comme on raconte la fin malheureuse de ce général Gaulois. Il s'était dirigé vers Delphes dans le dessein de piller les richesses immenses du temple d'Apollon; et il disait en raillant qu'il était juste que les Dieux fissent part de leurs richesses aux hommes. Comme il approchait de Delphes, il fut

---

(1) Au commencement du 13e siècle, le faubourg de *Pera* ou *Galata*, était un des quartiers de Constantinople; et le peuple de cette ville, d'une grande ignorance, croyait que l'épître de saint Paul aux *Galates* avait été adressée aux habitants de ce faubourg.

(2) On a donné à ces Gaulois le nom de *Tectosages*. Leur passage d'Europe en Asie, sous la conduite de *Brennus*, est représentée dans une estampe de Cochin, d'après Cases; selon les historiens, on aurait dû désigner plutôt *Léonor* et *Luthaire*, car *Brennus* s'est arrêté à Delphes.

accueilli sur le champ d'un orage épouvantable. Le tonnerre et la grêle lui tuèrent beaucoup de monde, et dans le même temps il se fit un tremblement de terre qui fendit les montagnes et détacha des rochers dont la chute écrasa les Gaulois par centaines. Saisis d'une terreur panique, ces malheureux prenaient leurs compagnons d'infortune pour des ennemis, et ils se tuaient les uns les autres. Il en périt ainsi plus de la moitié. Le reste tomba sous le fer des Grecs qui n'en laissèrent pas échapper un seul. Pour *Brennus*, après s'être enivré, il s'enfonça le poignard dans le sein, et mourut ainsi victime de son extravagance et de son impiété.

Jean de Sarisbery, auteur anglais, et évêque de Chartres, non-seulement a confondu les deux *Brennus*, mais encore des deux émigrations il n'en a fait qu'une. Il a prétendu aussi que ce grand capitaine était originaire de la Grande-Bretagne, et que les peuples de cette île avaient participé à l'expédition des Gaulois-Sénonais contre les Romains. D'autres historiens ont aussi avancé que les peuples appelés *Senones*, étaient suivant eux les *Semnones* ou Saxons, et qu'ils étaient partis de la Germanie et non de la Gaule pour faire leur irruption au-delà des Alpes. Mais aujourd'hui il est démontré que les Gaulois seuls et particulièrement les peuples de la Celtique, ont composé la grande armée qui s'empara d'une partie de l'Italie et s'avança jusqu'à Rome.

Tarcau, l'un de nos annalistes, nous dit que ce qui doit le mieux prouver que *Brennus* (1) a été Sénonais, c'est que dans les environs de Sens, il y a des villes, des villages et même une petite rivière, qui lui doivent leurs noms, tels que *Brannay*, *Bray*, *Brion* et *Brienon*, et la *Brenne* qui se jette dans l'Armançon. Justin a prétendu que le même général, lors de son expédition en Italie, donna son nom à *Vérone* qui fut primitivement appelée *Brenone*; enfin les habitants du Tyrol, suivant d'autres historiens, furent également nommés *Brenni*, parce qu'ils devaient aussi leur origine à ce grand conquérant.

Mérula, en parlant de Brennus, l'appelle un roitelet des Gaules, *Gallorum regulus*. Ah! certes celui qui à la tête d'une armée de 300 mille hommes, a été rougir l'*Allia* du sang des Romains, et concentrer leur puissance dans l'enceinte du Capitole, ne devait pas être un petit souverain.

Dans la liste des anciens rois des Gaulois que nous avons rapportée plus haut, on a vu que *Brennus* l'un d'eux, succéda à *Caramond*. D'autres auteurs le disent fils d'*Alabre*, roi de Sens, et gendre du roi de la Grande-Bretagne; tandis que Dom Morin le dit seulement frère d'un roi de Bretagne.

---

(1) *Brennus*; ce nom vient du mot celtique *Brenn* ou *Brenyn* qui signifie Roi.

Au milieu de tant de nuages, il nous est impossible de découvrir la vérité, surtout lorsque les historiens font mention de deux *Brennus*, et de deux expéditions, et que d'autres les confondent.

On a prétendu aussi que les Manceaux (*Cenomani*) ont dû leur nom aux Sénonais qui les ont subjugués. Ils s'appelaient précédemment *Lemani* à cause de *Léman*, un de leurs rois; mais par la suite, ils furent obligés de recevoir le nom qui leur fut imposé par leurs vainqueurs. *Nam victoris erat imponere nomen.* Ils furent appelés *Cenomani* ou *Senomani*, ce qui vient de *Senonicus homo* ou homme de SENS, car *man* en allemand signifie homme.

Dom Morin dit que les Sénonais tiraient leur nom d'un mot cimbrique *senuvon* qui signifie *sensati*, parce qu'ils étaient prudents et sensés. Il rapporte encore cette autre étymologie : les Sénonais, arrivés en Italie, demandèrent seulement aux peuples qui l'habitaient à partager et à cultiver avec eux les terres inutiles et désertes de la domination romaine. Les Romains les appelèrent comme par dérision *Zenones*, du mot grec *zenoi* ou *zeinoi* qui signifie *hôtes*, parce qu'ils regardèrent comme incivile la demande qu'ils faisaient d'être reçus parmi eux.

CHAPITRE IV.

Conquête des Gaules par Jules CÉSAR.

Jules César a mis six ans, d'autres comptent dix années, pour réduire, sous la domination romaine, les trois parties des Gaules. Ces peuples qui pendant plusieurs siècles, avaient été si redoutables aux Romains, éprouvèrent enfin à leur tour, et dans leurs foyers, la crainte qu'ils avaient inspirée tant de fois aux nations cisalpines. Si les Gaulois se trouvèrent dignes de combattre contre César, César montra qu'il était digne d'être leur conquérant. Nous allons succinctement faire voir la part que les Sénonais eurent dans ces guerres.

Les Helvétiens furent le premier peuple des Gaules contre lequel César signala sa bravoure, l'an de Rome 694; dans la même campagne, à la prière des Gaulois, il vola contre Arioviste, roi des Suèves en Germanie, le défit et le força à repasser le Rhin.

L'an 695, César envoie deux légions, sous la conduite de Quintus Pedius, contre les Belges qui se révoltaient. Bientôt après, il se rend lui-même à l'armée, et charge ceux de Sens et les autres Gaulois voisins des Belges, d'épier tous leurs mouvements et de l'en instruire. César fait bientôt rentrer la Belgique dans le devoir; et dans le même temps, le jeune Crassus faisait triompher l'aigle romaine dans les pays que nous appelons aujourd'hui la Normandie et la Bretagne. L'année 696 fut encore employée par César à dompter et à contenir ces peuples.

On vient de voir, sans doute avec peine, les Sénonais convertis en espions de César; mais ils prouvèrent bientôt qu'ils ne se chargeaient pas avec beaucoup de zèle d'un rôle aussi odieux. Le joug de Rome leur pesait autant qu'au reste de la Gaule. La nation sénonaise, lors de l'arrivée de César, était gouvernée par un prince nommé *Moritasgus*. César venait de lui donner pour roi *Cavarin*, frère de ce seigneur, et dont les ancêtres avaient également régné sur les Sénonais. Cavarin devait pour cette cause être agréable à ses sujets, mais une raison plus forte lui fit mériter leur haine et leur méfiance : il était du choix de César. A l'exemple de ceux de Chartres qui avaient tué leur roi Tasgetius, ils préparèrent le même sort à Cavarin. Ce prince instruit du complot, prend la fuite, et on le poursuit jusqu'aux frontières. Les Sénonais cherchèrent ensuite à se justifier auprès de César; celui-ci manda auprès de sa personne tout le Sénat; on refusa d'obéir. Ce trait de hardiesse fit une telle révolution dans tous les esprits, qu'à l'exception des Autunois et des Rémois, que César s'était attachés par l'estime qu'il leur témoignait, le reste de la Gaule devint suspecte aux Romains.

En même temps, Induciomare, roi de Trèves, lève des troupes et en exige de ses voisins ; il se dispose à se réunir à ceux de Sens et de Chartres, déjà engagés dans la révolte, et bientôt après à ceux de Namur et du Hainaut qui se préparaient aussi à faire la guerre aux Romains. Induciomare convoque les états en armes ; là, par une loi généralement observée parmi les Gaulois, tous ceux qui étaient en âge de porter les armes étaient obligés de s'y rendre, et celui qui arrivait le dernier au rendez-vous, était massacré sous les yeux de toute l'assemblée. Induciomare annonça aux chefs réunis qu'étant appelé par ceux de Sens et de Chartres, il se rendrait chez eux, par les terres des Rémois, dont il ravagerait le pays, mais qu'auparavant il tomberait sur le quartier de Labiénus. Il tint parole, mais il lui en coûta la vie. Obligé de fuir devant ce général romain, il fut tué au passage d'une rivière. Sa mort arrivée l'an de Rome 698, rétablit la tranquillité pour quelque temps dans la Gaule. Elle ne fut pas de longue durée. Ceux du Hainaut et de Namur étaient toujours en armes. Les Sénonais, loin de se rendre aux ordres de César, se coalisaient avec ceux de Chartres et les autres nations voisines. Ceux de Trèves enfin, quoique vaincus tout récemment, ne cessaient de solliciter les Allemands à passer le Rhin.

L'an 699, César, déterminé par toutes ces raisons, se hâta d'ouvrir la campagne, et marcha à la tête de quatre légions contre ceux du Hainaut qu'il parvint à soumettre en peu de temps. Il revint ensuite tenir les États de la Celtique. Voyant que les Sénonais et ceux de Chartres n'y avaient pas envoyé leurs députés, il regarda ce refus comme un commencement de guerre; il transféra les États à Paris. Cette ville, quoique depuis longtemps unie avec les Sénonais, n'avait point trempé dans leur révolte. Après avoir déclaré cette résolution, César part le même jour avec ses légions, et marche à grandes journées contre ceux de Sens.

Accon, chef de la révolte, instruit qu'il doit arriver, ordonna aux peuples de la campagne de se retirer dans les villes, mais avant qu'il pût être obéi, on vint lui annoncer que les Romains paraissaient. Pris au dépourvu, les Sénonais furent obligés de recourir aux prières. Ils vont trouver César, avec les Autunois leurs anciens alliés, et leurs intercesseurs auprès de ce général. Malgré tant de désobéissance, César leur fait encore grâce, et retourne contre ceux de Trèves; il ordonna à Cavarin de le suivre avec la cavalerie de Sens; cette expédition fut suivie de plusieurs autres en Allemagne, après lesquelles César ramena son armée à Reims et y tint les États de la Gaule. Il avait bien pardonné aux Sénonais, mais non aux moteurs de leur révolte. Accon y fut convaincu d'avoir été la principale cause du mal. On le condamna à mort, et il fut exécuté. Après cet acte de sévérité, César mit ses troupes en quartiers d'hiver, deux légions sur les frontières de Trèves, deux dans le pays de Langres, et les six autres à Sens. Ensuite les ayant toutes pourvues de vivres, il repassa en Italie.

Un guerrier ne doit guères compter sur ses conquêtes, à moins de se flatter d'avoir gagné le cœur des peuples qu'il vient de subjuguer. C'est ce qu'éprouva César. Le supplice d'Accon, chef des Sénonais, avait aigri et alarmé tous les esprits. Ceux de Chartres se déclarèrent bientôt les premiers, et au jour convenu entre les principaux chefs des nations gauloises, ils levèrent l'étendard de la révolte, entrèrent dans Orléans et massacrèrent tous les citoyens romains que le commerce y avait attirés. Le bruit s'en répand bientôt dans toute la Gaule. Vercingétorix, jeune seigneur du pays d'Auvergne, se fait proclamer roi, par ses partisans; en peu de temps, il met dans ses intérêts ceux de Sens, ceux de Paris, et beaucoup d'autres peuples ; et il est choisi général pour marcher contre les Romains.

César, instruit de ces mouvements, repasse les Alpes, l'an de Rome 700. Il arrive à Sens, y laisse deux légions, avec le bagage de toute l'armée, et pressé de venger d'abord les Romains égorgés à Orléans, il se dirige vers cette ville. Chemin faisant, il prend Vellaunodunum (Beaune en Gâtinais), ville du Sénonais, et poste important qui ne l'arrête que trois jours. De-là il arrive en deux jours à Orléans, et bientôt maître de cette place, il la livre au pillage, et ensuite aux flammes.

La rapidité de cette expédition ne désarma point Vercingétorix ; César déterminé à le réduire par la force, demanda aux Autunois 10 mille hommes de pied, et toute leur cavalerie. Ayant ensuite partagé son armée en deux corps, il donna à Labiénus quatre légions, et une partie de la cavalerie que ce dernier devait mener contre les peuples de Sens et de Paris, et lui-même il se rendit en Auvergne avec les six autres légions.

Pendant qu'il assiégeait Clermont, Labiénus, après avoir laissé dans la place de Sens, pour garder le bagage, les nouvelles recrues amenées d'Italie, côtoya l'Yonne et la Seine, et descendit jusqu'à Paris dans le dessein de s'emparer de cette ville. Repoussé par Camulogène, homme très-âgé, mais habile dans le métier des armes, il vint à Melun, et se rendit maître de cette place qui appartenait aux Sénonais. Un si faible succès ne découragea pas les Gaulois. Le bruit courait que César avait échoué devant Clermont, et que les Autunois s'étaient joints à la ligue. Ceux de Beauvais, le plus puissant peuple de la Belgique, prennent les armes. Labiénus, au milieu de tant d'ennemis, se trouva fort heureux de pouvoir ramener son armée saine et sauve à Sens.

Tous les confédérés convoquèrent une assemblée générale à Autun. On s'y rendit de toutes parts. Vercingétorix y est nommé généralissime; et tout faisait présumer que ce guerrier parviendrait à rompre pour jamais les fers des Gaulois, mais ils avaient contre eux César et sa fortune. Ils échouèrent devant Alise, ancienne capitale de l'Auxois; la défaite complète de Vercingétorix et de son armée fit tout rentrer dans l'ordre.

César passa l'hiver au milieu des Gaulois, qui quoique vaincus n'étaient pas entièrement domptés. Au retour du printemps, il visita ceux de Chartres, et se fit livrer Guturvatus, boutefeu de la révolte de ce pays, et l'auteur du massacre fait à Orléans.

Il apprit bientôt que les peuples du Poitou n'étaient pas encore totalement soumis. Les chefs des révoltés étaient *Dumnacus*, Angevin, et *Drapès*, Sénonais. Le premier se retira aux extrémités de la Gaule. *Drapès* alla joindre Lucterius, l'un des principaux seigneurs du Quercy, et ennemi irréconciliable des Romains. Tous deux se renfermèrent dans Cahors (Uxellodunum). Caninius, général romain, vint camper devant cette place, et Drapès étant sorti pour y introduire un grand convoi, les Romains tombèrent sur lui, mirent ses troupes en fuite et le firent prisonnier. Soit qu'il fût irrité de se voir dans les fers, ou qu'il craignît un châtiment plus rigoureux, il s'abstint de manger plusieurs jours et se laissa mourir de faim.

Ce Sénonais, lors de la première révolte des Gaules, avait ramassé une troupe considérable de bannis, de voleurs, de gens perdus de débauche et d'esclaves, et avait promis la liberté à cette lie de l'espèce humaine qui, dans les temps de fermentation, trouble ordinairement et bouleverse tout le corps social. Avec cette espèce d'armée, il avait souvent enlevé les bagages et les convois des Romains. Son projet était d'aller attaquer la province romaine; et il y marchait en effet, lorsque Caninius se mit à sa poursuite et le força de se retirer dans le Quercy.

Depuis la mort de Drapès, arrivée l'an de Rome 701, et cinquante ans avant Jésus-Christ, les annales des Gaules ne font plus guères mention des Sénonais; jusqu'à l'époque de l'établissement du christianisme dans cette ville, vers la fin du 2ᵉ ou au milieu du 3ᵉ siècle.

(*Ce chapitre et les trois précédents ont été insérés dans l'Almanach historique de Sens de 1821.*)

CHAPITRE V.

Accon et Drapès.

Il y a peu d'événements dans l'histoire de la république romaine qui soient plus dignes de notre intérêt que la conquête des Gaules par Jules César. Ce général que la terreur et l'adulation ont placé au rang des héros de l'humanité, et que la philosophie place au rang de ses plus impitoyables bourreaux, commença cette conquête par la perfidie, et l'acheva par les plus exécrables cruautés.

Lorsqu'il entreprit la conquête des Gaules, les Sénonais jouissaient d'une grande considération dans ces contrées. Ils avaient pour chef un Gaulois courageux et fermement attaché aux principes de la liberté, nommé Moritasgus. César le destitua et donna la place importante qu'il occupait à Cavarin, son frère. Celui-ci était vendu aux Romains et dévoué aux volontés de l'oppresseur de sa patrie; aussi son élévation irrita les Sénonais qui pleuraient encore la perte de leur liberté et nourrissaient l'espoir de la recouvrer. Ils résolurent donc de se défaire d'un chef perfide et de rompre les liens honteux qui les enchaînaient. Cavarin, instruit de leurs desseins, prit la fuite et n'échappa qu'avec peine à leur vengeance. César instruit de cet événement, manifesta une grande colère, et ordonna à tout le Sénat de venir le trouver.

Les Sénonais refusèrent d'obéir, et la vigueur de leur résolution produisit un mouvement si prompt dans l'esprit des Gaulois, qu'à l'exception des Rémois et des Autunois, toute la Gaule parut disposée à secouer le joug. Ceux de Trèves engagèrent les Germains à passer le Rhin et à venir au secours de leurs alliés. Induciomare leur chef convoqua l'assemblée générale de la nation, rassembla de grandes forces, se joignit aux Sénonais et aux Chartrains, et se disposa à marcher contre les Rémois et les Autunois. César se vit en un instant menacé d'une défection générale; mais la supériorité de ses connaissances militaires, le courage de ses troupes et l'habileté de ses généraux lui assurèrent un nouveau triomphe. Induciomare fut vaincu et tué par l'armée de Labiénus. Les Trévirois mirent bas les armes avant l'hiver, et le vainqueur prit tranquillement ses quartiers.

Au printemps, il convoqua les états de la nation. Tous s'y trouvèrent à l'exception des Sénonais, des Chartrains et des Trévirois. Cette résistance inquiétant le général romain, il transféra les États à Paris, leur dicta ses ordres, et marcha à grandes journées contre les Sénonais. Accon leur chef, surpris par la diligence de son ennemi, ne put lui résister : il capitula et se livra lui-même en otage à son vainqueur. César retourna aux États, se fit fournir les forces dont il avait besoin, et marcha contre les peuples de la Belgique.

A son retour il rassembla de nouveau les États à Reims, y exposa la défection des Sénonais et des Chartrains, et ordonna à l'assemblée de prononcer.

Des vaincus ne résistent guères aux volontés du vainqueur ; Accon fut condamné, et au mépris des lois de l'humanité, il fut livré aux bourreaux qui le décapitèrent.

Cet acte de cruauté excita l'indignation de toutes les Gaules; elles sentirent qu'il ne s'agissait plus de satisfaire à l'ambitieuse vanité d'un conquérant et d'acheter aux dépens de la liberté, la paix publique et la sûreté de leurs personnes, mais qu'il était désormais question de se résoudre à toutes les fureurs d'un affreux despotisme. Ces idées réveillèrent leur courage; profitant du temps où César était en Italie, elles formèrent la généreuse résolution de sauver toutes ensemble la liberté. On choisit Vercingétorix, prince des Arverniens, pour chef de cette entreprise, et l'on jura sous les étendards, d'être fidèles à l'exécution de ce projet. Les Chartrains, les Sénonais, les Parisiens, les cités du Poitou, de la Touraine, du Quercy, du Maine, du Limousin, de l'Anjou, furent les premiers à s'engager dans cette ligue.

On peut prendre une idée des forces respectives de ces peuples, par le tableau comparatif des secours qu'ils fournirent.

Les Auxerrois réunis aux cités du Forez, du Nivernais, de Châlons et de Mâcon. . . . 35,000 h.

Les Auvergnats réunis aux cités du Quercy, du Gévaudan et du Velay. . . 35,000

Les Sénonais réunis aux cités de Besançon, de Bourges, de Saintes, de Rhodez et de Chartres. 72,000

Les peuples de Paris.	8,000
De Tours.	8,000
De Beauvais.	10,000
De Limoges.	10,000
D'Amiens.	5,000
De Rouen.	3,000
Etc.	
Total.	200,000 hommes.

Il semblait que des forces si puissantes dussent anéantir le nom Romain dans les Gaules. Jamais la nation n'avait développé autant d'énergie, formé un projet plus étendu, manifesté une résolution plus assurée, conçu de plus légitimes espérances. Tout disparut devant le génie, la fortune et l'activité de César. Il passe les Alpes, brave les frimas et les neiges, arrive dans les Gaules, cherche l'ennemi, le défait, et replonge successivement ces malheureuses contrées dans la servitude d'où elles voulaient se retirer.

Il leur en coûta 100 mille hommes pour avoir tenté cette grande entreprise, et Rome effrayée d'abord des dangers de son dictateur, ordonna des prières et adressa des actions de grâces aux Dieux, en reconnaissance de ces succès.

Il faut dire à la gloire des Gaulois qu'ils soutinrent courageusement leur résolution; qu'ils montrèrent un attachement à la discipline militaire, et une constance dans le malheur, dont ils n'avaient pas jusqu'alors donné l'exemple ; que de tous les peuples engagés dans cette querelle, aucun ne fut infidèle à ses sermens ; que les femmes mêmes s'associèrent au courage de leurs maris, en bravant avec eux les occasions les plus périlleuses ; et si le nombre des soldats, la valeur et la constance pouvaient triompher des vertus et de la discipline militaire, il est vraisemblable que les Gaulois eussent longtemps conservé leur liberté, et que Rome n'eût pas porté les fers de leurs tyrans.

La consternation fut donc universelle dans les Gaules ; les Sénonais qui les premiers avaient tenté cette révolution, furent les derniers à quitter les armes. Labiénus marcha contre eux avec quatre légions, leur livra plusieurs combats, et enfin força la plus grande partie d'entre eux de se soumettre aux Romains. Drapès seul, un de leurs généraux, ne perdit point l'espoir de conserver la liberté de sa patrie. Il recueillit ce qu'il put de l'armée Sénonaise, ramassa les exilés, les esclaves, les hommes sans aveu, et avec cette troupe, résolut de tenter encore d'arrêter les progrès des Romains. Il s'attacha à harceler leur armée ; à leur enlever les vivres, à les fatiguer par une guerre de détail. Bientôt il conçut des projets plus étendus ; il ranima le courage des peuples de Beauvais, du Berry et du Quercy, les engagea à reprendre les armes, et se joignant à Luctéric, chef des Cadurciens, il soutint son entreprise avec beaucoup d'habileté. Les batailles perdues par les cités de Beauvais et de Bourges, la soumission successive de ces deux nations, ne purent abattre son grand courage. Il se replia sur Cahors, parvint à décider les habitants de cette ville à secouer le joug des conquérants, forma tous les plans pour sa défense, établit un camp pour protéger les convois destinés à son approvisionnement, et réveilla toutes les inquiétudes du vainqueur des Gaules.

Mais ses forces ne répondaient pas à l'étendue de ses desseins; ses troupes étaient mauvaises et mal disciplinées. Après avoir tout disposé pour soutenir un siége long et dangereux, il fut surpris dans son camp, battu et fait prisonnier. La ville, fortifiée par ses soins, continua de se défendre avec un courage inexprimable; mais enfin elle subit la loi du vainqueur.

César et Drapès donnèrent en cette occasion des exemples bien différents. César, par une férocité digne d'un barbare, fit couper les mains à tous ceux qui avaient porté les armes contre lui. Drapès, par une fermeté d'âme digne d'un Romain, se laissa mourir pour ne pas survivre à la liberté.

Il fut le dernier des Gaulois qui combattirent contre les tyrans, et son nom est à peine connu dans sa patrie.

(*Article pris dans l'Almanach de l'an* v, 1796 *et* 1797.)

CHAPITRE VI.

Sur les anciens Rois de la ville de Sens, *capitale des Gaulois-Sénonais.*

La ville de Sens, avant la conquête des Gaules par les troupes Romaines, a eu ses rois; il suffit de parcourir les anciens historiens, pour être convaincu que son royaume a eu quelque importance, et plus de célébrité que le fameux royaume d'Yvetot. Sens, que quelques frondeurs qualifient aujourd'hui de *bicoque*, portait autrefois le nom d'*Agendicum*; elle était la métropole des Gaules, la capitale de la cité des Senones, *Civitas imprimis firma et magnæ inter Gallos autoritatis*; — des Sénonais, nation puissante et des plus accréditées parmi les Gaulois. (V. *Comm. de J. César.*) Alors *Lutèce*, aujourd'hui *Paris*, n'était qu'une *bicoque*, et tandis que *Sens* voit détruire et anéantir insensiblement les restes des monuments qui annonçaient sa haute antiquité, *Paris*, dit un auteur moderne, élève de nos jours dans les nues, la cime de ses temples et de ses palais superbes.

Moritasgus, roi de Sens, fut déposé par César et remplacé par *Cavarinus*, et ce dernier, suivant M. de Bury, dans sa *Vie de J. César* (tom. 1, p. 229), fut aussi chassé par le célèbre conquérant des Gaules. *Moritasgus* ne fut pas seulement Roi, il fut encore, depuis sa mort, déifié pour ses vertus et ses actions glorieuses, de même que chez les Éduens, *Damona* fut aussi divinisé par ces peuples.

En 1652, on trouva à l'entrée du vieux cimetière d'Alise (l'ancien *Alesia* d'où l'Auxois tire son nom) une inscription gravée sur une longue pierre que l'on a prétendu avoir été employée au couronnement d'un portique élevé par un Gaulois au Dieu *Moritasgus*, roi de Sens. *Chorier, Histoire du Dauphiné*, parle aussi d'une autre inscription relative à ce même Dieu, trouvée à Vienne, et d'un autel qui lui était dédié. Quant à l'inscription d'Alise, après sa découverte, elle fut transportée dans le couvent des Cordeliers de cette paroisse, et placée près d'une fontaine : on la voyait encore en 1807.

En 1822, il a paru une brochure intitulée *Mémoire sur le Dieu Moritasgus*, et sur l'inscription trouvée en 1652, parmi les ruines d'Alise, par M. C. H. M. D. C. (Maillard de Chamburc), in-8°.

Cette inscription, en style lapidaire, a été rapportée par une foule d'auteurs, tels que Spon, Gellar, Lempereur, D. Bouquet, D. Martin, Schœpfflin, et enfin par *Millin*, qui en a donné la traduction suivante :

Ti. Claudius Professus Niger, après avoir passé par toutes les charges chez les Eduens et les Lingons (ceux d'Autun et de Langres), a ordonné par son testament qu'on élevât au *Dieu Moritasgus* un portique en son nom, et en celui de sa femme Julia Virgulina, et de ses filles Claudia Professa et Julia Virgula.

Au bas de cette même pierre, sur une moulure, on lisait ces mots :

Julia Virgula, fille inconsolable, a posé ce monument.

Nous terminerons cet article, en faisant connaître un autre roi de Sens, dont parle Sébastien Rouillard, *Histoire de Melun*, d'après Suidas.

Suivant ces auteurs, sous le règne de Domitien, la ville de Sens avait pour roi *Mesyus*, qui avait pour compagne une vierge appelée *Ganna* et qui prophétisait avec une autre Sénonaise appelée *Beleda*.

Ils vinrent tous les trois à Rome, pour voir l'empereur ; ce prince les reçut très-bien, *leur fit bonne chère*, dit Sébastien Rouillard, et les renvoya en leur pays avec de beaux présents.

(*Extrait des* Affiches de Sens, n° *du* 29 *octobre* 1836.)

CHAPITRE VII.

Histoire militaire des Sénonais.

Parmi tant de guerriers, pourquoi nos pères ne se réservèrent-ils pas quelques historiens pour écrire leurs exploits ? Leur gloire y a moins perdu que l'histoire : plus habiles à manier l'épée que la plume, ils aimaient mieux faire de grandes choses que de les réciter. La vie d'un père était pour les enfants un modèle parlant qui valait bien l'exposé historique des belles actions d'un ancêtre inconnu. Les Sénonais avaient cependant quelques poésies vives et chantantes composées *impromptu* par leurs druides : c'était le récit martial des faits les plus brillants de leurs guerriers; mais rien n'était écrit; ces beaux faits militaires rapidement confiés à la mémoire se gravaient dans les cœurs et se reproduisaient ensuite par des traits héroïques de valeur.

Ainsi nous ne remonterons pas à des temps éloignés, trop voisins du déluge pour être connus : les dates antérieures à la fondation de Rome ne paraissent pas assez lumineuses. Nous ne manquons pas cependant d'historiens qui nous font voir à Sens une suite de rois puissants et belliqueux. Si leur témoignage était plus fécond en preuves invincibles à la critique, nous nommerions chacun de ces rois, et nous dirions : Voilà les fondateurs des plus grandes villes des Gaules; et ces villes, malgré l'altération du langage, portent encore leurs noms; mais en fait d'histoire qui veut percer dans l'antiquité, la vérité exige de grandes preuves pour se soutenir, et beaucoup de vraisemblance pour s'accréditer. L'histoire d'une nation est certainement avilie et déshonorée, quand on y mêle quelques faits fabuleux ou suspects. La vérité bien épurée fournira seule assez à la gloire des Sénonais.

L'un des premiers exploits des Gaulois avoué par

les historiens et par les critiques, est celui où ils sortirent de leur pays, l'an de Rome 165, environ six cents ans avant Jésus-Christ, comme un torrent qui ébranla toute l'Europe et une partie de l'Asie occidentale. Les Gaules ne pouvaient contenir la multitude d'habitants qui les inondait ; un essaim de plus de 300 mille guerriers inquiets et avides de conquêtes, se partage en deux corps, sous leurs chefs Sigovèse et Bellovèse. L'un passe le Rhin avec une rapidité que rien n'arrête, force les passages de la forêt Noire, subjugue l'Allemagne, la Bohême, la Macédoine, la Grèce, passe en Asie, se replie sur l'Espagne, pénètre en Angleterre, partout conquérant et victorieux.

L'autre partie, presque toute composée de la jeunesse sénonaise, sous la conduite de Bellovèse, franchit les Alpes, et s'arrête dans ces contrées fertiles de l'Italie où on recueillait un vin délicieux, liqueur jusqu'alors inconnue aux Sénonais. Quelques essais de cette attrayante boisson, envoyés par la nouvelle colonie au pays natal, firent juger favorablement de la bonté du terroir : aussitôt de nombreuses troupes quittent les Gaules et vont s'établir en Italie. Cet agréable jus leur persuada qu'un pays vignoble méritait bien de devenir leur patrie de préférence ; leurs descendants ou leurs compatriotes, sans quitter la patrie, sont encore les héritiers et les dépositaires de leur bon goût.

Cette florissante colonie de Sénonais ne tarda pas à faire la loi aux peuples de l'Étrurie. Le bruit de leur valeur retentissait jusqu'à Rome qui déjà commençait à redouter de si dangereux voisins; leur activité ne leur permettait pas les douceurs d'un repos oisif : tantôt les armes à la main, ils étendaient leur territoire; tantôt ils jetaient les fondements de ces grandes villes qui subsistent aujourd'hui avec éclat dans l'Italie; plusieurs d'entre elles dans le nom qu'elles portent, annoncent encore celui de leurs fondateurs, dont elles éterniseront la mémoire. Ce sont les Sénonais, nous dit Trogue-Pompée, célèbre historien romain, *Galli Senones*, ce sont les Sénonais qui ont bâti Côme, la patrie des deux Plines; Vénusie, celle d'Horace; Milan, Crémone, Bresse, Trente, Bergame, Sienne dite en latin *Sena-Julia* ; et Sinigaille, appelée *Sena-Gallica*. Qui ne voit en particulier dans le nom de cette dernière ville, celui des Sénonais-Gaulois tout en entier?

Tant de braves guerriers n'attendaient, pour pousser leurs conquêtes, qu'un grand capitaine qui, par les droits d'une haute naissance et par sa bravoure, pût leur commander avec autorité. Peu d'années après, parut à leur tête le fameux Brennus que plusieurs historiens nous disent être fils d'Alabro, roi de Sens, et gendre de celui d'Angleterre nommée alors la Grande-Bretagne. Sous ce chef intrépide et expérimenté, on avance dans l'intérieur de l'Italie. Chemin faisant, les armes à la main, on ne laisse pas de continuer à bâtir des villes. Le général sénonais donne son nom à l'une d'elles qu'il appelle Brénone; c'est aujourd'hui, selon Justin, par le changement d'une lettre, la ville de Vérone. Les peuples du Tyrol ont toujours porté en latin le nom de ce grand homme, sous celui de *Brenni*. L'histoire ne fournit point à ce sujet de plus grands détails; mais parmi les diverses expéditions de cette armée sénonaise, elle fait une mention expresse du siége de la ville de Clusium, attaquée l'an de Rome environ 362. C'est un événement qui n'a pu échapper à l'histoire; les suites en furent trop intéressantes et trop funestes aux Romains, pour rester ensevelies dans l'oubli, comme l'ont été les autres exploits des Gaulois.

Brennus serrait de près la ville de Clusium : les assiégés implorent le secours et la protection de Rome leur alliée; elle avait lieu de craindre pour elle-même, à la vue de ces troupes nombreuses, aguerries et conquérantes. Arrivent auprès du général sénonais, trois ambassadeurs députés par le Sénat : on lui demande raison de son procédé contre une ville alliée et protégée des Romains. *Les Clusiens*, répond Brennus, *ne veulent point souffrir que nous partagions avec eux des terres qu'ils laissent incultes; ce que la nature semble nous offrir d'elle-*

même, pourquoi nous le refusent-ils? Nous venons le demander les armes à la main. C'était vraisemblablement un de ces prétextes de conquérants, qui couvraient le dessein réel de s'agrandir, et d'assujettir les peuples voisins. Mais quel droit avez-vous sur la Toscane? reprennent les députés. Le même, répliqua fièrement Brennus, que vous vous arrogez sur tant de peuples, dont vous avez envahi les terres. Au reste, quand notre droit ne serait qu'à la pointe de nos épées, nous pourrions le faire valoir. Rome nous en a donné l'exemple; ce n'est ici qu'un retour de représailles: allez donc, et dites à votre Sénat que tout appartient aux gens de cœur.

Les trois députés, jeunes et sans expérience, fiers de leur noblesse et de la faveur du peuple romain, rentrèrent aussitôt dans Clusium, pour y ranimer le courage des assiégés; oubliant le caractère dont ils étaient revêtus, ils se joignent, les armes à la main, aux assiégés dans une vive sortie qu'ils firent sur les Sénonais. On reconnut l'un d'eux parmi les combattants: c'était manquer à la foi publique; le titre sacré d'ambassadeur n'est que celui de médiateur de la paix; pareil acte d'hostilité est une contravention manifeste au droit commun reçu parmi toutes les nations.

Brennus, indigné, lève aussitôt brusquement le siége de Clusium qui ne pouvait tenir longtemps. Il s'avance à grandes journées contre Rome: toute l'armée ne respire que la vengeance de l'attentat commis par les ambassadeurs. Malgré son juste ressentiment et son bouillant courage, le général sénonais ne permet à ses soldats aucune violence ni hostilité sur son passage. *Nous allons à Rome*, disait-il, *nous n'en voulons qu'aux traîtres ; nous sommes amis de tous les autres peuples.* Cependant, pour procéder selon les formes d'une guerre juste et réglée, il fait exposer par les députés, en plein sénat, l'indignité de la conduite des Fabius, ses ambassadeurs. Assurément il méritait bien d'être écouté, étant à la tête d'une armée nombreuse, et déjà presque aux portes de Rome. Le refus d'une juste satisfaction ou d'un exemple de sévérité devait être interprété comme une déclaration de guerre. Ici parut toute la mauvaise foi et l'injustice des Romains : les trois députés prévaricateurs, loin d'être punis ou repris, furent récompensés par une promotion subite aux premières dignités de la république. Si Rome laissa cette perfidie impunie, la justice et la valeur des Sénonais les vengèrent bientôt d'une manière terrible. On en vint aux mains vers le confluent des rivières du Tibre et d'Allia. Un corps de troupes romaines avantageusement placées sur une hauteur, tinrent ferme quelque temps; le courage impétueux de nos guerriers ne tarda pas à renverser toutes les cohortes. La déroute fut générale et la victoire complète. Quarante mille Romains tués ou précipités dans les deux rivières, ne suffisaient pas à la vengeance de Brennus; Rome restait sans défense et ouverte aux vainqueurs, mais il fallait quelque repos à des troupes fatiguées par de longues marches et par un sanglant combat; d'ailleurs le temps de recueillir les dépouilles des vaincus ralentit la marche des soldats, sans pourtant affaiblir leur courage. Sans ce retard Rome n'était plus. A la faveur de ce délai, les Romains, qui abandonnaient la ville et qui voulaient tous se retirer dans le territoire de Véies, s'enhardirent à défendre la forteresse du Capitole, où ils se renfermèrent avec ce qu'ils avaient de plus précieux.

Telle fut la fameuse journée d'Allia, dont Rome semblait encore porter le deuil dans les jours les plus triomphants de sa république; les éphémérides romaines comptaient ce jour parmi les jours malheureux, sinistres et détestables; on n'en rappelait le souvenir que par des cérémonies tristes et lugubres.

Cependant l'armée victorieuse entre dans Rome. Ce n'était plus qu'une vaste solitude : le silence profond qui régnait dans cette grande ville étonna d'abord Brennus et lui fut quelque temps suspect. Après quelques précautions de prudence, qui constatèrent l'épouvante des Romains et leur fuite, on ne trouva dans Rome que les sénateurs placés à l'entrée de leurs maisons, ils paraissaient assis sur leurs fauteuils d'ivoire et revêtus de tout l'appareil éclatant de leur dignité : ces grands hommes rougissaient de survivre à la honte de leur patrie, et voulaient s'ensevelir sous ses ruines. L'attitude immobile et intrépide de ces vénérables vieillards, inspira d'abord un religieux respect aux soldats de Brennus; ils s'arrêtèrent quelques moments, comme à l'aspect d'autant de divinités : l'un d'eux cependant s'approche doucement du sénateur Papirius, et lui passe légèrement la main sous la barbe; c'était pour la fierté romaine presque un crime de lèse-majesté : le sénateur, à l'instant, décharge sur le Gaulois un coup du bâton d'ivoire qu'il portait. On devine aisément ce que dut faire alors un soldat victorieux, dont les armes fumaient encore du sang qu'il venait de répandre. Papirius est percé sur le champ. Tous les soldats, animés par cet exemple, font main basse sur les autres sénateurs : ce coup fut comme le signal du carnage et de l'embrasement.

Il faut observer que Brennus ne voulait d'abord qu'humilier la fierté romaine et la forcer à se plier du haut du Capitole à la réparation qu'il demandait. Dans cette vue, il borna l'incendie du premier jour à l'un des quartiers de la ville, pour intimider ceux de la forteresse, et les engager à se rendre, afin de sauver du moins les restes de leur patrie; mais déterminés à périr, ils virent d'un œil intrépide le feu qui consumait successivement la ville entière. Entourés, sur leur rocher, des flammes et de la fumée de l'incendie, ils ne firent aucune proposition aux vainqueurs.

Les Senonais, pendant sept mois de siége ou de blocus, firent diverses tentatives contre le Capitole. Ayant trouvé sur ce rocher inaccessible un petit sentier, leur courage se ranima : ils essayèrent de surprendre les assiégés pendant la nuit, en s'élevant les uns au-dessus des autres, pour se jeter dans la forteresse. L'entreprise était hardie et digne de leur courage ; déjà quelques soldats allaient s'élancer au milieu de l'ennemi ; mais le cri des oies sacrées que les Romains avaient superstitieusement renfermées dans la citadelle, réveilla les sentinelles endormies. Les Romains courent aux armes ; la troupe des assaillants n'avait pas encore eu le temps de se former et de se réunir ; ainsi l'entreprise échoua, malgré le courage et les pénibles efforts de nos guerriers : les soldats, qui montaient successivement, furent renversés les uns sur les autres, et précipités.

Une cruelle famine régnait dans le Capitole ; mais on y voulait périr plutôt que de se rendre à discrétion. Réduit aux plus fâcheuses extrémités, on s'abaissait à faire quelques propositions, mais sans préjudice de la liberté, lorsqu'un événement imprévu disposa

Brennus à traiter de la paix ; il avait appris que les Vénètes, peuples jaloux de la gloire des Sénonais, s'étaient jetés sur leurs terres. Cette diversion subite demandait un prompt retour. Le salut de la patrie était préférable à l'honneur de s'emparer d'un rocher qui d'ailleurs était si bien défendu par sa situation et par le courage désespéré des Romains. La paix fut donc conclue au prix de mille livres d'or pesant, et les Sénonais levèrent le siège.

Ici l'on ne peut désavouer que Brennus ne fit sentir un peu militairement aux Romains sa supériorité ; mais on ne peut payer trop cher la paix, le recouvrement de sa patrie et la liberté. Les balances où se devait peser l'or de la capitulation ne se trouvèrent pas absolument aussi justes que l'avait été la cause de Brennus en attaquant Rome ; les Romains s'en plaignirent. *Malheur aux vaincus !* répondit fort laconiquement le général sénonais, en plaçant fièrement son épée avec son baudrier dans la balance, pour faire un nouveau contre-poids ; c'était un maître, un vainqueur qui prétendait humilier l'orgueil des Romains ; il leur faisait sentir qu'il voulait bien leur accorder la paix et leur rendre la liberté.

Les historiens romains n'osent s'inscrire en faux contre les faits ci-dessus énoncés ; mais Tite-Live ajoute qu'après cette capitulation, Camille arriva tout à coup de la ville des Véiens, avec une troupe de Romains qui s'étaient rendus auprès de lui depuis la journée d'Allia. Il assure que ce dictateur romain reprit sur les Sénonais l'or avec lequel Rome avait racheté sa liberté, et qu'il les tailla tous en pièces. *Il n'en resta pas un seul*, continue cet historien, avec autant d'ostentation que peu de vraisemblance: *il n'en resta pas un seul, pour porter dans leur pays la nouvelle de leur défaite.*

L'honneur et la gloire des Gaulois-Sénonais se trouvent trop indécemment compromis dans ce récit de Tite-Live, pour qu'on ne venge pas l'un et l'autre; on produira des autorités qui balancent au moins la sienne et des vraisemblances qui la rendent plus que suspecte. Sans toucher au mérite personnel de cet auteur inimitable et admirable par la beauté de ses récits, par l'élégance du style, par l'énergie et le feu de ses descriptions, combien de faits dans ses décades sont enflés par une aveugle adulation, ou altérés par une superstitieuse crédulité? Ce n'est pas ici qu'on peut entrer dans le détail de ses méprises; pareille discussion demanderait une longue dissertation; on se bornera au fait présent qui intéresse la gloire de nos aïeux, et on espère montrer combien est faible contre eux le témoignage de Tite-Live.

Polybe, historien grec, suffirait pour démentir Tite-Live et le convaincre de fausseté; mais il ne sera pas le seul auteur que nous ayons à lui opposer. Cet écrivain, aussi exact que judicieux, parle dans le premier et le second livre de son histoire, de la fameuse expédition des Sénonais contre Rome. Dans l'un et l'autre, il dit que les Romains enfermés dans une citadelle proposèrent aux assiégeants une capitulation; il ajoute que ceux-ci, rappelés dans leur patrie par une incursion subite de leurs voisins, écoutèrent les propositions des Romains et leur rendirent la paix, leur ville et la liberté.

Pour sentir le poids de ce témoignage de Polybe, il est à propos de faire quelques observations qui sont décisives en notre faveur. 1.° Ce célèbre historien a demeuré longtemps à Rome, il était goûté de Scipion l'africain, et estimé de tous les Romains; il était intéressé à mériter et à conserver leur protection pour lui-même, et pour ses compatriotes; aussi voit-on dans son histoire une attention ingénieuse à donner aux Romains une préférence honorable sur les Grecs. Peut-on donc raisonnablement présumer qu'il eût omis dans son histoire cette circonstance de la défaite totale des Sénonais dont Tite-Live a prétendu faire honneur à Camille et au peuple romain? Il connaissait mieux que personne la délicatesse et la sensibilité de ce peuple conquérant, si jaloux de sa gloire : comment donc, après avoir parlé de la défaite humiliante des Romains, a-t-il pu passer sous silence la victoire signalée que, selon Tite-Live, ils auront remportée sur leurs vainqueurs?

2.° Polybe était plus voisin de l'événement que l'historien romain ; il vivait deux siècles avant lui. Mieux instruit, par conséquent, et lié intimement avec les grands de Rome, dont les aïeux avaient pu voir l'incendie de leur patrie, n'était-il pas à portée de remonter à la source des faits? Pouvait-il dissimuler, sans la plus aveugle imprudence et même sans la plus évidente injustice, cette déroute des Gaulois Sénonais, supposée par Tite-Live ? On sait d'ailleurs que ce romain était bien payé d'Auguste pour relever la gloire de sa nation ; il avait besoin de cette supposition pour soulager et adoucir la douleur des Romains qui n'ont jamais pu se consoler de l'humiliation où les avait réduits l'armée sénonaise.

3.° Polybe a, parmi les historiens, une réputation irréprochable de prudence et de discernement ; qui croira qu'un écrivain si sensé ose, dans un temps si proche de l'événement, taire une vérité honorable à ses protecteurs, et publier au contraire au milieu de Rome une fable injurieuse et humiliante pour un peuple alors surtout victorieux, si fier et si jaloux de sa gloire ?

Dans un autre endroit de son histoire, le même Polybe raconte que les Gaulois reprenant les armes, quelques années après le sac de Rome, invitaient les Gésates à s'unir à eux, essayant de les attirer par les plus avantageuses promesses : *N'avons-nous pas, disent-ils, battu les Romains et pris leur ville? Si* nous la leur avons rendue, ce n'est qu'au prix de l'or et des dépouilles que nous leur avons enlevés, sans qu'ils aient osé nous poursuivre. Polybe aurait-il ainsi fait parler les Gaulois contre la vérité de l'histoire, si réellement ils avaient été battus par Camille à leur retour de Rome, comme le prétend Tite-Live ? L'autorité de Polybe forme, je pense, un contrepoids plus que suffisant pour abaisser et affaiblir le témoignage d'un écrivain gagé pour encenser le peuple romain ; mais poursuivons.

Trogue-Pompée, citoyen romain, historien célèbre et estimé par les connaisseurs, rapporte dans son histoire que les Romains, ses compatriotes, furent soumis et domptés par les Gaulois-Sénonais et ne purent écarter de si dangereux ennemis, que par une rançon de mille livres d'or pesant. Voilà un romain contemporain de Tite-Live, aussi intéressé que lui à la gloire de la patrie ; quel motif aurait pu l'engager à supprimer l'anecdote de la défaite entière des Sénonais par Camille ? Son silence seul ne vaut-il pas l'aveu le plus formel ?

Nous passons sous silence les témoignages de Paul Orose et de Justin ; ils sont favorables à l'opinion que nous défendons contre Tite-Live : l'un fut copiste de Trogue-Pompée, l'autre en fut l'abréviateur.

Suétone, fameux historien, qui avait été secrétaire d'État de l'empereur Adrien, vers l'an 118 de

Jésus-Christ, ne pouvait ignorer ce que Tite-Live avait avancé sur la prétendue déroute des Sénonais. Il ne craint pas cependant de le démentir, et de lui reprocher tacitement d'avoir trop légèrement adopté un préjugé fabuleux. C'est dans la vie de Tibère qu'il s'en explique bien clairement. On conservait, dit-il, à Rome et surtout dans la famille impériale, une ancienne tradition qui portait que Drusus, propréteur dans les Gaules, en avait rapporté, plus de cent ans après la prise de Rome, l'or que les Gaulois-Sénonais avaient reçu à la fameuse capitulation; il ajoute qu'il n'était pas vrai, comme on le disait de son temps, que Camille eût repris cet or sur les Sénonais. *Traditur Drusum proprœt. ex Galliâ retulisse aurum Senonibus olim in obsidione Capitolii datum ; nec, ut fama, extortum à Camillo.* De là on peut conclure que le récit de Tite-Live si positivement contredit par Suétone n'est que l'écho d'un bruit populaire accrédité par la vanité romaine. Il agissait au reste en habile politique et en historien complaisant, en essayant de laver un peu les Romains de l'opprobre dont les Sénonais les avaient couverts : mais Suétone avait en main les archives de l'empire et les Mémoires secrets de la Cour impériale; pourquoi ne serait-il pas recevable à contredire Tite-Live? C'est au lecteur impartial à en juger.

Ce n'était pas au reste une tradition obscure concentrée dans le palais impérial. Tous les peuples le répétaient et le reprochaient ouvertement aux Romains : qu'on lise dans Justin la réponse que firent les Etoliens aux ambassadeurs de Rome dans le temps même de ses plus brillantes conquêtes; ne leur dirent-ils pas que Rome pressée par les Sénonais n'avait dû sa conservation qu'à son or et à son argent et non à la valeur de ses habitants? Nous n'oublierons pas le morceau de la harangue du fameux Mithridate à ses soldats : *Ne savez-vous pas, leur disait-il, que les Gaulois-Sénonais ont autrefois passé les Alpes, battu les Romains, et pris leur ville, et que ceux-ci renfermés dans leur Capitole n'ont trouvé de ressource que dans leur or et dans leur argent, ne pouvant repousser l'ennemi par la force.*

Nous ne citerons pas d'autres historiens plus modernes : c'est assez d'avoir montré que Tite-Live est contredit de toutes parts. Il a contre lui les historiens de diverses nations, amis et ennemis, étrangers et citoyens, antérieurs et postérieurs.

Ajoutons que Tite-Live quoique célèbre historien est convaincu plus d'une fois de partialité quand il parle des Gaulois et des Carthaginois. Auguste qui le payait pour écrire l'histoire romaine voulait gagner le cœur de ce peuple maître alors de l'univers; l'un des plus puissants moyens était de flatter sa vanité. L'endroit le plus faible de l'histoire des Romains était la prise de leur ville par les Gaulois-

Sénonais ; comment le couvrir ? Ce ne pouvait être qu'en supposant, contre la tradition de tous les peuples et de la patrie même, que Camille avait éteint l'opprobre de Rome dans le sang de tous ces fiers Gaulois. Pareilles fables coûtent peu à un historien partial et mercenaire.

Qu'il nous soit permis de hasarder ici une conjecture qui pourra servir à rendre un peu plus excusable la méprise de l'historien romain. Ne serait-il pas plus raisonnable et plus vraisemblable de croire que Camille avec sa troupe aura pu harceler l'arrière-garde des Sénonais, lorsque, quittant Rome après la capitulation, ils repassèrent près de la ville des Véiens, pour défendre leur patrie contre l'incursion des Vénètes ? Camille, en rusé politique, rentré dans Rome, aura tâché de ranimer le courage abattu de ses compatriotes en leur annonçant l'avantage qu'il avait remporté sur les Sénonais : de là peut-être l'ingénieuse fable que le peuple crédule aura réalisée, et dont Tite-Live aura grossi et paré son histoire.

Mais pourquoi, dira-t-on, Camille a-t-il donc été appelé un second Romulus, et honoré du beau nom de conservateur de la patrie ? N'est-ce pas à cause de sa signalée victoire sur les Gaulois ?

Il est vrai que Camille fut l'un des plus grands hommes de la République romaine ; mais le nom de libérateur et de conservateur de la patrie qu'il porta est fondé sur d'autres titres que sur ceux de la prétendue déroute des Sénonais au retour de Rome.

1.° Rome était sauvée et délivrée au temps où l'on suppose que Camille battit les Sénonais, puisqu'ils avaient fait la paix avec les Romains et qu'ils ne songeaient qu'à rentrer dans leur pays; comment à ce titre sera-t-il le libérateur et le conservateur d'une ville, qui sans son secours est déjà délivrée par la capitulation qu'elle a faite? 2.° Il est certain que Camille releva le courage des Romains, et leur inspira la résolution de rebâtir leur ville; il présida à cette reconstruction, et fut comme l'âme de cette grande entreprise : il fit pour ainsi dire renaître Rome de ses cendres, en lui procurant un éclat et une magnificence qu'elle n'avait pas eue assurément sous son fondateur : de là le nom de second Romulus qui lui fut donné. 3.° Camille ayant été élu plusieurs fois dictateur avait eu occasion de signaler son courage contre ces mêmes Gaulois qui revinrent à plusieurs reprises attaquer les Romains, et en particulier environ vingt ans après l'incendie de Rome; ce fut dans cette circonstance que Camille après un combat opiniâtre et sanglant défit les Gaulois, ayant employé fort à propos un stratagème qui les déconcerta : alors Rome s'écria qu'elle avait eu sa revanche de la journée d'Allia, et l'on ne manqua pas de prodiguer au général vainqueur les plus grands éloges; ce fut alors qu'il mérita vraiment d'être appelé le conservateur de la patrie : car les Gaulois menaçaient très-probablement Rome d'une ruine totale; ainsi toutes les qualités et surnoms honorables que l'on donna au général Camille ne déposent point en faveur du sentiment de Tite-Live contre nous.

Que l'on étudie la conduite et le langage des Romains dans tous les temps où il s'est agi des Gaulois, tout y justifie ce que nous avançons; ainsi Tite-Live se trouve non-seulement en contradiction avec grand nombre d'historiens illustres, mais encore avec la tradition conservée parmi ses concitoyens : si Camille seul avec sa petite troupe a défait absolument tous les Sénonais, en sorte qu'aucun d'eux n'ait survécu à cette grande victoire, comme le dit l'historien romain, ne pourrait-on pas dire que la gloire de Rome avait été par-là avantageusement réparée et vengée ? Que signifient donc ces humiliantes alarmes qu'éprouvaient les Romains au seul nom et aux seules approches des Gaulois ? Quand ces terribles ennemis reparaissaient sur les terres de la République, tout à coup cessaient les priviléges les plus sacrés qui dispensaient de porter les armes. Dans la terrible guerre contre Annibal, les prêtres ne furent point arrachés des autels pour aller à l'ennemi : mais s'agissait-il d'une guerre contre les Gaulois, tout prêtre était soldat; on l'obligeait de quitter l'exercice de son ministère pour combattre : alors on créait un dictateur, c'était le dernier expédient dans les plus grandes extrémités; il y avait un trésor particulier réservé pour la guerre contre cette redoutable nation, qu'on appelait trésor gaulois ou sacré; ce n'était plus alors une affaire ordinaire : le mot *Bellum* qui signifie guerre était trop faible pour exprimer le danger de la République et la crainte des Romains; on se servait d'un mot plus effrayant, *Tumultus* qui signifie alarmes, trouble, consternation, désordre.

Les Romains pour éterniser l'histoire des oies qui par leurs cris avaient sauvé le Capitole de l'assaut des Sénonais, faisaient chaque année une procession ridicule qui était comme le récit et l'expression de ce singulier événement. D'une part on voyait une oie portée respectueusement sur un brancard; de l'autre un chien pendu à un potence : de toutes parts retentissaient les cris du peuple qui chantait la délivrance de Rome sauvée par une troupe d'Oisons. Est-il probable que dans une procession si solennelle, on n'eût inséré aucune cérémonie particulière qui eût rapport à la victoire de Camille, dont Tite-Live cinq cents ans après a cru devoir faire un si grand éloge, ou plutôt une si belle fable ?

Si Camille eût éteint et exterminé les Gaulois, comme l'annonce Tite-Live et après lui Florus, avec quelle vraisemblance l'un des plus savants hommes des Romains aurait-il dit dans une exclamaison pleine de reconnaissance! Oui, c'est par une protection spéciale des Dieux que les Alpes se sont trouvées placées comme un mur entre les Gaulois et les Romains; car sans cette barrière, jamais Rome n'eût été la ville métropole du monde ni le siège du plus grand empire de l'univers! On sent ce que vaut ce mot si souvent répété par César : *Qu'heureux est Pompée d'avoir tourné les armes contre les peuples de l'Asie, et de n'avoir rien eu à démêler avec les Gaulois!*

Nous ne détaillerons point ici les éloges que Strabon, Plutarque, Appien, et les autres historiens ont faits de la gloire militaire des Gaulois. L'un dit que la cavalerie gauloise était la meilleure de l'univers; l'autre ajoute que sans son secours c'en était fait des armées romaines dans la Mésopotamie; chose surprenante et qui tient du prodige, raconte un autre. On a vu 25 à 30 cavaliers Gaulois battre et mettre en fuite deux mille cavaliers Maures et les repousser dans leur ville. Justin assure que les princes d'Orient ne se croyaient pas en état de paraître en campagne s'ils n'avaient des Gaulois à leur solde.

Les Sénonais étant les plus anciens peuples des Gaules, *Antiquissimi Gallorum Senones*, il paraît vraisemblable que d'eux sont descendus la plupart des habitants de ce vaste pays. Nous pourrions donc sans indécence et sans ostentation faire honneur aux Sénonais de ce que les historiens racontent des Gaulois en général. Mais nous nous renfermons dans ce qui fait en particulier l'éloge des Sénonais et de leur territoire. Des éphémérides Sénonaises ne doivent point s'étendre au-delà; d'ailleurs la modestie n'est pas un crime; il vaut mieux en dire peu que de s'exposer à en dire trop.

(*Article pris dans l'Almanach de 1762.*)

CHAPITRE VIII (1).

Histoire militaire des Sénonais (SUITE.)

Depuis le siège de Rome par les Sénonais, on ne trouve dans l'histoire aucun détail sur leurs expéditions guerrières. Peut-on cependant présumer que pendant près de 600 ans, l'ardeur martiale des vainqueurs de Rome soit restée oisive et comme éteinte? Tant de peuples divers répandus dans les Gaules, formant tous un gouvernement à part, désunis d'intérêts, remuants et animés de je ne sais quelle fureur militaire, mais surtout jaloux de la supériorité des Sénonais; que de raisons de conjecturer que nos aïeux ne manquèrent jamais ni d'occasions d'exercer leur courage, ni de champ pour cueillir de nouveaux lauriers. Mais, comme nous l'avons observé dans le chapitre VII (*Almanach de 1762*), c'était parmi eux un usage héréditaire de ne rien laisser par écrit. De-là, ce vide dans l'his-

---

(1) Ce chapitre contient quelques faits dont il a été déjà question dans les précédentes notices.

toire où s'est perdu l'éclat de tant de glorieux exploits, vide bien digne des regrets de la patrie, mais que rien ne peut remplacer. Tel eût été infailliblement le sort des plus célèbres héros, sans le secours des écrivains. Si l'histoire n'eût éclairé leurs belles actions, elles seraient perdues pour la postérité, comme le sont celles de nos ancêtres.

César, en entrant dans les Gaules, éprouva de la part des Sénonais, une résistance qui dut lui rappeler le souvenir de ce Brennus, et de ces braves qui avaient écrasé les Romains à la journée d'Allia. Leurs descendants n'avaient ni moins de courage, ni moins d'amour pour l'indépendance et la liberté; mais la puissance romaine était devenue alors un torrent impétueux qui entraînait tout l'univers. Il fallut plier. Plus d'une fois ils essayèrent généreusement de secouer le joug. Il ne fallut pas moins que César et Labiénus avec des légions aguerries à la conquête du monde entier, pour les soumettre.

On sait que César, pour assujettir les Gaules, employa alternativement les insinuations de la douceur, les ruses de la politique, et la force des armes. Tel peuple qu'il gagnait par des offres de protection et d'amitié, affaiblissait, en se détachant, le corps de la nation; nos Sénonais, malgré la défection de leurs alliés tinrent ferme assez longtemps; mais après plusieurs efforts de courage dont l'histoire ne donne point le détail, il fallut céder aux temps et aux armes du conquérant.

Si l'on ne craignait de donner trop à la crédulité, on dirait ici, sur la foi cependant de plusieurs histoires d'ailleurs assez estimées, comme celles du Gâtinais et de Bretagne, que pendant le siége, les Sénonais, dans une sortie, fondirent avec impétuosité sur le quartier de César, et qu'après une assez vive attaque, ils rentrèrent dans leur ville. Le général romain, ajoutent ces historiens, entraîné par son bouillant courage à la poursuite des assiégés, entra aussi dans la ville avec eux, et se trouva seul des siens exposé au milieu de ses ennemis. Heureusement un ancien ami, à qui autrefois il avait rendu d'importants services à Rome, le sauva, et sut le dérober à propos aux recherches et à la fureur de nos guerriers.

D'autres, je ne sais sur quel fondement, prétendent que César fut reconnu par les Sénonais et renfermé dans une *tour* ou *prison*, dont il ne sortit qu'après une forte rançon.

Ce qui a pu donner lieu à la méprise de ces crédules historiens, c'est probablement le mot de *carcer Cæsaris* (prison de César), qu'on trouve dans quelques chartes ou anciens monuments. Ce fut la prison où César, maître de la ville par composition, fit enfermer ceux des habitants qui lui avaient paru les plus dangereux et les plus animés; mais non pas le lieu où l'on prétend qu'il ait été resserré lui-même.

Sens avait alors pour roi Moritasgus, qui succédait à une longue suite de rois ses aïeux. Ce prince avait défendu avec courage sa couronne et sa patrie contre les Romains. Le vainqueur ne crut pas sa conquête assurée sous un roi si vaillant ; mais ne voulant rien changer dans la forme du gouvernement des peuples qu'il subjuguait, il se contenta de détrôner Moritasgus, et lui substitua Cavarin son frère, dont il redoutait moins ou les talents, ou la fermeté. Les Sénonais virent avec indignation, dans ce nouveau maître, une créature de César, un roi faible et dévoué aux Romains. Déjà presque toutes les Gaules avaient subi le joug ; les villes avaient reçu garnison romaine, et César comptait jouir paisiblement du fruit de ses conquêtes : « La seule ville de Sens, dit-il lui-même au V.ᵉ livre de ses Commentaires, n.° 52, remua toutes les Gaules, en osant, par une démarche hardie, s'exposer à tout le poids de sa puissance et de son ressentiment. Cette ville, ajoute-t-il, est l'une des plus fortes de la Gaule : *Senones civitas imprimis firma*, et l'autorité dont elle jouit impose et décide les autres peuples à suivre son exemple. » Les Sénonais résolurent donc de se défaire de leur nouveau roi, et commencèrent par égorger la garnison que César avait mise dans leur ville. Cavarin pressentit ce qu'on tramait contre lui et s'enfuit. Ceux-ci peu contents de le voir descendu du trône, banni de la patrie, le poursuivirent avec acharnement jusqu'aux frontières du royaume. Après ce coup d'éclat, on ne laissa pas d'envoyer des députés auprès de César pour traiter avec lui, et essayer de l'apaiser. *Que tout votre Sénat*, leur répondit-il avec hauteur et indignation, *vienne ici comparaître devant moi, et me rendra compte de sa conduite.* On devine aisément avec quel mépris on reçut à Sens un ordre aussi humiliant : on se prépara à une vigoureuse défense. César fait observer que cette démarche des Sénonais fut comme le cri de guerre qui réveilla les Gaulois : on vit fermenter alors et se ranimer de proche en proche l'amour de la liberté, que les armes victorieuses des Romains semblaient tenir captif ; et dans cette guerre si difficile avec les divers peuples de la Gaule, tout autre que César eût infailliblement succombé. (*Commentaires*, n° 62, *ramm*. *toutes les*)

Pour prévenir les suites de cette révolte, il convoqua une assemblée générale, où chaque peuple des Gaules devait envoyer ses députés ; mais les Sénonais ne s'y rendit : ils n'étaient occupés que des moyens de briser enfin les liens de la domination romaine, qu'ils traitaient de tyrannie et d'usurpation. Dans l'attente infaillible d'un long siège, ils ramassaient avec activité, dans leur ville, tous les vivres nécessaires pour le soutenir, lorsque César, en habile capitaine, rompit leurs mesures par une diligence incroyable, et parut tout à coup aux portes de Sens, à la tête de son armée. La seule ressource, dans cette surprise, fut d'employer le crédit et la médiation des peuples d'Autun qui étaient fort considérés des Romains, et de livrer aux vainqueurs cent otages. César, pressé d'éteindre le feu de cette guerre, qui s'allumait en divers endroits, s'éloigna bientôt de Sens.

Les Sénonais, sans perdre courage, ne tardèrent pas à profiter de son absence pour reprendre les armes. Ils formèrent une puissante confédération, où entrèrent ceux de Paris, et plusieurs autres peuples. On lit avec étonnement dans les Commentaires de César, l'aveu qu'il fait des peines immenses que lui causa cette guerre. La résistance des alliés fut opiniâtre, et la victoire assez longtemps indécise. Enfin, leur armée ayant été taillée en pièces près de Paris, Labiénus vint assiéger brusquement la ville de Sens, et la prit : César s'y rendit en personne pour éteindre la guerre dans sa source, en forçant enfin les Sénonais à se soumettre à son autorité. Il restait une petite armée de 5 à 6 mille hommes, que Drapès, natif de Sens, avait levée dans le pays : elle tint assez longtemps la campagne, essayant d'entamer les Romains; mais la défaite entière de ce dernier corps, par Caninius, ne laissa plus d'espérance aux Sénonais de recouvrer leur liberté. Ainsi, la ville de Sens, après de prodigieux efforts de valeur, fut enfin réduite sous la domination des Romains, environ l'an 52 avant Jésus-Christ.

(*Article pris dans l'Almanach de 1763.*)

CHAPITRE IX.

Histoire militaire des Sénonais. (SUITE.)

Il ne fallut rien moins que César pour faire plier les Sénonais sous le joug de la puissance romaine. On vient de voir combien ils opposèrent de résistance et de courage à ce redoutable conquérant. César leur avait donné un Roi; ils avaient osé le déposséder et le poursuivre à mort; bravant ensuite les ordres du général romain qui les citait à une assemblée de tous les peuples des Gaules, ils ne lui répondirent qu'en arborant l'étendard de la guerre et de la liberté. Au milieu d'eux était un capitaine intrépide, nommé Accon ou Acron, auquel sans fondement quelques historiens ont donné le titre de Roi. C'était l'âme de leurs conseils et de l'entreprise qu'ils méditaient contre César : mais celui-ci rompant tout à coup la diète qu'il avait convoquée, prévint avec activité les Sénonais, et surprit leur chef qui paya de sa tête le zèle qui l'animait pour la défense de sa patrie. Enfin, après de nouveaux efforts, Sens se vit obligé d'obéir à ceux devant qui l'univers entier était forcé de garder le silence.

Depuis cette époque qui assujettit les Sénonais à l'empire romain, plus de trois siècles s'écoulèrent sans aucune expédition militaire de leur part. Notre ville placée au centre des Gaules, goûta longtemps les douceurs de la paix. Sous le gouvernement modéré des présidents ou propréteurs qui venaient de Rome exercer dans les provinces l'autorité civile et militaire, la ville de Sens n'avait rien à craindre au dehors; elle envoyait la fleur de ses jeunes guerriers à des expéditions lointaines, où les généraux de l'empire les employaient avec autant de confiance que de succès.

On n'avait point encore vu sur les frontières ce torrent de barbares qui dans la suite s'élançant des extrémités du Nord, vint inonder l'Orient et l'Occident. La terreur seule du nom romain les contenait. Aussi moins exposée que toute autre à leurs incursions, la ville de Sens n'avait très-probablement pas de dehors fortifiés, pas même de fossés; on avait seulement d'assez bons murs et des portes, qui, attentivement entretenus par d'annuelles réparations, fermaient exactement la ville, et c'était assez : en cas d'attaque, le courage des habitants devait suppléer au secours des fortifications; c'est ce que justifie honorablement pour les Sénonais l'histoire du siège dont nous allons parler.

L'an de J.-C. 356, au commencement de l'hiver, la ville de Sens fut tout à coup exposée au même danger que celle de Rome, lors des approches du capitaine Brennus. (*Amm. Marcell.* xvi, c. 34.) Elle vit à ses portes des troupes nombreuses d'Allemands et de Francs qui vinrent l'assaillir brusquement, ne respirant que vengeance, et menaçant les habitants des derniers malheurs. Ces peuples guerriers avaient d'abord été battus et dispersés par le jeune Julien qui venait d'être créé César; c'était le cousin de l'empereur Constance, auquel il succéda peu d'années après. Ce prince les ayant repoussés au delà du Rhin, croyait s'être suffisamment assuré d'eux par le lien des traités, lorsque s'avançant à grandes journées par des chemins détournés, et se réunissant tout à coup, ils vinrent fondre sur la ville de Sens : ils savaient que leur vainqueur s'y était retiré, après avoir licencié ou distribué ses troupes en divers quartiers éloignés.

La maxime et l'usage de ces nations féroces étaient de raser les villes dont elles s'emparaient; un préjugé fort singulier leur faisait alors regarder les villes fermées comme autant de tombeaux et de prisons où devait rougir de s'ensevelir vivant tout homme né pour la liberté. D'ailleurs, au rapport des historiens (1), ces barbares se faisaient un jeu d'affron-

---

(1) Voici le portrait qu'ils en font : « Les Francs sont redoutables par leur nombre, mais plus encore par leur valeur. Ils bravent la mer et ses orages avec autant d'intrépidité qu'ils

4.

ter les glaces et les neiges : ils y goûtent, dit Labiénus, un délicieux plaisir : *Illis nives perindè voluptati ac flores sunt.* Ainsi, depuis longtemps endurcis au froid, ils ne trouvaient dans la rigueur de la saison qui commençait, qu'un nouveau motif de pousser plus vigoureusement le siége qu'ils avaient mis devant la ville.

Tout concourait à rendre formidables aux Sénonais les approches des Francs ; Julien n'avait presque point de troupes impériales auprès de sa personne ; il les avait placées à des postes plus critiques et plus exposés que ne lui avait paru la ville de Sens. Son objet, en s'y renfermant, avait été d'y préparer dans la tranquillité, les projets de la campagne suivante, où il recueillit tant de gloire : c'était d'ailleurs un entrepôt fort commode pour les levées nécessaires à la grande expédition qu'il méditait. Les barbares avaient été informés par quelques transfuges, de la sécurité et de l'espèce de solitude où était leur ennemi ; ils se flattaient de le surpren-

---

marchent sur la terre. Les frimas du nord leur sont plus agréables que l'air le mieux tempéré ; la paix est pour eux une calamité, une maladie ; leur bonheur, leur élément naturel, c'est la guerre. Vainqueurs, ils ne cessent de poursuivre ; vaincus, ils cessent bientôt de fuir et reviennent à la charge. Incommodes à leurs voisins, ils ne leur laissent pas le temps de quitter le casque ; rester dans le repos, c'est pour eux la plus dure captivité. »

dre : pour surcroît de malheur, le jeune prince se vit cruellement abandonné par Marcellus, généralissime de la cavalerie; informé du danger pressant où se trouvait Julien, et à portée de le secourir (il hivernait dans le voisinage), ce traître ne fit aucune démarche en sa faveur, soit par la malignité d'une basse jalousie, soit par la persuasion assez fondée que ce serait entrer dans les vues de la Cour que d'abandonner à lui-même dans cette surprise l'héritier présomptif de l'empire.

En de si fâcheuses extrémités, il ne restait à Julien que son courage et les bras des Sénonais; aussi leur valeur et leur fidélité suppléèrent-elles à l'inégalité des forces et triomphèrent-elles de tous les obstacles.

Plus d'une fois on a vu des assiégés, pour racheter leur ville du pillage et des flammes, sacrifier des têtes illustres à la fureur des assiégants. Les Sénonais n'écoutèrent point dans ce pressant danger les tristes conseils de la nécessité, ni aucun autre prétexte; décidés à périr avec leur prince, ils ne craignirent point de se rendre les victimes de leur fidélité. Ils voyaient d'ailleurs dans Julien un prince apostat; car son inclination forcenée pour l'idolâtrie commençait déjà à percer aux yeux des peuples à travers les dehors hypocrites qu'il affectait; mais ce honteux changement de religion n'en produisit aucun dans le zèle de nos aïeux pour la défense d'un prince légitime; instruits à l'école des Léonce et des Séverin, leurs prélats, ils avaient appris à respecter les droits et la souveraineté de Dieu même dans la personne d'un prince apostat, et dans celle de l'empereur Constance, quoiqu'Arien, qui le leur envoyait; tout leur sang était prêt à couler pour ses intérêts.

Tout Sénonais devient donc alors soldat; nuit et jour sur les remparts, et sous les yeux de l'infatigable Julien, ils font des prodiges de valeur : leur courage et leur activité leur fournissent des armes et des machines contre l'ennemi; ils repoussent vigoureusement les premières attaques, et leur zèle s'accroît à proportion des efforts que font les barbares pour forcer la place. De toutes parts, attentifs et surveillants, ils courent aux parties des murs ébranlés et quelquefois entr'ouverts par le choc impétueux des assaillants : tantôt de leurs mains ils en réparent promptement les brèches ; tantôt ils les couvrent généreusement de leurs corps. Si le malheur des temps eût laissé passer jusqu'à nous les détails de ce siége et les eût consignés dans l'histoire, nous aurions pu y voir les femmes sénonaises partager alors le danger et le courage de leurs époux, et oubliant la timidité de leur sexe, signaler leur zèle et payer de leurs personnes, comme au fameux siége de Saint-Jean-de-Losne. Quoi qu'il en soit de cette conjecture, il est certain que les Sénonais, sans cesse en alerte, se reproduisaient partout où les barbares se présentaient à l'assaut. C'était comme une armée domestique qu'une bravoure naturelle avait disciplinée, et qui, pour servir son prince, égalait en ardeur les légions romaines. Plus d'une fois le bouillant courage de Julien, et l'intrépidité reconnue des habitants lui inspirèrent la résolution de tenter quelque sortie sur l'ennemi; mais sa supériorité et son acharnement le retinrent prudemment dans l'enceinte des murs sur la défensive. Trente jours se passèrent ainsi en assauts multipliés avec fureur de la part des barbares, auxquels la milice sénonaise opposa la défense la plus belle; enfin, après mille tentatives inutiles, les ennemis rebutés et lassés, malgré leur nombre, se retirèrent couverts de honte, désespérant d'emporter une place dont les habitants leur parurent autant de héros.

Julien, qui à l'exemple du grand César, maniait avec un égal succès et la plume et l'épée, avait comme lui écrit un Commentaire ou Journal historique sur ses expéditions dans les Gaules. C'était là sans doute que se trouvaient circonstanciés les détails de ce siége si honorable aux Sénonais; cet ouvrage, comme beaucoup d'autres qu'il avait composés est perdu. L'histoire ne nous fournit qu'un récit très-abrégé de cette expédition; mais les traits glorieux sous lesquels ce faible crayon la représente suffisent pour faire conjecturer avec fondement combien les opérations de détail durent en être intéressantes.

Depuis ce mémorable siège jusqu'à la conquête entière des Gaules par le grand Clovis, la ville de Sens demeura paisiblement soumise à la domination romaine. L'autorité de l'Empire s'affaiblissait de jour en jour, lorsque le roi des Francs, âgé de 15 ans seulement, forma le projet de conquérir toutes les Gaules. Environ l'an 482, il attaqua Siagrius, général de l'armée impériale et battit les Romains. Après cette grande victoire, il osa redemander et poursuivre Siagrius jusques dans les États d'Alaric, roi des Visigots, chez qui, depuis son entière défaite, il avait cherché un asile. L'infortuné Siagrius fut livré à Clovis qui le mit à mort. A ce coup qui fit trembler les Gaules, la puissance romaine fit place à celle du jeune conquérant, qui, comme un torrent, renversa tout ce qui osait s'opposer à ses progrès : la terreur de ses armes lui ouvrit sans résistance et sans aucun siège, les portes de Soissons, de Reims, d'Auxerre et de plusieurs autres villes, et particulièrement de celle de Sens, qui depuis est toujours restée sous la domination française.

(*Article tiré de l'Almanach de 1765.*)

CHAPITRE X.

Histoire militaire des Sénonais. (SUITE.)

Les deux siéges de la ville de Sens dont nous allons présenter l'histoire n'offrent aucun de ces détails intéressants que la curiosité du lecteur attend sans doute avec empressement. Il n'est point permis de suppléer à la briéveté des auteurs ; nous nous contentons de suivre et de copier les traits souvent peu circonstanciés qu'ils nous ont laissés.

Notre ville, depuis la conquête du grand Clovis, resta paisiblement assujettie aux monarques ses descendants, qui divisèrent la France en plusieurs royaumes. Sens était entré dans le partage des rois de Bourgogne et d'Orléans. Gontran l'avait laissé par testament à Childebert, son neveu; Thierri II, l'un des fils de Childebert, en était le souverain dans ces temps d'horreur et de carnage où coulait par torrents le plus beau sang français versé par d'autres Français. Ce fut alors (environ l'an 600) que se livra à quelques lieues de Sens, dans l'endroit appelé aujourd'hui Dormelles-sur-Orvane, près de Moret, la sanglante bataille où Clotaire II, dit le Grand, roi de Neustrie, laissa sur la place 30 mille des plus braves de son armée.

Peu d'années après, l'infortuné roi Thierri étant

mort empoisonné par Brunéhaut, son aïeule. Clotaire envoya Blidebodes, l'un de ses généraux, pour assiéger Sens. Un conquérant ambitieux ne manque jamais de prétexte plausible; il prétendait être seul héritier du royaume de Bourgogne, à l'exclusion des fils de Thierri qui, étant illégitimes, ne pouvaient, disait-il, succéder à leur père : cependant l'histoire de la première race offre plusieurs exemples déclarés contraires à ses prétentions.

Blidebodes, arrivé inopinément à Sens, essaya d'intimider les habitants par des attaques brusques et vigoureuses ; ceux-ci lui opposèrent une résistance aussi digne du courage de leurs aïeux vainqueurs de Rome, que de leur fidélité inviolable à leurs souverains légitimes. Cependant le siége avançait, et les assiégés, malgré leur bravoure, ne pouvaient tenir longtemps contre les efforts redoublés de l'armée de Clotaire.

Sens avait alors pour évêque (1) et pour père, Saint-Loup, nom précieux à jamais à tous les Sénonais, mais spécialement au clergé de la métropole. Sa naissance l'alliait au sang royal, mais elle était moins illustre encore que sa piété, son zèle, et

---

(1) Le titre d'archevêque ne fut donné aux prélats qui occupèrent le siége de Sens que vers la fin du 7.e siècle. Géric, qui vivait sous Clovis III, paraît avoir été le premier décoré de ce titre.

cette tendresse bienfaisante pour son peuple, qui sur le même siége a trouvé souvent des imitateurs.

Le saint prélat voit avec douleur ses chers Sénonais partagés entre le devoir pressant de la fidélité, et le danger évident d'être forcés par l'ennemi : attendri par sa charité, et plein de confiance, pendant que les guerriers répandent généreusement leur sang sur les remparts, il va porter son cœur gémissant au pied des autels. C'est là qu'inspiré sans doute d'en haut, il s'empresse d'appeler son peuple alarmé dans l'église métropolitaine, par le signal d'une prière commune pour fléchir le ciel : lui-même sonna une cloche qui porta longtemps son nom. On se rend aussitôt en foule de tous les quartiers de la ville auprès du Père commun; et déjà réuni sous ses ailes, on éprouve le doux pressentiment d'une délivrance prochaine.

On était en prière : arrive à l'instant l'heureuse nouvelle de la levée subite du siége; au son de cette cloche à laquelle la foi du saint pasteur donna une vertu miraculeuse, les ennemis saisis d'une terreur panique abandonnent leurs projets ; malgré l'assurance visible d'un prompt succès, ils interrompent tout à coup les opérations du siége, et s'enfuient avec précipitation, laissant aux Sénonais la consolation de voir le ciel bénir et couronner leur valeur, grâces aux prières et à l'intercession de leur vertueux prélat.

Ce récit heurtera peut-être la crédulité de gens décidés à ne point croire tout événement qui présente l'annonce du miracle. Si cependant il était permis de ménager cette fausse délicatesse, nous oserions hasarder ici une conjecture qui pourrait sauver l'inconvénient, et selon quelques-uns, le ridicule d'un fait miraculeux. Si cette conjecture est plausible, elle fait rentrer sans effort l'événement extraordinaire dont il s'agit, dans l'ordre des choses naturelles et communes. Quelques historiens assurent que l'usage des cloches commença en France par la Bourgogne, et que ce fut précisément au temps du siége dont nous parlons, c'est-à-dire au commencement du 7.e siècle, vers l'an 615. Il est donc très-vraisemblable que les soldats de Clotaire, presque tous Parisiens ou Normands, n'avaient point encore la plupart entendu le son des cloches dont l'invention était si récente. Est-il surprenant que surtout dans ces siècles de barbarie ils aient été frappés d'une alarme subite à un bruit si extraordinaire pour eux? Ne trouve-t-on pas dans l'histoire militaire de toutes les nations plusieurs exemples d'une frayeur quelquefois superstitieuse et beaucoup moins fondée que celle-ci, laquelle, malgré l'intrépidité des capitaines, a glacé le soldat, abattu son courage, et occasionné de grandes déroutes?

Deux ou trois ans après la levée de ce siége, Sens ouvrit volontairement ses portes à Clotaire qui, par la mort cruelle de tous les autres descendants de Clovis, était devenu le souverain de toutes les parties de la monarchie française.

Le siége suivant fut plus terrible que le précédent : le courage des Sénonais, le zèle d'un saint prélat, et sa vive confiance en Dieu qui arma son bras pour la défense de son troupeau, sauva la ville des derniers malheurs; car elle n'était menacée de rien moins que d'un embrasement total et du massacre de tous ses habitants.

Sous le nom peu respecté de Thierri II, c'était Charles Martel qui régnait en France, au commencement du 8.º siècle; il disposait en souverain de la puissance royale, et par une suite de faits héroïques accoutumait peu à peu les Français à méconnaître le sang de Clovis et à changer de maître. Eudes, duc d'Aquitaine, maltraité plus d'une fois par ce héros, avait attiré en France une foule de barbares, et particulièrement les Sarrasins que l'avidité du pillage disposait à servir sa vengeance. En peu de temps ce torrent inonda le royaume; ils semblaient se reproduire de toutes parts et laissaient partout des traces sanglantes de leur passage. Déjà ils avaient ravagé le Dauphiné, assiégé Lyon, forcé Mâcon, Châlons, Beaune, Auxerre et plusieurs autres villes.

Ils arrivent enfin à Sens après en avoir désolé les environs par les plus cruelles hostilités ; églises renversées, monastères démolis, châteaux détruits, maisons pillées et abattues, hommes et femmes impitoyablement massacrés; telles furent les tristes annonces de l'approche des barbares.

A leur arrivée à Sens, ils brûlent les faubourgs et préparent à la ville entière le même traitement, joignant à la fureur du carnage le désir insatiable du butin.

Les Sénonais les virent d'un œil ferme approcher des murs, et soutinrent avec intrépidité leurs attaques. Les cruels assiégeants faisaient pleuvoir sur les remparts une grêle de traits; le siége se poussait avec acharnement : les béliers s'avançaient avec roideur contre les murs et les ébranlaient; on employait à la fois toutes les machines meurtrières usitées en ces temps; enfin, les barbares se disposaient à un assaut général et allaient forcer la ville.

A la veille d'un massacre inévitable, plusieurs conclurent au triste parti de se rendre, espérant obtenir quelque article favorable de capitulation qui pourrait sauver une partie des habitants : c'était une dernière ressource si l'on ne voulait pas s'ensevelir sous les ruines de la ville.

Saint Ebbon, alors archevêque de Sens, est informé de la résolution déplorable, mais nécessaire, que venait de prendre son peuple; il lui semble déjà voir couler par ruisseaux un sang qui lui est cher; il assemble une partie des citoyens et ranime leur courage abattu : il exhorte, et ses paroles pleines de l'esprit de Dieu, comme autant de traits de feu percent les cœurs. Dieu lui inspira de proposer contre toute apparence de succès une sortie sur les assiégeants ; le généreux prélat s'offre lui-même pour chef de cette hardie expédition ; à ces mots on oublie le danger, on vole au combat ; alors tous comme des lions s'élancent au milieu des ennemis. Ebbon les précède ; ils forcent le camp des Sarrasins : ceux-ci sont épouvantés d'un coup de valeur si inopiné ; ces barbares qui se voyaient au moment de prendre la ville et de la réduire en cendres, prennent la fuite et abandonnent aux Sénonais leur camp enrichi des dépouilles de plusieurs provinces. Mais Ebbon et sa troupe fidèle ne se bornent pas à ce premier avantage : l'appât du butin n'amuse point les vainqueurs ; ils poursuivent les barbares avec chaleur, et ne leur laissent le temps ni de se reconnaître ni de se rallier ; leur fuite est si précipitée, leur crainte est si vive que se méconnaissant, ils se renversent les uns sur les autres et s'entretuent avec fureur.

Enfin, le courage des Sénonais s'animant de plus en plus sous les yeux de leur saint conducteur, ils profitent de leurs avantages et harcellent les ennemis pendant plusieurs lieues. Quelques historiens assurent qu'ils les poursuivirent jusqu'à Seignelay à près de 10 lieues de la ville, où réduits à un petit nombre après une si grande déroute, ils ne furent plus formidables aux Sénonais (1).

A leur retour, couverts de gloire, ils vinrent recueillir dans le riche camp des ennemis le fruit de leur courage, et puis porter aux pieds du Dieu des armées, l'hommage de leur piété, le tribut de leur reconnaissance, et le consolant aveu que leur pasteur en ce grand jour avait été leur libérateur et la cause, après Dieu, de leur victoire.

(*Article pris dans l'Almanach de* 1766.)

CHAPITRE XI.

Histoire militaire des Sénonais. (SUITE.)

SIÉGE DE LA VILLE DE SENS PAR LES NORMANDS.

Environ l'an 886, sous le pontificat d'Euvrard, 52.e archevêque de Sens, cette ville se trouva exposée aux derniers malheurs et n'échappa au danger que par la valeur de ses habitants.

Une nation féroce, sortie des glaces du Nord

---

(1) Il n'est pas aisé de fixer l'époque précise de ce siége. Plusieurs historiens en font mention sous l'année 731; d'autres sous l'année 732. Clarius, Ordericus Vitalis, le Cointe, Mabillon, Pagi, Aimoin, etc., qui parlent de cet événement ne s'accordent pas entre eux sur la date; il en est même qui le croient postérieur de 6 à 7 ans, et le placent en 738 : c'est l'opinion qui nous paraît la plus vraisemblable.

pour porter le feu dans la plus belle partie de l'Europe, après des cruautés inouïes commises par toute la France, avait formé le siége de Paris qui durait déjà depuis deux ans, lorsque ces barbares consentirent à le lever en vertu du traité honteux que Charles-le-Gros fit avec eux. Ce monarque leur promit de leur payer dans quelques mois 700 livres pesant d'argent, et pour les dédommager de ce délai, on leur permit d'hiverner à l'entour de Sens. Ils s'approchèrent donc de cette ville, non pour y attendre tranquillement le terme qu'on leur avait fixé (toute trêve était incompatible avec leur humeur inquiète et guerrière), mais pour y porter la plus affreuse désolation. Ils ne connaissaient à la guerre d'autres règles que celles d'égorger les habitants et de piller les maisons. L'humanité avait aussi peu de prise sur leurs cœurs, que la fidélité aux paroles qu'ils donnaient.

A leur approche, les religieux de l'abbaye de Saint-Remi se retirèrent dans la ville, où ils déposèrent les reliques de leur trésor. Ils étaient à peine sortis de leur monastère, qu'il fut la proie des flammes. Du haut de leurs murs, les Sénonais virent dans ce triste incendie ce qu'on préparait à leur ville, si leur courage ne suppléait à l'infériorité du nombre. Les Normands entourent la ville et dès les premiers jours ils essaient ce qu'une fureur avide de sang et de carnage peut inspirer à des hommes aguerris et accoutumés à vaincre. L'inutilité des attaques redoublait la fureur des assaillants et la confiance des assiégés.

Les ennemis s'étaient retirés dans une tour fort élevée du monastère de Saint-Gervais, situé proche la porte Notre-Dame. L'élévation et la proximité de cette tour leur procurait la facilité de distinguer aisément tout ce qui se passait dans la ville; ils y lançaient continuellement des flèches et des pierres dont les coups étaient assurés. Il est aisé de comprendre ce que durent souffrir les Sénonais pendant un siége aussi long qu'opiniâtre. Les Normands s'obstinèrent à battre la ville pendant six mois; mais désespérant de forcer des hommes si braves et si déterminés, ils se virent obligés de lever honteusement le siége. Ces barbares, en se retirant crurent devoir venger la honte de leur défaite par un dernier trait de fureur; ils rasèrent les monastères de Notre Dame et de Saint-Gervais; ils ne laissèrent subsister que la tour de ce dernier, où peut-être ils espéraient trouver la même ressource pour former dans la suite une nouvelle attaque; mais les Sénonais, instruits par le danger, abattirent cette tour aussitôt après le départ des Normands.

(Ce article est pris dans l'Almanach de 1770.)

FIN DES CHAPITRES SUR L'HISTOIRE MILITAIRE DES SÉNONAIS.

DESCRIPTION
TOPOGRAPHIQUE, HISTORIQUE ET ANECDOTIQUE
DE LA VILLE ET DES FAUBOURGS DE SENS.

CHAPITRE XII.

Territoire de Sens.

Les détails dans lesquels nous allons entrer n'offriront guères, à la plupart de nos lecteurs, qu'un faible intérêt de localité; cependant nous pensons que plusieurs traits historiques et quelques origines singulières qui y sont rapportées, pourront piquer leur curiosité. Nous ne commencerons pas ici par vanter l'ancienne splendeur de cette ville, ni le rang qu'elle a occupé parmi les cités gauloises; nous allons parler d'abord de son état actuel.

Le territoire de la ville de Sens a été cadastré en 1827 et 1828; et en 1829 les contributions ont été réparties d'après cette opération.

Voici le détail des propriétés bâties et imposables, classées d'après ce cadastre, et à cette époque.

Maisons.	1895
Maisons en construction.	14
Pavillons.	25
Magasins isolés.	2
Écuries isolées.	2
Tanneries.	14
Grange à écorce.	1
Moulins à blé.	9
Moulins à tan.	6
Huileries.	2
Pressoirs.	13
Fabriques de coutellerie.	2
Fabrique de bijoux d'acier.	1
Lavoirs.	6
Lavoir pour cendres d'orfèvre.	1
Fonderie de suif.	1
Corderie.	1
Gendarmerie.	1
Halle au blé et salle de danse.	1
Total des propriétés bâties.	1997

Superficie des propriétés non bâties, imposables, classées en six séries, savoir :

	HEC.	A.	C.
1.º Terres labourables et autres propriétés homogènes.	1324	00	10
2.º Prairies.	175	10	10
A reporter.	1499	10	20

	HEC.	A.	C.
Report......	1499	10	20
3.° Terrains plantés........	380	21	90
4.° Bois............	83	23	90
5.° Canaux et autres pièces d'eau.	1	13	20
6.° Landes et autres propriétés homogènes.,.........	2	11	40
	1965	80	60
La superficie des propriétés bâties, imposables, est de...........	47	01	10
La superficie des objets non imposables est, savoir en grandes routes, chemins vicinaux, rues, places, promenades publiques, cimetières, églises, presbytères, et autres bâtiments d'utilité publique, de....	101	67	20
En rivières, mares, ruisseaux, de.............	51	53	10
Total général de la superficie du territoire de Sens.......	2166	02	00
Ou............	5131 arp. 85 p. 1/2		

Par suite de l'opération de ce cadastre, l'ancien territoire de la commune de Sens a subi quelques changements qui ont été autorisés par des ordonnances royales.

Le hameau de *Granchette* dépendait autrefois de la ville de Sens; en vertu d'une ordonnance du 21 septembre 1827, toutes les habitations de ce hameau et une grande partie de son territoire ont été réunies à la commune de Saint-Denis-lez-Sens; et le surplus à la commune de Saint-Clément.

Une grande plaine dite des *Sablons*, qui faisait autrefois partie du territoire de Saint-Denis, appartient aujourd'hui à la ville de Sens. Cette plaine est bornée au midi par le faubourg d'Yonne, au levant et au nord par la rivière d'Yonne, et au couchant par le chemin vicinal de Saint-Martin, qui forme la limite, en se dirigeant du midi au nord, et en longeant les vignes et la montagne jusqu'à l'endroit où la rivière vient en baigner le pied.

(Ordonnance du 21 septembre 1827.)

La limite au nord de la ville de Sens, entre cette ville et les communes de Saint-Clément et Saint-Denis, est fixée maintenant au fossé qui longe la propriété de Sennepy, côté du sud; et cette limite se prolonge en ligne droite, en traversant le chemin de Saint-Clément, puis la grande route de Paris à Lyon jusqu'à la rivière d'Yonne.

(Ordonnance du 25 avril 1827.)

La limite entre les territoires de Sens et de Maillot, au midi de la ville, à partir du dernier pont Bruant, est fixée du nord au sud, par la grande route de Sens à Auxerre, et à partir de ce pont, du couchant au levant jusqu'au moulin des Boutours, par le bras de la Vanne dit la *rivière flottable*; en conséquence, la partie dite *entre les deux Vannes* dépend du territoire de Sens.

(*Ordonnance du 15 août 1827.*)

D'après le cadastre fait en 1827, le nombre des maisons de la ville de Sens, s'élève à 1,895. En 1817, il n'était que de 1,815, savoir : 918 dans la ville, et 897 dans les faubourgs, suivant le numérotage qui a été fait, à cette époque, de toutes les habitations pour les logements militaires. Ce numérotage a été fait d'après le système adopté pour les rues de la Capitale, c'est-à-dire tous les numéros pairs à droite et les numéros impairs à gauche, en commençant du côté de la rivière, et pour les rues transversales, de même, en commençant comme le cours de la rivière qui coule du sud au nord.

En 1771, au mois de février, on avait procédé à un numérotage général des maisons de la ville et des faubourgs; le nombre ne s'éleva alors qu'à 1,804.

La ville de Sens était autrefois bien plus peuplée; elle a beaucoup perdu depuis le démembrement de son archevêché, en 1622, sous Louis XIII; et de son bailliage dont dépendaient Auxerre, Melun, Ferrières, Joigny, Villeneuve-le-Roi, Montargis, Châlons-sur-Marne et Langres (1). La construction

---

(1) Le bailliage était autrefois si étendu qu'en 1563, on comptait à Sens 88 avocats, et 56 procureurs.

du canal de Briare, et plusieurs incendies considérables ont aussi contribué à diminuer le commerce et la population de cette ville.

Nous voyons dans nos chroniques que l'on s'est occupé plusieurs fois de l'*arpentage* de la ville de Sens. Au mois de décembre 1368, Guillaume d'Ars ou d'Arces, bailli de Sens, fit arpenter la ville, en ceignant les murs avec une corde; il trouva qu'elle contenait 71 arpents.

En 1559, Vincent Bonneau voulut aussi en faire le *mesurage*; et il reconnut qu'elle contenait 80 arpents, y compris les murailles. Les fossés qui entouraient la ville contenaient 22 arpents; ces fossés avaient depuis 5 jusqu'à 7 toises et demie de large. Ils sont aujourd'hui tous comblés, à l'exception de ceux qui longent la promenade du Mail.

En 1614, Jean Pouville, couvreur de la ville, mesura aussi la partie *intrà muros*, et trouva qu'elle avait 1,340 toises de tour, y compris les portes, les tourelles et les corps de garde.

Dans l'arpentage de 1368, la grande église, le cloître, l'archevêché et la Maison-Dieu (1) contenaient 13 arpents; l'église et l'enclos des Corde-

---

(1) Ou l'hôtel-Dieu qui était autrefois dans l'emplacement de la halle au blé et de la caserne de la gendarmerie. La petite Maison-Dieu était située rue du Cheval-rouge, entre l'église de Saint-Pierre-le-rond et l'hôtel de la Mairie.

liers (1), 5 quartiers et demi; les Célestins (aujourd'hui le Collége), 1 arpent; les églises paroissiales, les presbytères, la petite Maison-Dieu et les hôtels des abbés (2), 7 arpents et demi; enfin les hôtels du roi et leurs accins, les halles et places du marché au blé, 3 arpents et demi.

S'il y a quelques différences dans ces arpentages, elles proviennent peut-être de la contenance de la perche qui a varié de 18 à 25 pieds. En 1349, une ordonnance du bailli de Sens fixa l'arpent de terre dit le grand arpent, pour Saint-Julien, Dixmont et Villeneuve-le-Roi, à 24 ou 25 pieds pour perche; celui de l'Archevêque à 20 pieds 3 pouces; celui du Chapitre et de Saint-Pierre-le-Vif, à 19 pieds,

---

(1) Cette propriété appartient aujourd'hui à M.ʳ Bellaigue; depuis 1368, les Cordeliers avaient fait des acquisitions, et augmenté l'étendue de leur jardin de plus d'un arpent et demi.

(2) A l'époque des irruptions des Normands ou des Anglais, et pendant les guerres civiles qui désolaient la France, les abbés des monastères des faubourgs de Sens se retiraient dans la ville, avec leurs religieux, et y avaient des Hôtels d'une grandeur suffisante pour les y recevoir. L'abbé de Saint-Pierre-le-vif avait son logement à l'hôtel des Tournelles où est aujourd'hui le grand séminaire. L'abbé de Sainte-Colombe avait le sien rue de la Charronnerie, dans l'emplacement de la maison de M.ʳ de Laurencin. L'abbé de Saint-Remi avait le sien place Saint-Hilaire, où est la maison de M.ʳ Dubaux; enfin l'abbé de Saint-Jean avait le sien rue de la Parcheminerie, vis-à-vis de la rue de Montpézat.

et à 99 perches par arpent ; enfin la perche pour les terres du finage de Sainte-Colombe, à 18 pieds.

Voici le résultat d'un autre arpentage fait en 1786, par M.ʳ Fillemin, géomètre, par ordre du Corps municipal.

L'Esplanade contient 5 arpents 88 perches.

Le Clos-le-Roi, 2 arpents 83 perches.

Le Mail avec les fossés adjacents, 4 arpents 90 perches.

La place Saint-Étienne et le marché au poisson, 94 perches.

La place du Samedi, 74 perches un quart.

La halle aux poulets, aujourd'hui le marché aux porcs, 19 perches et demie.

Le boulevard, depuis la porte Saint-Didier à la porte d'Yonne, 4 arpents 30 perches.

Celui de la porte d'Yonne à la porte Saint-Remi, 5 arpents 54 perches.

Celui de la porte Saint-Remi à la porte Dauphine, 2 arpents 40 perches.

La ville de Sens a 512 toises de long et 250 toises de large, et contient environ 80 arpents. On l'a comparée avec la cité de Paris qui n'a que 480 toises de long et 140 toises de large, et ne contient que 44 arpents de superficie.

Voici la contenance actuelle de quelques grandes propriétés de la ville de Sens, dont on pourra comparer entre elles la grande étendue.

Le domaine de la Planche-Barreau, faubourg Notre-Dame, appartenant à madame d'Yauville, contient 25 arpents, et la prairie adjacente 20.

La propriété du Petit-Saint-Sauveur, faubourg Saint-Didier, 17 arpents.

L'enclos de Saint-Antoine, 16 arpents.

L'enclos de Saint-Pierre-le-vif, 12 arpents.

La Pépinière dite le clos de Bellenave, 14 arpents; elle a été réunie au grand cimetière en 1837.

La Pépinière dite des Célestins, attenant, 10 arpents 14 perches.

Le jardin de l'Hôtel-Dieu, 10 arpents.

L'enclos de Sainte-Barbe, près des Boutours, 8 arpents.

La propriété de la Motte-Saint-Jean, autrefois appelée la Motte-Magron, appartenant à M.r Dupont, 9 arpents, et la prairie adjacente 4 arpents.

Le couvent des Ursulines et ses dépendances, 4 arpents.

La propriété des Gaillons, 5 arpens.

La Folie Jeannot ou clos de la Barguette, 4 arpents.

L'enclos du sieur Foin, près de l'Esplanade, 2 arpents 12 perches.

La maison de M.r Bellaigue et l'enclos en dépendant, 3 arpents.

Sens *intrà muros*.

Par arrêt de la Cour, du 5 décembre 1523, la ville de Sens fut divisée en 5 quartiers qui reçurent les noms de quartier d'Yonne, quartier St-Hilaire, quartier Saint-Pierre-le-rond, quartier Saint-Pierre-le-donjon, et quartier Saint-Benoît ou quartier du Cloître.

En 1574, il fut décidé que les clés de la ville resteraient entre les mains du maire et des échevins, préférablement au bailli.

Ce n'est guères qu'au commencement du 18.e siècle, que l'on a contracté l'usage de placer au coin des Rues des écriteaux, avec leurs noms en gros caractère. En 1728, Mr Hérault, lieutenant-général de police, en fit mettre partout à Paris, sur des feuilles de fer-blanc, pour aider les étrangers à s'y reconnaître.

Auparavant, la plupart des Rues ne se distinguaient que par de grandes enseignes d'hôtelleries, telles qu'à Sens, les rues du Cheval-rouge, du Lion-d'or, des Trois-Rois, etc. D'autres rues se reconnaissaient par leur destination spéciale, leur genre de commerce, ou de grands établissements, telles que les rues de la Vannerie, de la Parcheminerie, de la Charronnerie, la rue des Bourses, celle des Balais, celle des Fromages, les rues des Vieilles-Étuves, de la Grande-Juiverie, de la Synagogue, etc.

Des réglements obligeaient anciennement chacun de se loger dans des rues particulières, suivant la différence des professions : il en était ainsi à Sens, à Dijon et à Beaune.

Les rues de la ville de Sens, et quelques-unes dans ses faubourgs, sont arrosées toute l'année par de petits ruisseaux provenant d'un bras de la rivière de Vanne. On ne cite guères en France que Colmar, Tarbes, Mende et Sézanne qui, comme la ville de Sens, doivent à un semblable avantage, leur propreté et leur salubrité.

La ville et les faubourgs (en 1838) sont éclairés, 6 mois de l'année, du 1.er octobre au 1.er avril, par 102 réverbères contenant 259 becs.

A l'instar de Saint-Foix qui, dans ses *Essais sur Paris*, a recherché l'origine et les anciens noms des rues de la capitale, nous allons donner la nomenclature de celles de Sens, en tâchant de faire connaître de même leur antiquité et leurs diverses destinations; nous suivrons l'ordre alphabétique.

1. *Rue des Balais*, appelée aussi *rue aux Balais*, aboutit d'un bout sud dans celle des Porcelets, vis-à-vis d'une maison appelée autrefois *le chef de Saint-Jean*. Les marchands de balais s'y tenaient les jours de marché.

Il y a aussi à Auxerre une *rue des Balais*, qu'on a mal à propos désignée sous celui de *rue des Ballets*, dans les *Rech. hist. sur Auxerre*.

2. *Rue Beaurepaire*, ainsi nommée dans le commencement de la révolution, du nom d'un général français qui, en 1792, se brûla la cervelle à Verdun, dont il était commandant, au moment où cette ville fut prise par les Prussiens. Une section porta aussi ce nom à Paris; l'assemblée législative, par décret du 13 septembre 1792, décerna à ce général les honneurs du Panthéon. Cette rue s'appelait anciennement *rue des Jacobins*, parce que ces religieux y avaient leur monastère.

Elle aboutit sud à la Grande-rue, et nord à celle de la Charronnerie. Du carrefour de la Grande-rue à la porte Saint-Didier, on compte 110 toises.

3. *Rue de la Bertauche* aboutit ouest rue du Tambour-d'argent (1).

Elle a 64 toises de long.

4. *Rue des Bourses* aboutit nord place Saint-Étienne, et tire son nom du commerce des bourses autrefois fort à la mode. On l'appelle vulgairement *rue Monte-à-regret*, parce que les condamnés allaient toujours au supplice par cette rue. Une petite ruelle appelée *des Pendus*, et dont le nom a quelque rapport avec celui de *Monte-à-regret*,

---

(1) Le mot *Bertauche*, *Bertèche*, ou *Bretèche*, signifie une petite forteresse à créneaux, ce qui donnerait à croire qu'il y a eu en cet endroit un petit fort ou citadelle, comme dans la rue du Château-Gaillard. (*Voy. ci-après*, n.° 8.)

existait autrefois vis-à-vis de la rue des Bourses et traversait la maison de M.ʳ Perrin, jusqu'à la rue Haut-le-pied. Elle s'appelait aussi *rue du Marché-Dieu*, à cause sans doute de l'*Hôtel-Dieu*, et de la place du *marché*. Elle a 28 toises de long.

5. *Rue des Canettes*, anciennement *rue des Canes*, nommée par d'autres *rue des Garennes*. On ignore d'où lui viennent ces noms. Le terme de *Canette* est employé en blason pour désigner un oiseau pourvu de ses pattes et de son bec, tandis que par *Merlette* on représente un oiseau dont le bec et les pattes sont tronqués.

Elle aboutit ouest à la rue Saint-Didier, et au levant à la rue Saint-Benoît, et toutes deux portent aujourd'hui le même nom.

Elles ont ensemble 108 toises.

6. *Rue Champfeuillard*, autrefois rue *Champ-feu-Guyard*, a aussi porté les noms de *rue des Étuves-d'en-haut*, *rue Bouchefort* et *rue de la Brèche*; il y avait dans cette rue un hôtel des étuves. Le nom de rue de la Brèche lui fut donné à l'occasion du siége de Sens par Henri IV, qui battit cette ville en brèche du côté de cette rue, l'an 1590. La partie des murailles où se donna l'assaut, fut refaite sous le mairat de Jacques Blénon. Un titre du Chapitre désigne ainsi cette rue : *la rue de la Brèche, en Champ-feu-Guyard*, ce qui ferait regarder ce dernier nom comme celui d'un quartier.

Lors du siége dont nous venons de parler, les villageois des environs de Sens défendaient la ville, conjointement avec les habitants. Ils faisaient un feu si terrible avec leurs fauconneaux, que le roi demanda de quel régiment étaient ces soldats. On lui répondit que c'était une troupe de *Sabotiers*, nom sous lequel on désignait alors les campagnards. Mais dans l'instant, il manqua d'être tué d'un coup de ces fauconneaux, ce qui fit qu'il s'écria : *Ventre saint gris, quels sabotiers !* Les habitants de Courlon étaient placés dans la tour près de laquelle fut faite la brèche.

Cette rue est courbe, et elle suit la direction des murs de ville, de la porte Saint-Hilaire à la porte Formeau.

7. *Rue de la Charronnerie*, ainsi nommée du grand nombre de charrons qui y travaillaient. Elle a aussi porté le nom de *rue du Tripot*, à cause d'un grand jeu de paume qui y existait (maison de Mme veuve Chandenier); cette maison de divertissement portait pour enseigne *le lion d'or*. D'autres disent, mais à tort, que ce nom de *rue du Tripot* lui vient de ce qu'elle forme, du côté de la place Saint-Étienne, un embranchement qui ressemble à un trépied, en latin *tripus, tripodis*.

A côté de ce jeu de paume, était l'hôtel de l'abbé de Sainte-Colombe, dont nous avons parlé.

Cette maison a appartenu anciennement à MM. Lhermite, Leriche, et de Potrincourt.

En 1567, le cardinal de Bourbon fit bâtir l'hôtellerie de *l'image de Saint-Etienne*, appelée autrement l'auberge de *la Pointe*. La façade principale était flanquée de deux petites tourelles en culs-de-lampe; il y avait 12 portes pour y entrer; on en supprima 10 par la suite; on posa dans le haut cinq figures; celles de Jésus-Christ, de Moïse et Élie, et au-dessous celles de saint Pierre et de saint Jean. Cette maison étant destinée à un établissement public, on y plaça l'inscription suivante (1) :

Bonum nos est hic esse.

Et un peu plus bas celle-ci, que l'on y lit encore aujourd'hui :

Reipublicæ commoditati;
Urbis ornamento;
Pauperum utilitati.

« Pour l'avantage de la chose publique;
» Pour l'ornement de la ville;
» Pour l'utilité des pauvres. »

On y avait sculpté, dans trois écussons, les armes du cardinal, du chapitre et de la ville. Le pré-

---

(1) *Bonum nos est hic esse*; lors de la Transfiguration, saint Pierre et saint Jean virent Jésus-Christ entre Moïse et Élie; et saint Pierre lui dit : « Seigneur, nous sommes bien ici; faisons-y trois tentes : l'une pour vous, l'autre pour Moïse, l'autre pour Élie. (Voy. *Ev. saint Math.* 17, IV.

lat avait eu l'intention d'établir dans cet édifice une halle au poisson, et d'éloigner de son palais celle dont le voisinage, la malpropreté, et l'odeur désagréable l'incommodaient. Il ne put y réussir; il laissa par la suite ce bâtiment à l'Hôtel-Dieu qui depuis l'a aliéné; et l'on y a établi une auberge.

En 1817, cette rue a été appelée *rue de Laurencin*, en reconnaissance des services rendus à la ville par M.^{r} le comte de Laurencin, alors maire de Sens.

Elle a 105 toises de long, jusqu'à la place Saint-Étienne.

8. *Rue du Château-Gaillard*; c'est plutôt une ruelle qui a porté aussi anciennement le nom de *rue Sauvegarde*. Il y avait un Château-gaillard d'où lui vient son nom. En 1568, Grégoire Mallard, procureur du roi au bailliage, avait obtenu du roi de France, la permission de faire construire deux moulins à vent, l'un dans cette rue, l'autre sur la Grosse-Tour. Les habitants l'en empêchèrent. Il y avait aussi dans cette rue un four bannal appartenant au Chapitre.

Elle a 75 toises de long.

9. *Rue du Cheval-rouge*. La petite *Maison-Dieu* était autrefois dans cette rue entre l'église de Saint-Pierre et l'hôtel de la Mairie. Une maison dite *le petit Hôtel-Dieu* ou *maison pour les Pèlerins*, établie en 1208, près des fossés Saint-Rémi, ayant été démolie en 1358, fut réédifiée dans l'emplacement que

nous venons de désigner. Elle fut détruite en 1677, et réunie au grand Hôtel-Dieu.

Cette rue a 71 toises de long; elle aboutit nord à la Grande-rue, et sud à celle de la Vannerie. On l'a appelée quelquefois, rue Saint-Pierre-le-rond. Dans la maison où se trouve aujourd'hui l'enseignement mutuel des filles, a existé anciennement le Tribunal de l'Élection, qui, en 1780, fut transféré au bailliage aujourd'hui palais de justice. La *Maréchaussée*, appelée depuis *Gendarmerie*, fut installée dans cette maison qui anciennement avait appartenu à la famille Ferrand, qui a occupé dans cette ville de grandes dignités civiles et ecclésiastiques.

Dans l'un des panneaux d'une croisée de cette maison on lit : *Post tenebras spero lucem* (tiré de Job, 17, XII.), et dans un autre : *Sapientia victrix*.

10. *Rue de Clénau ou de Clénault*, et anciennement *rue de la Tronche-S.ᵗ-Pierre*; on ignore l'origine de ces noms. M.ʳ de Gondrin, archevêque de Sens, voulut établir des pénitences publiques à la porte des paroisses; la servante d'un vitrier nommé Basset, s'étant abandonnée à son maître, se soumit à la pénitence, et pendant deux mois s'agenouilla à a porte de cette église, située au milieu de cette rue.

Le mot *tronche* signifiait autrefois *tronc* d'arbre; il est possible qu'il y ait eu anciennement un gros arbre planté devant cette église, et qu'étant mort le *tronc* y soit resté longtemps. Devant plusieurs églises on plantait autrefois des arbres ; il y avait même à Paris l'*orme Saint-Gervais* devant l'église de ce nom.

La *rue de Cléneau* a la forme d'un zig zag, et elle a 69 toises de long.

11. *Rue du Coton* ou *du Coulon.* Ce mot signifiait anciennement *pigeon* ou *colombe* ; il y avait sans doute dans cette rue une enseigne de ce nom. Coulommiers en Brie, et le village de Collemiers près de Sens, sont appelés en latin *Columbarium* ; et tirent leur nom de colon ou colombe.

Cette rue a 41 toises de long.

12. *Rue des Cordeliers,* ainsi nommée du monastère des Cordeliers dont l'église y avait son entrée. Les religieuses de l'abbaye royale de Notre-Dame de la Pommeraie, en arrivant dans cette ville, avant de s'établir dans le faubourg Saint-Antoine, logèrent dans une maison située dans cette rue, du côté du couchant. Elles demeurèrent aussi quelque temps à l'archevêché, et en décembre 1689, elles obtinrent du Chapitre la permission d'entrer dans la chapelle de Saint-Mammès (celle qui est vis-à-vis de la porte latérale du chœur, côté de la sacristie) pour y entendre l'office de Noël et celui de Saint-Étienne. Les grilles de cette chapelle étaient garnies de tapisseries.

Cette rue a 45 toises de long ; elle aboutit sud à la rue de la Bertauche, et nord à la Grande-rue.

Dans l'église des Cordeliers, il y avait de beaux vitraux de Jean *Cousin*; ils ont disparu lors de la destruction de cette église, en 1794. Le vitrail d'une croisée représentait le serpent d'airain. Ce sujet a été gravé par Étienne *de Laulne*. D'autres représentaient Jésus-Christ sur la croix et un miracle opéré par la Sainte-Vierge.

Christophe *de Cheffontaines*, célèbre cordelier du couvent de Sens, archevêque de Césarée *in partibus*, administra le diocèse de Sens, sous Pellevé. Il est auteur de plusieurs ouvrages; il est mort en 1595, âgé de 63 ans.

13. *Rue Dauphine*. Cette rue a porté autrefois les noms de rue de la Corderie, rue de la Lanterne et rue Couverte, depuis la Grande-rue à la rue de la Vannerie; et depuis cette dernière à la porte Dauphine, elle s'appelait rue de la Gâtellerie, à cause des marchands de gâteaux. Pendant la révolution, elle a porté le nom de rue de la République. En 1406, elle portait déjà le nom de rue Couverte, *vicus coopertus*; et en 1770, elle fut nommée rue Dauphine, après l'inhumation du Dauphin et de la Dauphine dans la cathédrale de Sens. La porte commune fut aussi appelée porte Dauphine, à la même époque.

Cette rue a 116 toises, depuis la porte Dauphine à la Grande-rue. Il y a dans cette rue une cour commune appelée la cour *Baillet*.

En 1644, la femme d'Hilaire Jossey, pâtissier, demeurant dans cette rue, près de la porte Commune, accoucha de quatre filles vivantes qui furent baptisées à Saint-Pierre-le-rond.

Dans la nuit du 21 au 22 juillet 1776, le feu prit chez un nommé Robert, épicier, et consuma dans cette rue environ 12 maisons et toutes leurs dépendances.

Un puits situé au coin de la rue des Trois-Rois, s'appelait puits de la Halle.

Vis-à-vis de ce puits, on remarque une maison dont l'angle présente un ouvrage de charpenterie des plus singuliers. Le poteau qui est au coin est sculpté et représente la généalogie de Notre-Seigneur, depuis Abraham jusqu'à la Sainte-Vierge. Tous les personnages sont taillés en relief dans la même pièce de bois, qui forme un arbre généalogique, et dont la tige sort des côtes du père Abraham. Les autres pièces de bois sont aussi décorées de sculptures qui autrefois, lorsqu'elles étaient bien conservées, et dans leur intégrité, attiraient l'attention des curieux et des étrangers. Cette construction, ancienne et bizarre, mérite d'autant plus d'être remarquée, qu'il est rare de trouver aujourd'hui en France beaucoup de maisons qui offrent cette singularité gothique.

Le propriétaire de celle dont nous parlons a fait peindre de diverses couleurs les figures représentées dans toute la longueur de l'arbre généalogique, et il y a fait mettre la date de 1202 ; mais il est reconnu que les sculptures en bois qui décorent les façades des habitations dans les villes, ne datent au plus tôt que des 14, 15 et 16.e siècle. Le *Journal des Artistes*, du 29 mars 1829, s'est trompé en disant que celles dont il s'agit représentent des attributs de vendange : du côté de la rue de la Vannerie, on remarque au contraire au-dessus et autour des croisées divers instruments de tanneurs, ce qui donnerait à croire que cette maison a été primitivement occupée par un industriel dans cette partie.

On a démoli à Paris, en nivôse an x, une maison rue Saint-Honoré, dont on a fait remonter l'origine au 12.e siècle. Elle était construite en bois, et nos peintres l'ont quelquefois placée dans leurs tableaux, notamment *Vincent*, dans ce trait de l'histoire de France où le président Molé résista avec tant de courage à une populace effrénée.

Un poteau de cormier, tout couvert de sculptures, formait l'angle de cet édifice. Il représente un grand arbre dont les branches sont garnies de fruits, et que des singes qui grimpent à l'entour, s'empressent de cueillir. L'architecture de nos pères, a dit un artiste, était de mauvais goût, si on la compare à la nôtre, mais elle parlait à l'imagination, et ils mettaient de la poésie et du sentiment sur les linteaux de leurs portes, et jusque sur les poutres saillantes de leurs vastes salles, etc.

Les voyageurs remarquaient autrefois, dans cette rue, deux enseignes plaisantes; un chapelier avait fait représenter un *chat plié*, et il avait mis au-dessus de sa porte : *B.*** l'aîné, chapelier, au Chat plié*. Un autre chapelier, son voisin, avait fait peindre une oie tenant dans son bec un chapeau. On lisait au-dessous : Prenez mon chapeau et *laissez mon oie* (autrement : *laissez la monnoie*).

14. *Rue de l'Écrivain*, autrefois rue des Trois-Pigeons, rue Jean Châlons, rue des Jamards; ce dernier nom est celui d'une ancienne famille de Sens; elle le portait encore en 1757. *Marivaux*, écrivain dramatique et auteur du *Paysan parvenu* et de *Marianne*, deux romans très-estimés, demeura quelque temps dans cette rue, maison des Fauvelet, dont il avait épousé une parente (Mlle Martin).

La famille des *Fauvelet* est une des plus anciennes de Sens, et dès l'an 1480, elle a occupé des charges de judicature ou des dignités ecclésiastiques; d'autres aussi ont exercé les professions de marchand ou d'huissier. Guillaume Fauvelet, archidiacre de Melun, mort le 3 décembre 1582, a composé les inscriptions gravées en 1562 sur les deux bourdons de la cathédrale. — Antoine Fauvelet du Toc, secrétaire des finances du duc d'Orléans, frère de Louis XIV, mort vers 1683, a composé plusieurs ouvrages estimés, dont *l'histoire des Secrétaires d'État*, Paris, 1668, in-4.º — L'his-

toire de *Henri, duc de Rohan*, Paris, 1667, in-12.
— *Les généalogies des Secrétaires d'État*, etc. Le général *Carra-Saint-Cyr* a épousé une de ses descendantes. — Angélique *Fauvelet du Toc* fut nommée abbesse de Saint-Laurent de Bourges. Son éloge, composé par Claude Masson, a été imprimé à Bourges, en 1671, in-4.°; son portrait a été gravé de format in-folio par Jean Lenfant. — Un Jean Fauvelet fut conseiller au bailliage de Sens, en 1574. Cette famille, en considération de ses services, fut anoblie, en 1640, par lettres-patentes de Louis XIII, données à Saint-Germain-en-Laye. Ses armes sont d'azur, à trois levrettes d'argent courantes, 2 et 1, colletées de gueules et grelottées d'or. Leur écusson était figuré anciennement au-dessus de cette maison; elles ont disparu en 1789. Il y a eu plusieurs branches de cette famille qui ont porté les noms de du Toc, Monthard, Charbonnière, Bourrienne, etc. M.r Louis-Antoine Fauvelet de Bourrienne, secrétaire de Bonaparte, conseiller d'état, ministre plénipotentiaire à Hambourg, et député, mort en 1834, s'est fait connaître par ses talents administratifs et ses Mémoires publiés en 10 v. in-8.° 1829.

Marivaux, dans son *Télémaque travesti*, a emprunté les noms de quelques familles de cette ville; et dans son *Paysan parvenu*, il a parlé aussi d'un chanoine de Sens.

Il y a dans cette rue, côté du couchant, la *Cour*

de *Richebois* et le *cul de sac des bons Enfants*, et au levant, près de la Grande-rue, la *cour de la Souche*. Les religieuses de Notre-Dame de la Pommeraie ont aussi demeuré dans cette rue, puis dans la rue de l'Épée, avant d'aller habiter leur monastère, faubourg Saint-Antoine.

Cette rue a 90 toises de long, de la porte Saint-Remi à la Grande-rue.

15. *Rue de l'Épée*, tire son nom d'une grande maison appelée autrefois le fief de l'Épée, occupée en 1833 par MM.^mes Chauvot ; au-dessus de cette maison, on remarquait en 1789, une épée placée en forme de girouette. C'était là qu'était autrefois l'école des Juifs, ou leur synagogue ; elle a été aussi dans une autre rue qui en porte le nom. La rue de l'Épée fut encore appelée rue de la *Treille*, du nom d'une cour commune dont on ne connaît plus l'emplacement.

Dans cette rue, on voyait encore, il y a quelques années, un carrelage en mosaïque dans une cave, (ancienne maison des Robillard).

La maison dite autrefois le fief de l'Épée a appartenu à Mlle de Sens qui l'a fait décorer de sculptures et de bustes que l'on y remarque encore.

16. *Rue des Fromages*, ainsi nommée des marchands de fromages qui s'y plaçaient les jours de marché.

Cette rue a 17 toises de long.

17. *Rue de la Grande-Juiverie*, cette rue, ainsi que celle de la Petite-Juiverie, était spécialement occupée par les Juifs domiciliés dans cette ville. (Voy. ci-après rue de la Synagogue.)

Cette rue a 74 toises de long.

Nos auteurs prétendent qu'il y avait dans cette rue, près de la Grande-rue, une grosse tour très-formidable, où le comte Raynard se mettait à couvert des attaques de ses ennemis; mais ils la confondent sans doute avec la grosse tour qui était située près des murs de ville et non loin de la porte d'Yonne.

On a dit aussi que cette tour avait servi de synagogue aux Juifs, et qu'il y avait, dans sa partie inférieure, un cachot où sainte Colombe fut enfermée sous l'empereur Aurélien.

Cette tour fut détruite et brûlée en 1202.

18. *Grande-rue*, appelée autrefois rue du Dauphin, à cause d'une auberge de ce nom, située maison de M.r Perrin-Philbert; pendant la révolution, elle a porté le nom de rue de la Convention. Il y avait dans cette rue, des hôtelleries autrefois célèbres, telles que celle du Griffon, maison de M.r Dufour-Clavier, marchand de bois; et celle de la Levrette, maison du sieur Hattier fils.

La poste aux chevaux a été longtemps dans cette dernière.

En 1582, Colombe Chatry, femme d'un tailleur

d'habits appelé la Caritade, accoucha d'un enfant pétrifié, après 28 ans de grossesse, à l'âge de 68 ans ; elle mourut le 16 mai. Jean Ailleboust, et Siméon de Provenchères, tous deux médecins à Sens, ont écrit l'histoire de ce fœtus extraordinaire. L'ouvrage d'Ailleboust est écrit en latin et intitulé : *Portentosum lithopædium*, imprimé à Sens, chez Savine, en 1582. Cet ouvrage a été traduit par Siméon de Provenchères, sous ce titre : *le prodigieux enfant pétrifié de la ville de Sens.* Sens, chez Savine, in-12, 1582, avec une figure en bois. Ce même Provenchères a aussi publié un ouvrage non moins curieux, intitulé : *Histoire de l'inappétence d'un enfant de Vauprofonde, près Sens, de son désistement de boire et de manger pendant 4 ans 11 mois.* Sens, Georges Niverd, 1610.

En 1627, Mme Billard, hôtesse de la Levrette, veuve de Thomas Montsainct, chirurgien, vendit à Prudamont, lapidaire, et à Garteron, orfèvre, à Paris, cet enfant pétrifié qu'elle tenait de Jean Cothias, chirurgien, moyennant la somme de 210 livres et une riche turquoise. Ce précieux morceau fait aujourd'hui partie du cabinet d'histoire naturelle du roi de Dannémarck.

Thomas Montsainct était un homme savant qui a publié : 1.º *Le jardin sénonais cultivé naturellement d'environ 600 plantes qui croissent aux environs de Sens. Sens, Georges Niverd,* 1604. 2.º Histoire miraculeuse des eaux rouges comme sang, tombées à Sens, le jour de la Fête-Dieu en 1617.

Avant M.̄ *Hattier* fils, cette même maison a appartenu à MM.rs Garsement de Fontaine et Guichard, et plus anciennement à une comtesse du Deffend.

Il y a dans cette rue, vis-à-vis de la rue de la Grosse-Tour, un puits que l'on appelait *puits des Treize-Prêtres*. Le pape Alexandre III, lors de son séjour à Sens, choisit treize des curés de la ville pour l'assister quand il dirait la messe. Ils jouissaient en 1633 d'un revenu de 305 livres et 15 sous, non compris les censives et lods et ventes qui se percevaient tous les ans devant ce puits, le jour de S.te-Croix.

Dans le bas de la Grande-rue, à côté du puits des treize prêtres, et à peu près vis-à-vis de la rue de la Grosse-Tour, il y avait deux cours communes ; l'une appelée la *Cour-cloche*, et l'autre la *Cour-Perdriat*. Les anciens titres parlent d'une *rue de la Savaterie*, et d'une *rue Poupine* ; elles aboutissaient dans la Grande-rue près du carrefour de Sainte-Colombe, ou de la rue Beaurepaire.

Un autre puits, situé vis-à-vis du café du sieur Lefier, se nommait puits de la Cornoule (c'est-à-dire de la corneille), sans doute à cause d'une enseigne.

Le carrefour situé entre la rue Beaurepaire et la rue de l'Écrivain, s'appelait *du Carrouge*, à cause d'une carre rouge. L'église paroissiale, bâtie à l'un des coins du carrefour, s'appelait, pour la même raison, Sainte-Colombe-du-Carrouge, en latin *de quadrivio*. Cette église, démolie en 1792, avait été reconstruite en 1732, aux frais de M.ʳ Guichard, curé, qui ne sollicita aucune taxe de ses paroissiens; et en 1736, M.ʳ Joly, curé de Saint-Pregts, fit aussi rebâtir à ses frais son église. Ces deux prêtres méritèrent également l'estime de leurs concitoyens, par ces traits de piété et de désintéressement.

Dans la maison occupée par M.ʳ Libéra, existait en 1760, une manufacture de velours d'Utrecht, dirigée par un nommé Mainbournel. Elle a joui, dans le temps, d'une grande réputation; elle avait été établie grâces au crédit de M.ʳ de Sérilly le père, intendant de Pau; mais le directeur finit par faire de mauvaises affaires, dont plusieurs riches propriétaires de cette ville furent les victimes. Plusieurs dictionnaires géographiques parlent encore de cette manufacture comme toujours existante. Elle n'a subsisté que 10 ans.

Une des maisons les plus célèbres de cette ville a été l'*hôtel des Tournelles*, qui était autrefois le logis des abbés de Saint-Pierre-le-Vif. Il servit par la suite d'hôtel-de-ville; mais les magistrats, par une sorte d'échange, y transférèrent le collège, et l'hôtel-de-ville fut établi rue de la Parcheminerie, dans l'emplacement de la maison de M.ʳ Hérard. C'est dans ce dernier endroit que Philippe Hodouard, docteur en théologie et chanoine de Sens, avait fondé le collége de Sens en 1536. Auparavant, sous Jean de Nanton, archevêque, il y avait à Sens une école publique. En 1430, les bâtiments tombaient en ruine; en 1496, il y eut des plaintes portées contre le régent; on ignore dans quel emplacement était cet établissement. L'hôtel des Tournelles fut donc abandonné par la ville, en 1622, aux jésuites pour y tenir un collége. Ils le firent reconstruire de pierres de taille et de briques, avec les démolitions du château de Villeneuve-l'Archevêque que M.r de Bellegarde leur abandonna. Ils y ont resté jusqu'en 1762, époque de leur suppression. Les jésuites, pour agrandir leur maison, achetèrent les bâtiments d'un jeu de paume appelé *de la Salamandre*, situé au levant de l'hôtel des Tournelles; ce jeu de paume existait déjà en 1570. Ils possédaient anciennement la maladrérie de Béon; elle leur fut ôtée et on l'unit à l'Hôtel-Dieu; mais on leur laissa le domaine de Sainte-Barbe, près des Boutours.

On voit dans nos anciens auteurs que Charles V, dit le Sage, étant dauphin, a logé plusieurs années à l'hôtel des Tournelles qui appartenait alors à la ville. Au-dessus de la porte, on y a vu longtemps les armes de France accompagnées d'un dauphin. Ce prince fit beaucoup de bien au Chapitre de Sens;

il lui donna la terre de Saint-Lupien ou Somme-Fontaine. Il fit aussi construire le clocher du Chapitre, placé au-dessus de la croisée, et le fit couvrir de plomb. On y remarquait également des dauphins dans les ornements.

Pour remplacer les jésuites chassés de plusieurs États de l'Europe, à cause de leurs intrigues et de quelques complots qui avaient fait trembler les rois, le cardinal de Luynes fit venir de Paris plusieurs ecclésiastiques recommandables par leurs talents et leur capacité; Mr Massien fut nommé principal, Mr Tuet, connu par divers ouvrages utiles, et Mr Bardin le père, furent les nouveaux professeurs de cet établissement. Les bâtiments, tombant en ruine, furent démolis en 1787; et la nouvelle maison fut reconstruite avec les matériaux de la Grosse-Tour, dont on obtint alors la démolition. Ce bel édifice fut bâti sur les dessins de Mr Ulriot de Montfeu, ingénieur; il n'était pas entièrement terminé quand la révolution commença; il a servi depuis 1790, tantôt de caserne pour les volontaires ou pour les prisonniers de guerre, tantôt d'hôpital ou de salpétrière. En l'an II, on lisait au dessus de la porte ces deux vers :

> Dans ce nouvel Etna, se fabrique la foudre
> Qui réduit les tyrans et les trônes en poudre.

Mr de la Fare fit acheter par le gouvernement,

pour y placer un grand séminaire, cette maison où avait été établie une magnifique filature qui n'a pas prospéré; au-dessus de la porte, on sculpta ses armoiries, au-dessus desquelles on lit sa devise : *Lux nostris, hostibus ignis.*

On a prétendu que les templiers avaient une maison à Sens, Grande-rue, dans l'emplacement du couvent des Carmélites. Mathieu Pâris dit qu'ils avaient en France neuf mille maisons, et des richesses immenses dont ils abusèrent pour se plonger dans le crime. Jacques de Molay, leur grand-maître, que l'on croit né dans la commune de Molay, près de Tonnerre, et beaucoup d'autres templiers, par décision d'un concile de Sens, tenu à Paris en 1310, et présidé par Philippe de Marigny, archevêque de Sens, furent condamnés et brûlés vifs. Il y avait près du domaine de la Motte et de Saint-Paul, une ruelle des Templiers.

Le carrefour entre la rue du Lion-d'Or et des Trois-Croissants, s'appelait *Carrefour-du-Loup*; à l'angle du mur du jardin des Carmélites, on y voyait, il n'y a pas encore très-longtemps, une grosse tête de loup saillante et placée dans le haut. On ignore l'origine de cette dénomination.

La partie de la Grande-rue, voisine de la porte Formeau, s'est appelée longtemps *rue des Auges*.

On remarquait autrefois des enseignes plaisantes dans cette rue : l'une représentait, au-dessus de la porte d'un perruquier, une femme qui savonnait la barbe d'un Nègre. On lisait au bas : *Au temps perdu.*

L'autre enseigne contenait un mauvais *rébus* placé au-dessus de la boutique de deux apothicaires associés, nommés *Soulelion* et *Pomier*. On avait représenté un *pommier* et un *lion* au-dessus : *Pommier sous le lion.*

Cette rue a 512 toises de long dans toute sa longueur.

19. *Rue de la Grosse-Tour*, aboutissant sud à la Grande-rue, et nord à la place de la Grosse-Tour.

Elle a 21 toises de long.

Deux autres rues conduisent à l'emplacement de la Grosse-Tour : l'une a son entrée par la rue des Vieilles-Étuves, elle a 24 toises de long ; il y avait dans cette rue autrefois une maison appelée *la Bastille*. L'autre, qui n'est qu'une petite ruelle étroite, avait son entrée par la Grande-rue, elle a 14 toises de long. Les plaisants du quartier l'appellent *ruelle des mauvais Payeurs*, parce qu'elle est enfilée de préférence par certains débiteurs de mauvaise volonté.

20. *Rue du Gros-Sureau*, appelée autrefois rue du Sureau, rue du Verger, rue des Étuves-d'en-bas. C'est plutôt une ruelle qu'une rue.

La rue des Vieilles-Étuves et celle du Gros-

Sureau qui décrit une courbe, ont ensemble 138 toises de long.

21. *Rue Haut-le-pied*, autrefois rue du Pied-haut ou rue du Haut-le-pied. Dans cette rue, maison de M.⁰ Charton, existait autrefois le siège de la juridiction consulaire ; on voyait au-dessus de la porte les armes du Roi, avec cette inscription : *Breviter, æque, gratis*, ce qui veut dire que l'on y jugeait les affaires *avec célérité, équité et sans frais*. En 1667, les juges-consuls transférèrent leur tribunal dans une des salles de l'hôtel de ville, rue de la Parcheminerie. Cette salle était la chapelle de l'ancien collége ; M.⁰ de Gondrin en fit enlever l'autel en 1668.

Au-dessus de la porte de derrière de la maison de M.⁰ Tillaut, on lit :

De forti dulcedo (*Ici un écusson effacé.*) de sudore quies, 1520.

La première partie de cette inscription est l'énigme proposée par Samson aux Philistins, au sujet d'un lion qu'il avait tué, dans la gueule duquel des abeilles avaient déposé des rayons de miel.

Dans cette même maison, il y a eu longtemps un pressoir.

Cette rue tire son nom de certains officiers d'équipage qui y stationnaient. On l'a appelée anciennement la *rue Bobine* ou la *rue Calabre*.

Chez M.' Debonnaire qui y demeure, on peut voir la *Pandore*, peinte par J. Cousin. Du temps de Félibien, on la voyait chez M.ⁱˡᵉ Lefebvre, rue des Jacobins, suivant ce qu'il rapporte dans sa *Vie des Peintres*.

22. *Rue du Lion-d'or*, tire son nom d'une ancienne hôtellerie qui subsistait en 1635. Le cul de sac situé vis-à-vis de la rue de la Bertauche, se nomme *du Blanc-raisin*.

Elle a 88 toises de long.

23. *Rue Mauconseil*, autrefois rue du Conduit, rue du Mauconseil, c'est-à-dire du Mauvais conseil; il y avait dans cette rue un jeu de paume découvert, qui se prolongeait jusqu'à la cour voisine. Il fut détruit avant l'année 1700. Le couvent des religieux Jacobins ou Dominicains était dans cette rue. Le moine Jacques Clément, assassin de Henri III, et natif de Serbonnes, arrondissement de Sens, avait été élevé dans ce couvent. — Gilles Charonnelles, fils d'un pauvre pêcheur de cette ville, et dominicain du même monastère, devint grand maître du sacré collége à Rome, et général de son ordre. Il dut toutes ces dignités à ses grands talents; il mourut à Sens, en 1519, et fut enterré dans l'église du couvent. Étant enfant, l'archevêque Tristand de Salazard avait pris soin de son éducation. — Un autre religieux célèbre de cette maison fut Nicolas Coeffeteau, auteur de plusieurs ouvrages, grand ami du

cardinal Duperron. Vaugelas le regardait comme le père de la langue française. Il mourut en 1623, âgé seulement de 49 ans, au moment où il venait d'être nommé évêque de Marseille; il était, depuis quelques années, évêque de Dardanie *in partibus*. — Le célèbre Martin Porée, adroit politique, évêque d'Arras, natif de Sens, et religieux du couvent de cette ville, fut confesseur et prédicateur du duc de Bourgogne; il assista aux conciles de Pise et de Constance, et fut envoyé plusieurs fois en ambassade. Il est mort de la peste, à Bâle, en 1426. On raconte que tous les ans, le jour de Saint-Thomas-d'Acquin, il recevait une lamproie, ou 45 sous. — Laurent Pinon, 88.e évêque d'Auxerre, mort en 1447, avait aussi été religieux du couvent de Sens.

Le carrefour situé entre cette rue et celle de Laurencin, s'appelait autrefois *coin des Os* ou *des Eaux*; on ignore pour quelle raison.

Cette rue qui a reçu le nom de *rue de la Fraternité*, pendant la révolution, a 52 toises de long.

24. *Rue Mi-Pavée*, ainsi nommée, de ce qu'elle n'est pavée que d'un côté. Dans cette rue, une ruelle appelée *de la Queue du Loup*, coupait en deux le jardin des Annonciades; elles en obtinrent la suppression, moyennant 300 livres.

Elle a 63 toises de long.

25. *Rue de Montpezat*, autrefois rue du Pied-fort, portait encore ce dernier nom en 1757.

En 1643, les religieuses Ursulines, pendant que l'on bâtissait leur couvent, logèrent quelque temps dans cette rue.

Elle a 68 toises de long et elle décrit une courbe. Elle est à Sens ce qu'est à Troyes une rue aussi curieuse nommée la *rue du Bois*. Mr de Montpezat la fit ouvrir, en 1677, irrité, dit-on, de ce que les Jésuites, dont le jardin était contigu, avaient abusé d'une conversation qu'ils avaient entendue sur des matières importantes.

26. *Rue de la Parcheminerie*, autrefois rue Ste Marie, rue Notre-Dame, rue de la Pelletière, et quelquefois rue des Célestins.

Le nom de rue de la Parcheminerie lui vient de la grande quantité d'ouvriers qui y préparaient le parchemin, dont l'usage dura jusqu'au 16.e siècle, pour tous les actes quelconques. Lebeuf parle d'un abbé de cette ville qui en fit une grande fourniture. Cette rue s'est appelée rue de la Pelletière, à cause d'un ancien fief ou domaine de ce nom, situé dans l'emplacement du collége actuel. Elisabeth Jeanne de Biloard, dame de la Pelletière, épouse de Jean de Mazières, morte en 1384, fit don de cette maison, en 1366, pour y établir un couvent de Célestins; elle fournit des fonds et d'autres secours, et se fit Célestine. Auparavant, elle y avait fait bâtir une chapelle en l'honneur des cinq joies de la vierge Marie; de-là le nom de la rue Sainte-Marie, qu'a porté anciennement cette rue. Les Célestins furent fondés à Sens, en 1336, et supprimés en 1775; cet ordre avait été créé par Pierre Mouron, qui prit le nom de Célestin dès qu'il devint pape, en 1294. Le terrain où est leur basse-cour avait servi anciennement de cimetière aux Juifs; et ils en firent l'acquisition par la suite, ainsi que d'un grand enclos qui porte leur nom, près de la pépinière du clos de Bellenave. Le roi Philippe leur donna, vers l'an 1396, la permission de pêcher trois fois la semaine, depuis Villeneuve-le-Roi jusqu'à Pont-sur-Yonne.

Le grand corps de logis qui est sur les murs de ville, fut bâti en 1693; les autres ailes le furent en 1724, et l'église en 1735. Lors de la suppression des Célestins, en 1775, cette maison fut donnée aux Lazaristes pour y tenir un grand séminaire; ils n'y entrèrent qu'en 1783. On éleva alors, sur tous les bâtiments, un second étage qui a nui à la solidité de l'édifice. A l'époque de la terreur, cette maison a servi de Maison-d'arrêt, et après ce régime affreux, on y a établi le collége qui, avant la révolution, était dans l'emplacement où est de nos jours le grand Séminaire.

Cette dernière institution, avant d'être transférée aux Célestins, en 1783, existait Grande-rue, vis-à-vis de la rue de Montpezat; et était gouvernée par six frères lazaristes que M. de Gondrin avait fait venir

Plus anciennement le grand séminaire était placé dans le cloître, près de la porte d'Abraham, vis-à-vis du logement actuel du Suisse. Cette maison nommée alors la *Mission* s'est depuis appelée l'*Œuvre*.

Dans cette rue, vis-à-vis du collège actuel, dans l'emplacement de la maison de M. Hérard, ont existé anciennement le collège de Sens; puis l'hôtel de ville et la juridiction consulaire. On trouva dans cette maison, en 1709 et en 1748, plusieurs pièces d'artillerie qui y avaient été enterrées à plusieurs pieds sous terre. Sens a possédé autrefois une artillerie nombreuse; en octobre 1409, la ville fit faire une bombarde et 26 canons; lors de l'entrée de François I.er à Sens, en 1539, il y avait 50 pièces de canon braquées le long des fossés du Mail; et l'on rapporte encore que la ville, en 1562, donna l'ordre d'en affûter 80 pièces. On a aussi prétendu qu'il y a eu à Sens une forge de canons et un arsenal. M. Vesoul, lieutenant-général du bailliage, en 1713, a assuré avoir vu à Fontarabie, de grosses pièces d'artillerie aux armes de la ville de Sens.

Cette rue a 140 toises de long, de la porte Notre-Dame à celle de l'Épinglier. La partie depuis cette dernière jusqu'à la place Drapès s'est appelée, dans le cours de la révolution, rue de l'Épinglier. Ce nom vient sans doute du voisinage de cet épinglier calviniste qui fut massacré en 1562

La porte de l'Épinglier était une de celles qui formaient autrefois le cloître de Saint-Étienne.

Vis-à-vis de la rue de Montpezat, était l'hôtel des abbés de Saint-Jean, qu'on appelait vulgairement l'hôtel du Saint-Jean.

En 1792, un maître de pension qui habitait cette rue, avait fait mettre sur son enseigne : *Soli, soli, soli,* au seul soleil de la terre. C'était dans la même maison qu'occupe aujourd'hui un autre maître de pension (en 1888).

Dans cette rue, l'une des plus longues de la ville, il y a plusieurs culs-de-sac, savoir : la ruelle du bon Raisin, et la cour des Chicanes vis-à-vis de la rue des Trois-Croissants ; la cour S. François vis-à-vis de la maison du sieur Baillot. Une autre impasse, près de la porte de l'Épinglier, se dirige du côté des murs de ville ; et une autre conduit à la porte de la cathédrale, dite la porte d'*Abraham.* Près de l'église, à droite, était cette grande maison appelée l'*Œuvre,* où logeait alors le Suisse de la cathédrale. Le bailli du Chapitre y tenait ses audiences ; il connaissait des affaires civiles de tous les particuliers logés dans l'enclos du cloître ; il apposait les scellés chez eux, etc.

Dans une maison occupée aujourd'hui par Mme Schœck, au fond du même cul-de-sac où se trouve la maison du curé, arriva une aventure bien singulière au duc de Mayenne, lors de son passage à Sens.

» Charles de Lorraine, duc de Mayenne, fameux chef de la ligue sous Henri IV, après s'être assuré de Lyon, revint par Sens, et y dîna dans une maison située dans le cloître Saint-Étienne, et occupée alors par Jean de Flandres, chanoine et aumônier du cardinal de Pellevé, archevêque de cette ville. Le peuple, en joie, y courut de toutes parts. Pendant le repas, une partie du plancher de la salle même où le prince était à table s'écroula dans la cave, avec les chaises, le buffet, et plus de 40 personnes qui s'y trouvaient.

» Le président Hémard et le médecin Provenchères furent légèrement blessés; mais le duc, par un hasard miraculeux, tomba sur la poutre du milieu, et eut l'adresse de s'y tenir comme à cheval. Il ne se fit aucun mal, et le sieur de Chanvallon, gouverneur de la ville, vint ensuite le prendre par dessous les bras, et on le descendit par une des fenêtres dans le jardin. Dans l'instant, on visita la maison; on découvrit que les solives étaient pourries par les bouts, et que la cause qui les avait fait rompre, était le grand nombre de convives et de spectateurs que la pièce contenait lors de l'accident.

» Le duc donna le soir ses ordres à la ville, y laissa pour gouverneur ledit sieur de Chanvallon, et fut secourir Orléans. »

27. *Rue de la Petite-bonne-Vierge.* Elle tire son nom d'une petite Madone que l'on y voit placée dans une niche. Cette rue a la forme d'une équerre.

On plaçait autrefois des images de la Vierge ou de quelques autres Saints au coin des rues. On les ornait de fleurs et on y allumait des cierges. On chantait aussi des cantiques devant ces images, et au-dessous on pratiquait des troncs où les passants déposaient leurs offrandes. Si l'on n'y déposait rien, ou si l'on ne saluait pas ces images, on passait pour hérétique. Plusieurs recevaient des coups, et d'autres même étaient quelquefois conduits en prison. (de Thou, *Hist. univ.*)

A Sens, on remarque plusieurs de ces images de Vierge dans différents quartiers.

On raconte une aventure qui arriva au célèbre Piron, qui se trouvant un jour fatigué, s'assit sur un banc au-dessous d'une semblable image de Madone en grande vénération dans le pays. Comme il avait la vue fort basse, il ne l'avait pas aperçue. Toutes les bonnes femmes, et d'autres habitants, en passant, ne manquaient pas de faire des salutations devant la sainte image. Piron s'imagina que ces révérences lui étaient adressées, et il ne manquait pas à chaque fois d'ôter son chapeau.

28. *Rue de la Petite-Juiverie*, doit son nom aux Juifs qui l'ont autrefois habitée.

Elle a 50 toises de long.

6*

29. *Rue du Plat-d'Étain-d'en-bas*, tire son nom d'une enseigne ; autrefois rue de la Reine, rue des Sales, rue du Bailliage. La maison où était ce tribunal était autrefois le palais de la Reine ; de-là le nom de rue des Sales (de *sala*, en latin palais). En 1494, cet édifice fut vendu, et en 1550 on y construisit le palais de justice, au-dessus de la porte duquel on lisait : *Hostel du Roy*. A côté était une chapelle royale fondée par Philippe-Auguste, qui en 1220, entre autres dotations, lui assura annuellement deux muids de vin provenant de son clos de vigne ; c'était ce que l'on appelle à Sens le Clos-le-Roi ; le vin en était très-estimé. En 1345, cette chapelle avec ses revenus fut réunie à la paroisse de Saint-Maximin, voisine de cette chapelle.

Toutes les paroisses, justices et villages de la banlieue et du ressort contribuèrent aux frais de la construction du Palais de justice en 1550, et années suivantes.

30. *Rue du Plat-d'Étain-d'en-haut*, ainsi nommée d'une ancienne auberge (maison du sieur Lamy, tailleur, où l'on remarque encore deux plats à barbe, en bois, figurés sous le pignon). On l'appelait autrefois rue de Rebourdonnais, rue de la Vieille-Boucherie, et aujourd'hui rue des Morts, à cause d'une salle de l'ancien Hôtel-Dieu, donnant sur cette rue, où l'on déposait les morts avant leur inhumation. Une petite ruelle étroite, commençant

dans cette rue et aboutissant rue de la Charronnerie, à côté de l'auberge de la Pomme-d'or, s'appelait rue Cercanbois ou rue de Boussard ; on ignore son origine.

Elle a 58 toises de long.

31. *Rue des Porcelets* (petits porcs), continuée par la rue Saint-Romain, qui aboutit près de la porte Saint-Rémi, tire son nom d'une ancienne hôtellerie (maison du sieur Guillaume-Déon, au-dessus de la porte duquel on remarque deux porcs sculptés en pierre). Cette rue s'appelait anciennement rue de la Truie-qui-file ; il y avait aussi une cour nommée cour de la Béguinerie, du côté de la rue Dauphine.

32. *Rue Royale.* La partie de cette rue qui va de la Grande-Rue à la place Saint-Étienne, s'appelait anciennement, sans doute à cause de quelques enseignes, rue du Mouton, et auparavant rue de la Pie ; elle a aussi porté le nom de rue Mal Chauffée (c'est-à-dire Mal-chauffée), on ne sait pourquoi.

La partie qui va de la place Saint-Étienne à l'Esplanade, a été percée en 1787, ainsi que la Porte Royale. En 1791, on lui donna le nom de rue Chambonas, à cause du marquis de Chambonas, alors maire de la ville de Sens, et commandant pour le roi ; elle n'a pas longtemps porté ce nom, et a pris depuis celui de rue de la République qu'elle a conservé jusqu'à la restauration : elle a reçu alors le nom de rue Royale.

Dans la maison qui appartient aujourd'hui à M.' Delporte aîné, ont demeuré les savants abbés *Fenel*, oncle et neveu, que les biographes ont souvent confondus. Le premier, nommé Charles-Henri Fenel, a été doyen de Sens et a travaillé beaucoup à l'histoire ecclésiastique de cette ville; ses ouvrages sont restés manuscrits; il est mort à Sens, le 7 février 1727, âgé de 62 ans, et a été inhumé dans la cathédrale. — Le neveu, nommé Jean-Bazile-Pascal Fenel de Dargny, chanoine de Sens quoique non prêtre, était de l'académie des inscriptions et belles-lettres; les mémoires de cette société savante contiennent plusieurs de ses dissertations, ainsi que son éloge, composé par M.' de Bougainville. Il est mort à Paris le 19 décembre 1753, âgé de 52 ans, n'étant que diacre. M.' Fenel le doyen, succéda dans cette dignité à M.' Charles-Nicolas *Taffoureau de Fontaine*, évêque d'Aleth, lequel était son oncle, et M.' Taffoureau, comme doyen, avait été le successeur de Jacques Boileau, frère du satirique.

33. *Rue Saint-Benoit*, ainsi nommée d'une église paroissiale de ce nom, fondée du temps du roi Eudes, par les religieux de Sainte-Colombe-la-Grande, supprimée et démolie du temps de M.' Languet. On l'appelait vulgairement Saint-Benoît-la-mal-tournée, parce que le prêtre à l'autel ne re-

gardait pas l'orient, comme il est ordinairement d'usage. Elle fut réunie à Sainte-Colombe-du-Carrouge ; Saint-Benoît était vis-à-vis de la maison du sieur Paulard.

34. *Rue Saint-Didier*, ainsi nommée de la porte Saint-Didier et de l'église de ce nom, et parce que toutes les maisons de cette rue, quoique dans la ville, dépendaient de cette paroisse bâtie *extra muros*.

Il y a dans cette rue une petite *ruelle des Morts*, vis-à-vis de la Cour Voisine ; la partie qui aboutissait rue des Ganettes, ayant été condamnée et envahie par des voisins, ce n'est plus aujourd'hui qu'un cul-de-sac.

Du côté du couchant, on remarque une grande et une petite arcade, d'une construction fort ancienne et qui remonte au quatorzième siècle. Ces portes servaient d'entrée à un hôtel considérable qui appartenait alors à l'une des premières familles de cette ville ; les seigneurs de *Voisines* près de Sens, ont donné leur nom à cette ancienne maison, et aujourd'hui une vaste cour commune en a retenu le nom de *Cour Voisine*. Cette famille avait sa sépulture dans la chapelle Sainte-Anne de la cathédrale de Sens, (la deuxième en entrant à main droite). On y lisait l'épitaphe 1.º de Pierre de *Vézines*, mort en l'an 1360 ; 2.º celle de Jehanne de *Voisines*, veuve de maître *Milo*, conseiller au parlement, mort en novembre 1372, Jehanne mourut en octobre 1397; 3.° celle d'Erard de *Vésines*, bourgeois de Sens, sergent d'armes du roi, mort vers l'an 1360, et de N. *Lepelletier*, sa femme, morte le 6 septembre 1363. Ces épitaphes, gravées sur de larges tombes, étaient fort curieuses à cause des costumes des personnages qui y étaint représentés. On en conserve le dessin à la bibliothèque du roi dans le recueil de M.⁺ de Gaignières. Un membre de cette famille, nommé Miles de *Vésines*, a occupé la place de prévôt de Sens, vers l'an 1347, et un Erard de Vézines a rempli les mêmes fonctions depuis 1361 à 1384. Nous ajouterons encore ici un autre fait honorable à cette famille. Charles V accorda en 1368, à Miles de Voisines, 400 francs d'or à prendre sur ses aides, pour réparer les fortifications de la ville de Sens. C'est de cette époque que date la construction des portes; les murailles sont bien plus anciennes et datent du 4.⁵ ou 5.⁵ siècle.

On a prétendu que dans l'emplacement de cet hôtel a existé autrefois un édifice appelé *Prison de César*. La tour sur laquelle étaient inscrits les mots de *Carcer Cæsaris* subsistait encore au 17.⁵ siècle, et on y lisait ce vers :

Julius hanc, Senonis captus, retrusus in ædem.

On lit dans la vie du cardinal de Guise, archevêque de Sens, par *Lebon*, son médecin, (imprimée à Lyon par Benoît Rigaud, 1575) ; que *César* étant occupé du siège de Cahors, le quitta pour marcher contre deux généraux nommés *Drapès* et *Lucthéric*, qui après un engagement sérieux avec *Fabius*, l'un de ses généraux, s'étaient ralliés près de Pont-sur-Yonne, et avaient tiré de Sens des secours considérables. César les chargea avec tant de vigueur qu'ils furent forcés de se rejeter dans la ville. Mais dans l'ardeur de la poursuite, ce fameux général se laissa entraîner avec les fuyards et entra avec eux dans la ville ; il s'était exposé à un grand danger, mais il fut reconnu par un sénonais nommé *Cadorix*, qu'il avait obligé à Rome ; ce dernier le cacha et le fit sauver le lendemain.

« Drapès, désespéré d'avoir laissé échapper sa proie, voulut user de ruse et fit proposer à César un armistice et une entrevue dans la ville de Sens ; mais le héros romain refusa, en répondant que les Sénonais devaient se contenter d'avoir eu pendant quelques heures un hôte tel que lui. »

Où le médecin *Lebon* a-t-il puisé cette anecdote ? Sans doute dans les conversations du prélat sénonais, dans les récits qui lui auront été faits, lors de ses voyages à Sens, et d'après des traditions mensongères conservées par nos bons aïeux. Cette anecdote cependant se trouve encore consignée dans une traduction des *Commentaires de César*, conservée manuscrite dans la bibliothèque de Saint-Bénigne de Compiègne.

Dom *Morin*, dans son *Histoire du Gâtinais et du Sénonais*, a été du même avis que le docteur Jean Lebon ; après avoir rapporté l'inscription de *Carcer Cæsaris*, et le vers cité plus haut, il rapporte encore ce passage : *Julius Cæsar, dum dimicaret in Galliâ, raptus ab equo, et insultans et, dixit Cæsar Dimitte*.

Un historien sénonais nommé Jacques Rousseau, dont l'histoire est conservée manuscrite, soutient aussi le même paradoxe, mais il aurait dû s'apercevoir que l'inscription et le vers étaient en caractères d'une forme peu ancienne; ce que des observateurs très-judicieux ont remarqué. D'autres ont présumé avec plus de probabilité, que si l'on veut ajouter quelque foi à la tradition de l'existence de la prison de César, il est plus croyable qu'elle a été celle de Décence, César, frère de l'empereur Magnence, qui ayant été vaincu se donna la mort à Lyon. Décence ayant appris la catastrophe de son frère, se pendit de désespoir, dans la ville de Sens l'an 353.

Près de la porte de S.-Didier était autrefois une maison (dans l'emplacement de celle de Mme veuve Buré), et appelé le *Fief de Lavernade* ; quelques auteurs ont prétendu que c'était là qu'était la prison de César, ou plutôt qu'on y lisait cette fameuse inscription. Il est reconnu d'une manière incontestable que la tour où elle se lisait était à l'hôtel des anciens seigneurs de Voisines.

Le village de Voisines, que possédait cette famille illustre, est situé à deux lieues de Sens. On y remarque encore les ruines d'un ancien château qui avait appartenu aux seigneurs, et autour duquel étaient de grands fossés remplis d'eau. La tradition veut qu'une reine de France appelée la *reine Blanche*, séjourna et coucha dans ce château, et qu'étant incommodée la nuit par les coassements bruyants des grenouilles, les habitants, par une intention louable, eurent soin de battre l'eau avec des bâtons, pour que le sommeil de la princesse ne fût point troublé. On présume que c'est à cause de ce signalé service que les habitants de ce village ont joui, jusqu'à la révolution, de l'exemption du droit de minage sur tous les grains de leur cru qu'ils amenaient aux marchés de la ville de Sens. De là vint aussi le sobriquet de *grenouilles de Voisines*, donné par les communes environnantes aux habitants de ce village.

Cet usage de battre l'eau pour empêcher les grenouilles de coasser, pendant la nuit, a été pratiqué dans plusieurs autres lieux. A Chaussin, près de Saint-Jean-de-Lône, les habitants étaient obligés de battre l'eau des fossés, pendant le sommeil du duc et de la duchesse ; et à Magny-sur-Tille, près de Dijon, les habitants étaient également tenus de rendre le même service, quinze jours de suite, pendant les couches de la dame du château.

Les habitants de Voisines, outre l'exemption du droit de minage dont nous venons de parler, jouissaient encore de la franchise des droits d'octroi et d'entrée, seulement sur les *charges d'ânes* qu'ils introduisaient dans la ville ; aussi les chargeaient-ils de provisions outre mesure ; de là cet autre dicton : *Il est chargé comme un âne de Voisines*.

Quant à la reine *Blanche* qui séjourna à Voisines, on ignore son véritable nom, car on sait qu'il était autrefois d'usage de donner cette qualification aux veuves de nos rois qui portaient le deuil *en blanc*. (Cet usage existe aujourd'hui en Chine et à Siam.) En 1575, Élisabeth d'Autriche, veuve de Charles IX, portait encore le nom de *reine blanche*.

35. *Rue du Saint-Esprit*, ainsi nommée d'une ancienne auberge ; appelée autrefois rue de Trichâtel ou de Vieil-Châtel, ou rue de Damiette ; on ignore l'origine de ces divers noms. Pendant la révolution, elle a été nommée rue de la Décade ; depuis la restauration, rue d'Angoulême, parce que la duchesse de ce nom y logea, maison de M. de Fontaines ; et depuis 1830, rue de la Charte.

Elle a 75 toises de long.

Une maison (celle de M. de Lavernade), située dans cette rue, a longtemps appartenu aux *Couste,* dont le caractère de bienfaisance s'annonçait par cette devise placée au-dessus de leur porte : *Non opprimes pauperem in porta.* (Ne rebutez point le pauvre à votre porte.) De chaque côté de cette devise, on avait sculpté les écussons des Couste et des Lemire.

En 1704, le 27 février, mourut à Sens André de Couste, âgé de 39 ans, des suites d'une faim canine et d'une corpulence extraordinaire. On avait remarqué que sa mère était extrêmement puissante; depuis l'âge de 10 ans jusqu'à 25, il était d'une agilité singulière, et aimait les exercices violents, tels que la paume, la course et les chevaux. Il aimait aussi avec passion le plaisir et la bonne chère.

A 25 ans, il commença à grossir d'une manière prodigieuse, et enfin sa corpulence, jusqu'à sa mort, augmenta d'une manière si extraordinaire, qu'à peine y peut-on ajouter foi. Son appétit croissait à proportion; il mangeait comme quatre des plus affamés, et buvait à proportion sans s'enivrer. Lorsqu'il voyageait, il se faisait préparer un repas pour douze personnes; sa taille était de plus de cinq pieds et demi. Il était blond, avait beaucoup d'esprit et les manières aisées et agréables; peu de temps avant sa mort, on mesura chez son tailleur la longueur de sa ceinture, elle avait six pieds dix pouces. Il lui fallait 7 aunes de panne pour lui faire une culotte. Enfin il était devenu d'un embonpoint si

... ossal, qu'à peine pouvait-il marcher, et pour peu qu'il fît le moindre exercice, il fondait en sueur; son ventre lui tombait sur les genoux.

Un an ou deux avant sa mort, il fut atteint d'une apoplexie qui se borna à une très-légère paralysie sur les muscles de la mâchoire. Étant tombé une fois par terre, il fallut sept ou huit hommes des plus forts pour le relever et le remettre dans son lit; ils estimèrent qu'il pesait de huit à neuf cents livres. A sa mort, on fit l'ouverture de son corps; on lui trouva 14 pouces de graisse sur les muscles du bas-ventre. Son corps fut mis dans un cercueil entouré de barres de fer, et l'on chargea de le porter seize garçons bouchers qui reçurent chacun un écu pour leur salaire.

Vers la fin du règne de Louis XIV, on fut obligé d'augmenter les impôts, un M.r Couste, chargé du recouvrement des deniers royaux, reçut alors des ordres formels, accompagnés des menaces les plus sévères, pour en presser la rentrée. Il avait en vain employé tous les moyens possibles pour épargner ces nouvelles charges à ses concitoyens; enfin il lui fallut obéir; mais il voulut faire encore une dernière tentative. Sans craindre de s'exposer à une disgrâce et à des châtiments rigoureux, il fit charger sur de grands bateaux les meubles les plus délabrés et les plus vieux de la ville; il les annonça à la Cour comme le résultat de ce qu'il avait pu retirer des contribuables. Aborde à Paris le ridicule et grotesque envoi de ce qu'on appelait les *tailles de la ville de Sens*. On fut indigné à la vue des vieilleries qui composaient la cargaison. Aussitôt des commissaires furent envoyés à Sens, et M. Couste, qui se cacha longtemps dans sa maison, rue du St-Esprit, ne calma à la fin la colère et l'indignation du gouvernement, que grâces aux sacrifices que firent les habitants de la ville de Sens, en faveur de celui qui, par intérêt pour eux, s'était écarté du sentier de la prudence.

A côté de la maison des Couste, les Grassin en ont longtemps possédé une autre qu'on regarda comme le berceau des *Grassin*. L'un d'eux, Pierre Grassin, commissaire du roi, directeur-général des monnaies de France, petit-fils d'un lieutenant général de Sens en 1480, fonda en 1569 le collège des Grassins, à Paris, et y établit 18 bourses pour des jeunes enfants peu fortunés de la ville de Sens; on avait mis au-dessus de la porte de ce collège cette singulière inscription : *Collège pour les pauvres de Sens*; on fut obligé de la supprimer à cause de sa double signification.

Les Grassin descendaient d'un tanneur de Nogent-sur-Seine; des gens jaloux de leur élévation, disaient même, d'un cordonnier ou d'un corroyeur; dans leur généalogie, ils prétendaient descendre d'un Grassin, maire de Tours, en 1200.

La famille des *Grassin* a toujours joui, ainsi que

celle des *Couste*, d'une grande réputation de bienfaisance. La ville de Sézanne avait éprouvé un incendie considérable ; un *Grassin* fit rebâtir à ses frais toutes les habitations qui étaient devenues la proie des flammes. On éleva à sa mémoire un monument pour manifester la reconnaissance des habitants, et l'on proposa diverses inscriptions destinées à y être gravées. Le quatrain suivant, composé par le célèbre *Piron*, obtint la préférence :

La flamme avait détruit ces lieux ;
Grassin les rétablit par sa munificence ;
Que ce marbre à jamais serve à tracer aux yeux,
Le malheur, le bienfait et la reconnaissance.

36. *Rue Saint-Maximin*, tire son nom d'une paroisse de ce nom, et fait suite à la rue de l'Épée, appelée anciennement, dès 1234, on ne sait pourquoi, rue Blanchard-de-Traînel. Dans le courant du 16ᵉ siècle, on célébrait encore à Sens la fête des douze apôtres, qui étaient représentés par douze artisans; ils portaient tous les instruments de leur martyre. Une jeune fille, décemment vêtue, représentait la Vierge, et le cortège parcourait la ville. Une aventure singulière, qui eut lieu en 1535, dans cette rue, près du puits, fit supprimer cette cérémonie burlesque. La jeune fille, pressée d'un besoin naturel, fut obligée de descendre de sa monture, « ce » qui, dit la chronique, parut très-choquant dans

» une personne qui représentait un corps glo-
» rieux. »

37. *Rue Saint-Pierre-le-donjon*, ainsi nommée d'une paroisse de ce nom, réunie à celle de Saint-Hilaire, du temps de M.ʳ Languet. Il y avait autrefois un donjon près de cette église, où les religieux de Saint-Pierre-le-Vif déposaient leurs reliques, dans le temps des guerres des Normands et des Bourguignons. Le dernier curé, nommé Barbier, fut surnommé Judas par ses paroissiens, d'abord parce qu'il était rouge; en second lieu parce qu'il s'était prêté trop facilement à la destruction de son église, et qu'il avait renié Saint-Pierre (le donjon).

Il y a dans cette rue, qui a 64 toises de long, une cour appelée du Chaperon.

En 1524, le nommé *Thu*, tonnelier, demeurant dans cette rue, fut condamné à l'amende, sur les conclusions de l'avocat du Roi, pour avoir donné sa voix pour la place d'échevin au nommé *Lemur*, cabaretier.

Le grand prieur de France avait une grande maison dans cette rue, vis-à-vis de l'ancienne église. Ses matériaux, en 1550, furent employés à la construction en partie du bailliage.

38. *Rue Saint-Romain*. Elle fait suite à celle des Porcelets, et elles ont ensemble 127 toises de long.

Elle doit son nom à une église paroissiale détruite en 1792. On y remarquait de magnifiques vitraux où Jean Cousin avait représenté le jugement dernier.

« Il y en a, dit Félibien, qui ont voulu faire croire que Jean Cousin était de la religion prétendue réformée, parce que, dans l'église de Saint-Romain de Sens, il avait peint la figure d'un *pape* qui paraît dans l'enfer au milieu des démons. Il n'a pas été le seul qui ait peint de semblables choses, pour apprendre à tout le monde qu'il n'y a point de conditions qui puissent être exemptes des peines de l'autre vie. »

Effectivement, outre la figure d'un pape, on y remarquait, dans le gouffre infernal, des têtes couronnées, un cardinal, des guerriers, des évêques et des moines.

Le même sujet a été peint sur toile par ce célèbre artiste ; ce chef-d'œuvre est conservé à Paris au Muséum de peinture : il a été gravé en 12 grandes feuilles par Pierre de Jodde, habile graveur, né en 1602.

C'est ce tableau qu'un voleur, mais un voleur de la plus noble espèce, avait un jour coupé tout autour du cadre pour l'enlever. Il s'apprêtait déjà à rouler la toile quand un religieux survint qui l'empêcha d'exécuter son projet. Les figures de ce tableau n'ont que six pouces de proportion sur le premier plan ; l'expression des têtes est vigoureuse, le *faire* en est moelleux. Il ne sent ni le style gothique, ni le goût national, et l'ensemble de cette grande composition prouve le génie de cet ancien peintre, qui n'avait jamais été à Rome puiser les connaissances de son art.

Rien ne prête plus aux écarts de l'imagination que la composition d'un tableau du jugement dernier. *Michel-Ange* a peint le même sujet à Rome; mais les nudités multipliées, les scènes burlesques, même indécentes, qu'on y voit dans les enfers, en même temps qu'elles font admirer le génie de ce grand artiste, excitent, par leur extravagance, plutôt le rire que l'effroi. Le Pape Adrien VI, en voyant les nudités de ce tableau, disait qu'*il croyait être dans l'étuve d'un baigneur*. On vint dire à Michel Ange que le Pape trouvait ces figures trop nues, et qu'il désirait qu'on y retouchât. *Le Pape ferait mieux*, s'écria le peintre, *au lieu de s'occuper de ces choses-là, de détruire les désordres qui règnent dans ce monde*. Il avait aussi représenté, d'une manière fort ressemblante dans son enfer, un cardinal qu'il n'aimait pas, et qui alla s'en plaindre au Pape qui était alors Léon X. Ce protecteur des arts lui répondit fort sérieusement: *S'il vous avait placé dans le purgatoire, je pourrais vous en tirer; mais il vous a mis dans l'enfer, mes pouvoirs ne vont pas jusque-là*.

Jean *Cousin*, dans la composition de son jugement dernier, se montre un peu plus décent que Michel-Ange; mais il y a quelques idées non moins bizarres et singulières. Dans le Purgatoire, on voit des anges armés d'une faucille, qui tourmentent les patients dans les endroits où ils ont été le plus criminels. Dans l'enfer, qui est tout voisin, ce sont des diables, dont les figures grotesques rappellent celles de *Callot*, et qui causent les mêmes douleurs aux damnés. On remarque surtout une jeune fille dont les formes sont bien conservées, suspendue à un rocher ; un diable, armé d'une torche enflammée, la brûle en dessous. On trouve aussi dans cet enfer, des rois, des papes, et l'on y voit arriver une charrette pleine de moines. Jean *Cousin* s'est représenté dans un angle de son tableau, du côté du purgatoire, ayant l'air d'examiner cette scène philosophique.

Il y a dans cette rue un puits près duquel on 1472, plusieurs habitants qui jouaient au jeu de *Tacquemain* ou à *la main chaude*, eurent une contestation avec Le Goux, d'où s'ensuivit une émeute considérable qui eut des suites funestes pour la ville de Sens.

N. B. *Les Almanachs de Sens de 1763 et de 1764, contiennent des récits très-circonstanciés de cet événement célèbre dans nos annales. Nous les rapporterons ici en entier, pour satisfaire les personnes qui désirent voir réuni en un seul recueil, et classé dans un ordre méthodique, tout ce qui a été publié annuellement sur l'Histoire sénonaise.*

ANECDOTE DU JEU DE TACQUEMAIN,

Tirée de l'Almanach de 1763.

L'an 1473, plusieurs Sénonais de l'un et de l'autre sexe s'amusaient après-souper à de petits jeux, près du puits adjacent à l'église de St-Romain. Un artisan nommé Garnier-Croullant était en tour de présenter sa main étendue sur le dos à quiconque de la bande voudrait y frapper. Celui qu'il pourrait nommer, ou dont il retiendrait adroitement la main au moment qu'elle assènerait le coup, devait prendre sa place ; c'est ce qu'on appelait populairement *jeu de Tacquemain*.

Passe sur ces entrefaites un apothicaire nommé Eudes Bouquot. Il voit une main qui faisait les frais de la récréation publique : il croit pouvoir, sans conséquence, y frapper comme les autres ; mais la sienne à l'instant se trouve saisie brusquement par le vigoureux joueur : ainsi le voilà, selon les règles du jeu, condamné à en subir la formalité. L'apothicaire est déconcerté ; il craint de compromettre la décence de sa profession par une attitude que cependant la nécessité de son ministère exigeait si souvent des autres sous ses yeux : il prend la fuite ; on le poursuit en tumulte : il se renferme dans l'endroit le plus enfoncé de la maison de Le Goux son beau-frère : c'était un corroyeur, qui, se décrassant à force d'esprit, ou comme il arrive plus communément à force de pistoles, était devenu tout à coup secrétaire du Roi. La populace s'ameute et s'obstine, force les portes, et demande à grands cris sa proie. Le secrétaire du Roi arrive; il parle, mais le ci-devant corroyeur n'impose pas à cette foule déjà répandue dans toute sa maison; on était trop échauffé et piqué au jeu; d'ailleurs pourquoi renoncer au plaisir du spectacle amusant d'un homme grave, qui, en rigueur, devait ici payer de sa personne? *Il s'est mêlé avec les joueurs, il est de la partie*, répondait-on avec clameur, *ne doit-il pas être soumis aux lois du jeu?*

Le Goux n'étant plus maître chez lui, et ne voulant pas d'ailleurs livrer son beau-frère aux désirs de la populace, s'adresse aux magistrats. Garnier-Croullant, comme le chef et le plus animé de la bande, est mis en prison avec deux ou trois autres de ses complices qui avaient fait le plus de tapage dans les appartements du secrétaire. Les prisons étaient alors auprès de la porte Saint-Remi.

Cet acte de sévérité, loin d'intimider les autres, ne fit que leur inspirer une nouvelle audace: ils s'assemblent en grand nombre, armés de crochets, de marteaux et d'autres instruments, courent à la prison, enfoncent les portes, enlèvent leurs compagnons, et les promènent comme en triomphe par toutes les rues, avec de grandes acclamations.

Le jeu commençait à devenir sérieux, et cette folle joie devait coûter bien des larmes à toute la ville. Les magistrats, avertis du tumulte, menacent les auteurs du désordre, d'employer contre eux la sévérité des lois. Cependant comme l'histoire de l'apothicaire n'était au fond qu'un incident assez comique et risible, on ne voulait pas en faire un événement tragique et pousser les choses à de certaines extrémités. On va voir ici combien il est décisif pour le bonheur des citoyens que la police d'une ville soit ferme, attentive, surveillante et respectée. Nos magistrats, mollissant un peu trop, parlent doucement aux moins déraisonnables des joueurs : *Engagez*, leur disent-ils, *Crouillant et les autres à rentrer en prison ; et leur soumission terminera cette affaire en peu de jours*. Mais ceux-ci, devenus plus furieux, résistent à tous conseils et à toute autorité; persistant dans leur emportement, ils redoublent leurs malignes plaisanteries contre l'apothicaire fuyard et le secrétaire-corroyeur.

Le Goux, naturellement emporté, soupirait après une vengeance d'éclat et une satisfaction authentique; il se persuade que les magistrats auxquels il s'est adressé le jouent : il se pourvoit par-devant d'autres dont il disposait avec plus de facilité; il fait faire des informations où la haine grossissait les objets et les charges. Muni de ces dispositions violentes, il va porter ses plaintes au pied du trône :

il se plaint à Louis XI d'un déni ouvert de justice. Le secrétaire est favorablement écouté : *Les magistrats de la ville de Sens, dit-il au Roi, sont gens rebelles à votre majesté, et les juges corrompus et vendus à l'iniquité.*

Peu de jours après, par ordre de la Cour, arrivent de nuit à Sens deux conseillers du Parlement; ils s'informent aussitôt de la demeure de ceux que Le Goux avait dénoncés; on enlève avec précipitation les sieurs Rousseau, lieutenant-général, Girardin, procureur du Roi, et Bouchot, prévôt de la ville, avec douze des plus notables bourgeois, sans oublier le fameux Garnier - Croullant. Un bateau les attendait; ils partent sans délai, et de Charenton sont conduits à pied au château de Vincennes. Pendant cette détention qui dura trois mois, plusieurs d'entre eux périrent de misère, ou, comme le dit plus probablement un manuscrit, ils furent secrètement exécutés et immolés à la vengeance du secrétaire. Le lieutenant-général, qui pendant plusieurs années avait honorablement rempli les devoirs de sa charge, se voyant poussé si vivement par l'ennemi de sa patrie, et traité comme un criminel, sans pouvoir être écouté dans ses défenses, en conçut un chagrin amer qui tourna en démence; les autres furent élargis.

Le Goux fut irrité du retour de quelques-uns de ces prisonniers dont il avait juré la perte; il ne se crut pas suffisamment vengé, s'il n'enveloppait tous les Sénonais dans les projets de sa fureur. Qu'il est dangereux d'avoir un ennemi qui à l'autorité joint l'esprit et une noire malignité! Celui-ci avait l'oreille du prince, et il était aisé de le faire entrer dans un projet sanguinaire, quand les accusations avaient une légère teinte de vraisemblance. Le secrétaire, ne gardant plus de mesure, représenta au Roi les habitants de Sens sous les traits les plus affreux; c'était, à l'entendre, non-seulement des magistrats iniques, mais un peuple rebelle, et des sujets qui aspiraient tous à secouer le joug de l'autorité royale.

La colère du Roi s'allume sur cet exposé, que le traître avait nuancé avec autant d'artifice que de ressentiment. Le prince Pierre de Bourbon, seigneur de Beaujeu, reçoit ordre de conduire une armée à Sens, d'y mettre tout à feu et à sang, et de livrer pour récompense aux soldats ce qu'ils pourraient recueillir des débris de cette misérable ville. Les troupes se mettent en marche; rien n'avait transpiré à Sens de cette cruelle expédition; heureusement celui qui en était le chef avait un cœur porté à la douceur et à l'humanité, et, pour surcroît de bonheur, Dieu permit qu'il prît un chemin plus long; ce détour épargna aux Sénonais le malheur de la surprise. M.rs de Sainte-Marthe assurent que Pierre de Villechâtel, personnage respectable par ses vertus, eut quelques avis secrets des maux dont la ville était menacée ; il était maître-d'hôtel de la reine et gouverneur de Sens. Ce fut par son canal qu'on apprit la fatale nouvelle.

Déjà Pierre de Bourbon était arrivé de Courtenay à Villeneuve-le-Roi avec son armée qui ne respirait que le carnage. La consternation était générale. M.^{rs} de la cathédrale s'avancent processionnellement en chapes vers le prince ; on porta toutes les reliques de la métropole et des autres églises ; une tristesse de désespoir se lisait sur tous les visages abattus ; venaient ensuite à pas lents les bourgeois avec des robes de deuil qui annonçaient l'amertume de leur cœur et la sincérité de leur soumission. Rien n'était plus attendrissant : le prince, à la tête de ses troupes, s'arrêta ; Ville-châtel, entouré des plus notables bourgeois, lui remit les clés de la ville, et lui fit un discours persuasif et touchant, qui justifiait les Sénonais du crime de rébellion dont on les avait accusés auprès du Roi.

Le seigneur de Beaujeu parut sensible aux malheurs de ce peuple infortuné ; il promit avec bonté qu'il peserait les raisons qu'on lui alléguait, et qu'il rendrait justice. Aux approches de la ville, il se sentit ému à la vue d'une foule de citoyens, qui, prosternés devant lui, couvraient la terre, et le conjuraient avec de grands cris d'épargner le sang innocent. Les filles vêtues d'habits blancs et pieds nuds, placées à quelque distance, se jetèrent aussi par terre à son passage, en poussant de douloureux gémissements. Plusieurs d'entre elles montèrent au-dessus de la porte Commune par où l'armée passait; elles jetaient à pleines mains des fleurs et des herbes odoriférantes sur ceux qui ne venaient que pour les égorger; à cet innocent artifice, ces tendres victimes joignaient celui d'une voix plaintive et touchante, pour les attendrir par de pieux cantiques. Enfin, près de vingt mille personnes (la ville en ces temps-là était beaucoup plus peuplée qu'aujourd'hui) fondaient en larmes et éclataient en sanglots, car on s'attendait aux plus terribles extrémités.

Arrivé dans la ville, au milieu de ces lamentables cris, le prince, plein de religion, se rendit d'abord à l'église métropolitaine pour y faire sa prière. C'était un heureux présage pour les infortunés Sénonais. Mais tout à coup la trompette sonne : on crut que c'était le signal du pillage et du carnage. Au contraire, elle annonçait aux soldats des défenses, sous peine de mort, de toucher ni aux biens ni à la personne des habitants, jusqu'à un plus ample informé de la vérité des faits. L'ordonnance s'exécuta très-ponctuellement; mais les allarmes n'étaient pas entièrement dissipées. On resta encore plusieurs jours dans l'attente incertaine de la décision du prince, qui allait prononcer sur la ville un jugement de vie ou de mort. On ignorait si dans quelques heures, à un premier signal, ces soldats sanguinaires n'allaient pas porter le fer et le feu dans toutes les maisons de la ville.

Dès le lendemain, le judicieux prince procéda à l'examen des faits. L'accusateur et les accusés comparurent devant lui ; Le Goux produisit ses griefs, les Sénonais leurs défenses. A travers les calomnieuses imputations qui avaient noirci cette affaire, la vérité perça, et l'iniquité fut dévoilée. L'équitable juge découvrit dans le secrétaire et dans Bouquot son beau-frère, deux âmes dont la profonde noirceur couvrait un mystère de vengeance et des projets homicides. Et dès-lors, il prit la résolution de sauver tant de malheureux qui n'avaient pas mérité un si cruel châtiment.

La fuite précipitée des 2 accusateurs dans le cours des procédures décida clairement en faveur de l'innocence des Sénonais. Ces deux scélérats se voyant sous les yeux d'un juge impartial qui éclairait les ressorts les plus cachés de leur conduite, craignirent de devenir les victimes de sa justice et de la vindicte publique. Ils disparurent tout à coup. On assure qu'ils se retirèrent secrètement à Jouancy, hameau de la paroisse de Soucy : c'est-là que Le Goux, animé de fureur et de rage de voir échouer subitement un projet de vengeance qu'il avait si habilement conduit au moment où il allait être consommé, ne voulut pas survivre à son désespoir; il craignait d'ailleurs les justes peines dues aux calomniateurs; il se fit ouvrir la veine du pied, et laissa couler tout son sang par cette ouverture.

Le seigneur de Beaujeu resta 15 jours à Sens; il pacifia les esprits, et fit renaître l'espérance et la tranquillité dans ce séjour de douleur et d'alarmes. Ensuite laissant Villechâtel à sa place, il alla informer le Roi, et le convainquit de la fidélité, de l'affection et de l'innocence des Sénonais. Louis XI lui témoigna sa satisfaction, et loua les sages mesures qu'il avait prises pour éclaircir cette affaire et épargner tant de sang innocent.

OBSERVATIONS CRITIQUES

SUR L'ANECDOTE DU JEU DE TACQUEMAIN,

Tirées de l'Almanach de 1764.

Les Mémoires sur l'histoire de Sens sont en petit nombre, et presque tous manuscrits; la plupart ne sont que des copies informes écrites à la hâte et sans aucun goût de critique; les originaux y sont tristement défigurés, les circonstances des faits altérées, les dates déplacées, les noms ridiculement corrompus; ces copies imparfaites en ont enfanté d'autres plus défectueuses encore; pour remédier à cet inconvénient, on essaiera quelque jour de donner une notice exacte des écrivains qui ont parlé de la ville de Sens; on tâchera d'apprécier le degré de confiance qu'ils méritent; et l'on prie, dès à présent, les personnes qui s'intéressent à la gloire de la patrie, de communiquer ceux de ces Mémoires dont elles sont dépositaires, quelque défectueux qu'ils puissent être; souvent il sort des traits de lumière d'une feuille antique confondue dans l'obscurité d'une bibliothèque avec un tas de papiers négligés. Combien de mémoires ou de fragments utiles se sont perdus sans retour dans le déplacement des successions! perte qu'un véritable citoyen ne saurait assez déplorer, et qu'on eût évitée en remettant ces manuscrits dans des dépôts où leur conservation eût été assurée. C'est pour n'avoir pas trouvé les secours d'une collection assez exacte, que nous croyons devoir revenir sur l'anecdote du jeu de Tacquemain rapportée précédemment : nous ne toucherons point au corps de l'histoire qui est d'une vérité incontestable; mais de nouveaux Mémoires communiqués depuis notre premier travail nous ont fourni des éclaircissements qui répandent un plus grand jour sur cette histoire; nous nous hâtons de les publier pour prouver notre respect pour la vérité et pour nos concitoyens.

L'histoire du Père Bureteau, célestin, les Mémoires de Farinade, et autres manuscrits, se sont évidemment trompés dans l'époque de cette triste anecdote : ils la placent en 1473 ; mais ils sont formellement démentis par le texte des lettres d'abolition et de grâce que Louis XI accorda aux Sénonais en 1474 ; il y est expressément énoncé que la *sédition* occasionnée par le jeu de Tacquemain *était arrivée en* 1472. Ces lettres-patentes forment une pièce originale d'une autorité bien supérieure à nos historiens qui n'écrivaient que plusieurs années après l'événement. Ils ajoutent que c'était en hiver après-souper que la troupe des joueurs s'assembla près du puits de Saint-Romain. Au premier coup d'œil, on entrevoit ici je ne sais quel défaut de vraisemblance ; en effet la saison de l'hiver est-elle bien favorable à des divertissements publics, où tout un voisinage s'attroupe au milieu d'une rue ? Outre cette conjecture, on lit dans des Mémoires dont la critique est judicieuse et réfléchie, que ce fut au mois d'août, un jour de fête ; cela est plus probable, puisque dans ce mois il y a plusieurs fêtes chômées ; elles étaient en plus grand nombre autrefois ; d'ailleurs nous voyons encore aujourd'hui que les artisans s'amusent souvent à de pareils jeux dans cette saison, même les jours ouvrables, lorsque fatigués de la chaleur du jour, ils respirent devant leurs portes, avec leurs familles, l'air frais qu'ils ont tant désiré au milieu de leurs travaux.

Nous n'incidenterons point sur de légères méprises ; par exemple, que le fameux Croullant, premier acteur de la scène tragique dont il fut la victime, ait eu pour nom de baptême *Gabriel* et non *Garnier*; qu'il ait été tonnelier; que le prévôt de Sens se nommait Pierre *Bouchard* et non *Bouchot*; que le seigneur qui porta la parole au nom des Sénonais s'appelait Pierre de *Vieil-Chatel* et non pas de *Ville-Chatel*; qu'il n'ait pas été *maître-d'hôtel de la Reine*, comme porte la relation, mais *du Roi* Louis XI : pareilles inexactitudes n'intéressent pas le fond de l'histoire; nos observations à cet égard pourraient paraître peu intéressantes; cependant on conviendra qu'un historien qui se néglige sur plusieurs de ces petits objets rend son exactitude bien suspecte par rapport à d'autres faits plus importants, quand d'ailleurs on le surprend en contradiction avec d'autres écrivains, et même avec le témoignage de plusieurs pièces authentiques.

Ce qui concerne la personne du secrétaire Le Goux, semble plus digne d'attention. Il paraît que la haine qui animait les Sénonais contre lui, a répandu bien des nuages sur le récit des historiens : on sait que la prévention d'une multitude irritée est aveugle, calomnieuse et insultante : ce torrent de l'animosité publique laisse souvent une tradition populaire qui entraîne les auteurs, quand ils n'examinent pas les choses avec défiance; sur ce fondement, quelques écrivains assurent que Le Goux était cordonnier, d'autres disent corroyeur : cependant cet homme, d'une profession si abjecte, se trouve, à la fleur de l'âge, honoré des charges de garde du trésor et de secrétaire du Roi : on le voit s'allier avec les plus honorables familles de Sens ; il épouse une fille du sieur du Croiset, aussi notaire et secrétaire du Roi ; il a pour beau-frère, Jean, seigneur de Balloy, de Beaumoulins et de Champ-Bertrand; Anne sa fille avait épousé Étienne Bernard, seigneur de Champigny. Ces gentilshommes distingués ne croyaient pas se déshonorer en s'alliant avec ce Le Goux qu'on suppose encore tout dégoûtant de l'odeur du cuir ou du tan qu'il venait de manier. Ces faits, d'ailleurs incontestables, ne balancent-ils pas un peu le témoignage des écrivains qui placent le secrétaire dans la classe des artisans? Tout au plus pourrait-on conjecturer que quelques-uns de ses aïeux auraient exercé cette profession mécanique? On est d'autant plus porté à suspecter leur témoignage, que sur la fin de cette histoire ils assurent qu'après l'arrivée du prince qui pacifia la ville, Le Goux s'était réfugié, les uns disent à Paris, les autres au hameau de Jouancy, où par désespoir il se donna la mort : c'est une pure fable. 1.° On lit dans les lettres-patentes d'abolition, que le Roi fait grâce aux Sénonais à la sollicitation *et en considération de Le Goux son secrétaire.* Or ces lettres sont postérieures à l'époque prétendue de son exil et de sa mort violente. 2.° Quelque temps après ces lettres de grâce, Louis XI accorde aux Sénonais un octroi sur le vin et les denrées passant dans leur ville: si cette concession n'est pas entièrement due au crédit de Le Goux auprès de son maître, on peut croire qu'il n'y a pas nui, puisqu'il l'a signée en qualité de secrétaire. 3.º En 1476, le chambrier, au nom de l'église de Sens, lui offrit ce qu'on appelait alors le grand présent. Or, si cette démarche de messieurs du chapitre n'est pas un acte de reconnaissance pour quelque signalé service, elle prouve au moins que Le Goux existait alors, et jouissait dans sa patrie d'une certaine considération.

Nous passons légèrement sur ce qu'insinue la relation, que les prisons de la porte Saint-Remi, où furent conduits les joueurs séditieux, étaient les seules prisons de la ville, ce qui est une erreur : les prisons royales, contiguës au bailliage, existaient alors. On choisit probablement celles de la porte Saint-Remi à cause de la proximité : mais ce qu'il est plus important d'examiner, c'est le reproche qu'on fait aux respectables magistrats de ce temps-là d'avoir molli, et de n'avoir pas agi avec assez de fermeté pour réprimer cette émeute. Ne taxons pas trop légèrement de faiblesse et de pusillanimité ce qui fut réellement de leur part le fruit de la sagesse et de la circonspection. La prudence leur permettait-elle de pousser à bout une populace indocile et animée, qui, les armes à la main, attroupée dans les rues, paraissait disposée à heurter de front toute autorité qui eût entrepris de la contenir? Pour les rappeler aux lois de la subordination, il eût fallu sans doute d'autres troupes que celles de quelques sergents de ville; et c'était la seule ressource qu'ils pouvaient employer contre les mutins : mais en supposant que ces magistrats eussent été en état de procéder contre eux à force ouverte, que de sang n'eût pas fait couler la résistance qu'auraient infailliblement opposée les séditieux? C'était donc un trait de modération et d'une sage politique de ne pas sévir dans le premier feu de cette multitude effrénée; ils auraient aussi indécemment qu'inutilement compromis leur autorité; aussi les commissaires préposés pour les juger au château de Vincennes, les disculpèrent en les renvoyant honorablement à leurs fonctions. Le lieutenant-général Lubin Rousseau, quoi qu'en disent les mémoires, eut la liberté de produire ses défenses; il se justifia avec une force qui ne laissa aucun nuage sur son innocence; il est vrai que l'amertume de sa détention lui causa une espèce d'aliénation; mais ce ne fut qu'un accident passager; on le voit reparaître dans la suite avec honneur dans l'exercice de sa charge, jouissant de toute la liberté de sa raison et de la confiance publique. Pierre Grassin, que la Cour avait nommé pour le remplacer, le remit dans tous ses droits sitôt son élargissement. C'est une autre infidélité ou méprise de la part de ces écrivains d'assurer que douze des plus notables bourgeois furent arrêtés avec les trois magistrats et avec Croullant. Ces douze prisonniers étaient tous artisans du plus bas étage ; un mémoire qui paraît plus fidèle que les autres, a poussé l'exactitude du détail jusqu'à conserver leurs noms et celui de leurs professions; il désigne même les trois bateliers qui les conduisirent : or, cette précision annonce un auteur contemporain, ou du moins très-instruit des faits. Il est faux encore que les exécutions des coupables aient été secrètes et militaires. Les commissaires instruisirent leur procès selon toutes les formes judiciaires : deux des prisonniers furent pendus; d'autres bannis ; deux autres moururent dans la prison, mais de leur mort naturelle : le reste fut élargi ; ainsi que les trois magistrats.

Quelque crédule, soupçonneux et sanguinaire qu'on suppose Louis XI, on a peine à se persuader comment Le Goux ait pu le déterminer à envoyer une armée à Sens pour détruire la ville ; car les commissaires nommés par le Roi avaient fait justice des coupables; et la colère du prince était apaisée par leur supplice; il est vrai que la vengeance de Le Goux n'était point encore assouvie ; mais du moins fallut-il, pour consommer son détestable projet, qu'il présentât au prince de nouveaux griefs contre les Sénonais. Pourquoi les écrivains n'annoncent-ils pas en général quel fut l'objet de ces imputations ? Ils se contentent de dire que les calomnies du secrétaire allumèrent le courroux du monarque, sans laisser entrevoir quelle fut la matière ou l'occasion de ces calomnies. On a cru trouver la solution de cette difficulté dans une très-plausible conjecture que l'on propose ici.

Les lettres-patentes d'abolition du 15 juin 1474, accordées aux Sénonais, font mention d'un *refus de bailler aux élus le roole des tailles*, et d'un défaut d'égalité dans la répartition des impôts. Il est à présumer que Le Goux, à titre d'Élu, ayant voulu connaître de la confection du rôle, avait éprouvé un refus qui acheva d'aigrir son cœur, en y renouvelant les mécontentements de l'aventure du jeu de Tacquemart qui était toute récente. On craignait avec assez de fondement que se mêlant de la répartition des tailles, il ne succombât à la tentation délicate d'abuser de son autorité pour satisfaire ses ressentiments particuliers : le peuple, averti de son dessein, et pressentant ses motifs secrets, aurait fait rumeur, et renouvelé contre lui certains propos injurieux, ou se serait même porté à quelques actes, sinon de violence, au moins de mépris. Le secrétaire piqué aura représenté à son maître ce refus et cette nouvelle émotion sous les plus noires couleurs ; delà les ordres rigoureux qui furent donnés contre la ville entière.

Les Mémoires supposent que le prince Pierre de Bourbon, comte de Beaujeu, et gendre du Roi, prit avec ses soldats un chemin plus long en venant par Courtenay, et que ce détour occasionna un délai qui fut favorable aux Sénonais. Mais en examinant de près, on reconnaît que ses troupes étant parties très-certainement du Berri et de l'Orléanais, et traversant le Gâtinais, n'étaient venues à Courtenay que par la route ordinaire et naturelle : ce serait une conjecture beaucoup plus raisonnable de regarder le passage du prince à Courtenay comme l'une des circonstances les plus heureuses pour la ville de Sens; car ce fut-là qu'accueilli par Antoine de Chabannes, grand-maître de la maison du Roi, et comte de Courtenay, il fut désabusé par ce seigneur des imputations dont on avait flétri la fidélité des Sénonais auprès du Roi, et disposé à les traiter plus favorablement.

C'est encore très-probablement par inadvertance que plusieurs écrivains donnent le titre de *gouverneur de Sens* à Pierre de Vieil-Chatel qui harangua le prince; ce généreux citoyen mérite certainement toute la reconnaissance des Sénonais présents et à venir, par son zèle à servir sa patrie de son crédit auprès du prince ; il peut même en être regardé comme le conservateur ; mais aucun des actes où il est dénommé avec ses qualités, ne lui attribue celle de gouverneur de Sens, qui assurément était assez honorable pour n'être point omise : il est vrai que le prince, après avoir heureusement terminé l'affaire délicate qui était l'objet de sa commission, laissa Pierre de Vieil-Chatel, dont il connaissait la prudence et le zèle, pour régler à sa place avec autorité certains articles qui intéressaient le bonheur et la tranquillité de la ville; c'est-là vraisemblablement ce qui a donné lieu au titre de gouverneur de Sens dont nos auteurs l'ont décoré sans autre examen. Parmi plusieurs beaux présents en orfèvrerie et en ornements qu'il fit à l'église cathédrale, on compte un dais fort riche qu'il donna en 1468, sur les pentes duquel étaient brodés en or ses noms et ses qualités; une partie de ces pentes ont servi à border le dessus de la chaire de la cathédrale. Il y aurait été indubitablement qualifié de gouverneur de la ville de Sens, si effectivement il l'eût été.

Ce fut le 24 avril 1474 que le duc de Bourbon, avec son armée, fit à Sens cette entrée si formidable, où des troupes nombreuses d'enfants de l'un et de l'autre sexe vêtus de blanc, pieds nus et prosternés, lui crièrent à plusieurs reprises avec des gémissements si attendrissants, *miséricorde*, *miséricorde* : cependant nos fautifs Mémoires placent l'arrivée de ce prince à Courtenay le 28 d'avril (c'est peut-être une de ces erreurs assez communes à des copistes; ils ont lu 28 avril au lieu de 18); quoi qu'il en soit, la preuve que fournissent sur cette date les registres capitulaires est sans replique : on lit que *le vendredi 22 avril 1474, il fut arrêté que MM.rs les chanoines se rendraient ce même jour processionnellement en surplis au-devant du seigneur de Beaujeu à son arrivée à Sens ; que M.r le doyen et deux autres chanoines en chapes de soie, porteraient les reliques ordinaires, et que la procession irait jusqu'à la porte Commune.* Il est donc faux, 1.º que les chanoines soient allés tous en chapes au-devant du prince ; 2.º qu'on ait porté à cette procession toutes les reliques de la métropole et des églises de la ville ; 3.º que les chanoines aient accompagné les magistrats et le corps de ville, lesquels précédés du seigneur de Vieil-Chatel s'avancèrent jusqu'à l'entrée du faubourg Saint-Progts. Si on relève ces légères inexactitudes, qui ne touchent point à la substance de l'histoire, telle qu'elle est rapportée précédemment, c'est pour faire sentir de plus en plus le besoin qu'on a de Mémoires sûrs et fidèles pour ne rien avancer qui ne soit dans les bornes précises de la vérité historique. Nous ajoutons ici (seulement pour anecdote de curiosité) que les chanoines offrirent au prince, lors de son arrivée, le grand présent ; c'étaient deux grands brocs de vin qui coûtaient neuf sous, un muid de vin vermeil du prix de cent sous, une douzaine de chapons qui valaient vingt-cinq sous, un muid d'avoine et 2 douzaines de pains.

Il n'est pas vraisemblable, quoi qu'en disent les Mémoires, que Le Goux se soit porté publiquement devant le prince comme accusateur de ses concitoyens; c'était assez pour satisfaire sa vengeance d'avoir fourni à la Cour ses chefs d'accusation; la partie publique était saisie de l'affaire; et sa haine goûtait le malheureux plaisir de se voir couverte du voile de l'autorité royale; il n'était que partie secrète, quoique assez connu des Sénonais, pour être à leurs yeux un objet éternel d'horreur, si dans la suite il n'eût tâché, probablement par quelques services rendus à la patrie, de couvrir l'odieux de sa conduite passée et de se réconcilier avec ses compatriotes.

Nous avons cru devoir cette révision et ces éclaircissements sur l'anecdote précédente, à la confiance dont le public honore les traits historiques qu'offre chaque année l'Almanach sénonais.

30. *Rue de la Synagogue.* Trois rues indiquent qu'il y a eu à Sens beaucoup de Juifs; ils avaient un cimetière rue de la Parcheminerie et un autre au faubourg S.t Pregts, entre la principale rue et le quartier du Tau. En 1146, Louis VII permit aux Juifs de s'établir à Sens. Pendant longtemps ils ne pouvaient sortir sans avoir sur leur poitrine une roue de laine rouge.

Dans le 9.ᵉ siècle, l'archevêque Anségise les chassa de la ville. En 1180, Guy de Noyers, à son retour du concile de Latran, voulut faire exécuter le canon de ce concile qui défendait aux Juifs d'avoir pour domestiques des enfants de chrétiens qu'ils engageaient souvent à embrasser le judaïsme. Ils furent bien persécutés du temps de Philippe-Auguste, qui en fit pendre un grand nombre à Bray-sur-Seine, un vendredi saint.

Le roi était venu passer les fêtes de Noël à Sens; Guy de Noyers, alors archevêque de cette ville, lui demanda l'expulsion des Juifs. Ces derniers étaient protégés par les courtisans qu'ils avaient su gagner par des présents ; et qui intercédèrent pour eux auprès du roi. L'archevêque persista, disant *qu'il vaut mieux obéir à Dieu qu'aux hommes*, et ne pouvant obtenir ce qu'il demandait, il aima mieux quitter son siége et s'exiler volontairement. Les autres prélats s'intéressèrent pour Guy de Noyers; il fut rappelé, et le prince devint depuis, plus que jamais, le persécuteur des Juifs.

Guy était autrefois fort en crédit à la Cour. Il couronna le roi avec Isabelle de Hainault, en 1179, à S.ᵗ-Denis en France. Voici comment le chroniqueur *Rigord*, qui assista à cette bruyante cérémonie, raconte une singulière aventure dont il fut témoin. L'église était ornée de lustres, de lampes et de cierges qui jetaient une lumière éclatante. Un des serviteurs du Roi, chargé de maintenir l'ordre, faisait mouvoir çà et là sa baguette dans les airs pour imposer silence. Dans un moment où il l'agita trop fort, il atteignit deux lampes suspendues au-dessus du Roi et de la Reine, et il les brisa en mille pièces. Les Princes ne furent pas blessés, mais ils furent couverts d'huile et de graisse. Cela fut pris et expliqué pour un bon augure par les religieux de l'abbaye qui étaient présents. Salomon a dit dans un de ses cantiques : *Il sera oint au jour de son triomphe.* Les savants appliquèrent ici cette prophétie, et ajoutèrent que l'huile et la graisse annonçaient la prospérité et l'abondance.

Quand les Juifs furent chassés de France, à cette époque, on ne leur permit pas d'emporter leurs richesses ni d'en dépouiller la France.

L'Almanach de Sens, de 1758, dit : « Les étrangers ne viennent plus admirer la fameuse synagogue dont la tour détruite, peu de temps auparavant, était décorée de belles peintures qui représentaient les cérémonies judaïques. » L'historien Rousseau trouvait ce bâtiment si ancien qu'il disait qu'il existait depuis plus de douze cents ans. Cet édifice fut détruit pour être remplacé par le Grenier à sel dont cette rue a aussi porté le nom.

Les pauvres israélites n'étaient pas mieux traités ailleurs que dans la ville de Sens. Dans les temps d'ignorance, il était permis de courir sus, pendant toute la quinzaine de Pâques. On pratiquait à Toulouse, le vendredi saint, une cérémonie qui consistait à souffleter un Juif, et l'on cite même un grand seigneur fort brutal qui d'un violent coup de poing fit sortir l'œil d'un malheureux Juif. Sous Louis VIII, les femmes juives étaient traitées plus rigoureusement que les femmes publiques. On brûlait vif tout chrétien convaincu d'avoir eu un commerce criminel avec elles; on mettait ce crime de niveau avec celui de la bestialité.

La religion enfin, en blâmant tous ces excès, est venue à bout de les faire abolir; les ouvrages des Fénélon, des Fléchier et des Massillon ont propagé seuls cet esprit de tolérance dont les philosophes ont voulu s'attribuer l'honneur.

On prétend que la forte tour qui était dans cette rue, servait aux Juifs à s'y retirer dans les temps de persécutions, ou à y célébrer leurs mystères, ou à y mettre leurs trésors en sûreté et à l'abri des recherches.

Il y a dans cette rue, qui a 59 toises de long, une cour commune appelée la *Cour brûlée*, à cause d'un incendie terrible qui, le 15 octobre 1548, en détruisit toutes les maisons et celles de la rue de la Grande-Juiverie.

40. *Rue du Tambour-d'Argent*, ainsi nommée d'une auberge qui, d'après un acte de 1620, y existait dans la maison de la D.lle Thomas, ap-

partenante aujourd'hui à M.ʳ Jacquemus, grossier; cette rue a aussi porté le nom de rue de Clémence-d'Arbois, on ne sait pourquoi.

Au-dessus de la porte d'une maison ancienne appartenante à M.ᵐᵉ d'Yauville, on remarque plusieurs inscriptions. La plus élevée contient ces mots : *Ædificata* 1547 (bâtie en 1547); sur une seconde tablette saillante, on lit : *Domus amica, domus optima* (maison amie, maison excellente); la même pensée y est répétée au-dessus en grec. Enfin sur une troisième tablette se lisent ces mots : *Unus Deus et plures amici* (un seul Dieu, et plusieurs amis).

Au coin de cette rue et de celle des Trois-Rois, on remarque une niche où l'on avait autrefois placé la figure d'un ange; à côté de la niche on lit encore aujourd'hui ces mots : *Coin de l'Ange.* Cette maison appartient aujourd'hui à M.ʳ le docteur Rétif. Elle a été bâtie par un maître maçon nommé *Lajoie*, qui a fait sculpter les attributs de sa profession au-dessus de la porte d'entrée. Sa figure s'y voyait aussi au-dessus de celle de l'ange.

41. *Rue des Trois-Croissants* tire son nom d'une enseigne, et va de la Grande-rue à la rue de la Parcheminerie. Elle s'appelait anciennement rue du Loup. Non loin de là étaient le carrefour du Loup et la rue de la queue du Loup.

Il y avait encore une ruelle aux Loups, hors de

la ville, ce qui annoncerait que ces animaux ont joué anciennement un certain rôle en ce pays.

Cette rue s'est aussi appelée rue de la Monnaie Nouvelle ou de la Nouvelle Monnaie, parce que l'hôtel où l'on frappait monnaie à Sens y était situé; et en 1429, Charles VII confirma par une charte ce privilège à la ville de Sens. Des pièces sur lesquelles on en lit le nom, y ont été frappées sous les règnes de Gontran, roi d'Orléans, en 562; de Charlemagne, roi de France, en 768; de Louis-le-Débonnaire, en 814; de Charles-le-Chauve, en 898; de Raoul, en 923, et de Louis d'Outremer, en 936. En 1146, une charte de Louis-le-Jeune, contenant une donation au monastère des Écharlis, fait mention de sous de la monnaie de Sens. En 864, Charles-le-Chauve réduisit au nombre de douze les villes où l'on pouvait battre monnaie; dans la charte, *Sens* est nommé la cinquième, et *Paris* la sixième.

Nous ne ferons pas mention ici de plusieurs autres pièces frappées à Sens, et portant les noms des comtes de Champagne, et sur lesquelles le nom de Provins se trouve au revers de celui de Sens.

En 1579, Balthasar Taveau, historien sénonais, fut chargé de faire frapper une pièce en cuivre; on y voit d'un côté les armes de la ville, avec cette légende : *Nullâ expugnabilis arte*, et cet exergue : *Urbs antiqua Senon*. Au revers on a représenté le symbole de la ligue, deux mains jointes tenant trois flèches et deux branches de laurier. La légende porte ces mots : *Sic nostra viret fiducia concors.* 1579. †

Le plus grand nombre des pièces dont nous venons de parler, est conservé dans le cabinet d'un amateur, à Sens.

42. *Rue des Trois-Rois.* Cette rue a porté différents noms depuis la rue Dauphine jusqu'à la place Saint-Hilaire; son plus ancien nom a été celui de rue Damnée ou rue d'Arces; on ignore pour quelle raison. Elle a ensuite porté ceux : 1.° de rue de la Boucherie, à cause de la halle de ce nom; 2.° de rue du Cerf-Couronné, à cause d'une auberge qui existait maison de Mme Michon; 3.° de rue du Bœuf-Couronné, à cause d'une autre hôtellerie, maison de Mr Vinot, ancien notaire; enfin 4.° de rue des Trois-Rois, à cause d'une autre auberge située près de la rue du Saint-Esprit.

L'hôtellerie du Cerf-Couronné tomba de vétusté en 1587; celle du Bœuf-Couronné, qui la remplaça, existait encore en 1635.

Cette rue, du côté de la place Saint-Hilaire, a porté aussi le nom de l'ancienne église de ce nom.

C'est dans cette rue qu'existe une des plus anciennes maisons de la ville, connue autrefois sous le nom de *logis*, maison ou *hôtel des Quatre-Mares*; elle appartient aujourd'hui à Mr Schlaöpffer.

Ce nom de *Quatre Mares* lui vient de ce qu'anciennement elle fut occupée par une grande école, dirigée par quatre sœurs ou religieuses, c'est-à-dire par *quatre mères*, et suivant d'autres parce que les quatre premières sœurs chargées de cet établissement s'appelaient *Marie* ; elles y enseignaient les jeunes filles *gratis*.

Près de cette maison, il y avait une ruelle qui conduisait de la rue des Trois-Rois aux fossés de la ville, et que l'on appelait *ruelle des Quatre-Mares*; et pour sortir de la ville, Garnier Dupré fit pratiquer une poterne pour aller à l'Hôtel-Dieu situé hors de la ville, près de cette maison. Cette poterne était aussi connue sous le nom de *poterne des Quatre-Mares*.

Cette maison avait été bâtie du temps de Charles VI, pendant la régence du dauphin ; on y remarquait au portail, au commencement du siècle dernier, plusieurs écussons aux armes du roi, du dauphin et de la ville de Sens. L'hôtel des Quatre-Mares, après avoir servi de maison d'éducation, appartint aux cordeliers, qui, en 1375, le vendirent à la commune pour en faire l'*hôtel de ville* ; ce logis ne convenant plus par la suite, on acheta en 1570, des religieux de St-Pierre-le-Vif, l'hôtel des Tournelles (aujourd'hui le grand séminaire), qui faisait le logement de l'abbé de ce monastère. L'hôtel de ville y fut établi et y est resté jusqu'en 1622, époque où ces bâtiments furent concédés aux Jésuites.

C'est en 1260 environ que fut construite la poterne des Quatre-Mares, pour la facilité des écoliers des faubourgs. Plus tard les cordeliers, comme nous venons de le dire, possédèrent cette maison, ayant été obligés, à cause des guerres, d'abandonner leur monastère qui était entre la porte Saint-Hilaire et la porte Commune (depuis porte Dauphine.). Ce terrain s'appelait butte Saint-François, à cause du fondateur de leur ordre. Lors de la construction des fossés de la ville, ce couvent fut abattu, le cimetière détruit, et les religieux firent construire une chapelle dans leur nouvelle maison, et ils y firent transporter les ossements et les tombes de leurs principaux bienfaiteurs.

On remarquait encore en 1790, à la façade de cette maison, cette inscription qui annonçait bien sa haute antiquité : *Hæc ædes caduæ reparata fuit anno 1540.* (Cette maison, dans un état de caducité, a été réparée l'an 1540.)

On a fait disparaître en 1829 des bustes et des sculptures de bon goût, ainsi que des inscriptions curieuses placées au-dessus de la porte d'une maison qui a appartenu à la famille de Marsangy. Des artistes étrangers ont bien souvent dessiné ces figures qui ont été détruites récemment, mais qui embellissent aujourd'hui leur album. Voici ce qu'on lisait au-dessus de cette porte : *Omnis homo vivens, universa vanitas.* 1530. (Tout homme vivant n'est que vanité.) De chaque côté, au-dessus des pilastres, deux génies portaient des écussons sur lesquels on lisait à droite cette maxime du temple de Delphes : *Nosce te ipsum.* (Connais-toi toi-même.) A gauche la même pensée était répétée en grec. Les ornements qui décoraient l'entrée de cette maison, paraissaient être du même maître qui a sculpté la petite porte de l'archevêché donnant sur la Grande-rue, et qui fut construite en 1525, sous l'épiscopat de l'archevêque de Sens, Étienne Poncher.

A côté de la maison des Quatre-Mares, a existé la manufacture royale de velours sur coton qui a joui d'une grande réputation, et qui a été abandonnée quelques années après la révolution de 1789. Cette maison a appartenu anciennement à M. Pelée, lieutenant criminel, lequel y faisant faire des fouilles et des fondations, y a découvert de vieux murs revêtus de marbre, qui ont paru être un ouvrage des Romains.

Une église paroissiale, autrefois la plus considérable de Sens, dédiée à saint Hilaire, évêque de Poitiers, était située à l'extrémité orientale de cette rue, près de la porte de ville qui en porte le nom. Le cimetière de cette église était vis-à-vis, de l'autre côté de la porte. Les promenades voisines, une place devant l'église et la partie de la rue des Trois-Rois qui aboutissait à cette place, portaient aussi le nom de Saint-Hilaire.

Ce prélat, à son retour de Phrygie, où il avait été envoyé en exil, avec *Ursicin*, archevêque de Sens, par l'empereur Constance, vint dans cette ville, vers l'an 358. Ils logèrent dans une maison située dans l'emplacement de cette église, et cette maison était primitivement celle qui appartenait à l'archevêque Ursicin; car alors les prélats sénonais n'avaient pas de palais particulier.

La persécution que ces deux saints personnages avaient essuyée, vint de ce qu'ils avaient courageusement défendu la doctrine de l'Église contre les Ariens, dans les conciles de Milan et de Béziers, en 356.

Dans l'emplacement de la maison d'Ursicin, où avait logé le savant évêque de Poitiers, le peuple, par vénération, fit construire par la suite une église dédiée à ce saint prélat; il y eut d'abord un monastère de religieuses qui fut depuis remplacé par une église paroissiale.

Environ vers l'an 1666, la fille Bannière voulut en imposer au peuple par une dévotion simulée; elle affecta de passer la plus grande partie du jour en prières, et de fuir toutes sortes de sociétés. Sa grossesse ayant été reconnue, elle déclara dans son interrogatoire qu'elle avait été forcée de céder aux poursuites d'un démon, incube. Elle fut condamnée à assister tous les dimanches et fêtes, pendant un an, à la porte de l'église de Saint-Hilaire, avec une torche ardente à la main, pendant la célébration de la grande messe.

Lorsqu'on apprit à Sens la mort du maréchal d'Ancre (sous Louis XIII, le 24 avril 1617), on fit dans cette ville, pour remercier Dieu de cette heureuse délivrance, une procession générale à laquelle on porta le Saint-Sacrement, la châsse de Saint-Savinien, et les reliques les plus précieuses conservées dans l'église métropolitaine. Le dimanche 4 juin, on indiqua, dans la même intention, des prières de quarante heures, dans l'église de Saint-Hilaire.

Près de cette église, Mr Languet, archevêque de Sens, fit construire en 1747 le *petit collège* qui fut appelé le *petit séminaire*. Cet établissement fut supprimé en 1790, et la maison vendue.

43. *Rue de la Tuile.* Cette rue dont on ignore l'origine, fait suite à celle de la Vannerie et elle en porte aussi aujourd'hui le nom. Il y avait une maison au coin de cette rue et de celle de l'Écrivain, appelée anciennement le *fief d'Autun* ou *d'Ostun*, dont plusieurs prévôts et magistrats de cette ville ont porté le nom, de 1330 à 1439.

44. *Rue de la Vannerie*, nommée anciennement rue de la Clé, puis rue de la Serrurerie, rue de la Poterie, rue des Vanneries, et enfin rue de la Vannerie. L'usage anciennement était que des rues particulières étaient spécialement consacrées à diverses

professions et dont elles portaient les noms : dans plusieurs villes de France, il y avait aussi des rues des *prêtres*, des *francs-bourgeois*, des *chevaliers*, etc.; ces personnes qui désiraient vivre tranquilles, choisissaient des quartiers éloignés des ateliers bruyants, et évitaient également l'incommodité des odeurs, de la fumée, et d'autres exhalaisons malsaines.

Aujourd'hui se trouve dans cette rue l'entrée du *marché aux porcs*, lequel a aussi une issue dans la rue des Porcelets. Dans cet emplacement, il y avait autrefois une grande halle que Mr Grassin fit démolir, et où l'on vendait la volaille tous les samedis. On l'appelait *la Halle* ou *le marché aux poulets*.

L'hôtel de la prévôté de Sens était autrefois dans cette rue. La charge de prévôt a été supprimée en 1749. Le plus ancien de ces magistrats, connu de nos annalistes, a été Guillaume, qui, en 1163, est nommé comme témoin dans une charte de Henri, comte de Champagne. En 1483, un prévôt de Sens, nommé Jean Simon, tenait le siège de la police en habit et en tablier de boulanger, ce qui indigna tellement les habitants qu'ils en portèrent leurs plaintes au roi qui y mit ordre. Christophe Guillaume, prévôt, mourut en 1549, et voulut être enterré en habit de jacobin; il donna à chacune des dix-sept paroisses de la ville, qui existaient alors, un petit calice d'argent. Louis Lemire, autre prévôt, fut tué le 8 novembre 1643, par Pierre Angenoust, lieutenant-général du bailliage, lequel fut condamné par arrêt du parlement à avoir la tête tranchée, et à la confiscation de tous ses biens; il fut exécuté en effigie. Il y a eu d'autres prevôts dont les noms mériteraient d'être cités ici, mais nous renvoyons nos lecteurs à la liste générale qui se trouve à la fin de la *Coutume de Sens*, édition de 1787, in-4.°, page 619.

Dans cette rue, un soldat, accompagnant les sieurs Perrier et Rigollet qui cherchaient la taille, prit un petit pain sur la boutique du nommé Roblot, boulanger, et lui dit d'un air moqueur : Nous ne mourrons pas de faim. La femme de ce boulanger se jeta sur ce soldat, pour lui arracher ce pain; par malheur son fusil étant chargé, partit, et tua le boulanger. Le peuple s'assembla, on arrêta le meurtrier, on le conduisit en prison. Il fut jugé, condamné à être pendu, et exécuté tout de suite.

45. *Rue des Vieilles-Étuves*; la rue du Gros-Sureau en est la continuation : cette rue s'est aussi appelée rue des Étuves-d'en-bas; la rue des Étuves-d'en-haut était la rue de Champ-Feuillard.

Dans beaucoup d'autres villes, il y a des rues de ce nom. Avant que l'usage du linge fût généralement répandu, les bains et les étuves étaient des établissements de première nécessité. Ce ne fut qu'au 16.ᵉ siècle que l'usage des chemises et des mouchoirs devint commun. Jusqu'alors les plus belles dames se mouchaient sur leurs manches ou avec leurs doigts, et elles portaient sur leur bras gauche un linge qui leur servait à s'essuyer; de là est venu un dicton populaire : *se moucher sur sa manche.* A Dijon, dès 1387, il y avait trois établissements d'étuves. En 1409, une ordonnance portait que les hommes iraient aux *étuves*, les mardis et les jeudis, et les femmes les lundis et les mercredis ; » et que si quelqu'un, dit le réglement, se veuille » bouter avec les femmes à force, il paiera 60 sous » d'amende. »

En 1569, ces établissements cessèrent presque généralement en France, parce que d'abord le linge devint commun; en second lieu, parce que la lèpre et autres maladies de peau devinrent beaucoup plus rares.

Il est possible qu'à Sens la police ait exigé que les hommes iraient aux étuves d'en haut, et les femmes aux étuves d'en bas, mesure nécessaire pour les mœurs publiques.

FIN DES RECHERCHES ANECDOTIQUES SUR LES RUES
DE LA VILLE.

CHAPITRE XIII.

RECHERCHES SUR LES PLACES PUBLIQUES, LES MARCHÉS ET LES HALLES DE LA VILLE DE SENS.

PLACE SAINT-ÉTIENNE.

L'Hôtel-Dieu avait son portail sur cette place; sa fondation est très-ancienne, car on trouve dans ses archives des baux de plus de mille ans de la ferme de Villeroy, dite de la Maison de Dieu de Sens. Cet hôpital jouissait autrefois du privilége du Poids-du-Roi qu'il amodiait. Ce droit lui fut concédé dès l'an 1393, et continué par nos rois, jusque vers ces derniers temps.

M.^r le prince de Condé, engagiste du domaine de Sens, ordonna, en 1649, que ses fermiers paieraient annuellement 500 francs pour l'entretien des enfants trouvés qui seraient déposés audit Hôtel-Dieu.

On a réuni à cette maison un petit Hôtel-Dieu qui était situé rue du Cheval-rouge.

A l'entrée de la chapelle de l'Hôtel-Dieu, on remarquait autrefois un bénitier en marbre blanc, taillé en forme de coquille, et sur le bord de laquelle on lisait ce vers grec rétrograde :

ΝΙΨΟΝ ΑΝΟΜΗΜΑΤΑ ΜΗ ΜΟΝΑΝ ΟΨΙΝ.

dont voici le sens : *Lave tes péchés et non pas seulement ta vue.* Ce vers se lisait aussi sur le bénitier de Saint-Étienne-des-Grès, à Paris; sur celui de Saint-Mesmin de Micy, près d'Orléans, et sur de grandes jarres qui servaient à Sainte-Sophie à Constantinople, pour se laver le visage et les yeux.

Quelques auteurs ont prétendu qu'on lisait aussi ce vers en transparent sur un grand vitrail, au-dessus de la principale porte de cette même mosquée de Sainte-Sophie, de manière qu'on le lisait en entrant et en sortant.

Le cardinal de Loménie fit transférer l'Hôtel-Dieu à l'abbaye de S.ᵗ-Jean qui fut vendue alors, et dont la ville fit l'acquisition. Les anciens bâtiments de cette maison sont aujourd'hui occupés par la halle au blé, la halle des bouchers et la caserne de la gendarmerie.

La halle aux poissons, adossée aux bâtiments de l'archevêché, fut construite en 1802; M.ʳ Cave, maire alors, fit aussi établir du côté de la Grande-rue un cabinet pour servir de bureau au percepteur ou adjudicataire du droit de place. Précédemment il y avait de petites boutiques ou échoppes qui étaient louées au profit de l'archevêque; elles furent détruites en 1787. Cette partie de la place Saint-Étienne où se tient le marché aux poissons, s'appelait autrefois rue de la Rôtisserie, rue des Rôtisseurs, ou simplement la Rôtisserie.

Aux deux extrémités de la Halle-aux-Poissons sont deux corps de gardes dont l'un est destiné aux troupes qui passent, et l'autre au service de la garde nationale.

Le grand corps de bâtiments auquel est adossée cette halle, fut construit l'an 1231, avec des prisons du côté de la cour, par Gauthier Cornut, archevêque de Sens, en pierres de taille, *ex lapidibus quadratis*, ce qui dans le temps fut vu avec admiration, car alors ces matériaux étaient très-rares dans le pays. Pierre de Charny, en 1267, fit placer dans le haut cinq grandes figures de grandeur naturelle, savoir : saint Étienne au milieu, saint Savinien et saint Potentien de chaque côté; du côté du nord, Pierre de Charny était représenté les mains jointes comme implorant ces trois saints, et du côté de la Grande-rue, on voyait Louis IX à genoux (car alors il n'avait pas encore été canonisé; il ne le fut qu'en 1297). Ces statues ont été mutilées dans le temps de la terreur.

Près du puits, au milieu de la place, il y avait une grande pierre carrée qu'on nommait *la pierre du bailli*, on ne sait pourquoi, et vis-à-vis de la maison du sieur Grillet, ferblantier, il y avait aussi un rond de pavés exhaussés, qu'on appelait *la pierre au lait*, on ne sait pour quelle raison. Elle indiquait l'emplacement d'une ancienne fontaine qui était alimentée par le canal de Saint-Philbert; cet aqueduc souterrain, dont il reste encore quelques vestiges de construction romaine, amenait les eaux d'une source abondante, située près de Pont-sur-Vanne, à trois lieues de cette ville.

Nous allons rapporter ici plusieurs événements remarquables dont quelques-uns feront connaître les anciens usages et les coutumes superstitieuses de nos pères.

En 1522, le nommé *Passagne*, pour avoir mangé des pois au lard, un jour de carême, fut condamné à avoir le fouet, et fut attaché au pilori. Charles IX, plus tard, rendit un édit qui condamnait à être fouettés, dans tous les carrefours, les bouchers qui vendraient de la viande en carême.

En 1540, on y brûla vif un gentilhomme nommé *Langlois*, qui, dans un partie de débauche, s'était permis quelques paroles indécentes contre la Sainte-Vierge. Ce jeune homme appartenait à une très-honnête famille; son oncle, Jean de *Barville*, chanoine de Sens, aveuglé par un fanatisme dénaturé, fournit le bois pour le bûcher, et disputa même au bourreau la honteuse fonction de l'allumer.

Le 19 juillet 1541, le nommé Jean *Pagnard*, garçon pâtissier, natif d'un village du Nivernais, s'introduisit dans la cathédrale de Sens, la nuit, et y vola le Saint-Ciboire qui était de vermeil. Quelques gouttes de cire que l'on remarqua sur ses habits l'ayant fait soupçonner, il fut arrêté et enfermé dans les prisons de l'archevêché. Un orfèvre de cette ville, qui demeurait sur la place, comme se trouvant compromis dans ce vol, fut aussi arrêté et conduit dans les prisons du roi. Il se nommait Étienne *Marcillat*, mais il persista toujours à nier qu'il y eût aucunement participé, et il l'affirma même devant le juge, et en présence du voleur. Ce dernier soutenait que Marcillat lui avait promis vingt écus d'or s'il lui apportait la coupe, et il ajoutait que le fils de cet orfèvre était aussi consentant de ce larcin, au moyen de quoi ce jeune homme s'était depuis absenté de la ville.

Le 4 août 1541, Jean Pagnard, mis à la question, déclara au lieutenant-criminel que son camarade et lui avaient déposé et caché la coupe dans un tas de pierres, près de la chapelle de l'Hôtel-Dieu que l'on construisait alors. Le clergé ayant été prévenu de cette déclaration, fit sonner aussitôt toutes les cloches de la tour de plomb (les bourdons n'étaient pas encore fondus; ils ne le furent qu'en 1560). On rapporta solennellement la coupe recouvrée, et dans laquelle se trouvaient encore les saintes hosties. Le lendemain on célébra une grande messe en action de grâces, à laquelle assistèrent tous les corps de la ville. Les jacobins y vinrent aussi avec le père Cognati, célèbre prédicateur de cet ordre, qui était alors à Sens; les membres de la confrérie de Saint-Jacques s'y rendirent de même en grand nombre.

Jean Ferrand, grand archidiacre, fonda, en mémoire de cet événement, une procession solennelle qui se fait tous les ans le 4 août : on la nomme la Récupération de la coupe ; et vu que les voleurs étaient sortis de l'église avec ce vase sacré par la porte latérale donnant du côté de l'archevêché, cette procession que le peuple appelait aussi *procession du larron*, sortait toujours de ce côté.

Jean Pagnard fut condamné à être brûlé vif; la sentence fut confirmée par le parlement, et mise à exécution au mois de septembre suivant. Il avait réclamé en vain la juridiction ecclésiastique, prétendant qu'il était clerc tonsuré. Étienne Marcillat ne sortit de prison que le jour du supplice de Jean Pagnard.

A la muraille extérieure de la chapelle de l'Hôtel-Dieu, un artiste avait représenté en bas-reliefs toute l'histoire du vol et de la récupération de la coupe que Jean Pagnard avait cachée dans ce même endroit. Tous les ans, la procession s'y rendait et y faisait une station; on y portait le Saint-Sacrement, comme au jour de la Fête-Dieu. Ce monument, dont les bas-reliefs étaient sculptés avec beaucoup de goût et de délicatesse pour ce temps-là, a été détruit, comme beaucoup d'autres, par le vandalisme révolutionnaire.

*N. B. L'événement que nous venons de rapporter succinctement, ayant été raconté d'une manière bien plus circonstanciée dans l'*Almanach de Sens de 1764, *nous donnerons ici cette même relation en entier, sans rien changer au style de l'époque, ni même à plusieurs expressions un peu superstitieuses.*

ANECDOTE DU VOL DE LA COUPE DE L'ÉGLISE DE SAINT-ÉTIENNE,

COMMIS PAR J. PAGNARD, EN 1541;

Tirée de l'Almanach de 1764.

L'anecdote qui suit n'intéressera probablement que peu de lecteurs ; les uns n'y trouveront point cette fleur de nouveauté qui attire ; les autres, au récit d'une histoire édifiante, propre à attendrir la piété chrétienne, nous accuseront d'avoir trompé peut-être leur curiosité et méconnu leur goût. Le ton naïf d'une aimable et religieuse simplicité qui caractérisait les mœurs des Sénonais il y a deux siècles, doit former aujourd'hui un contraste importun pour plusieurs. La dévotion jouissait alors du privilége de ne faire rougir ni railler personne ; mais ne prévenons pas les réflexions ; sous les yeux d'un lecteur attentif et judicieux, elles naîtront sans effort du simple récit que nous allons faire.

L'an 1541, le mardi 19 juillet, entre une heure

et deux du matin, fut commis le vol sacrilége de la coupe ou ciboire suspendu au-dessus de l'autel, dans le sanctuaire de la cathédrale de Sens. Avec la coupe les profanateurs avaient emporté les cinq hosties qu'elle renfermait. A cette triste nouvelle, répandue bientôt dans la ville, un cri de piété et de foi retentit de toutes parts : le clergé et le peuple, les petits et les grands, tous furent également saisis d'une sainte horreur; la douleur était amère; le deuil fut universel : c'était comme un trait profond qui avait percé tous les cœurs.

Aux premiers gémissements du zèle succédèrent bientôt les prières ferventes et les pratiques d'humiliations publiques et particulières. L'ardeur qui animait MM.rs de la cathédrale seconda d'une manière édifiante la piété publique en multipliant les exercices de religion et les processions, soit générales, soit particulières. La première se fit à l'église des Pères cordeliers; tout le clergé était en chapes; on y portait avec dévotion plusieurs reliques, entre autres la vraie croix, la plus précieuse de toutes. Une foule immense s'y était rendue; il y régnait un silence édifiant et plein de componction. Au retour de la procession, on chanta solennellement la messe du Saint-Esprit; les reliques des Saints étaient placées sur l'autel, comme pour solliciter auprès de Dieu avec plus de confiance et d'efficacité, par la voie de ces puissants intercesseurs, la grâce que tant de pécheurs humiliés lui demandaient.

Deux jours après, le vendredi fête de sainte Madeleine, se fit à l'église des Pères Jacobins une autre procession plus solennelle encore et plus touchante. Le Saint-Sacrement était respectueusement porté par les deux plus anciens chanoines en aube et nu-pieds. Six autres anciens, dans le même appareil de pénitence, se faisaient un honneur et un devoir de piété de soutenir le dais. Immédiatement devant le Saint-Sacrement marchaient treize jeunes enfants en chemise et nu-pieds, une torche ardente à la main. Le Chapitre les avait choisis parmi les écoliers du collége : c'étaient comme autant d'innocentes et tendres victimes, qui, au nom de toute la ville, s'offraient à Dieu dans un extérieur humilié pour désarmer sa colère. Un nombreux clergé précédait le dais. Le corps des chanoines; celui des curés, des vicaires et des prêtres de la ville, enfin les différents ordres religieux réunis formaient le plus beau cortège. Tous étaient en aube, un cierge à la main, les pieds nus et les yeux modestement baissés. Ce spectacle de pénitence et d'humiliation était une réparation solennelle et une amende honorable de l'attentat horrible commis contre notre Seigneur dans le Sacrement de son amour. Plus loin marchaient sur trois files deux bandes séparées de plus de douze cents enfants, tous dans l'attitude de criminels pénitents, dépouillés de leurs habits et de leurs chaussures, une torche à la main. Au centre de ces deux troupes étaient placées les confréries nombreuses des divers états, dans le même ordre et avec le même appareil que les enfants qui les précédaient et les suivaient.

Plusieurs relations annoncent la marche de cette procession dans l'ordre qui suit : Les deux troupes d'enfants, au milieu desquels étaient les confréries, marchaient à la tête de la procession, avant les croix de chaque paroisse ; suivaient les Jacobins et les Cordeliers, puis les religieux de Saint-Remi et de Ste-Colombe, de Saint-Pierre-le-vif et du prieuré du Charnier; ensuite les curés, les vicaires et les prêtres de la ville, et les religieux de Saint-Paul et de Saint-Jean; enfin le corps des chanoines. Cette disposition paraît irrégulière et mal assortie au rang d'ancienneté de ces différents corps; apparemment que dans ces heureux temps, surtout dans une circonstance si triste, où la religion absorbait toutes les pensées, on ne connaissait point les petites délicatesses de la préséance.

Après le Saint-Sacrement s'avançaient avec tristesse et piété M.^{rs} du présidial et le corps de ville, suivis des avocats, des procureurs et d'une foule de bourgeois qui, ainsi que tous les magistrats, marchaient deux à deux, formant une haie de chaque côté, à l'imitation des ecclésiastiques ; un peuple innombrable qui suivait, tant hommes que femmes, se conformèrent dans leur marche à ce bel ordre du clergé et des chefs de la ville. C'était dans tous les rangs et dans tous les corps une modestie, un recueillement, une ferveur dont le spectacle seul attendrissait. Toutes les rues sur le passage étaient tapissées. La procession étant rentrée dans la cathédrale, tout à coup les voûtes retentirent de cris perçants que poussèrent à la fois les deux nombreuses troupes d'enfants prosternés dans la nef; ils crièrent à Dieu de la manière la plus touchante : *Miséricorde! miséricorde! miséricorde!* A ces accents douloureux, les entrailles des assistants furent émues, tous les cœurs s'attendrirent et les larmes coulèrent. Aussitôt monta en chaire e Père Cognati, religieux Jacobin, personnage respectable, docteur en théologie, et honoré du titre d'Inquisiteur de la foi; c'est lui qui prêcha avec un zèle infatigable à toutes les processions suivantes, où il y eut sermon. La prédication pathétique et pleine de feu qu'il fit à ses auditeurs si heureusement disposés dut produire les plus tendres impressions de ferveur et de piété. On chanta ensuite solennement la messe du jour de la Fête-Dieu. Les noines, et après eux les treize jeunes enfants qu'on avait placés en cercle au pied de l'autel, vinrent à l'offrande, le cierge à la main; tous les prêtres de la cathédrale, ainsi qu'il avait été réglé par le Chapitre, célébrèrent en ce jour la sainte messe; et ceux qui ne l'étaient pas, communièrent à la messe solennelle, dans l'intention qui faisait l'objet de la piété publique.

Après l'*Agnus Dei*, on renferma la sainte hostie dans une nouvelle coupe que l'on éleva à la suspense.

Le dimanche suivant, 24 juillet, nouvelle procession générale à l'abbaye de Saint-Paul, égale affluence de peuple, même dévotion. Après la grand'messe, prédication et lecture du Monitoire de Mgr. le cardinal de Bourbon, archevêque de Sens, contre les profanateurs. Le dimanche 31, on se rendit processionnellement à l'église de Saint-Savinien, où il y eut prédication; et le lendemain, à celle de Saint-Pierre-le-Rond, le jour même où l'on célébrait la fête patronale.

Des prières continuées tous les jours avec une si grande ferveur, et soutenues de tant d'humilité et de persévérance, s'élevèrent jusqu'au trône du Tout-Puissant et attirèrent ses regards favorables. Il daigna enfin se rendre sensible aux vœux des Sénonais, en découvrant l'un des profanateurs, et par son aveu, le saint dépôt que tant de larmes lui redemandaient.

On avait mis tout récemment dans les prisons de l'archevêché un jeune homme nommé *Peignard* ou *Pagnard*, d'autres disent *Poignat*; il était pâtissier, natif de Nevers, et âgé de 22 ans. Un simple soupçon, fondé sur l'indice équivoque de quelques gouttes de cire qui avaient coulé sur la manche de son habit, l'avait fait arrêter le jour même du larcin. La prise du coupable et les circonstances qui la suivirent, portent évidemment l'empreinte du doigt de Dieu qui voulait consoler son peuple. Après les formalités usitées en matières criminelles, et sur quelques variations dans les paroles du prisonnier, le prévôt de Sens, Guillaume Lhuillier, s'étant rendu aux prisons de l'officialité (1) crut devoir l'appliquer à la question; le criminel soutint avec fermeté les premières tortures, mais à la vue de la question extraordinaire dont on le menaçait, il confessa son crime avec toutes ses circonstances, et découvrit l'endroit où était déposée la coupe.

Les Mémoires varient dans le récit des aveux qu'il fit à son juge; les pièces originales du procès eussent indubitablement levé les difficultés et fixé les doutes, mais à leur défaut, voici ce qu'on a recueilli et présumé de plus vraisemblable.

Jean Pagnard et le nommé Guillaume Lacroix, ayant profité du temps des matines que MM.^{rs} de la cathédrale chantaient alors à minuit (2), s'étaient probablement cachés dans l'église. Les matines finies, ils forcèrent la porte du chœur qui est au dessous du crucifix; Pagnard tira de la lampe le

---

(1) Voyez la première note, à la fin de cette relation.
2) Voy. la note 2.e, à la fin de cette relation.

cierge qui brûlait devant le Saint-Sacrement, et éclaira son compagnon qui détachait la coupe de la suspense. Sortis de l'église, et ayant traversé la cour de l'archevêché, ils crochetèrent la porte qui est à l'entrée de l'avant-cour du palais archiépiscopal. Pagnard tenait toujours le cierge : *Jette ce cierge à terre*, lui dit alors Lacroix; *je ne le puis*, répondit-il, *quelque effort que je fasse*. Ce fait extraordinaire et miraculeux fut attesté si fermement et si persévéramment par le criminel dans ses divers interrogatoires, même sur le bûcher et au moment de rendre l'âme, qu'on ne peut prudemment le révoquer en doute. Son compagnon fut donc obligé de lui détacher avec violence les doigts de la paume de la main, et il ne put les en séparer, sans lui enlever la peau. Pagnard, à plusieurs reprises, accusa le nommé Marcillat, orfèvre, qui demeurait près de la cathédrale, de l'avoir poussé à ce larcin, en lui promettant 20 écus d'or (3). Il chargea fortement son fils qui venait de prendre la fuite. Le père fut arrêté et confronté avec le coupable; il se défendit constamment du crime de complicité dont celui-là ne cessait point de l'accuser : jusques dans les flammes il persista dans ses charges contre les Marcillat père et fils ; et il s'écria : *Je vais périr, pourquoi les*

---

(3) Voyez la note 3.e à la fin de la relation.

chargerais-je contre la vérité? Ce sont eux qui m'ont perdu. Quoi qu'il en soit, l'arrêt du 17 septembre, qui confirme la sentence rendue par le prévôt contre Pagnard, n'implique point les Marcillat dans ce crime; il n'y est fait mention que de Lacroix.

Après ces aveux, le prisonnier fut conduit par le prévôt au lieu qu'il avait indiqué; on y trouva, sous quelques plâtras, l'objet précieux de tant de larmes, et si cher à la religion des Sénonais : c'était le jeudi 4.e jour d'août, sur les huit heures du matin. L'heureuse nouvelle s'en répandit en un moment, et la ville changea de face. A l'instant, les grosses cloches se font entendre, et le carillon usité dans ce temps aux fêtes solennelles avertit tous les habitants du sujet de leur joie ; survient aussitôt avec zèle M. Jean Ferrand, archidiacre de Sens, revêtu d'une étole de drap d'or, et suivi de plusieurs chanoines; il lève respectueusement la coupe du lieu indécent où elle était placée, et il la met sur une table que l'on venait de préparer à cet effet. En ayant fait l'ouverture, il voit avec une douce consolation que les profanateurs n'ont point touché aux hosties : puis, saisi de cette sainte émotion qu'inspire la piété et la joie, alors il élève en tremblant et montre quelque temps au peuple assemblé une des cinq hosties. A ce touchant spectacle, tous les assistants ravis de joie et pénétrés d'amour, se prosternent, couvrant la terre de leur visage et l'arrosant de leurs larmes; et tout à coup élevant fortement la voix, les uns répètent avec des cris attendrissants : *Miséricorde!* d'autres chantent à plusieurs reprises, *Noël* : c'était l'expression ordinaire d'une allégresse sainte et chrétienne. Toutes les cloches sonnèrent à la fois; l'ordre fut aussitôt exécuté que donné de tapisser les rues ; on convoque tous les corps, ils s'assemblent en un instant; sans délai tous les habitants se réunissent, et l'on se met en marche pour faire une procession solennelle et triomphante d'actions de grâces.

La procession commença par le chant du répons pascal *Christus resurgens*, parfaitement analogue à la circonstance présente, et en partant du lieu même où l'on avait recouvré la coupe, elle passa par les rues de la Charronnerie ou du Tripot, et des Jacobins; elle remonta ensuite la Grande-rue, et se rendit enfin à l'église de Saint-Étienne par la porte collatérale, vulgairement dite *porte de l'archevêché*. Tout le clergé et les religieux nu-pieds, et la troupe aussi nombreuse que zélée des jeunes enfants, auxquels s'était unie une grande multitude d'hommes, précédaient Notre Seigneur avec de vifs transports de joie et de piété. Les magistrats ensuite et tout le peuple s'avançaient sur deux lignes, tous dans le même ordre et avec le même appareil de modestie et de religion qu'aux processions précédentes. Mais aux chants lugubres de la tristesse avaient succédé ceux de l'allégresse, et les airs retentissaient des tendres accents d'une joie chrétienne. Après le Saint-Sacrement, marchait, entouré des sergents de la ville, le prisonnier profanateur, une torche ardente à la main. Au moment où la procession rentra, et vis-à-vis de la prison de l'officialité, il se jeta par terre, aux pieds de son Dieu qu'il avait si indignement outragé, en disant avec douleur : *Je crie merci à mon Dieu d'avoir pris la coupe dans l'église de Monsieur saint Étienne, dedans laquelle reposait sacramentellement le corps de mon Sauveur et Rédempteur.* Alors l'infatigable prédicateur fit sur le champ, dans la cour même de l'archevêché, une exhortation touchante ; elle fut suivie de la messe que l'on chanta selon le rit le plus solennel. Après l'*Agnus Dei*, le célébrant, avant de replacer la coupe au-dessus de l'autel, la montra quelque temps au peuple. A ce nouveau signal de reconnaissance, recommencèrent les cris d'allégresse et les chants de *Noël* que les enfants répétaient avec effusion de cœur.

Cependant le peuple, pour signaler sa joie, suspendit de concert, et sans aucun ordre du magistrat, tous ses travaux manuels. C'était pour tous les Sénonais un jour de fête solennelle dont leur piété sentait le prix. (Ce jour a été longtemps un jour de fête chômée ; mais elle a été supprimée par la suite, ainsi que plusieurs autres.) Les boutiques furent fermées le reste de la journée; de toutes parts, au milieu des rues, étaient dressées des tables où l'on s'appelait mutuellement; voisins, passants, étrangers, tous indifféremment étaient invités à venir prendre part à la joie publique. Une sainte gaîté animait tous les cœurs, et la religion qui faisait naître ces transports ne les rendait que plus doux; on vérifiait en ce jour d'allégresse ce beau mot de l'Écriture : *Populus erat jucundus secundum faciem Sanctorum*. On allumait des feux de joie en différents quartiers; dans le Cloître, auprès du puits, était un grand feu, autour duquel s'étaient réunis les enfants de chœur, exprimant leur tendre reconnaissance par des chants que la piété leur inspirait; l'âge le plus faible rendait ainsi gloire à Dieu et se réjouissait en lui; heureux temps où la dévotion ne se trouvait point étrangère au milieu même des divertissements publics!

Le dimanche suivant 7 du mois d'août, il y eut une dernière procession générale et solennelle, avec convocation de tous les corps réguliers et séculiers; cet exercice de religion semblait couronner les précédents : la joie, le zèle et la reconnaissance y présidèrent. La piété des Sénonais ne s'y démentit point : même ordre, même édification, même appareil d'humilité et de régularité qu'aux autres processions. Le nombre des cierges et des flambeaux était prodigieux; on s'empressa d'orner les rues et de parer les dehors des maisons qui étaient sur le passage. La procession passa devant le palais archiépiscopal, descendit par la rue du Pied-fort (aujourd'hui rue Montpézat), remonta par le Cloître jusqu'à l'Hôtel-Dieu, où se fit la station; il y avait un autel dressé au lieu même de la récupération de la coupe, quoiqu'on n'eût pas porté le Saint-Sacrement. Pendant la messe qui se chanta ensuite, le P. Cognati prêcha encore dans la cour de l'archevêché. Après les vêpres, il y eut dans la place un feu de joie qu'allumèrent MM.rs les dignitaires de la cathédrale, conjointement avec les principaux magistrats. Le lendemain 8 août, les PP. Jacobins, à la tête de la nombreuse confrérie de S.t-Jacques, alors érigée dans leur église, se rendirent processionnellement à la cathédrale un cierge à la main. Quelques auteurs ajoutent que MM.rs les chanoines, en corps, reconduisirent honorablement cette confrérie jusqu'à l'Hôtel-Dieu.

Cette dernière circonstance est-elle croyable? On serait fondé sur de très-bonnes raisons à la révoquer en doute. Si ce trait n'est pas de l'invention de quelque confrère de Saint-Jacques, qui aura voulu par là donner du relief à sa confrérie, il faut présumer que la distinction extraordinaire dont le Chapitre honora cette confrérie, était l'effet des transports de zèle et de reconnaissance qui animaient alors tous les Sénonais.

Cependant on instruisit le procès du coupable; la sentence rendue à Sens contre lui, le 31 août, fut confirmée à Paris par arrêt du 17 septembre. Il réclama en vain le privilége *clérical* dont il prétendait se prévaloir, pour être renvoyé par-devant le juge ecclésiastique; il en était déchu par la profession mécanique qu'il avait exercée; il fut condamné à périr par le supplice du feu, après que, traîné sur une claie attachée à un tombereau, il aurait fait amende honorable au lieu où il avait caché la coupe. On croit faussement qu'il eut le poing coupé; l'arrêt du parlement, seule pièce authentique qui nous reste de son procès, n'en fait aucune mention. Comme il n'avait point touché aux saintes hosties pour les briser ou les profaner, il lui fut accordé par grâce d'être étranglé au moment où le feu commencerait à toucher son corps. L'exécution se fit le 24 septembre suivant.

Pour éterniser en quelque sorte la réparation solennelle de cet attentat sacrilége, et pour y intéresser la piété de tous les fidèles, M.r Jean Ferrand, grand archidiacre et official de Sens (4), fonda la magnifique procession qui se faisait chaque année le 4 août, jour dit de la Récupération de la Coupe. Il fit bâtir une chapelle au lieu où elle avait été si

---

(¹) Voyez la note 4.e à la fin de la relation.

indécemment déposée par les profanateurs; il y fut inhumé, et les chanoines venaient y célébrer son anniversaire le 13 du même mois.

L'acte de fondation porte, entre autres, que pendant la grande messe du jour de la récupération, il y aura prédication dans la cour de l'archevêché, et qu'il sera distribué au clergé, aux religieux, aux magistrats et aux pauvres une certaine quantité de pain et de vin; mais les fonds légués à cet effet ayant souffert des diminutions très-considérables, l'usage de cette distribution a été sagement interrompu par l'ordonnance de M.r de Chavigny en 1729.

Cette famille des Ferrand, originaire d'Espagne, était l'une des plus distinguées de la ville de Sens, où elle vint s'établir (vers l'année 1440). Elle a donné au barreau des magistrats illustres, et à la cathédrale un grand nombre de chanoines; on en compte 12, dont la plupart y ont occupé les premières dignités. Héritiers et imitateurs de la piété du respectable fondateur leur parent, plusieurs d'entre eux ont non-seulement ajouté à sa fondation, mais ont encore enrichi le trésor de plusieurs ornements de très-grand prix.

NOTE PREMIÈRE, SUR L'ANECDOTE DE JEAN PAGNARD.

Comment le juge criminel exerça-t-il son ministère dans les prisons de l'officialité? Quelle raison a pu le faire passer sur les règles de la juridiction en usage alors ? C'est un problème; puisqu'il instruisait seul le procès sans concourir avec le juge ecclésiastique, l'accusé aurait dû être transféré aux prisons royales pour y être appliqué à la question.

NOTE DEUXIÈME.

Diverses relations portent que les scélérats, pour entrer dans l'église, crochetèrent la porte qui est au midi du côté de l'archevêché; il est plus naturel de dire que très-vraisemblablement s'étant cachés dans l'église, ils n'ont forcé cette porte qu'en sortant; car il paraît impossible de crocheter en dehors une porte dont les serrures ou du moins les verrous ne peuvent s'ouvrir que dans l'intérieur de l'église; il eût fallu la briser à coups de hache.

NOTE TROISIÈME.

Une tradition populaire porte que les voleurs remirent d'abord la coupe à l'orfévre, et qu'après plusieurs coups d'échoppe ou de ciseau, celui-ci s'étant assuré qu'elle n'était que de cuivre doré, il l'avait rendue aux scélérats qui allèrent la cacher sous des plâtras auprès de la chapelle de l'Hôtel-Dieu. Mais cette tradition quoique assez universelle est démentie, non-seulement par le silence des plus anciens mémoires, mais encore par l'état actuel bien constaté de cette coupe qui a été longtemps suspendue au-dessus du maître-autel, et qui est conservée au trésor de l'église. Elle est d'argent doré, et l'on n'y retrouve aucune trace de l'épreuve prétendue de l'orfévre.

NOTE QUATRIÈME.

Dès l'année suivante, 1542, il exécuta le projet de cette fondation, mais le contrat n'en fut passé que le 12 août 1551; il donna pour fonds 400 écus d'or au soleil (environ 900 livres de notre monnaie) 16 livres de rente, et 3 quartiers de vigne. Dans la suite, Nicolas Ferrand, cellérier, et Étienne Ferrand, doyen de la cathédrale, neveu et petit-neveu du fondateur, reconnaissant combien cette fondation était onéreuse au Chapitre, en augmentèrent les fonds, l'un par une rente de 16 livres en 1608, l'autre par une somme de 400 livres en 1633. Malgré ces suppléments, la fondation devenue onéreuse par la diminution des espèces, l'est devenue encore plus par des remboursements désavantageux; mais MM.[rs] du Chapitre, héritiers du zèle de leurs prédécesseurs, suppléèrent généreusement de leurs propres revenus à l'insuffisance des fonds, et perpétuèrent les exemples de foi et de religion qui avaient donné naissance à cette édifiante fondation.

C'est dans les mêmes vues de respect et de réparation envers la sainte Eucharistie que ce pieux archidiacre établit aussi dans la chapelle de l'Hôtel-Dieu une confrérie du Saint-Sacrement, pour laquelle il obtint du saint Siége des indulgences en 1548.

Fin de la Notice historique sur Jean Pagnard.

SUITE DES RECHERCHES SUR LA PLACE S.¹-ÉTIENNE.

En 1547, Jacques *Verrier* fut condamné à faire amende honorable sur la place publique, devant la porte de Saint-Étienne, pour avoir mangé des œufs au lard un jour de carême, sans la permission de l'archevêque.

En 1556, d'après un jugement rendu, on exécuta une ânesse malfaisante. Ces sortes de jugements n'étaient pas rares autrefois; depuis l'an 1120 jusqu'à l'an 1741, on cite une multitude de sentences rendues contre divers animaux, et même contre des insectes nuisibles. Ainsi, des truies ont été pendues pour avoir dévoré des enfants au bers (berceau); un bœuf, en 1405, a été exécuté pour avoir par *furiosité* occis un jeune homme. Un coq, à Bâle, a été brûlé pour avoir pondu un œuf, et l'œuf fut aussi brûlé. Des mules, des vaches, des chiens, des chèvres, des juments, etc., ont de même été exécutés pour leurs *méfaits* et *démérites*.

Des excommunications étaient de même lancées contre les animaux et les insectes malfaisants : à Autun, il y en a eu de prononcées contre les limaces, à Lausanne contre les anguilles, à Saluces contre les papillons, à Berne contre les sangsues, à Laon contre les mulots, à Mayence contre les cantharides, à Valence contre les chenilles, en Auvergne contre les hannetons, en Provence contre les sauterelles, à Autun contre les rats, et enfin dans beaucoup d'endroits contre les insectes qui rongent les bourgeons de la vigne. Les historiens de la vie de saint Bernard rapportent que ce saint fit périr miraculeusement une quantité prodigieuse de *mouches* qui importunaient le fidèles de l'abbaye de Foigny, diocèse de Laon, qu'il avait fondée en 1221. Saint Loup, archevêque de Sens, par une semblable excommunication, chassa aussi les mouches des boucheries de Sens, suivant la tradition.

En 1557, un cuisinier nommé *Brigant*, âgé de 30 ans, de désespoir d'avoir perdu son argent au jeu de paume, vint s'attacher la nuit à une potence qui était restée sur cette place. On s'en aperçut, on coupa la corde, et on le rappela à la vie. La justice le fit néanmoins arrêter, et il fut condamné à être fustigé, à tous les carrefours de la ville. Peu de temps après, il partit comme tambour dans un régiment de pionniers qui se dirigea sur Orléans.

Le 9 août 1594, furent menés à Paris les nommés Edme Gauthier, Jean Remy et Jean Regnault, qui venaient d'être condamnés à être pendus, pour avoir tué le conseiller Jean Garnier. La sentence fut confirmée; ils furent exécutés à Paris, mais, suivant le texte de l'arrêt rendu, leurs têtes furent renvoyées à Sens, pour être exposées sur la place de Saint-Étienne.

L'an 1642, le sieur Thibault, chanoine de Sens, fut égorgé dans sa maison, vis-à-vis de la porte d'Abraham, avec sa servante, et un petit écolier qui demeurait chez lui, par deux paysans de Màlay-le-Vicomte, qui feignirent de venir lui payer une rente. Ils furent arrêtés, jugés et rompus vifs.

Par arrêt du parlement de Paris, du 20 mars 1646, Jacques *Dupain*, de Sens, et un nommé *Renault*, de Poitou, ont été condamnés conjointement à être brûlés comme blasphémateurs.

En 1638, au mois de septembre, on tira sur la place Saint Étienne une décharge considérable d'artillerie, à la suite d'un feu de joie, pour la naissance du Roi. Toutes les vitres des maisons voisines furent cassées, ainsi qu'un magnifique vitrail peint, qui était placé au-dessus de la porte principale de l'église cathédrale, derrière la tribune des orgues. Plusieurs personnes furent blessées grièvement, et le sieur Louis Farinade en eut même la jambe cassée.

Cette place, en juillet 1788, lors de la percée de la rue Royale jusqu'à l'Esplanade, fut baissée de plusieurs pieds; on descendait précédemment cinq marches pour entrer dans la cathédrale.

PLACE DU SAMEDI.

Elle s'appelait anciennement *place du Marché au blé*, ou simplement le *Marché au blé*; on l'a appelée depuis *place du Samedi*, parce qu'il s'y tient ce jour-là un marché toutes les semaines. En 1792, on la nomma *place de Mirabeau*, mais elle n'a pas longtemps gardé ce nom. Quand un décret ordonna que le buste de ce grand homme serait voilé, parce que sa réputation de vrai patriotisme avait été violemment soupçonnée, cette place prit le nom de *Place de la Fraternité*.

On voit par les anciens comptes de la ville, qu'il y avait autrefois sur cette place un moulin que deux chevaux faisaient tourner, et qui pouvait moudre deux mines de blé par heure.

Sur cette place était aussi la grande boucherie qui passait pour être très-commode, très-vaste, bâtie en bois de châtaignier, et qui avait, comme celle de Troyes, dit-on, l'avantage inappréciable d'être préservée des mouches. C'est un privilége qu'elle devait à saint Loup, archevêque de Sens, qui avait excommunié ces insectes nuisibles. Dans la boucherie de Troyes, la viande ne se gâte jamais, quelque chaleur qu'il fasse. On parlait de cette singularité devant M.ʳ de Mairan, célèbre académicien. Il demanda si l'on n'attribuait pas cette conservation à quelque chose de particulier; on lui répondit qu'on la devait à un saint patron de la ville de Troyes. *Eh bien !* répondit le savant, *je me range du côté du miracle, pour ne pas compromettre ma physique.*

Louis XIII, pour dédommager la ville de Sens du démembrement de son archevêché, en 1622, avait converti les tailles qu'elle payait en une simple subsistance. La ville alors par reconnaissance vota l'érection d'une statue de ce monarque sur la place du Samedi; mais les tailles ayant été rétablies, la ville, comme avait fait le prince, ne tint pas sa promesse, et la statue fut ajournée.

Il y avait autrefois sur cette place une croix de pierre qui fut élevée dans un temps où la peste ravageait le quartier S.ᵗ-Étienne. Alors on y avait transféré les marchés; mais la peste ayant cessé, ils furent rétablis sur la place Saint-Étienne, et l'autre n'en conserva qu'un tous les samedis dont elle a pris le nom.

D'autres auteurs ont prétendu que cette croix ne fut élevée que dans le temps qu'on résolut de punir de mort les malfaiteurs de la religion prétendue réformée, et ceux qui tuaient les huguenots sans ordre. En 1552, quelques jours après la solennité de Pâques, le nommé Mesreau qui avait tué un protestant, perdit la vie ignominieusement sur cette place. En 1558, Georges Tardif y fut exécuté par arrêt du parlement, et ses deux compagnons, huguenots comme lui, furent renvoyés dans leur pays. Le Martyrologe des protestants fait mention de ce Tardif, dont la fin, ajoute-t-il, fut très-édifiante.

Quelle que soit l'origine de l'élévation de cette Croix, nous ferons observer ici que bien souvent il y en a eu d'érigées pour servir de sauvegarde ou de moyen de salut aux serfs persécutés par des seigneurs avides, dans les campagnes, ou aux voyageurs sur les routes. Ces seigneurs s'emparaient quelquefois même à main armée des richesses des couvents; ils poursuivaient les paysans pour les dépouiller, et ceux-ci bien souvent ne trouvaient d'autre moyen de s'y soustraire que de courir embrasser quelques-unes de ces Croix que la détresse avait multipliées sur les chemins, et qui sont restées assez communes dans divers cantons. Outre ces Croix, il y avait d'autres lieux d'*asile* où les criminels mêmes se réfugiaient, et trouvaient l'impunité, tels étaient les églises, les palais du Roi, les hôtels des Princes. Les lois étaient alors si barbares, et par fois les jugements tellement iniques, qu'un auteur a dit en parlant de ces droits d'*asile*, que « c'était l'abus de l'impunité à côté de l'abus des supplices, deux choses mauvaises qui tâchaient de se corriger l'une par l'autre. »

PLACE DRAPÈS.

Cette place était autrefois celle du *Cloître*; on lui a donné depuis la révolution le nom de *Drapès*, célèbre guerrier sénonais, qui ainsi qu'*Accon*, résistèrent avec tant de bravoure et de persévérance aux conquêtes de Jules César. (Voy. ci-dev. p. 34).

Dans la plupart des cloîtres il y avait une petite place appelée préau, *pratellum*, et pour l'usage de la vie commune, un puits au milieu. Le célébrant allait le bénir, tous les dimanches, à la procession. Sur cette place, il y avait anciennement des sycomores, et plus tard des tilleuls; ils furent arrachés en 1788.

Le puits du cloître de Saint-Etienne de Sens, passait pour un chef-d'œuvre d'architecture. Il fut construit en 1534, par Godinet, célèbre architecte de Troyes, des deniers destinés pour une croisade qui n'eut point lieu, et par les soins de Nicolas Richer, et de Nicolas Fritard, son neveu, tous deux chanoines de Sens. Ce monument était d'un goût très-estimé et d'une élévation légère et hardie. Il était couronné d'une coupole soutenue sur trois colonnes élégantes, entre lesquelles étaient trois pendentifs ou commencements de colonnes; le tout était orné de bas-reliefs délicatement sculptés. L'eau de ce puits passait pour être très-bonne. On lisait dans le haut ces paroles adressées par l'opulence à la pauvreté, et imitées d'un verset d'Isaïe :

> *O! vos qui non habetis argentum, bibite aquam cum lœtitiá.* 1534.
> « O! vous qui n'avez pas d'argent, buvez de cette
> » eau avec joie. »

Dans Isaïe, 55, 1, on lit : *Omnes sitientes, venite ad aquas; et qui non habetis argentum*, etc. « Vous tous qui avez » soif, venez aux eaux ; vous qui n'avez point d'argent, etc. »

C'était autour de ce puits, qu'avaient lieu ces danses grotesques qui accompagnaient ou terminaient les fêtes superstitieuses de nos ancêtres. Ces danses commençaient très-souvent dans l'église, et le cérémonial variait suivant les pays. A Sens, c'était le jour de Pâques que l'on se livrait à ces divertissements après l'office. Les prêtres, les chantres, les enfants de chœur, se prenant par la main, dansaient dans la nef, en chantant : *O filii ! ô filiæ !*. Ils se rendaient ensuite autour du puits du cloître, et la danse y recommençait avec tous ceux et celles qui s'y trouvaient. Ce bal fut supprimé par la suite, à cause des désordres qui en résultaient. Pour y suppléer, un chanoine, nommé Jean de la Fontaine, fonda une procession qui devait avoir lieu après souper. Cette heure paraissant par la suite peu convenable, on la fixa depuis à sept heures du soir.

A Provins, c'était aussi le jour de Pâques que ces danses avaient lieu. Après le chant et la danse, on faisait une distribution de vin aux chanoines de l'église collégiale de Saint-Quiriace ; et un compte de 1436 porte qu'on en donna cette année 14 pintes ; gratification peu modeste ! Mais c'était du vin de Brie !

Dans beaucoup d'autres villes, on dansait aussi dans les églises, ou le jour de Noël, ou le jour de Pâques, ou le jour de Saint-Jean-Baptiste ; et la décence n'y était toujours pas très-bien observée. On sait que la session du concile de Trente, en 1562, s'ouvrit par un bal donné aux dames de la ville. A Limoges, on dansait le jour de saint Martial, dans l'église cathédrale ; et à la fin de chaque psaume, on ajoutait ces mots en patois limousin : « Saint
» Martial, priez pour nous, et nous danserons pour
» vous. »

A Sens, les chanoines étaient obligés d'ouvrir leur cloître, toutes les fois que les bourgeois voulaient y mener et y faire danser leurs familles, les jours de noces.

Le 20 novembre 1538, un chanoine de Sens, nommé Jean de Bouron, par acte passé devant Antoine Compaignon, notaire, donna au maire et aux échevins une somme de 400 francs qui fut mise en rente foncière, moyennant 8 francs par an, pour e crier et proclamer à haute voix, trois fois par semaine, les lundis, mercredis et vendredis, les paroles suivantes :

Réveillez-vous, réveillez-vous, gens qui dormez !
Priez Dieu pour les trépassés.

Avant cette proclamation et après, les crieurs étaient tenus de sonner une clochette. Le maire et les échevins furent tenus en même temps de choisir pour crieur un homme paisible et non querelleur. Le crieur des trépassés, suivant l'intention du fondateur, était aussi obligé de passer une fois par semaine dans le cloître.

Les plaisants ne tardèrent pas à tourner en ridicule cette fondation bizarre, et à crier la nuit, dans les rues, en suivant le crieur :

Réveillez-vous, réveillez-vous, gens qui dormez !
En bons vivants, riez, chantez (1)

Au milieu du 17.e siècle, le clocheteur des trépassés parcourait encore les rues dans un grand nombre de villes de province ; et il était revêtu d'une dalmatique chargée de têtes de mort, d'ossements et de larmes. Cet usage s'est maintenu bien plus longtemps dans plusieurs pays.

Un autre usage, celui de sonner le *couvre-feu*, a été bien longtemps pratiqué en France, et même

---

(1) Ce second vers en remplace un trop grivois pour être rapporté ici.

en Angleterre, puisque Guillaume-le-Conquérant, en 1068, rendit une ordonnance pour obliger les habitants d'éteindre leur feu et leurs lumières à 8 heures du soir.

Le concile de Sens, de 1347, ordonna de réciter trois fois l'*Ave Maria* à l'heure du *couvre-feu*. Sous Louis XI, l'usage s'introduisit de réciter cette même prière trois fois par jour.

Jusqu'au 13.ᵉ siècle, on le sonnait de 5 à 6 heures du soir, en été, parce qu'on se levait à minuit pour l'office, et en hiver de 7 à 8, parce que les matines commençaient à 2 heures. En 1695, la ferveur se ralentit; les matines furent fixées à 5 heures en été, et à 6 heures en hiver.

Au 15.ᵉ siècle, dans beaucoup de villes, l'usage d'éteindre le feu dans chaque maison, à 7 heures du soir, depuis la saint Rémi (2 octobre) jusqu'au 2 février, était encore en vigueur, et le son d'une cloche avertissait les habitants.

Du temps de Louis XII un vieux proverbe rapporté par Rabelais, disait :

« Lever à cinq, dîner à neuf,
» Souper à cinq, coucher à neuf,
» Fait vivre d'ans nonante et neuf. »

Plus tard on a dit :

« Lever à six, dîner à dix,
» Souper à six, coucher à dix,
» Font vivre l'homme dix fois dix. »

Sur cette place était la maison où a logé saint Thomas-Becket, archevêque de Cantorbéry; c'est celle de M.ʳ Hédiard, et particulièrement l'habitation qui est au coin de la petite rue dite des Quatre-vents. Ce prélat vint se réfugier à Sens, pour se soustraire aux persécutions d'Henri II, roi d'Angleterre, en 1163. En 1537, le 23 décembre, André Becquet, chanoine de Sens, à cause de la ressemblance de son nom avec saint Thomas-Becket, fonda la fête de ce saint, en semi-annuelle, avec la procession avant la messe.

Les chanoines habitèrent longtemps le cloître en commun avec leur évêque; ils se séparèrent par la suite sous l'épiscopat de Jérémie, en 828, et ils vécurent depuis chacun dans leur particulier. Du temps de l'archevêque Daimbert, en 1120, le cloître fut entièrement fermé de murs par cinq portes, et le roi Philippe I.ᵉʳ qui était alors à Sens, en accorda la permission. Ces cinq portes étaient celles de l'Épinglier qui est encore debout; les portes de Saint-Antoine, des Quatre-Vents, une autre à l'entrée de la rue Saint-Benoît, et la cinquième entre la maison de M.ʳ Miron et l'hôtel de l'Écu.

Les maisons du cloître furent dévorées par un incendie, en 968.

En 1454, fut rendue une sentence portant que le Chapitre ne pourrait fermer le cloître la nuit.

En 1682, il y avait 30 maisons seulement dans tout l'enclos du cloître.

Sur cette place, était autrefois la bibliothèque du Chapitre (maison du sieur Montillot); elle était publique tous les jeudis.

Dans la maison à côté, occupée (en 1838) par Mr Sergent, a demeuré, en 1751, *Crébillon* fils. *Bret*, dans un voyage qu'il fit à cette époque en Bourgogne, passant par Sens, regretta de ne pouvoir s'y arrêter, et dans sa relation en vers et en prose, il dit en parlant de ce romancier, fils du célèbre poëte tragique :

> Nous l'eussions vu, ce gentil chroniqueur
>   Des fastes galants de Lutèce,
>   Et qui de la femelle espèce
>   Connait et peint si bien le cœur.
> O siècle ingrat, infructueuses veilles !
>   Ce fils du rival des Corneilles,
>   Ce fils qui, lui-même enchanteur,
>   Amusa longtemps nos oreilles,
> Auteur léger, agréable conteur,
>   Dans Paris ne trouva personne
> Qui s'honorât d'être le protecteur
>   Du charmant rival de Pétrone.

Crébillon (1) fils, qui s'était retiré à Sens, y demeura pendant 5 ans, avec une Anglaise, Mlle

---

(1) Le nom de *Crébillon* était *Jolyot*; son père, le fameux poëte tragique, y ajouta celui de *Crébillon*, tiré d'un petit fief possédé par sa famille et appelé le *Cray-Billon*.

de Stafford (1) qu'il avait épousée en 1740. Il s'y était réfugié pour échapper aux désagréments que lui avait fait éprouver la publication de ses ouvrages licencieux, tels que le *Sopha*, *Tanzaï* ou l'*Écumoire*, etc. Il avait été précédemment enfermé à Vincennes ; mais une place de censeur royal qu'il obtint, le tint désormais plus réservé, et le rappela à Paris. Il est mort en 1777, et de sa femme, morte en 1760, il n'avait eu qu'un fils mort jeune, et non une fille mariée à un riche lord, comme on l'a supposé.

Son grand plaisir, en hiver, était de se lever de bonne heure, de se déguiser en spectre, et d'effrayer les chanoines qui allaient à matines. Les ouvrages qu'il a composés ne lui ont obtenu qu'une réputation peu durable. Il était le fils du célèbre auteur tragique ; et comme il était encore jeune, ce fut avec une bien juste prédiction qu'un homme d'esprit lui dit : « Va, ton père a été un grand homme, mais » toi, tu ne seras jamais qu'un grand garçon. »

La rue appelée *de la Petite-bonne-Vierge*, tire son nom de la figure de cette Mère du Sauveur, qu'on y avait mise dans une niche. On plaçait autrefois fréquemment de ces images de la Vierge, où

---

(1) Et non une demoiselle *Hamilton*, comme il a été dit par erreur.

de quelques autres saints, au coin des rues; on les ornait de fleurs, on y allumait quelquefois même des cierges, et l'on pratiquait de petits troncs au-dessous, où les passants déposaient leurs offrandes. Si l'on n'y mettait pas quelque pièce de monnaie, ou si l'on passait devant ces images sans les saluer, on était censé hérétique; et dans des temps de fanatisme, il est même arrivé que plusieurs passants furent poursuivis, frappés et même conduits en prison. A Sens, on remarque plusieurs de ces images de vierges dans différents quartiers.

On raconte une aventure qui a trait à ces images de vierges, et qui arriva au célèbre Piron qui avait la vue très-basse. Se trouvant fatigué, il s'était assis sur un banc, au-dessus duquel il y avait une madone en grande vénération dans le pays. Les bonnes femmes en passant et les autres habitants ne manquaient pas de saluer très-respectueusement l'image de Notre-Dame; Piron s'imagina que ces révérences lui étaient adressées, et ne manquait pas chaque fois d'ôter son chapeau.

La porte de l'Épinglier qui était l'une des portes de clôture du cloître, tire sans doute son nom de cet épinglier huguenot, qui fut massacré en 1562; cinq maisons près de cette porte furent même alors pillées par le peuple.

CHAPITRE XIV.

Sens, *extrà muros*.

FAUBOURGS DE SENS.

Cette ville contient cinq faubourgs.

1.° Celui de Saint-Savinien, qui a aussi porté les noms de faubourg de Notre-Dame, faubourg Saint-Nicolas ou faubourg Saint-Pierre le-vif.

2.° Celui de Saint-Antoine.

3.° Celui de Saint-Didier.

4.° Celui de Saint-Maurice, appelé aussi faubourg d'Yonne.

5.° Celui de Saint-Pregts.

Par arrêt de la Cour, du 5 décembre 1523, la ville de Sens fut divisée en cinq quartiers, savoir:

1.° le quartier *Rond*, dont la partie occidentale du faubourg Saint-Pregts dépendait. Ce nom de quartier *Rond* lui vient de l'église de Saint-Pierre-le-rond.

2.° Le quartier d'*Yonne*, dont le faubourg de ce nom dépendait, ainsi que le faubourg Saint-Didier et la partie occidentale de la ville, de la porte Saint-Rémy à la porte Saint-Didier.

3.° Le quartier *Saint-Hilaire*, dont la partie orientale du faubourg Saint-Pregts dépendait.

4.° Le quartier *Donjon* ou *Notre-Dame*, dont le faubourg Notre-Dame dépendait. Ce nom de quartier *Donjon* lui vient de l'église de Saint-Pierre-le-donjon.

5.° Enfin le quartier *Saint-Benoît* ou du *Cloître*, qui comprenait le faubourg Saint-Antoine.

FAUBOURG SAINT-SAVINIEN.

Ce faubourg est très-étendu ; il était divisé autrefois en quatre parties. La première comprenait les maisons depuis l'église de Notre-Dame-du-Charnier jusqu'à la rue du Puits-de-la-Chaîne. C'était le commencement du faubourg qu'on appelait quartier de la Madeleine, parce qu'il comprenait la paroisse de ce nom.

La seconde partie s'étendait depuis la rue du Puits-de-la-Chaîne jusqu'à la croix de Saint-Pierre-le-vif, appelée aussi la croix des Bouchers. On désignait ce quartier sous le nom de Saint-Nicolas, parce que la paroisse dédiée à ce saint évêque y était située.

La troisième partie, depuis la croix susdésignée jusqu'au coin de la place de Saint-Pierre, s'appelait le bourg de Saint-Pierre-le-vif.

Enfin, la quatrième partie, depuis cette même

place jusqu'à l'extrémité du faubourg, s'appelait faubourg Saint-Savinien.

Les principales rues ou ruelles de ce faubourg portent les noms du Puits-de-la Chaîne, des Francs-Bourgeois, de la Louptière, des Gaillons, de la Planche-Barreau, du Filoir, etc. D'anciennes ruelles dont on ignore la situation, étaient celles de la Gallière ou de l'Aiguillière, de la Belle-Épine, la rue Tartarin, etc.

Suivant nos anciens annalistes, le bourg de Saint-Pierre-le-vif était primitivement habité par la *noblesse* sénonaise. Un autre quartier était occupé par les *francs-bourgeois*, dont une ruelle conserve encore le nom; enfin des habitants de toutes les classes avaient leur demeure dans l'enceinte des murs de la ville. On cite comme un grand personnage qui demeurait dans le bourg de Saint-Pierre-le-vif, Victorin, si recommandable par ses richesses, sa noblesse et ses vertus, et qui accueillit d'une manière particulière saint Savinien, lors de son arrivée à Sens.

Ce bourg jouissait de grands priviléges; d'après une des clauses d'une ordonnance de Louis VII, lors de la création de la commune de Sens en 1146: « Nul, pour aucun forfait, ne pouvait être pris ès » cloîtres ou allées, ni clôtures, ni faubourg de » Saint-Pierre-le-vif, par ceux de la commune, si » ce n'était en présent forfait. » Un arrêt du parlement, de l'an 1262, rendu au profit de ladite abbaye, déclare « que le majeur et la commune de Sens n'avaient aucun intérêt pour leur commune sur les habitants de Saint-Pierre-le-vif. »

Il se tenait anciennement dans la basse-cour et sur la place publique de cette abbaye, une foire considérable, les 19, 20 et 21 mars de chaque année. D'autres foires, non moins achalandées, attiraient aussi à Sens une grande affluence de marchands et d'acheteurs; c'était celle du Popelain; celle de St-Thibault (dans la plaine de Ste-Colombe); celle de Saint-Loup, près de cette abbaye, et la foire des Cendres. La foire qui se tenait place de Saint-Pierre-le-vif, au mois de mars, fut nommée *foire des pardons*, parce que les papes accordèrent pardon et indulgence à ceux qui visiteraient, pendant les trois jours de la foire, l'église de cette abbaye.

La foire de la Saint-Savinien, le 19 octobre, était aussi autrefois une assemblée bien nombreuse. On y vendait tant de vin, qu'il est arrivé quelquefois qu'il y avait des tonneaux exposés dans la rue, depuis le puits du cloître jusqu'à la place de Saint-Pierre-le-vif. Du temps de Tristand de Salazard, archevêque de Sens, le muid de vin ne valait que 22 sous et 30 sous, et le bichet de froment 5 sous.

A l'entrée de ce faubourg, à gauche, il y avait un ancien prieuré que l'on appelait *Notre-Dame-*

du-Charnier, d'où la porte Notre-Dame et le faubourg ont tiré leur nom ; près de l'église était un vaste cimetière où l'on enterrait une grande partie des habitants de la ville. Deux autres charniers existaient encore, l'un au faubourg Saint-Antoine, l'autre au faubourg Saint-Didier. Les Cordeliers obtinrent les premiers le privilége de faire des inhumations dans leur église ; auparavant elles avaient lieu exclusivement hors des villes. Il ne reste plus maintenant aucun vestige de ce prieuré ; tout son territoire a été converti en jardins, et une église paroissiale, consacrée à la Madeleine, a été bâtie par la suite dans son emplacement.

Ce vaste faubourg comprenait autrefois : 1.º deux abbayes, celle de Saint-Pierre-le-v. fondée par Théodéchilde, vers l'an 450, et celle de Saint-Jean fondée par saint Éracle, archevêque de Sens, vers l'an 495 ; 2.º un monastère, celui des pénitents établis en cette ville, en 1617 ; 3.º et trois églises paroissiales, savoir : 1.º celle de Saint-Savinien, la plus ancienne de la ville ; 2.º celle de Saint-Nicolas à laquelle on a réuni en 1642 une autre paroisse dédiée à saint Léon, et qui existait en 1220. Saint Nicolas était dans l'église abbatiale de Saint-Jean, et Saint-Léon était à l'entrée du faubourg, à droite. (La porte Notre-Dame s'appelait anciennement *porte S.ᵗ-Léon*, et nous en parlerons plus loin.) Dans l'emplacement de Saint-Léon, il y avait ancienne-

DE SENS.

ment un couvent dit de Saint-Gervais et Saint-Protais.

3.° Enfin la paroisse de la Madeleine, fondée en 1348. Auparavant il y avait un couvent de filles, que Richer, archevêque de Sens, mort en 1096, remplaça par des moines qu'il fit venir de la Charité-sur-Loire. Près de là était le prieuré du Charnier, dont nous avons parlé plus haut, et qui fut détruit en 1577.

L'abbaye de Saint-Pierre-le-vif qui était située à l'extrémité de ce faubourg, était très-célèbre; elle rappelle différents faits historiques dont nous allons rapporter quelques-uns.

L'église de cette abbaye, consacrée à saint Pierre, n'ayant été bâtie que plus de 400 ans après la mort de cet apôtre, c'est par une corruption d'expression que l'on a dit Saint-Pierre-le-*vif* au lieu de *vic*. Ce dernier mot signifie *bourg*. On disait autrefois le bourg de Saint-Pierre. Arnoult, fondateur de ce monastère, en 1112, fit fortifier ce bourg de remparts et de palissades.

C'est aussi à tort que l'on a écrit *faubourg*. Ce mot vient de *forense burgum, vel quod foris est*, c'est-à-dire *bourg du dehors*.

Avant 1403, les moines de l'abbaye de Saint-Jean avaient un four banal dans ce même faubourg: à cette époque, d'après une transaction entre l'abbé

10*

de Saint-Jean et Jean Béranger et sa femme, ces derniers eurent la liberté de bâtir un four, lequel serait démoli après leur mort.

En 1568, à cause des larcins qui se commettaient par les habitants de derrière le Charnier et ceux de la Coquesalle, leurs maisons furent abattues. Le Charnier, ancien grand cimetière de la ville, était situé à l'entrée de ce faubourg, à gauche, près des fossés du Mail.

En 1582, un incendie considérable détruisit 25 maisons de ce faubourg.

Rien n'était plus commun au moyen âge que les pèlerinages, et même ceux qui étaient entrepris par de hauts personnages, qui croyaient racheter leurs péchés par de pieux voyages. Louis, Cte d'Allemagne, étant tombé malade à Sens, dans le cours d'une de ses religieuses excursions, se fit moine à l'abbaye de Saint-Pierre, et lui légua en mourant une terre considérable. On ne doutait point d'entrer en paradis quand on avait pu visiter le tombeau de quelque saint, quand on avait laissé du bien à quelque église, et quand on était mort revêtu d'une robe de moine.

C'était un usage que les archevêques de Sens passassent la nuit à l'abbaye de Saint-Pierre-le-Vif, au tombeau des martyrs, la veille de leur intronisation. L'abbaye était alors tenue de payer une certaine redevance. Guillaume de Dormans, archevêque, en 1390, eut un procès avec Robert de Laval, abbé de ce monastère, qui trouva ses prétentions trop élevées. Par une transaction entre eux, il fut convenu que lorsque le prélat sénonais passerait la nuit à l'abbaye, les religieux seraient tenus de lui payer une somme stipulée dans l'acte; et en outre un bœuf gras la veille de Pâques, toutes les fois que l'archevêque seroit à cette époque au lieu de sa résidence.

Le trésor de cette abbaye fut enrichi en 1120 de plusieurs reliques, et notamment d'une moitié de dent de saint Nicolas. Celui qui en fit le don déclara qu'elle lui avait coûté un marc et demi d'argent et une once d'or. Il ajouta encore à cette donation, celle d'une maison près de Provins, avec tout le mobilier qu'elle contenait. Il demanda en dédommagement un service anniversaire pour le repos de son âme, et exigea qu'on réservât sur le revenu de sa maison 5 sous pour régaler ces jours-là les frères-lais de l'abbaye.

Cette abbaye fut ruinée vers le milieu du 10.ᵉ siècle par un de ses abbés nommé *Notram*, qui en vendit les terres, les bâtiments, les ornements d'église, et étendit sa rapacité sur l'abbaye de Ferrières. Il distribua à ses parents le fruit de ses brigandages, et en réserva une partie pour acheter l'évêché de Nevers. Les moines furent obligés de se disperser, et ils restèrent sans abbé jusqu'à l'épiscopat de

Sévin ; ils ne tardèrent pas à se relever bientôt de cette ruine.

Maynard, comte de Sens, mort en 831, laissa de grands biens à cette abbaye, sous la condition d'y être enterré ; et la comtesse Rothilde ou Rothlaïs, sa femme, fit de grands dons à l'abbaye de S.-Rémi, à condition d'être enterrée à l'église de Saint-Maurice du village de Vareilles, dont elle avait donné le domaine à ce dernier monastère.

En 1168, Guarinus ou Warin, vicomte de Sens, obtint de cette abbaye la faveur d'être enterré dans l'église, et concéda à cet effet douze boisseaux de blé à prendre à perpétuité sur les moulins de sa vicomté.

» On attribue la fondation de cette abbaye à Théodéchilde, qui était fille de Clovis, suivant quelques auteurs ; suivant d'autres, elle était reine des Varnes. Elle mourut en 560 ou 600. Suivant une de ses épitaphes, elle est appelée *Theuchildis* ou *Theutechildis*. Il y en a une composée par Fortunat, et une autre qui a été conservée par Odoran dans sa chronique ; en voici une autre en deux vers français :

Théodéchilde, reine, a fait bâtir ce lieu ;
Le dotant de grands biens pour des hommes de Dieu.

Théodéchilde vécut jusqu'à 80 ans, et fut inhumée dans le chœur de l'église de Saint-Pierre.

Basolus, duc d'Aquitaine, vaincu par Clovis 1er, fut confiné dans ce monastère, et en devint le second abbé; il y mourut en 510 ou 570, suivant d'autres.

L'abbaye de Saint-Pierre-le-vif a joué un rôle important et fort tragique dans le milieu du 12e siècle. L'affranchissement des communes qui avait eu lieu dans plusieurs villes du nord, de Picardie et de Champagne, comme Cambray, Noyon, Saint-Quentin, Laon, Amiens, Soissons et Reims, tenta la ville Sens. Nous allons répéter ici le récit de ces événements rapportés par Auguste Thierry, dans ses *Lettres sur l'Histoire*.

« Dans l'année 1146, les bourgeois de cette ville, ayant formé entre eux une association de défense mutuelle, l'adoptèrent, avec l'agrément du roi Louis VII. Mais à peine le gouvernement communal fut-il établi à Sens, que le clergé des églises et surtout des religieux de Saint-Pierre-le-vif, élevèrent un cri d'alarme sur l'abolition de leurs justices. Le Pape Eugène III, chassé de Rome, venait de passer en France, et le roi l'avait reçu à Dijon avec toute sorte de respect. Ce fut à lui que le clergé de Sens adressa ses réclamations, par l'entremise d'*Herbert*, abbé de Saint-Pierre. Cette ambassade eut un plein succès, et le roi, à la requête du pape, ordonna que la nouvelle commune fût incontinent dissoute.

» Pendant que cet ordre s'exécutait dans toute sa

rigueur, l'abbé *Herbert* revint dans la ville, afin d'y recevoir les compliments de son ordre, et de se préparer pour un voyage à la Terre-Sainte, où il devait suivre le roi. Son arrivée, dans de telles circonstances, exaspéra les esprits, au point qu'un rassemblement de bourgeois armés se forma aussitôt pour attaquer l'abbaye de Saint-Pierre. Ils enfoncèrent les portes, et massacrèrent l'abbé ainsi que son neveu, jeune chevalier plein de courage, qui périt en essayant de le défendre. Ce crime, excité par la frénésie du désespoir, fut puni avec une grande rigueur. Des troupes envoyées par le roi investirent la ville de Sens, et arrêtèrent un grand nombre des complices de l'émeute. Plusieurs furent mis à mort sans forme de procès; et par une sorte de raffinement, on les fit monter au haut de la tour de Saint-Pierre, d'où ils furent précipités. Les autres, emmenés et jugés à Paris, eurent la tête tranchée par la main du bourreau.

» Il y avait trop de vie dans l'institution des communes, pour que celle de Sens pérît par ce seul échec. Elle fut rétablie ou plutôt reconnue par Philippe-Auguste (1), après 40 ans, durant les-

---

(1) Louis Hutin, ainsi que le roi Philippe-Auguste, protégea la liberté des communes; dans un édit solennel, il déclara et voulut *que dans le royaume des Francks la réalité répondît au nom*; et que chacun, selon le droit de nature, devait être

quels; si l'on en juge par le préambule de la charte royale, la guerre n'avait point cessé entre les bourgeois et le clergé de la ville. « Dans l'intention de conserver la paix dorénavant, nous avons octroyé que, sauf notre fidélité, une commune fût établie à Sens. Elle sera jurée par tous ceux qui habitent soit dans l'enceinte des murs, soit dans le faubourg, et par ceux qui entreront dans la commune, à l'exception des hommes et des femmes que nous avons rendus à l'archevêque, aux églises et aux clercs de Sens. »

On a trouvé quelque similitude entre la punition des meurtriers d'Herbert, et ceux de Charles-le-Bon, qui furent précipités du haut de la tour de Bruges, par ordre de Louis-le-Gros.

Un annaliste sénonais rapporte que le roi, en perpétuelle mémoire du meurtre de l'abbé Herbert, obligea la postérité des principaux mutins et séditieux, auxquels appartenait le moulin des Boutours, de venir faire hommage tous les ans à l'abbaye de Saint-Pierre-le-vif, le dernier jour du mois d'avril. Ils étaient en outre dans l'usage de promener dans la ville un homme monté sur un âne, ayant

---

Franck, etc. Dans un concile tenu sous Alexandre III, il fut décidé que les *chrétiens devaient être exempts de servitude*, etc. Ces rois et ce pape traitèrent le peuple français avec plus de charité qu'Eugène III et Louis VII.

le visage tourné du côté de la queue, et coiffé à la façon des femmes de Malay ; des enfants le suivaient en le huant et en criant : *A la Troille mère Malo.* (Nous ne pouvons expliquer ces expressions singulières.) Ce même annaliste rapporte avoir vu cette cérémonie ridicule, et ajoute qu'elle cessa à l'époque où MM. de Guise perdirent la vie sous Henri III (à Blois, en 1588).

Cette coutume de promener un homme sur un âne assis en sens inverse, n'a pas été tout à fait abolie dans la ville de Sens ; mais elle a lieu dans un autre but, le mercredi des cendres, et pour ridiculiser un mari battu par sa femme. Cependant ce n'est pas le mari dont on s'empare pour cette bouffonnerie de carnaval, mais du voisin qui le plus souvent ne peut s'y soustraire, et qui ne se prête que malgré lui au travestissement le plus bizarre. Cette cérémonie, précédée de copieuses libations, se termine toujours par de joyeuses orgies.

Ce n'est pas à Sens seulement que cette cérémonie a lieu, mais en Angleterre, en Italie, en Auvergne, et dans beaucoup d'autres provinces, avec quelques nuances particulières. En Angleterre, on place sur l'âne la femme, ayant la face tournée du côté de la tête de l'animal, avec le mari, qui adossé à sa femme, et la face tournée vers la queue, tient dans ses mains une quenouille, pour annoncer qu'il file doux.

Ce faubourg était autrefois bien plus étendu, bien plus riche et très-populeux; on y voyait le quartier des *Francs-Bourgeois*, dont une ruelle porte encore le nom. Près de la maison des Gaillons, on remarque l'emplacement et la forme 1.°, côté du couchant, des anciennes *Arènes*, et 2.°, côté du levant, d'un Amphithéâtre où nos ancêtres assistaient à des fêtes et à des spectacles publics, dont les Romains avaient répandu l'usage dans les Gaules. Dans une autre dépendance de ce faubourg, appelée le clos de *Bellenave* (c'est-à-dire *bella navium*) au milieu d'une belle pièce d'eau qui existe encore de nos jours, se donnaient des joûtes sur l'eau et des spectacles de Naumarchie. Dans ce même clos de Bellenave, en défonçant quelques parties de cet immense terrain, on a trouvé, à diverses époques, d'anciens tombeaux en pierre et des cercueils en plomb, avec des urnes et des plats posés à côté des squelettes, des vases lacrymatoires, des médailles romaines, etc. On y a aussi découvert un tombeau gaulois, sur lequel était représenté en relief un soldat prétorien grossièrement figuré, couvert d'un *sagum* qui ressemble à la blouse d'un charretier, et tenant à la main une cassette ou un panier à anse. On y lit cette inscription : *Valerius...sus causari. ex-milite.. pretoriani frat. et conjux parav.* C'est-à-dire, VALERIUS ....sus, vétéran. *Les anciens soldats prétoriens, son frère et son épouse, lui ont fait élever* ce monument. *Millin* a fait graver, dans son *Voyage dans le midi de la France*, cette tombe curieuse qui est aujourd'hui conservée dans le musée d'Auxerre.

Près d'un puits appelé *puits de la chaîne*, vers le milieu du 17.e siècle, on voyait encore les colonnes d'une porte antique qui conduisait à l'Amphithéâtre et aux Arènes.

Ce faubourg offre encore des vestiges de quelques autres monuments de la plus haute antiquité, tels que l'*aqueduc de Saint-Philbert* dont on voit une partie dans le jardin d'une maison de ce faubourg (autrefois l'ancien presbytère de la paroisse de Saint-Savinien), et la *crypte* de cette ancienne église; on y voit l'autel où ce saint prélat a été martyrisé, et on y remarque quelques taches rouges que l'on dit être de sang. Autour de cette sainte grotte se lisent des inscriptions latines, en caractères du 11e siècle, rapportées et gravées dans le voyage de *Millin*, ci-dessus cité, et plus anciennement dans le *Voyage littéraire de deux religieux bénédictins*, 2 volumes in-4.° Il est à craindre que ces témoignages religieux de la religion de nos pères ne disparaissent un jour, mais les savants et les artistes par leurs descriptions et leurs dessins ont éternisé ces monuments et ont voulu sans doute nous consoler des ravages de l'ignorance et du vandalisme.

L'église de Saint-Savinien est la plus ancienne de la ville de Sens. La crypte a été construite l'an 1000, et les inscriptions n'y ont été placées que vers l'an 1100. Devant le sanctuaire, il y a deux anciennes colonnes d'une architecture remarquable et qui datent du milieu du 11.e siècle, ainsi que la tour du clocher et les petites croisées en plein cintre et très-élevées de la nef. C'est vers l'an 1068, sous Richer, archevêque de Sens, que cette église a été bâtie.

C'est un religieux de Saint-Pierre-le-vif qui inventa ou au moins perfectionna, il y a plusieurs siècles, les *montres* ou *pendules à l'eau* (car les anciens faisaient usage de ces machines qu'ils nommaient *clepsydres*. (1). Il communiqua son procédé à un potier d'étain de cette ville nommé *Reguard*, qui en fabriqua une grande quantité. Ses petits-fils en ont continué la fabrication et le commerce, jusqu'à nos jours. On en expédiait autrefois fort loin, en Asie, en Amérique, et en général dans tous les pays méridionaux où l'on ne pouvait pas conserver

---

(1) *Clepsydre* vient de deux mots grecs qui signifient : Je cache eau; car l'eau dans ces machines y est employée par un procédé mystérieux. — *Horloge* vient de deux mots grecs qui signifient : J'annonce l'heure, ou de *horas legere*, lire les heures. — *Montre* vient du verbe *montrer*, c'est-à-dire que cette machine montre l'heure.

longtemps des horloges de fer ou de cuivre. Les montres à l'eau, confectionnées à Sens, étaient en étain ; à Paris et ailleurs, on en fabriquait en fer-blanc ; mais elles avaient l'inconvénient de se rouiller et étaient moins justes et bien moins recherchées que celles de Sens. Celles-ci consistaient en une boîte ronde, divisée en sept compartiments ou cloisons percées d'un petit trou pour laisser échapper l'eau goutte à goutte ; ainsi cette machine, par cette évacuation d'un compartiment dans l'autre, tournée insensiblement entre deux montants, le long desquels, et soutenue de chaque côté par des ficelles, elle marque les heures en descendant.

La ville de Sens était autrefois renommée pour la fabrication de ces montres hydrauliques. La plupart des géographes en ont fait mention ; beaucoup d'étrangers en achetaient en passant, comme un objet de curiosité. A Genève, où l'art de l'horlogerie a fait tant de progrès, on a placé une de ces machines ingénieuses dans une des salles de l'hôtel-de-ville.

La quantité d'eau employée dans ces montres était le point dont les ouvriers faisaient le plus de mystère ; aujourd'hui le secret en est perdu, et ce genre d'industrie est totalement abandonné ; le débit en était devenu presque nul depuis près d'un demi-siècle, par l'immense quantité et le bas prix des montres à ressort, aujourd'hui d'un usage général dans les villes comme dans les campagnes.

Les anciens auteurs ont parlé de l'invention des horloges à eau. Vitruve les attribue à Ctézibius d'Alexandrie, qui vivait sous Ptolémée-Evergètes, environ 240 ans avant l'ère chrétienne. Un siècle après, le censeur Scipion-Nausica les introduisit pour la première fois dans la ville de Rome.

Théodoric, roi des Goths, en Italie, envoya en présent à Gondebaud, roi de Bourgogne, vers l'an 507, une clepsydre ou horloge d'eau, qu'on ne connaissait pas encore dans les Gaules, et une autre horloge où l'on voyait tous les mouvements du ciel. L'an 760 de l'ère chrétienne, le pape Paul I envoya à Pépin-le-Bref la première horloge à roues qui ait paru en France. En 807, Haron, roi de Perse, envoya de rares présents à Charlemagne, et entre autres une horloge sonnante avec de merveilleux automates. Ainsi, c'est donc à tort que quelques historiens ont attribué à Gerbert, archevêque de Reims, et ensuite de Ravennes, et enfin pape sous le nom de Sylvestre II, la première invention des horloges à ressort. Ce pape est mort en 1003.

Le monastère de Saint-Pierre-le-vif s'est illustré par un grand nombre de savants personnages dont les écrits sont parvenus jusqu'à nos jours.

Le plus ancien est *Odoran* ou *Odoranhe*, qui naquit vers l'année 986, et qui vivait encore en 1045. Il a composé, étant presque sexagénaire, une chronique intitulée : *Odoranni monachi Senonense chronicon, ab anno 675 ad annum 1032.* Il vivait du temps du roi Robert, duquel, dit un de nos annalistes, il était bien aimé, et en même temps bien venu de la reine Constance. Ce religieux s'était acquis une grande réputation par ses connaissances dans les beaux arts, dans la mécanique, et surtout dans l'orfévrerie; et c'est-là ce qui le fit choisir par le roi et la reine pour la construction de deux *capses* (châsses) enrichies d'or, d'argent et de pierreries, destinées à contenir les reliques de saint Savinien et de saint Potentien, premiers archevêques de Sens. C'est le plus ancien des historiens sénonais. Sa chronique est insérée dans la collection de Duchesne, tome II; et les célèbres Pithou et Mabillon en ont publié des extraits.

Clarius, autre savant religieux de cette abbaye, vivait en 1070 et est mort vers l'an 1124. Il fut envoyé par Daimbert, archevêque de Sens, qui avait beaucoup de confiance en lui, et comme son représentant, en 1120, au concile de Beauvais. Sa chronique, intitulée : *Chronicon sti Petri vivi Senonensis, ordinis sti Benedicti*, commencée en 442, et a été continuée par d'autres annalistes, depuis 1124 jusqu'en l'année 1184. Clarius a tiré beaucoup de faits historiques de la chronique d'Odoran;

et Robert d'Auxerre, auteur de la chronique de Saint-Marien d'Auxerre, a aussi beaucoup puisé dans celle de Clarius. L'ouvrage de ce dernier est inséré dans le spicilége de dom Luc d'Achery et dom Bouquet en a rapporté beaucoup de passages dans sa grande collection des historiens de France.

Geoffroy de Colon ou de Courlon (*Gaufridius à Colone*) est auteur de plusieurs ouvrages dont voici les titres : 1.° *Libellus super nominibus Senonensium archiepiscoporum*; 2.° *Historia sti Petri vivi, ad annum* 1295; 3.° *Libellus de sacris reliquiis cœnobii Viviani.* (Composé en 1294.) Ce savant religieux était frère de Geoffroy de Montigny-Lancoup (1), abbé de ce monastère, et fils de Guy de Lancoup, près de Montereau, et d'Asceline de Colon. Les chroniques de Geoffroy de Colon sont conservées manuscrites dans des bibliothèques à Sens.

Arnaud, abbé de Saint-Pierre-le-vif depuis 1096 jusqu'à 1123, est connu dans l'histoire littéraire de France par son savoir, par son zèle pour l'étude, et surtout par son activité pour enrichir son monastère de livres qui étaient alors fort rares. Il faisait transcrire lui-même un grand nombre d'ouvrages historiques; il mettait tant d'importance à la confection de ces manuscrits, qu'il préparait

---

(1) *Lancoup* est le nom d'une ancienne famille dont le village de Montigny-Lancoup a reçu son surnom.

lui-même le parchemin et le distribuait à ses copistes. Il fit dresser le catalogue des ouvrages qu'il procura à son abbaye; il ne contenait que vingt volumes. Ce catalogue, qui est parvenu jusqu'à nous, est fort curieux Un incendie, en 1093, avait détruit la bibliothèque de ce monastère; Arnaud fit donc tous ses efforts pour réparer cette perte; et dans la crainte de perdre le fruit de ses travaux, il menaça d'excommunication tous ceux qui détourneraient, vendraient ou détruiraient quelques-uns de ces livres.

C'est à l'abbé Arnaud que le roi Louis-le-Gros, qui était en guerre avec le roi d'Angleterre, et Thibaud, comte de Chartres, donna ordre de fortifier le bourg de Saint-Pierre-le-vif, et de veiller à sa défense. A cette époque, les lépreux se multipliaient beaucoup en France. Arnaud, de concert avec l'archevêque de Sens, prit des mesures pour faire transférer ces pestiférés bien loin des habitations.

Un religieux de Sainte-Colombe-lez-Sens, nommé Victor *Cotron*, doit être nommé ici comme ayant composé une chronique de Saint-Pierre-le-vif en latin. Il vivait en 1650. Il a de plus composé une chronique de Saint-Germain d'Auxerre; une chronique de Sainte-Colombe-lez-Sens; une histoire des abbés de Saint-Remy de Sens, qui commence à l'année 275 et finit à 1648, jusqu'à M. de Gondrin, archevêque, qui en fut le dernier abbé.

Enfin Claude-Hugues *Mathoud*, prieur de Sainte-Colombe-lez-Sens, puis de Saint-Pierre-le-vif, né à Mâcon, en 1622, et mort en 1705, à Châlons-sur-Saône, a composé sur l'histoire de Sens, et en un latin fort obscur :

1.° *De verâ Senonum origine christianâ*, etc., imprimé à Paris en 1687, in-4.°

2.° *Catalogus archiepiscoporum Senonensium ad fontes historiæ noviter accurratus*, imprimé à Paris, en 1688, in-4.° Cet ouvrage va jusqu'à Mr de la Hoguette, archevêque de Sens; il fait suite au précédent, et ils sont presque toujours reliés ensemble.

Ce monastère et toutes ses dépendances ont été acquis au commencement de la révolution par le cardinal Loménie de Brienne, archevêque de Sens, puis évêque du département de l'Yonne, pour y fixer sa résidence. Lors de la suppression des paroisses, ce prélat voulut faire présent, aux habitants de ce faubourg, de l'église de Saint-Pierre-le-vif, monument antique, remarquable et par ses décorations et par son architecture. On sait que le peuple est ordinairement amoureux de belles églises ; les habitants du faubourg n'avaient qu'à dire un mot pour avoir la plus belle paroisse de la ville. Le faubourg s'assembla donc pour délibérer, et il fut décidé que l'on refuserait l'offre généreuse du prélat, « parce » que le diable pourrait bien venir habiter l'église,

» puisque le monastère était détruit. » Le cardinal, après un refus si bien motivé, et plusieurs fois réitéré, prit le parti de faire abattre cette église, n'ayant pas besoin d'une chapelle aussi vaste, près de son habitation. Mais à peine l'église fut-elle démolie, que ce peuple inconstant et capricieux regretta et redemanda l'édifice, criant à l'impiété, et accablant le prélat de menaces impertinentes.

M. de Loménie avait donc fait raser complétement l'église, et il n'en restait plus, sous le sanctuaire, qu'une crypte ou grotte semblable à celle de la paroisse de Saint-Savinien, dans laquelle saint Savinien avait été martyrisé, comme saint Potentien, son prédécesseur, dans celle-ci. Cette grotte était éclairée par un soupirail vitré. Or il arriva que la voûte, humectée par des pluies fréquentes, s'écroula une certaine nuit, et que des pintades que le prélat élevait dans ce lieu vénérable et sacré, y furent toutes impitoyablement écrasées.

Le 30 mai 1793, les vignes gelèrent entièrement sur le territoire de Sens. Les vignerons de ce faubourg prétendirent que c'était le cardinal qui avait jeté un sort sur leurs propriétés; ils se rendirent chez lui, se promettant d'en tirer vengeance, et lui parlèrent d'un ton très-exaspéré et fort menaçant; mais il sut répondre à leurs reproches avec ménagement, adresse et douceur; il les mena dans son vaste enclos, et leur faisant voir ses vignes et ses treilles qui étaient également gelées, il leur démontra que s'il eût été capable de jeter un sort sur leurs vignes, il se serait épargné lui-même; ils s'apaisèrent et se retirèrent sans bruit.

Le 18 février 1794, l'archevêque de Sens fut trouvé mort dans son lit, âgé de 67 ans. L'opinion commune fut que, dévoré des chagrins les plus cuisants, il s'était empoisonné; et l'on ajouta que ce fut à l'aide d'une bague contenant un poison très-subtil et qu'il avait fait venir de Paris. Mr de Loménie, alors le *dernier* des archevêques de Sens, fut enterré sans cérémonie, dans le cimetière de l'église de St-Savinien, qui en avait été le *premier* prélat. Il fit démolir de fond en comble cette antique et vénérable église de Saint-Pierre-le-vif, que saint Savinien avait fondée; et il est mort rongé de remords et de tribulations (1), près des ruines de cet édifice. Enfin on a remarqué que le jour même de sa mort, la cathédrale de Sens, où depuis trois mois il ne mettait plus les pieds, fut convertie en temple de la Raison.

---

(1) Le cardinal de *Loménie* eut la douleur de voir arrêter chez lui, quelques mois avant sa mort, son frère le comte de Brienne, trois de ses neveux dont le coadjuteur, et Mme de Canisy, sa petite-nièce; ils furent décapités le 10 mai 1794, le même jour que Madame Elisabeth de France.

HISTOIRE

COQUESALLES.

Depuis l'entrée du faubourg Saint-Savinien jusqu'à Saint-Paul, la *Vanne* traverse quantité de bosquets connus sous le nom général de *Coquesalles* (1). Comme si elle voulait porter la fraîcheur à tous les végétaux de ces lieux enchanteurs, cette rivière se divise en mille petits ruisseaux qui coulent rapidement avec un doux murmure, ou bien parcourent lentement les prairies et les jardins potagers, et les abreuvent à la volonté des propriétaires. L'étranger qui vient à Sens dans la belle saison, n'a rien vu s'il n'a visité les *Coquesalles*. D'autres villes peuvent vanter leurs promenades factices et d'une monotonie trop régulière; ne leur envions pas leurs boulevards soumis à des alignements si géométriques, et préférons-leur la piquante simplicité de la nature. Dans nos Coquesalles, mille objets charment les yeux par leur variété; les sites champêtres changent à chaque pas, ainsi que les diverses productions, doux espoir du jardinier et du cultivateur. Le chanvre y croît à côté des *fèves*, légume respecté

---

(1) L'étymologie du mot *Coquesalles* nous est inconnue; un hameau, dépendant de la paroisse de Villiers-Adam, diocèse de Paris, porte le même nom. La seconde partie de ce mot, *salles*, vient sans doute de *saltus* qui en latin signifie *bois* ou *clairière*, ou de *salix* qui signifie *saule*.

de Pythagore; ici la *chicorée* prisée par Horace, et plus loin l'*ail* vanté de nos jours par le comte de Marcellus, y sont cultivés avec une admirable intelligence. A côté d'un champ de blé se trouve une plantation d'aunaie au feuillage noirâtre; des peupliers et des saules forment çà et là des bordures ou des avenues à travers lesquelles se dessinent des sites pittoresques et variés. Si vous aimez la solitude, enfoncez-vous dans ce sombre bocage; le silence y régnerait si l'oreille n'y était pas agréablement frappée par le murmure des ruisseaux et le concert des oiseaux. L'œil cherche en vain un sommet de maison, une pointe de clocher; si près de la ville, on se croit à une lieue de toute habitation humaine; mais sortez de votre retraite, vous rencontrerez ou bien une pastourelle poursuivant à grands cris une génisse qui s'est écartée du troupeau, ou bien un jardinier qui chante en sarclant ou en arrosant sa planche de laitues, ou bien enfin une compagnie de citadins qui viennent jouir comme vous de la fraîcheur et de l'agrément de nos charmantes *Coquesalles*.

A l'extrémité orientale de ces agréables promenades, se trouve un lieu ou climat appelé *Touva* ou *Tout-va*; on y avait anciennement bâti un petit pavillon ou chaumière qui faisait partie d'une propriété qui appartenait à la famille *Fauvelet*. On raconte par tradition que *Marivaux*, qui était allié à cette famille, et qui demeura plusieurs années à Sens, affectionnait beaucoup cette espèce d'ermitage, et qu'il y composa en partie son intéressant roman de *Marianne*.

Le Gouvernement, il y a plus d'un siècle, désirant établir une Papeterie considérable, des commissaires furent chargés de choisir un emplacement favorable pour cette importante usine. Examen fait de plusieurs localités, ils proposèrent ou les bords de la Vanne à Sens ou ceux du Loing à Montargis; mais le duc d'Orléans fit pencher la balance en faveur de cette dernière ville qui était comprise dans son apanage.

Par la suite l'eau du Loing fut reconnue avoir l'inconvénient de charrier un sable fin et imperceptible qui rendait quelquefois le papier fabriqué cassant, désavantage que la Vanne n'offrait pas.

Une propriété appelée le *Moulin-à-Papier*, située au bout des Coquesalles, du côté de Mâlay, est l'endroit qui avait été désigné et où se firent même quelques essais. Ce domaine fut acquis, il y a une trentaine d'années, par M.º de Bourrienne.

Quelques autres propriétés assez considérables, à l'entrée des Coquesalles, étaient 1.º le clos de *Richebourg*, converti par la suite en une teinturerie importante, détruite et vendue depuis la révolution, et où se trouve aujourd'hui la guinguette de Tivoli; 2.º Au levant de ce clos de Richebourg était une habitation avec des dépendances, appelée la *Folie-des-Célestins* ou la *Folie-Jambon*. 3° Enfin un autre clos appelé le *Domaine-de-Serbois*, entouré de grandes pièces d'eau et de viviers. Le long de ce clos passait une rue ou grand chemin appelé rue du Marceau, qui commençait à l'abreuvoir situé à l'entrée du faubourg Saint-Progts, et continuait dans le milieu des Coquesâlles, jusqu'au Moulin à papier. Ce chemin était autrefois la grande route de Sens à Troyes; il était bien entretenu et pavé, et fréquenté par les rouliers qui traversaient la Vanne, près du Moulin à papier, sur une arche d'une grande solidité. Cette route et ce pont ont été abandonnés et détruits par la suite, à cause des inondations fréquentes du canal de Montereau.

(*Article tiré de l'Almanach de Sens de l'année 1833.*)

FAUBOURG SAINT-ANTOINE.

Ce faubourg, ainsi que la porte à l'entrée de la Ville, tirent leur nom d'un ancien monastère de filles de l'ordre de Saint-Benoît, sous l'invocation de *saint Antoine*, qui était situé à l'extrémité des maisons, côté du levant. Ces religieuses étaient pauvres; elles obtinrent en 1473 la permission de parcourir le diocèse, et pour recevoir les aumônes des fidèles, de promener quelques reliques de Saints. Comme elles se relâchèrent par la suite des règles de leur institution primitive, elles finirent par être réduites à un nombre si faible, que l'archevêque Tristand de Sallazar, en 1484, établit à leur place un chapelain ou prieur. Enfin, le cardinal de Bourbon, en 1544, réunit ce prieuré de *Saint-Antoine* à l'Hôtel-Dieu de Sens.

En 1629, les gouverneurs de cet hôpital cédèrent cette maison avec ses dépendances aux religieuses de Notre-Dame de la Pommeraie, dont l'abbaye royale était située sur la paroisse de la Chapelle-sur-Oreuse. Par suite des guerres, elles avaient été obligées d'abandonner leur monastère et de venir se réfugier à Sens. C'est en 1622 que les religieuses de la Pommeraie quittèrent leur couvent situé à 4 lieues de cette ville. Elles vinrent y habiter successivement une maison Grande-rue, vis-à-vis de la rue des Bourses; une autre, rue de la Tuile, une autre, rue de l'Écrivain, et enfin une autre, dans la Grande-rue, vis-à-vis de celle de Montpezat. Ce n'est qu'en 1659 que leur nouvelle habitation fut entièrement construite et terminée. Le frère Martin *Lebrun*, religieux des ermites de saint Augustin avait dirigé la construction de tous les bâtiments de la nouvelle abbaye. Il mourut à Sens en 1661, âgé de 55 ans, et fut enterré le 9 décembre, dans la chapelle du nouveau couvent.

Près de cette abbaye, il y avait une maison particulière qui fut construite par lord Bolymbrocke, oncle de M.me Isabelle-Louise-Sophie de Valois de

Villette, abbesse, décédée le 24 mai 1777, à 81 ans. Cette dernière était petite-nièce de Mme de Maintenon. Son oraison funèbre a été prononcée par M. *Mallet*, chanoine de Sens, et imprimée in-4.°

Le faubourg Saint-Antoine faisait partie du quartier Saint-Benoît, et dépendait de la paroisse de Saint-Didier.

A l'entrée du faubourg, près de la porte Saint-Antoine, existait anciennement une autre porte appelée de *Feu-Galon*, près de laquelle il y avait un moulin à eau appartenant aux chanoines de Saint-Pierre de la cathédrale. On présume qu'un bras de la Vanne, qui suivait la direction des murs de ville, venait faire tourner ce moulin, puis se rendait dans la rivière d'Yonne, près du Clos-le-Roi. Quand on a fait des fouilles pour former la promenade du Mail, on a découvert une partie du conduit de ce bras de la Vanne. On en a aussi trouvé des vestiges dans le clos des frères de Saint-Jacques, autrement clos des Jacobins (grand enclos appartenant à MM.^rs Foin, en 1837). Un autre bras de la Vanne coulait et coule encore dans les promenades du Midi, et un autre arrose les rues de la ville.

Ce faubourg était bien plus considérable autrefois. Une grande partie des habitations en ont été détruites du temps des guerres de la ligue. Une ruelle conduisant du faubourg à la Demi-Lune, s'appelait *rue des Orfèvres*. On assure qu'on y a découvert, dans des fouilles, des vestiges d'anciennes forges, des creusets, etc. On a peine à croire que l'on ait choisi un endroit aussi écarté, aussi exposé, pour exercer une profession où l'on emploie des matières précieuses qui ne tentent que trop la rapacité des voleurs.

D'anciens titres désignent encore, dans ce faubourg, le *Jardin des Martyrs*, que l'on croit avoir fait par la suite partie de l'enclos de l'abbaye, ainsi qu'une autre propriété appelée le *Vert-Bouquet* qui était également dans le voisinage.

Il y avait aussi une maison dite du *Chêne-percé* qui appartenait au Chapitre de Notre-Dame de la cathédrale ; elle était près de la rue des Orfèvres, côté du nord.

Une maison dite des *Petites-Orphelines*, a été occupée par Mgr. Nicolas de Livry, évêque de Callinique *in partibus*, et abbé de Sainte-Colombe-lez-Sens. Elle a été possédée dans la suite par M. de Pinczon.

Enfin l'édifice aujourd'hui le plus remarquable de ce faubourg est la maison dite des *Ursulines* où Mmes de la Congrégation de Nevers tiennent une maison d'éducation.

(*Article inédit.*)

Notice sur l'origine et la construction de la Maison dite des Ursulines, située au faubourg Saint-Antoine-lez-Sens, et occupée aujourd'hui par les Dames de la Congrégation de Nevers.

Les religieuses Ursulines, dont l'ordre fut fondé en Italie en 1537, par la bienheureuse Angèle de Bresce, et dont la première maison en France ne fut établie qu'en 1611, par M.ᵐᵉ Luillier, veuve de Sainte-Beuve, arrivèrent à Sens, en 1643, sous Mgr. Octave de Bellegarde, archevêque de cette ville.

Les Ursulines de Montereau, dont le même prélat, plusieurs années auparavant, avait permis l'établissement, ne pouvant plus subvenir à l'entretien de leur couvent, une partie des sœurs se retirèrent à S.ᵗ-Cloud ; les autres vinrent à Sens et s'adressèrent au même archevêque, pour obtenir la permission d'établir en cette ville une maison pour instruire les jeunes filles, et les former, selon leurs règles et constitution, tant à la religion chrétienne et aux bonnes mœurs, qu'aux ouvrages et autres choses convenables à ce sexe. M.ʳ de Bellegarde leur accorda l'autorisation qu'elles demandaient. Un consentement des maire, échevins et habitants de la ville, en date du 10 mai 1643, approuva aussi leur établissement.

Marie *Dutour*, dite la Mère des Anges, religieuse du couvent de Montereau, s'était d'abord retirée avec une de ses compagnes, rue de l'Épée, dans la maison de M.ᵉ Pierre *Dutour*, son père, conseiller en l'Élection. Après y avoir demeuré quelque temps, il leur donna une maison, avec un jardin, qu'il possédait faubourg Saint-Antoine. Pendant la construction des bâtiments nécessaires au but de leur institution, le Chapitre leur abandonna, pendant six mois, la jouissance d'une maison rue de Montpezat, où elles commencèrent à ouvrir leurs écoles chrétiennes. La compagne de Marie *Dutour* s'appelait *Taveau* : ce nom rappelle une famille sénonaise qui s'était illustrée par ses talents et son érudition.

M. *Dutour* fournit encore pendant quelque temps à leur entretien et à leur nourriture. Quoique dépourvues, au moins en apparence, de tous secours, cependant leur couvent du faubourg S.-Antoine devint par la suite un des plus riches de la ville. Marie *Dutour*, à laquelle étaient venues se réunir plusieurs autres sœurs, en fut la première supérieure. Le public leur avait une grande obligation pour le soin qu'elles prenaient d'apprendre à lire, à écrire, et à travailler aux jeunes filles. On arrivait en foule à leurs écoles qu'elles ouvraient matin et soir, à des heures réglées. Leur maison devint bientôt insuffisante ; elles furent obligées d'en faire construire une plus grande et plus commode.

C'est en 1683 que furent jetés les premiers fondements de cet édifice spacieux et solide qui subsiste encore aujourd'hui. Le nommé *Petit*, entrepreneur de bâtiments, demeurant à Paris, avait choisi ce monastère pour la retraite de trois de ses filles. Il paya leurs dots en argent, et conduisit lui-même, avec Louis *Richard*, charpentier à Sens, cet ouvrage qui par la solidité de sa construction, et par ses proportions savantes et régulières, a toujours mérité le suffrage des connaisseurs.

Elles obtinrent enfin par la suite, pour faciliter l'agrandissement de leur jardin, la suppression d'une ruelle qui le traversait de l'ouest à l'est, et dont on voit la continuation dans la Ruelle des Ursulines qu'elle traversait aussi. Il leur en coûta de plus, pour cette réunion, l'acquisition de huit à neuf maisons qui y étaient situées.

Elles continuèrent de tenir les écoles de charité jusqu'en l'année 1737, où, sous le pontificat de Mr *Languet*, il leur fut défendu, par lettres de cachet, d'ouvrir désormais leurs classes, et de recevoir aucune novice; elles étaient alors au nombre de 20 (1). Cet événement priva malheureusement

---

(1) Leur crime était de ne pas vouloir abandonner le caté-chisme de Mr de Gondrin, pour suivre et enseigner celui de

pendant 50 ans, la ville de Sens de l'établissement d'instruction dont elle avait tiré tant d'avantages. Cette maison resta ainsi vouée à l'inutilité la plus absolue jusqu'en 1785 que M. de Luynes, archevêque de Sens, obtint un décret qui lui donna le pouvoir de supprimer la communauté où il ne restait plus qu'une seule religieuse qui n'avait jamais voulu consentir à son extinction. Il demanda à la supérieure générale de la Maison de Nevers, quatre sœurs qui arrivèrent à Sens en novembre 1786, et qui, depuis cette époque jusqu'à la révolution, enseignèrent gratuitement les jeunes filles de la ville et des faubourgs, à l'exemple des anciennes Ursulines.

Sens n'a joui que pendant peu d'années des avantages de ce nouvel établissement ; mais cette institution précieuse fut rendue à la ville de Sens sous le gouvernement des Consuls, qui succéda à celui du Directoire.

En parlant de l'établissement primitif des Ursulines de Sens, Jacques *Rousseau*, historien sénonais, a dit « qu'à leur premier avénement en cette
» ville, elles ne furent guères bien reçues ; mais
» *c'est miracle*, ajoute-t-il, comme d'un si pauvre
» commencement, il s'en est suivi un si grand
» progrès. »

Ne peut-on pas dire aujourd'hui : c'est *miracle*,

M. Languet, prélat dont l'amour-propre était aussi prononcé que l'obstination janséniste des religieuses.

après dix années du régime révolutionnaire qui bouleversa tout, d'avoir vu ce même établissement sortir de ses ruines et reprendre son ancienne activité; et depuis, lors de l'invasion des Armées alliées, d'avoir vu encore ce vaste édifice brûlé et dévasté en grande partie par une soldatesque étrangère, se relever une seconde fois sous la Restauration, et ses bâtiments réparés et reconstruits, aussi comme par *miracle*, mais grâces au courage de la vertu, au zèle pur et infatigable et au dévoûment religieux de Mme Émilienne Pelras, alors supérieure de cette communauté.

(*Art. tiré des* Affiches de Sens, n.º *du 20 vendémiaire an XI.*)

FAUBOURG SAINT-DIDIER.

Ce faubourg tire son nom d'une ancienne église paroissiale qui n'est plus aujourd'hui qu'un simple oratoire.

A côté et autour de cette église existaient autrefois le *Clos du Trésorier*, et l'habitation de ce dignitaire de la cathédrale de Sens. Fromont, comte de Sens, mort en 1012, persécuta beaucoup Léothéric, trésorier de l'église Saint-Étienne qui fut nommé archevêque de Sens, de préférence au fils de Fromont, ce qui excita beaucoup le courroux du père. Il se vengea d'une manière atroce du succès de Léothéric; il exerça dans la propriété du Trésorier les plus grands ravages; tout fut la proie des flammes, l'église, le presbytère, une grande partie des maisons voisines, et celles qui existaient depuis l'église, le long des murs de ville, jusqu'à la rivière, car alors il n'y avait pas de fossés.

La grande route traversait autrefois ce faubourg, avant le passage de la nouvelle route au milieu de la place Saint-Étienne et de l'esplanade. La principale rue de ce faubourg était bordée de maisons pauvres et en petit nombre, qui donnaient aux voyageurs une bien faible idée de l'ancienne métropole des Gaules.

Les Capucins avant de s'établir au Clos-le-Roi, occupèrent d'abord une maison dans ce faubourg.

A l'extrémité, du côté du couchant, existe une grande habitation appelée *Saint-Sauveur*, parce qu'elle a été bâtie, ainsi que les murs de clôture, avec les matériaux provenant de la démolition de la vaste église de *Saint-Sauveur-des-vignes*, située près de la route de Sens à Mâlay. Toutes ces constructions ont été faites par M.r Vesou, lieutenant général du bailliage de Sens. Le domaine a appartenu ensuite à M.r Beniquet, puis à M.r Gigot d'Orcy, puis à M.r Taillandier, président du tribunal civil de Sens, mort du choléra en 1832.

Près de Saint-Sauveur existait une croix appelée la *Croix Girault*, et dans la plaine, entre cette habitation et l'abbaye de Sainte-Colombe, il y en avait une autre appelée la *Croix de Saint-Thibault*, qui désignait l'emplacement d'une ancienne maison des pestiférés. (Nous en parlerons plus loin.)

Dans l'église de St-Didier, tous les ans, on célèbre une neuvaine en l'honneur de sainte Mâthie qui est en grande vénération à Sens aussi bien qu'à Troyes. Le couvent des Cordeliers de Sens possédait autrefois une statue de cette sainte, que l'on y honorait aussi d'une manière toute particulière, en raison de plusieurs miracles opérés par son intercession; nos annalistes ont rapporté le trait suivant :

Le 15 mai 1560, une femme du village de Fleurigny amena aux pieds de cette statue un enfant perclus de ses membres, et elle se proposait même de le porter à Troyes, s'il était nécessaire; mais à peine eut-elle fait sa prière à la Sainte, que l'enfant fut guéri et se trouva en état de retourner à pied à Fleurigny avec sa mère. Ce miracle fut constaté par un procès-verbal, et les Cordeliers le célébrèrent même par un *Te Deum*.

S'il était permis d'interroger les Saints, on leur demanderait s'il est absolument nécessaire de se transporter, quelquefois bien loin, pour aller devant leurs images solliciter leurs faveurs et leur intercession. On leur demanderait si, en tous lieux, ils ne sont pas disposés à écouter nos vœux, à les exaucer, et à nous accorder les grâces que nous leur demandons avec une grande ferveur.

En 1780, on allait, par curiosité, voir dans ce

faubourg une femme nommée *Odidier* qui depuis plusieurs années avait cessé de dormir. Elle se portait bien du reste, et n'éprouvait jamais aucun assoupissement. Le docteur Lieutaud, médecin du Roi, conseillait en plaisantant l'usage des sermons pour guérir de l'insomnie, mais les sermons les plus soporifiques n'auraient rien pu faire sur la femme *Odidier.*

(*Article inédit.*)

FAUBOURG D'YONNE.

Ce faubourg s'appelait anciennement le *Bourg d'Yonne*, et on lui donne aussi quelquefois le nom de *Faubourg Saint-Maurice*, du nom de la paroisse qui comprenait toutes les maisons de l'île d'Yonne, celles situées au couchant et au-delà du second pont appelé le *Pont au Diable*, et de plus les habitations situées sur la rive droite de la rivière. On donne le nom de *Petit-Hameau* à celles qui sont au midi, du côté de l'Hôpital; les autres habitations qui dépendent de cette paroisse sont au Clos-le-Roi, et sur le bord de l'Yonne jusqu'à l'Abattoir.

L'île d'Yonne était autrefois un fief qui fut cédé à la cure de Saint-Maurice par un seigneur de Richebourg, à la charge de quelques obits et fondations.

Entre le faubourg d'Yonne et le territoire de Saint-Martin-du-tertre, existe une grande plaine dite des *Sablons*, qu'un vicomte de Sens, nommé

Guarinus, ou *Warinus*, mort en 1168, donna à l'abbaye de Sainte-Colombe. On voyait l'épitaphe de ce vicomte à Saint-Pierre-le-vif.

Dans ce faubourg, vis-à-vis de l'auberge de la Girafe, il y avait une hôtellerie dite du *Chapeau rouge*, qui était autrefois en grande réputation, parce que saint Fort, saint Guinefort et sainte Aveline y logèrent. La figure de saint Fort y a été longtemps conservée dans une niche; et la châsse contenant les reliques de ces Saints est en grande vénération dans l'église paroissiale de Saint-Maurice.

Dans la rue principale du faubourg, entre les deux ponts, il y a deux cours : l'une, côté de la ville, s'appelle la *Cour Bisard*; l'autre s'appelle la *Cour Céleste*; elles ont toutes deux des issues dans une prairie au midi de l'île.

Une rue appelée *rue de l'Ile* se dirige depuis l'église jusqu'au nord de l'île où se trouve une croix appelée *Croix de Fine-terre (finis terræ)*.

Dans ce faubourg, se trouve un édifice remarquable, c'est l'Hôpital des Orphelines fondé en 1680, par demoiselle Cécile *de Marsangy*, et en 1682, par Nicolas *Bellotier*, bourgeois de Paris, natif de Sens.

Dans la maison où est l'auberge de la Girafe, se tenait autrefois la *Justice* dite *des quatre bornes*, parce qu'elles séparaient quatre justices; celles de

Nailly et de Sainte-Colombe, et celles de Subligny et de Collemiers ; les baillis y siégeaient, quand ils le voulaient, et l'archevêque de Sens, baron de Nailly, avait aussi le droit d'y avoir une boucherie.

Dans la partie du faubourg, au-delà du *Pont-au-Diable*, il y a une rue qui se dirige au midi ; elle se nomme *rue des Forges* ; au bout de cette rue, il y a un grand pré appelé le *Pré-Chapeau*, où se passaient autrefois les revues de la milice bourgeoise. Au nord, il y a une autre rue appelée *rue Saint-Martin*, elle conduit à un pont nommé pont *Liébault*. Cette rue s'appelait aussi *rue du Chinon*, ou *rue Cochepie*. La rue du milieu, appelée *rue Saint-Bond*, sert de route royale de Sens à Orléans ; elle traverse un petit pont placé sur un lit de décharge de la rivière d'Yonne, et appelé *Pont-Chrétien*. Ces noms de *Liébault* et *Chrétien*, donnés à ces ponts, sont ceux des architectes qui les ont construits. Le pont *Liébault* est placé sur le chemin de grande communication de Sens à Saint-Martin, Nailly et Brannay ; il était autrefois pavé jusqu'à la montagne ; il en reste encore quelques vestiges ; il conduisait à la petite rue de Chèvre, chemin très-escarpé qui servait autrefois de grande route pour aller dans le Gâtinais.

Du temps de Philippe-Auguste, il y avait dans ce faubourg une maison et un pressoir appartenant à ce prince. En 1185, ce Roi en fit don aux religieux de l'abbaye de Saint-Port, à laquelle on donna depuis le nom de Barbeau. Outre la maison et le pressoir du Roi, la donation comprenait en outre une vigne dite de Bellevédère, dont on ne connaît pas la situation, mais que nous croyons être la vigne autrefois existante sur le Clos-le-Roi, et dont le vin a eu longtemps de la réputation.

Sur la paroisse de Saint-Maurice, on a remarqué qu'il y avait quatre quartiers différents affectés spécialement à diverses professions. Le petit Hameau était habité par les pêcheurs, la rue de l'Ile par les mariniers ou charpentiers de bateau, la rue principale entre les deux ponts par les marchands et les artisans, et le faubourg au-delà des ponts par les vignerons et cultivateurs.

L'île d'Yonne, par son étendue et par son heureuse position, a dû être habitée dans les temps les plus reculés. L'abbé Lebeuf prétend que *Sens* même, ou l'ancien *Agendicum*, a bien pu primitivement y être bâti. De même à Melun, dans une île appelée *Isis*, existait autrefois l'ancien *Mélodunum*; et de même à Paris, dans l'île de la Cité, semblable à l'*Isis* de Melun et appelée pour cela *Par-Isis* (pareille à *Isis*), était l'emplacement de l'ancienne *Lutetia*. Chacune de ces trois îles était traversée par une rue, aux deux bouts de laquelle se trouvaient des ponts, et peut-être aussi des tours ou forteresses. Un de nos auteurs a dit que l'île d'Yonne était *Sens la Petite*, et que la ville était *Sens la Grande*.

Si l'on avait conservé la carte topographique de cette île, telle qu'elle était sous nos premiers Rois, on y trouverait bien des différences, surtout dans le cours de l'Yonne et la position de ses ponts. On prétend que le grand bras de cette rivière passait sous le *Pont-au-Diable*; qu'un second bras coulait sous les *ponts Chrétien* et *Liébault*, et qu'un troisième bras, plus faible, avait sa direction au couchant de l'auberge de la *Tour-d'Argent*, passait devant la porte principale de l'église de Saint-Maurice, et dans la cour de la maison des Orphelines, avant la construction de toutes les habitations actuelles. Un pont large de 24 pieds existait sur ce bras, et l'on en reconnaît encore quatre arches de 15 pieds d'ouverture qui servent de caves sous les maisons qui sont vis-à-vis de cette même auberge de la Tour-d'Argent; on a retrouvé aussi le long de l'emplacement de cet ancien bras des traces d'un port à charbon.

Une autre tradition veut que la Vanne *seule* passait sous un pont qui était près de la ville, et qu'il y avait le long de cette rivière des tanneries et autres usines, dont on retrouve encore des ruines et des démolitions dans la berge, depuis le Moulin-d'en-bas jusqu'aux maisons du Clos-le-Roi. En 1374, on redressa et répara le chemin de halage, ou la chaussée de la rive droite de la rivière, au-dessus et au-dessous du pont. On a prétendu aussi, pour la même raison, que l'Yonne ne baignait pas le chevet de l'église de Saint-Maurice, qu'entre cette église et le bras de la Vanne, il y avait un couvent de Bénédictins fondé par Lambert, archevêque de Sens, vers l'an 677. Tous ces faits sont si éloignés de nous, que nous ne pouvons y croire. D'ailleurs, ils ne pourraient qu'être antérieurs au règne de Charles VI. Dès ce temps, la porte d'Yonne, qui portait ce nom, n'aurait pas été ainsi appelée, si elle était sur le bord de la Vanne. On doit croire aussi que l'Yonne et non la Vanne baignait le pied de l'église de Saint-Maurice en 1613, puisqu'on y lisait, sur un petit quai qui sert de soutènement à cet édifice, les deux vers suivants :

Le dix-neuf de juillet de l'an mil six cent treize
Flottait ici dessus la rivière à son aise.

C'est en 1739 qu'on détruisit l'ancien pont qui avait 6 arches, et qui avait été construit en 1641. Le nouveau ne fut terminé qu'en 1742, et alors on éleva une forte digue au sud de l'île d'Yonne, pour rendre à débite le bras de cette rivière plus navigable qu'auparavant.

Charles V, le 1ᵉʳ 1367, permit aux habitants de la ville de Sens, de construire près des ponts deux moulins à blé, et d'y établir un ou deux engins ou sacs à poissons; le tout leur fut accordé à la charge de 60 sous parisis. L'un de ces moulins devait être sous la 4.° arche, près de l'église Saint-Maurice; l'autre au second pont, sous la 2.° ou 4.° arche. En 1374, on commença à bâtir une tour sur le grand pont, pour la défense du moulin, et pour la construction de cette tour, on employa les matériaux provenant de la démolition d'une chapelle de saint Louis, qui existait dans le clos des Jacobins (le clos de MM.rs Foin, près de l'Esplanade).

Le 13 octobre 1375, les habitants présentèrent une requête au Roi, par laquelle ils demandaient que les deux moulins fussent construits aux dépens de Sa Majesté; il leur fut répondu que la ville pouvait les faire construire; mais qu'il ne serait plus exigé d'elle aucune charge ni redevance.

Les choses restèrent dans le même état, jusqu'au règne de François I.er qui, le 26 juin 1540, envoya une permission au bailli d'Auxerre ou à son lieutenant, pour informer sur la commodité de ces deux moulins. La construction en fut permise par François I.er, moyennant 60 sous parisis, et depuis encore par Charles IX par lettres-patentes du 26 mars 1568, mais ces moulins ne furent jamais construits, et la tour fut démolie par la suite, sous le mairat de Toussaint Marcelat, vers 1696. Les anciens auteurs parlent encore d'un autre moulin qui existait autrefois près du grand pont, et qu'on nommait le moulin Hallier.

(*Article inédit.*)

FAUBOURG SAINT-PREGTS.

Ce faubourg, l'un des plus considérables de la ville de Sens, pour sa population, occupe une étendue immense de territoire. Il comprenait autrefois trois paroisses : celle de Saint-Pregts, et celles de Saint-Symphorien et de Saint-Cartault, (Ces deux dernières n'existent plus); et deux abbayes, celle de Saint-Paul, ordre de Prémontré, et celle de S.¹-Remy, ordre de S.¹-Benoît, qui a été réunie à S.¹-Pierre-le-vif, vers l'an 1638. Il y avait en outre un ancien hôpital d'Orphelins, appelé l'Hôpital général, situé sur la rive droite de la rivière d'Yonne, bâti en 1713, sous M.¹ de la Hoguette, archevêque, et construit avec des matériaux provenant de la Motte-du-Ciar.

Le faubourg Saint-Pregts ou plutôt ses alentours sont regardés comme le véritable paradis terrestre de la ville de Sens. La beauté et la fertilité de ses jardins appelés *courtils* (1); l'abondance, la diversité et la bonne qualité de ses légumes lui ont valu une célébrité bien méritée. Ses jardins sont arrosés par divers bras ou canaux de la rivière de

---

(1) Piganiol emploie le mot de *courtilles* ou celui de *coultures*, pour désigner l'espèce de marécages ou potagers dont Paris est en partie environné.

Vanne, qui en outre font mouvoir un assez grand nombre de moulins à blé ou à tan, et diverses autres usines telles que des tanneries, des mégisseries ou des teintureries. Les jardiniers de ce faubourg ne se contentent pas d'alimenter les marchés de la ville de Sens; ils portent le superflu de leurs récoltes à Auxerre, à Joigny et à Villeneuve-le-Roi.

Les rues et les dépendances de ce faubourg étaient autrefois très-peuplées. Dans la rue principale, où passe la route royale de Paris à Lyon, et que l'on appelait autrefois la rue des Bains, à cause de ceux que les Romains, dit-on, y avaient établis, se trouvait jadis le *cimetière des Juifs*, du côté de l'église. Il existait du temps de Philippe-le-Bel; et Louis VII permit aux Israélites, en 1146, de s'établir dans la ville de Sens. Ce cimetière fut vendu en 1808, par Guillaume, bailli de Sens, moyennant 400 livres de faible monnaie. L'emplacement s'en voyait encore du temps de Buretenu, historien sénonais, en 1820. Les Juifs avaient encore à Sens un autre cimetière rue de la Parcheminerie. (*Voy. cette rue, ci-devant pag. 124.*)

A l'entrée de ce faubourg, près de l'abreuvoir, les protestants avaient dans une grange un Temple ou Prêche qui fut détruit en 1562, quinze jours après Pâques, par ordre du roi Charles IX, et du temps de Louis de Lorraine, archevêque de Sens. Plusieurs Huguenots furent massacrés, le même jour, dans divers quartiers de la ville. Une estampe de J. Périssin représente ce massacre.

Il y avait dans ce faubourg une *Butte*, ou jeu d'arbalète ou d'arquebuse, en 1639, entre la grande rue du faubourg et la place du Tau. Plus anciennement (en 1561), ces jeux étaient établis près de la porte Saint-Remy. Depuis, en 1574, ils furent transférés près de la porte Commune (depuis porte Dauphine). Quelque temps après, le jeu d'arbalète fut encore transporté sur le boulevard Saint-Didier; on y planta des tilleuls; cette dépense et celle de la construction d'un pavillon, s'élevèrent à 1,300 fr. Il tomba en ruine en 1723. Les officiers municipaux ayant fait un Mail, depuis la porte Saint-Antoine jusqu'à la porte Saint-Didier, permirent à un cafetier de rétablir le pavillon de la butte, et de s'y établir. Dans l'origine, il y avait à Sens jusqu'à 40 *buttiers* ou tireurs, mais le nombre en diminua beaucoup par la suite.

Nos Rois avaient établi anciennement des jeux d'arbalète dans plusieurs villes du royaume. David, sire de Rambures, eut en 1441 le titre de Grand-Maître des Arbalétriers de France. Charles IX confirma les privilèges accordés aux arquebusiers de Sens, en 1566, pendant son séjour dans cette ville; il est rapporté qu'en présence de ce monarque, ils y firent des merveilles; il affranchit même *le mieux tirant* de toutes tailles et impôts pour une année.

Le nombre des rues ou ruelles qui dépendent de ce faubourg est considérable ; on cite les rues ou ruelles des Chiots, des Rosiers, des Charmes, de Richebourg, des Bouribouts, de la Croisette, de la Blanchisserie, de la Teinturerie, des Tanneries, de la Colle, de la Chatte, Liorry, du Sachot, de Mondereau, de Saint-Paul, la ruelle aux Loups, celles du Tau, du Filoir, des Cordiers; etc. Toutes ces ruelles existent encore, mais il en est d'autres dont on ignore la situation, ce sont la ruelle Fromenteau, celle des Baderans, la ruelle Putemusse, la ruelle Bordereau, etc., etc.

Une autre appelée rue ou ruelle du *Marceau*, ou ruelle *Marcel* ou *Saint-Marcel*, faisait aussi partie de ce faubourg. (*Nous en avons parlé ci-devant, page 247*). Elle tirait son nom d'un ancien clos devant lequel elle passait ; ce clos était suivant les uns la propriété dite de Serbois (appartenant en 1837 à M.' de Vaudricourt) ; et suivant d'autres, celle de Mlle Gratian.

On a prétendu qu'il a existé anciennement des palais dans plusieurs ruelles de ce faubourg, et pour le prouver, on rapporte 1.° que l'on a trouvé dans la ruelle de la Blanchisserie des débris de constructions, en marbre et en jaspe, et autres matériaux précieux. 2.° En 1620, on trouva, ruelle des Tanneries, à 10 pieds sous terre, un pavé en mosaïque, et représentant divers compartiments en fleurs, etc. 3.° En 1643, une autre découverte d'une mosaïque, dans un lieu dit Putémusse, et depuis les débris d'un ancien aqueduc de 2 pieds de large dans lequel l'eau coulait encore.

L'église paroissiale était autrefois à l'extrémité de ce faubourg, tout près du premier Pont-Bruant, et du côté du levant; le cimetière était à côté. Des canaux établis dans tous les sens pour fertiliser les jardins qui étaient dans le voisinage, se multipliant tous les jours, finirent par inonder l'église, et surtout le terrain du cimetière. Par la suite, l'édifice religieux fut transféré au milieu du faubourg; il fut construit aux dépens de Mr Jolly, curé, en 1736, et le cimetière fut établi derrière l'église.

Du temps de Mr de la Hoguette, archevêque de Sens, un curé de Saint-Pregts, étant devenu infirme, obtint du prélat, en 1710, la permission de faire bâtir près de sa maison une chapelle, sous l'invocation de Saint-Edme, et d'y établir une confrérie. Une cloche fut bénite, et Mr de Tencin, alors grand-vicaire de Sens (et depuis archevêque d'Embrun, puis de Lyon), et Mlle Tassoureau de Fontaine, en furent le parrain et la marraine.

Tout le côté à droite ou à l'ouest de ce faubourg était du quartier rond, et tout le côté gauche était du quartier Saint-Hilaire. La justice de paix du canton-nord comprend ce dernier côté; l'autre appartient au juge de paix du canton sud.

Ce faubourg est borné par le ru de Mondereau du côté de la ville, et au midi par le ru de Graveroau.

Sur cette paroisse, le nombre des morts égale presque toujours celui des naissances, de sorte que la population en reste constamment comme stationnaire. Cela provient en grande partie des eaux stagnantes et corrompues par les engrais dont les habitations sont environnées. Ces eaux croupies, exhalent le soir des vapeurs malfaisantes et nuisibles à la santé.

En 1792, lorsque la Convention ordonna d'effacer partout les noms des Saints, ce faubourg prit le nom de faubourg des *Laborieux*; et celui de S.-Savinien, dont les habitants étaient exaltés dans leur patriotisme, prit celui de faubourg des *Sans-culottes*.

On a prétendu que Nicolas Houzier, le premier de cette famille illustre dans l'art héraldique, était né dans ce faubourg, et que, pour se donner à lui-même des titres de noblesse, il changea son nom en celui de d'Hozier. Son père, Pierre *Houzier* dit *la Garde*, était jardinier. Ce nom de *la Garde* lui venait, dit-on, d'une petite propriété qu'il possédait. Un fils de Pierre alla s'établir à Salon en Provence, et c'est de cette ville que cette famille s'est dite originaire : une fille de celui de Salon fut admise à Saint-Cyr sur de faux titres. Plusieurs membres de cette famille se sont fait un nom par leurs ouvrages généalogiques et héraldiques. (Ces renseignements sont tirés du tome VI des registres manuscrits de M.' Berthier, successeur du généalogiste Chérin.)

La place du *Tau*, située derrière l'église de ce faubourg, tire, dit-on, son nom de son ancienne forme, celle d'un *tau* ou T grec. On a aussi prétendu qu'une branche de la famille des *Fauvelet*, qui y possédait une propriété importante, s'est appelée *du Toc* au lieu de *du Tau*.

(Article inédit.)

FIN DES FAUBOURGS.

CHAPITRE XIV. (SUITE).

RECHERCHES
CURIEUSES ET ANECDOTIQUES
Sur plusieurs Monuments religieux et quelques Antiquités des environs de la ville de Sens.

LA CHAPELLE SAINT-BOND.

Sur le sommet d'une montagne située au sudouest de la ville de Sens, on distingue encore de loin les vestiges d'une ancienne chapelle qui a porté primitivement le nom de *Saint-Michel*, archange, et par la suite celui d'un saint ermite nommé *Saint-Bond*, qui vivait au commencement du 7⁰ siècle. Elle a été autrefois l'église paroissiale d'un village du même nom qui a été totalement détruit. Voici ce que nos annalistes nous rapportent de plus remarquable au sujet de ce Saint.

Un riche Espagnol nommé *Bond* (en latin *Baldus*), excité par les fureurs d'une aveugle jalousie, et trompé par l'erreur la plus fatale, égorgea son père et sa mère couchés ensemble, croyant immoler sa femme avec le complice de son adultère. Après ce double parricide, ne pouvant plus soutenir les regards de ses concitoyens, ni résister aux reproches de sa conscience, il abandonna une succession dont il se reconnaissait indigne, et il prit le parti de s'expatrier. Il fit d'abord un pélerinage à Jérusalem, et, prosterné devant le sépulcre du Sauveur, il demanda avec larmes le pardon de ses péchés. De-là il vint à Rome, où il sollicita la même grâce sur le tombeau des saints Apôtres. On assure que le saint Père auquel il s'adressa ensuite, le renvoya à Arthème, archevêque de Sens, pour y recevoir une pénitence proportionnée à ses fautes. Il traversa donc l'Italie et les Alpes, et se rendit à Sens. Le texte porte : *Civitatum caput Senonumque Metropolim adiit*, ce qui voudrait dire que cette ville, du temps de saint Arthème, était encore regardée comme la *première des cités*, qualification qui rappelle celle que César avait donnée 700 ans auparavant aux Senonais, considérés alors comme l'un des peuples les plus puissants et les plus accrédités d'entre les Gaulois. (*Civitas imprimis firma et magnæ inter Gallos autoritatis.*)

La chronique parlant du prélat sénonais auquel Bond se présenta, dit : *Pastor ecclesiæ præsidebat et populo.* On en peut inférer que l'autorité de l'évêque s'étendait alors sur le spirituel comme sur le temporel. En effet, à cette époque, et souvent depuis, l'histoire a parlé de plusieurs évêques qui s'étaient rendus les maîtres temporels de leurs villes et même de leurs diocèses, et qui, dans la confusion où se trouvait le royaume, avaient suivi l'exemple d'une multitude de seigneurs laïques qui s'étaient de même approprié des domaines considérables.

Le saint pèlerin, s'étant jeté aux pieds du vénérable Artheme, y déposa le fardeau de ses péchés, et se frappant la poitrine, il promit d'accomplir avec ferveur la pénitence que le prélat daignerait lui imposer, trop heureux si de nouvelles tribulations jointes à ses vifs regrets et à ses remords, pouvaient le réconcilier avec Dieu et avec lui-même. Artheme le releva avec bonté, répandit sur les plaies de son âme le baume de la consolation, et lui fit tout espérer d'un Dieu qu'il avait si grièvement offensé. L'évêque tenait par hasard en main un bâton sec et dépouillé de son écorce, il le présenté au pénitent, lui ordonne de le planter sur le sommet d'une montagne qu'il lui désigne, d'aller tous les jours puiser de l'eau dans le fleuve qui coule au pied de la colline, et d'arroser ce bâton jusqu'à ce qu'il ait pris racine, et qu'on l'ait vu se couvrir d'une nouvelle écorce, puis fleurir et porter des fruits.

Quelque rude que fût cette pénitence, Bond se soumettant aux volontés d'Arthème, alla planter le bâton à l'endroit désigné; il l'arrosa journellement sans jamais perdre patience, et il eut la gloire de terminer glorieusement sa pénitence, en le voyant reverdir. Un jour que, chargé de sa provision d'eau, il traversait le chemin pratiqué au bas de la montagne, il rencontra des femmes qui portaient à l'évêque un enfant presque mort. Le saint pénitent prend l'enfant dans ses bras, vole à Sens, et supplie le prélat d'imposer les mains à cet innocent; après avoir obtenu cette faveur, il reporta l'enfant dans sa solitude, l'adopta pour son fils, et partagea avec lui sa nourriture simple et grossière.

On remarque encore aujourd'hui un sentier étroit que suivait ordinairement saint Bond, quand il descendait à la rivière ou qu'il remontait à son ermitage; on le nomme *les Pas de saint Bond.*

On venait autrefois de toutes parts en pèlerinage à Saint Bond; dans des temps de calamités, les villes d'alentour chargeaient quelques fidèles d'y aller acquitter les vœux du peuple. En 1475, la ville d'Auxerre remboursa à une personne qui avait fait un semblable pèlerinage 6 sous 8 deniers pour ses frais de voyage, et pour lui doigt de cire envoyé audit saint Bond.

Cette chapelle fut donnée par Richer, archevêque de Sens, mort en 1096, à l'abbaye de Saint-Remy. Le corps de Saint-Bond qui y avait été inhumé, fut retrouvé 486 ans environ après sa mort, sous le même Richer, et ses reliques sont conservées dans les églises de Sens.

Nous n'avons pas répété tous les récits fabuleux rapportés au sujet de saint Bond ; cependant la fatale catastrophe qui ravit l'existence aux auteurs de ses jours, est racontée de la manière suivante par un écrivain, et cette version est si différente que nous croyons devoir la faire connaître à nos lecteurs.

Saint Bond, suivant lui, était natif de Rup-couvert, près de Sens ; il fut obligé de s'expatrier pour trouver des moyens d'existence ; s'étant rendu en Espagne, il s'y maria richement ; et quelques pèlerins, qui revenaient de Saint-Jacques de Compostelle, l'ayant appris à ses parents, ceux-ci partirent de Rup-couvert pour aller voir leur fils. Fatigués de leur long voyage, ils se reposèrent tout de suite, tandis que l'épouse de Bond se mit aussitôt en course pour avertir son mari de l'arrivée de son père et de sa mère. Mais par un malheur des plus sinistres, Bond n'ayant pas rencontré sa femme, arrive; il trouve sa couche occupée; et trompé par une funeste erreur, il commet le double parricide dont nous avons parlé.

LES VAUMARTOISES,

OU LA VALLÉE DES MARTYRS.

On donne ce nom à une longue gorge qui se trouve au bas de la chapelle de Saint-Bond, du côté du nord, entre la montagne où était cet ermitage et celle dite de l'Echolotte qui est dominée aujourd'hui par la route d'Orléans, autrement appelée Chemin-Neuf. La tradition rapporte que ce fut dans cette vallée que plusieurs saints furent martyrisés, de-là le nom qu'elle porte de Vaumartoise, *Vallis Martyrum* ou Vallée des Martyrs. Dans ce lieu, il y avait très-anciennement une croix où le clergé de la métropole, le mardi des Rogations, venait chanter l'antienne des martyrs, lorsque la procession se rendait de Saint-Bond à Saint-Martin. On peut donc conjecturer qu'en effet plusieurs chrétiens y ont été immolés pour la foi; cette dévotion existe dans le pays depuis un temps immémorial; on a même été jusqu'à dire qu'un ruisseau de sang a coulé jusqu'au bas de la montagne de St-Bond, et cette croyance ne s'effacera que difficilement de certains esprits. Quelques auteurs ont avancé à tort que sainte Béate et saint Sanctien furent du nombre de ces victimes; mais il vaut mieux s'en rapporter à cet égard au Bréviaire de Sens, d'Octavo de Bellegarde, qui dit avec raison que le lieu de leur sépulture a été celui de leur martyre. (*Voyez l'article de la chapelle de* SAINTE-BÉATE, *ci-après.*)

LA CROIX DE SAINT-MÉDARD.

Au bas de la montagne de Saint-Bond, Arnoul ou Arnulphe, archevêque de Sens, fit construire, vers l'an 650, un monastère de religieuses, sous le vocable de Saint-Médard, et voulut même y être enterré. Ce couvent fut détruit par les Normands. Une croix a longtemps subsisté dans cet emplacement; on y lisait autrefois l'inscription suivante gravée sur les quatre faces :

Du côté d'orient : *Quia in hoc loco, fundatum fuit monasterium,*

Du côté du nord : *In honore Sancti* MEDARDI, *à barbaris nationibus olim*

Du côté du couchant : *Destructum, ideo in memoriam passionis Domini, quidam*

Du côté du midi : *Presbyteri, devotione mpti, hanc crucem ædificaverunt, anno* M. D. XXXII.

Autour du pied de la croix, on lisait :

Sancte MEDARDE, *ora pro nobis, et animæ eorum requiescant in pace.*

TRADUCTION

« Dans ce lieu où a existé autrefois un monastère fondé en
» l'honneur de SAINT-MÉDARD, détruit depuis par les incur-
» sions des peuples barbares; plusieurs Prêtres, dirigés par
» une louable dévotion, ont fait ériger cette croix en mémoire
» de la passion de Notre-Seigneur, l'an 1534.
» Saint Médard, priez pour nous, et que les âmes de ces
» Prêtres reposent en paix. »

La croix de Saint-Médard, avec ces inscriptions, se voit aujourd'hui dans le cimetière de Paron. On a prétendu qu'un faubourg de Sens s'étendait jusqu'en ce lieu, et qu'il disparut en même temps que le monastère, lors des ravages causés par les barbares qui, pour la première fois, désolèrent nos cantons. Ces assertions sont inexactes ; c'est vers la fin du 4.ᵉ siècle que les peuples du Nord ont commencé à paraître dans ce pays; et le couvent de Saint-Médard n'a été fondé que bien postérieurement, puisque Arnulphe qui le fit bâtir, est mort vers 674.

Pour conserver la mémoire de cette ancienne église, le Chapitre de Sens, à la procession des Rogations, en se rendant de l'église de Saint-Bond à celle de Saint-Martin, faisait tous les ans une station devant cette croix. Le préchantre y chantait trois fois : *Sancte Medarde, ora pro nobis* ; et l'on croyait communément que pour cette courte prière on lui donnait dix écus ou une vache à son choix.

LA CROIX DES BRULÉS.

En 1737, dans la nuit du 25 au 26 septembre, deux scélérats de profession volèrent nuitamment, avec effractions intérieures et extérieures, les vases sacrés de l'église paroissiale de Saint-Maurice de Sens, et les emportèrent au bout du faubourg d'Yonne; arrivés dans un endroit de la plaine où depuis a été élevée une *croix* dite *des Brûlés*, à cause du supplice dont ils furent punis, ils poussèrent leur impiété jusqu'à briser les vases sacrés, et à renverser les saintes huiles par terre. *Bocquet*, l'un d'eux, ouvrit d'une main profane la glace du soleil, et l'autre appelé *Pascal*, commettant un plus grand sacrilége, eut la témérité de manger l'hostie. Après bien des recherches, ils furent arrêtés le 25 octobre, et par sentence du présidial de Sens, du 9 novembre suivant, condamnés tous deux à faire amende honorable, la torche au poing, la corde au cou, nus en chemises, à la porte de l'église de Saint-Maurice; à être conduits ensuite sur la place de Saint-Étienne, dans le tombereau qui sert à ramasser les immondices de la ville, à avoir le poing droit coupé, à être brûlés vifs et leurs cendres jetées au vent. Cette exécution a eu lieu le même jour 9 novembre 1737, à 11 heures et demie du soir.

Pierre *Pascal*, l'un de ces scélérats, n'était âgé

que de 19 ans) ; il était né aux environ de la ville d'Eu en Normandie. Joseph *Bocquet*, son complice, était né à Metz en Savoie, et n'était âgé que de 22 ans. Ils convinrent avoir volé dans la même nuit, avec effraction, des ornements dans l'église de Saint-Martin-du-Tertre, et précédemment des vases sacrés dans celles de Maillot et d'Armeau, près de Sens; et dans plus de trente églises des environs de Lyon et dans la Savoie; déjà repris de justice et condamnés aux galères, ils avaient eu l'adresse de s'évader ; et loin de profiter de leur évasion pour se corriger, ils avaient continué leur infâme métier.

LES TOMBELLES
DE SAINT-MARTIN-DU-TERTRE.

Au sommet de la montagne, et près de l'église de Saint-Martin, sur la rive gauche de la rivière d'Yonne, on remarque deux buttes ou mottes de terre, élevées de main d'hommes et appelées *tombelles*. Ces monuments de la plus haute antiquité ont servi de tombeaux à des chefs Gaulois ou Francs. On trouve des *tombelles* dans plusieurs provinces de France; il y en a aussi dans les pays septentrionaux. C'est à tort que quelques auteurs ont pensé que ces élévations en forme de cônes, annonçaient le passage d'Attila dans ces contrées. On peut réfuter facilement leur système, en leur prouvant qu'il y a de semblables éminences dans plusieurs provinces où jamais le célèbre roi des Huns n'a paru, entre autres, dans le Forez. On peut prouver encore que ces peuples étaient dans l'usage de suspendre les morts aux arbres des forêts, et de les laisser ainsi se consumer peu à peu et se dissoudre dans les airs.

Ces *tombelles* datent au plus tard de la fin du second siècle de l'ère chrétienne. On en remarque plusieurs près de Châlons et de Reims en Champagne ; il y en a une près de Montereau-faut-Yonne, non loin d'un village appelé *la Tombe*, à cause de ce monument ; près d'Ervy, on en voit deux appelées *les Mottes* ; enfin près d'un village appelé Lésines, à quelques lieues de Provins, il y a aussi une *tombelle* fort curieuse appelée *la Butte-de-Lésines*. Nous ne parlerons pas ici de celles qui sont dans les autres provinces du royaume.

Les deux tertres de Saint-Martin s'aperçoivent à une très-grande distance. Près de l'église, du côté du nord, et à côté des fondations de cet édifice, on remarque dans la craie l'ouverture d'un souterrain que l'on dit très-étendu, et qui se prolongeait, dit-on, jusque sous les *tombelles*. Les anciens du pays assurent y être entrés avec des torches allumées ; mais ils ajoutent qu'il leur a été impossible d'aller jusqu'au bout, parce que leurs lumières s'éteignaient. On n'a jamais tenté de recherches ni de fouilles dans l'intérieur des tombelles de Saint-

Martin, que l'on appelait aussi les Mamelons; mais si l'on voulait en entreprendre, on ne manquerait pas d'y découvrir, comme cela a eu lieu dans plusieurs monuments semblables, des amas d'ossements brûlés, des cendres et des charbons, quelques urnes cinéraires et de petits plats ou jattes de diverses formes, dans lesquels il y a des restes d'os d'animaux tels que de mouton ou de porc.

On n'a jamais été surpris de trouver dans ces tombeaux antiques, des os humains et des urnes cinéraires. Mais pourquoi ces ossements d'animaux dans des plats ou autres vases ? On présume que c'étaient ou des restes de sacrifices, ou des repas funèbres, qui, sans doute, dans ces temps reculés, accompagnaient la triste cérémonie des inhumations, ou bien qui étaient uniquement destinés pour les défunts.

Ces élévations de vingt à trente toises de hauteur se nomment, suivant les pays, tombes, tombels ou tombelles, mottes ou tertres; elles ne sont point une production de la nature, mais l'ouvrage de l'art. Un auteur les appelle *tumuli telluris, montes manufacti*. Ou ces tombelles sont tout à fait isolées, ou bien l'on en remarque deux, voisines l'une de l'autre, comme celles de *Saint-Martin-du-Tertre*, celles d'*Ervy* ; celles qui sont auprès de la Tour d'Austrille, près de la Marche en Limousin; celles que l'on voit dans la châtellenie de Drouelles, près de Guéret, même province ; enfin celles de Sublaines, à 4 lieues de la Loire et à 3 lieues de Loches. Ces dernières sont à 150 pas l'une de l'autre ; on a cru qu'elles avaient été élevées en vertu d'un traité de paix conclu entre Childéric, roi des Francs, et Alaric, roi des Goths, et qu'elles marquaient les limites des deux royaumes.

En Écosse, on voit aussi deux de ces collines sépulcrales, sur la rive gauche du fleuve Carron. On les appelle *Duni pacis*, les montagnes de la paix ; non pas, comme quelques auteurs l'ont cru, parce qu'elles étaient les limites établies en vertu d'un traité de paix, mais plutôt parce que les grands personnages qui y avaient été inhumés, y ont trouvé la paix et la tranquillité, comme le vulgaire croit en jouir dans ce qu'on appelle le *champ du repos*.

Dans le pays liégeois, comme on le pense communément partout ailleurs, on est persuadé que ce sont de grands capitaines ou des généraux fameux qui sont enterrés sous ces tombelles.

Quand un général était inhumé, chaque soldat contribuait à apporter une portion de terre pour former le monument qui devait couvrir ses cendres. Les Gaulois et les Germains étaient moins splendides que les Égyptiens, les Grecs ou les Romains. Ces derniers couvraient les restes de leurs rois ou de leurs chefs, de pyramides imposantes ou de riches

Reliure serrée

obélisques. Nos ancêtres plus simples élevaient des cônes sépulcraux en terre. Les uns et les autres semblaient remplir les intentions des défunts, qui étaient de dominer encore sur l'horizon après leur mort, comme de leur vivant ils l'avaient fait sur leurs peuples.

L'ÉGLISE
DE SAINT-MARTIN-DU-TERTRE.

Cette église, en 1300, s'appelait *Sanctus Martinus de Colle*, Saint-Martin-de-la-Colline. Elle a été nommée par la suite *Saint-Martin-du-Tartre* ou *du Tertre*, à cause des monuments dont nous venons de parler. Il est à remarquer qu'il y a en France deux autres villages appelés de même *Saint-Martin-du-Tertre*, l'un à sept lieues de Châlons-sur-Saône, l'autre à cinq lieues de Pontoise.

En nous étendant sur le grand Saint, patron de ce village, nous nous bornerons à citer seulement des faits historiques qui peuvent intéresser l'histoire de Sens ou le département de l'Yonne.

Sulpice Sévère, disciple, et historien de la vie de *saint Martin*, écrit que ce grand protecteur des Gaules, étant venu à Sens, fut prié par Auspice, préfet du prétoire de cette ville, de vouloir bien garantir de la grêle certain climat des environs qui en était ravagé tous les ans; ce que saint Martin, à la prière d'Auspice, fit par miracle.

Il y a peu de saints qui aient été aussi honorés dans la Gaule que saint Martin, évêque de Tours. Dans le seul diocèse de Sens il y avait 102 paroisses qui lui étaient dédiées, sans compter les autels des monastères et des chapelles particulières. Dans le temps des guerres des Normands, les habitants de Tours craignant de voir tomber au pouvoir des barbares les reliques de leur saint patron, les transportèrent d'abord au monastère de Cormery, puis à Orléans, ensuite à *Chablis*, et enfin à *Auxerre*. Les miracles qu'elles opéraient, attirèrent de grandes aumônes aux clercs de Tours chargés de les garder. Ceux d'*Auxerre* en furent jaloux, et prétendirent qu'ils devaient prendre part à leur produit, parce que, disaient-ils, ces prodiges s'opéraient autant par la vertu de *saint Germain* que par celle de *saint Martin*. Pour décider la question, on mit un lépreux entre les châsses des deux saints; il n'y eut que le côté qui se trouva contre la châsse de *saint Martin* qui fut guéri. On tourna ensuite le côté qui était resté malade vers la châsse du même saint, et la guérison devint complète. Il ne fallut pas moins qu'une armée de six mille hommes pour tirer les reliques de *saint Martin* de la ville d'Auxerre et les rendre à celle de Tours. Dans tous les endroits où elles passèrent, les malades furent miraculeusement guéris. On rapporte même que deux paralytiques fainéants qui trouvaient, dans leurs infirmités, des moyens de mener une vie douce et tranquille, craignant, s'ils venaient à recouvrer la santé, d'être obligés de travailler, avaient pris le parti de fuir; on assure qu'ils furent guéris malgré eux.

On portait anciennement devant nos rois un étendard couvert de fleurs de lis; mais ce signe de ralliement fut quelque temps remplacé par un autre non moins éclatant; c'est celui de *saint Martin*, appelé la *chape*, c'est-à-dire le manteau de ce saint, l'un des premiers patrons et des plus grands protecteurs du royaume. Du temps de Charlemagne, on portait cette *chape* à la tête de nos armées comme l'étendard ou la bannière de France. Elle était gardée sous une tente qui, à cause de ce nom de *chape*, fut appelée *chapelle*, et les clercs auxquels la garde en fut commise, furent nommés *chapelains*. Mais par qui cette *chape* était-elle portée? quel était le grand officier de la couronne qui jouissait de ce glorieux privilége? C'était le grand sénéchal de France. Cette prérogative fut accordée, ainsi qu'une prébende, dans l'église de Saint-Martin de Tours, à *Ingelgerius*, premier comte d'Anjou, par reconnaissance de la peine qu'il avait prise pour recouvrer et retirer d'Auxerre la châsse de saint Martin, comme nous venons de le rapporter. Cette *chape* fut remplacée dans la suite, par la bannière de Saint-Denis, appelée l'oriflamme.

Près d'une ancienne porte d'Amiens, saint Martin exerça un acte de charité qui est représenté dans presque toutes les églises qui lui sont consacrées. On lisait les vers suivants au-dessus de cette porte ; ils font plus d'honneur au saint qu'au poète.

Hic quondam vestem Martinus dimidiavit,
Ut faceremus idem, nobis exemplicavit.

Ici, Martin, en deux, partagea son manteau ;
Nous devons imiter un exemple si beau.

Il n'est pas étonnant que la fête de ce grand saint ait été célébrée de tout temps en France avec tant de solennité, d'empressement et de joie. Elle arrive le 11 novembre, presque à la fin des travaux agricoles, et même dans plusieurs pays à la fin des vacances judiciaires et scolastiques. L'abondance des récoltes, la bonté du vin nouvellement placé dans les celliers, sont encore des motifs de réjouissance. C'est une époque pour la recette des revenus et des fermages, et pour le renouvellement des baux. Ce jour est donc consacré à des réunions de familles, à des relations amicales ; le peuple des campagnes se livre alors au plaisir et à la joie. C'est pour cette fête que dans chaque maison, on a élevé avec soin et que l'on a nourri et engraissé un oiseau que l'on destine à être le dindon de la fête. Avant que la poule d'Inde, si estimée des gastronomes, et si recherchée pour son embonpoint et sa succulence, eût été introduite en France, par le célèbre Jacques Cœur, ce bon argentier du roi Charles VII, que deux communes de notre département (Saint-Fargeau et Césy) s'honorent d'avoir eu pour seigneur (1), nos aïeux se régalaient d'*oies*, et les engraissaient pour la même destination dans leurs basses-cours. Les oies ont fait longtemps les délices de nos festins; les Gaulois semblaient se venger de mille manières, avec une cruauté impitoyable, de ces oiseaux qui, par leurs cris, réveillèrent les Romains au Capitole, et qui firent que ces derniers les chassèrent ignominieusement de Rome (4). Par la suite des temps, on immolait les oies le jour de la Saint-Martin, pour venger ce saint évêque, de plusieurs injures que lui

---

(1) Des auteurs ont dit que c'est à tort que l'on a attribué l'introduction des *poules-d'inde* aux Jésuites qui institués en 1540, n'ont été établis en France qu'en 1562, et Jacques Cœur est mort en 1456. Les dindons ont été longtemps très-rares en France; en 1566, les habitants d'Amiens en offrirent une douzaine au roi Charles IX, comme un présent remarquable. Ce n'est qu'en 1630 que l'usage en est devenu commun, et qu'ils ont commencé à remplacer les oies partout, sur la table du riche, dans les villes et dans les campagnes.

(2) On peut voir ci-devant, pages 20 et 21, comment nos ancêtres, par vengeance contre ces oiseaux, les maltraitaient au jeu de l'arc, à coups de bâton, etc.

fit cet oiseau, si l'on s'en rapporte à plusieurs récits dont nous ferons part à nos lecteurs, quoique nous les regardions comme fabuleux : 1.° une oie osa troubler le saint évêque de Tours, dans une de ses prédications; 2.° saint Martin aimait à se cacher dans des cavernes profondes, autant pour se livrer à de paisibles méditations que pour se soustraire aux pompes du monde; une oie, par ses cris, vint déceler sa retraite; 3.° ce grand évêque des Gaules, à un de ses repas, fut incommodé par la chair trop pesante de cet oiseau qui causa des désordres dans son estomac, et même occasionna sa fin. C'est en punition de ces divers délits, disent nos auteurs, que le jour de la Saint-Martin, les chrétiens livraient des oies à la chaleur des fours, à l'ardeur des brasiers et à la pointe acérée des broches, et qu'ils s'en régalaient le soir dans des réunions de famille, après avoir, dans la journée, célébré avec la plus religieuse ferveur la fête du grand saint, premier patron et protecteur de la France.

SAINTE-COLOMBE-LEZ-SENS.

De tous les monuments religieux de la ville de Sens et des environs, celui qui rappelait le plus de souvenirs historiques, était l'ancienne abbaye de Sainte-Colombe, fondée à une demi-lieue de cette ville, par Clotaire II, en 620.

Cette abbaye fut d'abord dédiée à la sainte Croix, ensuite à sainte Colombe et à saint Loup; mais en 1164, Alexandre III, pape, pendant son séjour à Sens, en changea et fixa la dédicace en l'honneur de sainte Colombe. Cette vierge du pays sénonais y souffrit le martyre, par les ordres de l'empereur Aurélien. Environ l'an 277, les Gaulois désirant secouer le joug des Romains, se remirent sur pied, plus braves et plus déterminés qu'auparavant. Cet empereur fut donc obligé de revenir dans les Gaules avec une puissante armée. Il en laissa une partie en garnison à Melun et pays adjacents, et lui, de sa personne, vint établir sa résidence à Sens, avec le reste de ses troupes. C'est pendant son séjour en cette ville qu'il exerça un grand acte de cruauté sur cette jeune vierge, âgée de seize ans, qui avait, disent certaines chroniques, refusé la main de son fils. Il n'est pas prouvé que sainte Colombe soit venue d'Espagne, comme quelques auteurs l'ont rapporté, ainsi que *sainte Béate* et *saint Sanctien* qui furent martyrisés près de cette ville, trois ans plus tard.

Saint Éloi fut administrateur du monastère de Sainte Colombe de Sens. En 645, il y travailla à la châsse (1) et au tombeau de cette sainte, et les orna d'or et de pierreries, aux frais du roi Dagobert.

---

(1) Cette châsse fut enlevée par les Hérétiques, et remplacée depuis par une autre.

Aussitôt son retour à Paris, comme il possédait des reliques de cette même sainte, il érigea en son honneur une chapelle dans la capitale; de même qu'il y en fonda une autre en l'honneur de saint Martial, dont il avait rapporté aussi des reliques de la ville de Limoges, où il avait appris l'art de l'orfévrerie sous *Abbon*, célèbre orfèvre et maître de la Monnaie dans cette ville. Saint Théau, religieux, qui devint habile orfèvre, avait appris à son tour son état sous saint Éloi. La reine Emma, épouse du roi Raoul enterré à Sainte-Colombe-lez-Sens, attacha au tombeau de saint Germain à Auxerre, des colliers et des joyaux sur lesquels on lisait le nom de saint Éloi.

On n'a jamais pu connaître au juste l'emplacement où vers l'an 637, existait à Paris l'église de Sainte-Colombe, fondée par saint Éloi. Cependant le savant abbé Lebeuf a conjecturé, avec assez de raison, que comme cette église a dépendu dans la suite de l'abbaye de Saint-Maur-des-Fossés, elle devait être dans le même quartier où l'on a vu une chapelle dédiée à saint Bond (*sanctus Baldus*), solitaire du pays sénonais.

On voyait autrefois dans ce monastère un bénitier très-remarquable. On y avait représenté en relief le trait de *saint Bond*, ermite, qui, un jour, pour se délivrer du diable qui était venu lui donner des distractions pendant qu'il disait son office, l'enleva par les oreilles et le plongea dans le bénitier, et ayant mis son bréviaire dessus, il l'y fit rester pendant quinze jours. Le malin chroniqueur assure que rien n'était plus plaisant que de voir la figure de ce diable qui levait, le plus qu'il pouvait, ses grandes oreilles d'âne hors de l'eau, car il craint plus l'eau-bénite, ajoute-t-il, que le feu d'enfer. Les religieux avaient fait faire ce bas-relief pour conserver la mémoire du miracle, *ad perpetuam rei memoriam.*

En 613, Clotaire II, voulant s'emparer de la ville de Sens, les habitants de cette ville, fidèles aux enfants du roi Thierry, se défendirent avec courage; mais les ennemis, supérieurs en forces, étaient sur le point d'entrer dans la place, lorsque saint Loup prit le parti de sonner lui-même la grosse cloche de la cathédrale; il les effraya tellement qu'ils levèrent précipitamment le siége, sans même oser regarder derrière eux. Clotaire, quelque temps après, s'étant rendu maître de la ville de Sens, donna des ordres pour faire transporter à Paris la cloche dont le son était si harmonieux. Mais cette cloche, une fois sortie de la ville, perdit le son qui la rendait si remarquable. Alors le roi la rendit, et ordonna qu'on la replaçât dans le clocher où elle était. Ce roi ayant envoyé à Sens Farfulfe son favori, celui-ci fut si indigné de ce que saint Loup le regardait de travers, et de ce que la ville ne lui faisait pas de présents, qu'il jura la perte du prélat, et le fit exiler en Neustrie. Il avait mis dans son parti Médegesile, abbé de Saint-Remy, en lui promettant qu'il serait évêque de Sens. Ils insinuèrent au roi que saint Loup brûlait d'un feu criminel pour Euloïse, fille de saint Arthême (1), archevêque de Sens, et prédécesseur de saint Loup; mais cette fille s'était vouée à Dieu; ce prélat la chérissait beaucoup à cause de sa grande vertu et de sa haute piété. Le saint évêque se lava aisément de cette calomnie; le peuple de Sens tua Médegesile, et saint Loup fut rappelé d'exil.

En 622, saint Loup se trouvant à Melun, obtint du ciel par ses prières une grande pluie qui fit cesser un incendie qui aurait infailliblement détruit la ville. En 1185, l'été ayant été sans pluie, les moines de Sainte-Colombe-lez-Sens vinrent en procession à la cathédrale, où ils apportèrent la châsse de saint Loup; et ce que les prières de ce grand saint avaient obtenu à Melun, les Sénonais l'obtinrent par son intercession. La cérémonie ne fut pas plutôt terminée qu'il tomba une pluie très-abondante.

---

(1) Saint Arthême de Sens, avait été marié; d'autres évêques de ce temps l'avaient été également, tels que saint Germain d'Auxerre, saint Loup de Troyes, et Génébaud de Laon. Au moment de l'élection, ils quittaient leurs femmes.

En parlant de la châsse de saint Loup, nous pensons que nos lecteurs ne seront pas fâchés de connaître l'anecdote suivante. Vers le milieu du siècle dernier, un savant chanoine de Sens fut chargé par M.ʳ Languet, archevêque, de vérifier les ossements contenus dans cette châsse. Ce chanoine connaissait l'ostéologie; il examina attentivement ces reliques, et parmi les ossements, il en trouva un qui ne lui parut pas faire partie du corps humain. Il fit part de ses observations au prélat qui mit cet os à part, et se proposa de le faire voir à M.ʳ de la Peyronnie, premier chirurgien du roi, qui devait passer incessamment à Sens, en se rendant à Lyon. Cet habile docteur, ayant considéré cet os avec beaucoup d'attention, prononça affirmativement que c'était un os de *loup*. Il y a eu de tout temps des hommes irréligieux; il se sera peut-être passé trois à quatre siècles depuis que des individus qui professaient sans doute une autre religion, auront conçu cette idée bizarre de placer dans la châsse de saint Loup l'os d'un quadrupède qui portait le même nom.

Dans cette église, à gauche de l'autel, était un tombeau sur lequel la figure d'un prince était représentée. C'était celle de Raoul, roi de France. La tombe était soutenue par quatre petites colonnes de pierre. Au bas étaient gravés ces deux mots : Rodolphus Rex (*Raoul, Roi*). Ce tombeau fut détruit par les huguenots, en 1567. Richard, père du roi Raoul, avait aussi été enterré dans la même église. Voici une épitaphe que Jean Bouchet rapporte, après avoir dit que ce monarque mourut d'une maladie vermineuse, et que tout son corps fut mangé de cirons :

> Je RAOUL vray fils de RICHARD de Bourgongne,
> Deux ans fus roy de France qui qu'en grongne.
> Mais je usurpay ce regne et ceste terre
> Dessus Loys, qui lors en Angleterre
> Estoit fuy, parce qu'en vitupère,
> Le comte HERBERT tenoit CHARLES son père,
> En ses prisons où il mourut martyr.
> En l'an neuf cens trente et six, de partir
> Il me convint de ce monde pervers.
> Mon corps à SENS gist en poudre et en vers,
> En ung monstier nommé Saincte Columbe,
> Priez pour l'âme en regardant ma tumbe.

Raoul, duc de Bourgogne, s'empara de la couronne de France en 923; il mourut le 15 janvier 936. Il était fils de *Richard* dit le Justicier, comte d'Autun et duc de Bourgogne (1), qui mourut le 1.er septembre 921, et qui fut aussi enterré à Sainte-Colombe, dans la chapelle de saint Symphorien. Ce prince, dont Raoul n'imita pas la noble fidélité, en donna

---

(1) Hugues dit l'Abbé, autre duc de Bourgogne, mort en 888, était, lors de son décès, abbé de Sainte-Colombe-lez-Sens, et de Saint-Germain d'Auxerre; il fut enterré dans cette dernière abbaye.

des preuves signalées en plusieurs occasions, et nous nous plaisons à en rapporter ici succinctement quelques traits qui intéressent ce pays. Richard se déclara contre son frère Boson, roi d'Arles, et soutint de préférence les intérêts des rois de France Louis et Carloman. Il les accompagna au siége de Vienne en Dauphiné, et il y fit prisonniers Ermengarde sa belle-sœur, et ses neveux. Cette princesse s'y était défendue courageusement pendant quatorze mois, et avait sauvé les jours de son mari. Richard a laissé un exemple mémorable de fidélité, et a montré qu'aucun sentiment ne peut l'emporter dans un cœur vertueux sur l'amour de ses devoirs et de la justice. Il continua de défendre les intérêts du roi Charles, et se saisit pour lui, en 896, de la ville de Sens, contre Garnier, comte de cette ville, et contre Gauthier, archevêque, qui, en 888, avait sacré le roi Eudes. En 910, Richard défit, près de Tonnerre, les Normands qui venaient de faire une irruption dans la Bourgogne.

Après la mort de Raoul, ce fut Guillaume, archevêque de Sens, qui fut député avec plusieurs autres prélats et barons, vers le roi d'Angleterre, pour le supplier, au nom des États de France, de leur remettre leur prince. Adelstan donna des éloges à leur zèle, leur rendit Louis surnommé d'Outremer; et la reine Ogive, sa mère, fit jurer à ces ambassadeurs qu'ils seraient plus fidèles au fils qu'ils ne l'avaient été au père.

En 1146, saint Bernard se rendit à Vézelay pour y prêcher la seconde croisade. On y convoqua une grande assemblée qui fut appelée le Parlement de Vézelay. L'homme de Dieu y harangua avec tant de véhémence, que le roi Louis VII, plein d'un saint enthousiasme, se jeta aux pieds de Bernard, et reçut de lui une croix que le pape lui avait envoyée de Rome. La reine, soit bienfaisance, soit tendresse pour son mari, suivit son exemple. Elle fut imitée par une foule de seigneurs et de prélats; nous nommerons ici Renaud, comte de *Tonnerre*, Guillaume de *Courtenay*, Renaud de *Montargis*, Anseau et Guérin de *Traînel*, Thibaud, abbé de *Sainte-Colombe*, et Herbert, abbé de *Saint-Pierre-le-Vif-lez-Sens*.

Vers l'an 1164, saint Thomas Becket, archevêque de Cantorbéry, se réfugia à Sens, et habita quelque temps Sainte-Colombe, où il consacra l'autel de saint Pierre et saint Paul; il avait consacré aussi, du consentement de l'archevêque de Sens, une chapelle en l'honneur de saint Saturnin, à Fontainebleau, à la prière du roi Louis VII, qui le faisait traiter dans la ville de Sens selon sa dignité. Le pape Alexandre III qui s'était également retiré à Sens, y fit la dédicace de l'église, sous le nom de Sainte-Colombe, en 1164.

En 1567, cette maison fut pillée par les calvinistes; en 1608, les troupes du prince de Condé l'endommagèrent par le feu. L'abbé Robert de la Mesnardière la fit réparer.

En 1622, on y découvrit un caveau qui prenait depuis la chapelle de Saint-Thomas-de-Cantorbéry, et qui traversait la plaine.

La réforme avait été mise plusieurs fois dans cette abbaye; la dernière le fut en 1636, par la congrégation de Saint-Maur.

Nous terminerons cet article, en donnant quelques détails sur un tombeau curieux, découvert en 1798, dans les fouilles qui y ont été faites par suite de la destruction et de la démolition de l'église et de la plus grande partie de cette abbaye.

Au mois de juillet 1798, en creusant dans les décombres de cet antique monastère, on a trouvé un tombeau en pierre, long de six pieds, large de 22 pouces à la tête et de quinze aux pieds, et profond de vingt pouces. Il était fermé d'un couvercle de la même nature de pierre, de la même largeur et longueur, bombé et creux d'environ six pouces. Ce couvercle était percé tout autour, à égale distance, de seize trous d'un pouce de diamètre, et au milieu d'une autre ouverture ayant un pied de circonférence. Chaque trou était fermé hermétiquement par un bondon de pierre, pouvant néanmoins s'ôter ou se mettre à volonté. Les os trouvés dans le tombeau étaient agglomérés dans le milieu. Cette découverte ayant été faite dans un temps où la réligion et ses ministres étaient en butte au mépris et aux persécutions des révolutionnaires, on ne manqua pas alors de dire que ce tombeau était un monument de la tyrannie monacale; qu'un homme y avait été enterré vivant; que les os amoncelés au milieu faisaient présumer qu'il avait expiré sur son séant; que les trous pratiqués à l'entour servaient à lui donner de l'air, enfin que la grande ouverture qui était dans la partie supérieure, était destinée à lui procurer de légers aliments pour prolonger son supplice. On a découvert encore dans ce tombeau un instrument aigu, en fer, de six pouces de long, ayant un manche de bois qui est tombé en poussière, du moment qu'on a voulu le toucher. On a pensé qu'une main officieuse l'avait introduit auprès de la victime, pour lui donner les moyens de terminer plus tôt sa pénible existence. Ce monument a été trouvé dans le cloître, au côté occidental de l'église, et dans un endroit où l'on assurait, lors de la découverte, qu'il y avait eu anciennement un cachot.

NOSLON OU NOOLON.

Ce domaine, en 1190, n'était qu'une simple ferme en roture, appartenante à l'abbaye de Saint-Jean-lez-Sens. L'abbé et les religieux de ce monastère l'échangèrent, vers l'an 1226, pour la dîme des villages de Voulx et de Dian, près de Montereau, avec un riche bourgeois de Sens, nommé Garnier Dupré, qui fit ériger en fief cette propriété par le roi Philippe-Auguste, et y fit construire des bâtiments, une tour, des fossés, etc. En 1257, Henri Cornut, archevêque de Sens, en fit l'acquisition de ses propres deniers, de Giles de Noslon, homme de guerre, petit-fils de Garnier Dupré, et d'*Alpésid* sa femme, et de Guillaume d'Allemand, bourgeois de Sens, pour en faire sa maison de plaisance et celle de ses successeurs.

Mr de Chavigny, l'un d'eux, fit détruire l'ancien château, et bâtir le nouveau qui ne fut fini qu'en 1759. Il fut encore considérablement augmenté et embelli par M. le cardinal de Luynes. Le château de Noslon ayant été vendu en 1792, a été démoli de fond en comble, et d'une partie de ses matériaux l'on a construit la salle de comédie de la ville de Sens et tous les bâtiments qui en dépendent; et par une autre de ces bizarreries que les révolutions peuvent seules enfanter, nous ferons encore remarquer que la salle de spectacle occupe aujourd'hui une partie de l'emplacement de l'ancien cimetière de l'Hôtel-Dieu.

Le château de Noslon était un poste très-fortifié, et autrefois l'un des plus importants des environs de cette ville, comme on en pourra juger par les traits suivants :

En 1422, après la mort du roi Charles VI, la

France fut livrée à une horrible guerre civile. Le pays sénonais était désolé alternativement par les troupes françaises et par les excursions des Anglais. Le seigneur de Guitry commandait alors à Montargis pour le roi de France ; les troupes qui étaient sous ses ordres ravageaient les environs de Sens par leurs courses fréquentes, et menaçaient de brûler les moulins qui étaient sur la rivière de Vanne. D'un autre côté, Guillaume Orselay, capitaine de Noslon et de Villeneuve-le-Roi, tenait pour le parti des Anglais, et ses soldats ne molestaient pas moins les malheureux Sénonais ; ce chef ne pouvait contenir ses gens, et quelques plaintes qu'on lui fît, il tolérait toujours leurs nombreuses extorsions dans ces cantons. Ces troubles durèrent longtemps encore, car nous voyons qu'en 1432 la ville de Montereau était toujours occupée par les Anglais, ainsi que le château de *Régennes*, maison de campagne des évêques d'Auxerre ; la garnison de Montereau exerçait surtout ses ravages dans les environs de Sens ; mais s'étant une fois présentée jusque dans la basse-cour du château de Noslon, elle en fut vivement repoussée.

Ce qui prouve bien plus encore l'antiquité de ce lieu, c'est une découverte qui y a été faite en septembre 1801, de plusieurs tombeaux gaulois dont la description intéressera nos lecteurs. Des ouvriers travaillant à une sablière entre le château de Noslon et la grande route de Paris à Lyon, ont trouvé, à différentes reprises, un assez grand nombre de squelettes humains dont les ossements tombaient en poussière dès qu'on les touchait. Divers objets découverts autour de ces cadavres, et quelques autres remarques que nous avons faites sur le lieu même, nous ont fait penser qu'on doit faire remonter l'époque de leur sépulture jusqu'au temps où les Gaulois occupaient ce vaste royaume.

Les corps paraissaient avoir été enterrés sans aucun ordre; ils avaient les pieds tournés dans divers sens; le signe contraire aurait pu servir à fixer nos idées. Ils n'étaient au plus enfouis qu'à trois pieds de profondeur. Autour des squelettes et sur leurs ossements mêmes, on a trouvé de grosses pierres brutes placées confusément, et sur ces pierres nulle figure, nulle inscription, nul caractère; seulement nous avons observé que la plus grosse avait à ses deux extrémités des trous, ouvrage de l'art et non de la nature, qui la traversaient d'outre en outre, comme si on l'eût percée à dessein de la suspendre ou de la traîner. Cette pierre qu'un homme pouvait à peine soulever, avait dix-huit pouces environ de large sur vingt-quatre à vingt-six de long. L'abbé *Lebeuf*, d'après *Kesler*, fait mention de cette manière bizarre d'enterrer. *Les barbares du Nord avaient l'usage*, dit-il, *de couvrir le lieu de la sépulture de leurs chefs, d'un amas de plusieurs pierres brutes d'une grosseur énorme, dont les unes parais-*

saient en *supporter d'autres*. Il ajoute que de son temps, près de Poitiers, on a découvert une sépulture de ce genre, au milieu d'un champ. Les Gaules étaient alors couvertes de forêts considérables, peuplées d'une multitude d'animaux carnassiers et voraces. Sans doute que les anciens avaient imaginé l'usage de ces pierres pour empêcher les bêtes féroces d'enlever les corps de ceux à qui ils venaient de rendre les derniers devoirs. Quant à la grosse pierre percée de trous, nous pensons qu'elle aura peut-être été amenée des bords de la rivière d'Yonne, en cet endroit, et qu'elle aura servi précédemment à attacher des barques, comme on en voit encore aujourd'hui qui sont employées au même usage.

Dans les fouilles faites dans la sablière, on a trouvé autour du squelette des fragments d'instruments inconnus, un fer de lance, plusieurs sabres à deux tranchants et brisés, de gros anneaux de bronze isolés, à peu près de la grosseur du doigt, et de petits anneaux de cuivre un peu aplatis, et placés aux bras des squelettes en forme de bracelets.

Des anneaux semblables trouvés dans une fouille faite en 1751, sur le chemin de Bray-sur-Seine à Nangis, ont excité par leur singularité les recherches du savant comte de Caylus. Le plus grand nombre des squelettes que l'on y a découverts étaient placés sans aucun ordre, au milieu d'une grande fosse; et quelques autres adossés à une muraille dont ce cimetière était environné. Outre les anneaux qu'ils portaient aux bras, ils en avaient encore d'autres au cou et aux cuisses. Suivant un passage de Strabon, il paraît constant que les Gaulois, outre les colliers, portaient des bracelets, mais il ne parle pas d'anneaux aux cuisses, qui, suivant d'autres auteurs, désignaient des esclaves romains. Caylus a donc pensé avec raison que ces squelettes étaient ceux de quelques Gaulois devenus esclaves des Romains, et qui avaient conservé ces anneaux aux bras, par attachement aux usages de leur nation.

Comme dans la découverte de Noslon on n'a trouvé que des anneaux aux bras, tout nous porte donc à croire qu'ils annonçaient des Gaulois. Ce qui le prouve encore mieux, c'est une urne cinéraire placée au milieu des squelettes, et de laquelle on a tiré des ossements calcinés, des cendres et une petite chaîne assez artistement travaillée, et que sa longueur indique avoir été un collier. Il est terminé par une agrafe qui servait à le réunir autour du cou. L'un des anneaux, par la force du feu, paraît avoir commencé à entrer en fusion, pendant que le corps de celui qui le portait se consumait sur le bûcher. César dit que les Gaulois de son temps brûlaient les corps avec leurs effets les plus précieux. A-t-il entendu parler de leurs chefs seulement, et s'il a voulu parler de tous, rien ne prouve qu'avant lui le même usage ait toujours existé dans les Gaules. Chez plusieurs peuples anciens, la coutume existait de brûler ou d'enterrer avec les morts, les objets qu'ils avaient affectionnés le plus. Voilà pourquoi il arrive communément de trouver à côté des anciens cadavres que l'on déterre de temps à autre, des instruments, des armes et autres petits ustensiles, ou ornements anciens, appelés *armilles*.

Nous ne devons pas oublier de dire, avant de terminer cet article, que la voie romaine conduisant d'*Agendicum* à Meaux passait près de Noslon; et que dans un acte de 1264, il est question d'une route près de ce lieu, que l'on appelait la *voie Chevalière*.

LA FONTAINE D'AZON.

A un demi-quart de lieue de Saint-Clément-lez-Sens, et non loin de Sainte-Colombe, dont nous avons parlé plus haut, on voyait autrefois une très-petite chapelle qui fut fondée le 19 mai 1553, par Louis *Delahaye*, marchand à Sens, et sa femme. André *Richer*, évêque de Calcédoine, vicaire général et suffragant du cardinal de *Bourbon*, archevêque de cette ville, fit la bénédiction et la consécration de cette chapelle en l'honneur de Sainte-Colombe. La révolution qui a entraîné la destruction et la ruine de tant de monuments religieux et de tant d'édifices immenses, a bien pu faire également disparaître ce petit oratoire qui pouvait à peine contenir cinq ou six fidèles; mais le souvenir des vertus de la sainte est resté; et la nature nous a aussi conservé une source qui existait auprès de cette chapelle, et qui a toujours porté le nom de *Fontaine d'Azon*. L'une des fêtes champêtres les plus agréables des environs de Sens, a été sans contredit celle de la *Fontaine d'Azon*, qui avait lieu tous les ans le mercredi après Pâques. Avec quel intérêt ne voyait-on pas une foule charmante de jeunes filles de toutes les classes se rendre avec empressement sur les bords de cette fontaine, y jeter ou plutôt y poser à l'envi des épingles, en observer avec curiosité les moindres mouvements, et concevoir aussitôt ou des espérances ou des craintes? Heureuses celles dont les épingles surnageaient! elles étaient immanquablement mariées dans l'année. Mais celles dont les épingles gagnaient le fond, et c'était le plus grand nombre, se retiraient fort tristes, se promettant bien de revenir l'année suivante. Ce spectacle produisait dans l'âme des spectateurs des sensations délicieuses, et inspirait généralement beaucoup d'hilarité. Tout contribuait à rendre cette promenade l'une des plus aimables de la saison; l'aspect gracieux des prairies au moment de la renaissance du printemps, la parure des campagnes, la vue de ces plaines arrosées par les nappes argentées de l'Yonne, et enfin une affluence considérable des habitants de tout sexe, de la ville et des environs.

Nos lecteurs s'attendent sans doute à connaître l'origine de cette fontaine, et de la propriété particulière de ses eaux; voici ce que nous avons recueilli à ce sujet.

Sainte Colombe ayant été martyrisée à l'endroit où est aujourd'hui l'abbaye qui porte son nom, son corps demeura plusieurs jours sans sépulture. Des bœufs venaient tous les soirs s'agenouiller auprès et semblaient l'adorer (1); leurs cornes brillant la nuit comme des flambeaux, les firent remarquer de leur conducteur qui en donna avis à son maître. Celui-ci était un riche seigneur nommé *Azon*, qui se rendit sur les lieux, et qui touché des vertus et du martyre de la sainte, se convertit, et obtint par son intercession le recouvrement de la vue qu'il avait perdue depuis peu. *Azon* fit donner la sépulture à sainte Colombe, et bâtir un oratoire sur son tombeau; cet oratoire est devenu depuis une superbe abbaye. La petite chapelle d'*Azon* était située à peu de distance, et elle a porté le nom du fondateur du monastère.

Quant à l'origine de la cérémonie singulière, c'est dans les illusions de l'esprit, c'est dans les impulsions de la nature qu'il faut la chercher. Lorsqu'après l'établissement d'une nouvelle religion qui

---

(1) Ce trait était représenté tel que nous le rapportons dans des bas-reliefs au-dessus de la porte de l'abbaye.

faisait autant d'objets de vénération de toutes les victimes de la fureur payenne, les chrétiens commencèrent à jouir de quelque repos, ils se transportaient avec ferveur dans les lieux arrosés du sang des martyrs. On leur adressait des vœux pressants, on les consultait sur ce qu'on désirait le plus vivement d'apprendre. Comme on était encore voisin des âges du paganisme, on employait souvent les mêmes moyens que les idolâtres, et la divination par les fontaines étant fort répandue parmi eux, cet art appelé *pégomancie* fut imité par les chrétiens.

En Sicile, il y avait une fontaine célèbre consacrée aux dieux *Palices*, et dont les rives étaient très-fréquentées. On écrivait ce que l'on désirait savoir sur des tablettes que l'on jetait dans la fontaine. Revenaient-elles sur l'eau, le signe était favorable? Descendaient-elles au fond, le présage était mauvais? Cette fontaine avait surtout la vertu de découvrir les amants parjures.

Dans le Péloponèse, il y avait une fontaine non moins célèbre, au-dessus de laquelle on suspendait de petits plats de métal poli en forme de miroir. On s'inclinait ensuite pour les observer, et suivant la diversité des formes qu'ils offraient, on en tirait des présages heureux ou malheureux.

Près de Padoue, on consultait une *fontaine d'Apon* dans laquelle on jetait des dés, et selon le nombre qu'ils présentaient, on calculait ou ses espérances ou ses craintes.

Il y avait encore la fontaine de *Salmacis* qui efféminait les hommes; et celle de *Lymire* qui faisait oublier aux amants l'objet de leur tendresse.

Pour revenir à la *fontaine d'Azon*, que l'on se figure les premiers chrétiens, après avoir célébré les grands mystères de leur culte, l'âme pénétrée de religion, allant visiter les jours suivants, les lieux les plus propres à renouveler leur ferveur. A Sens, de même, une jeunesse naïve et franche se rendait sur le tombeau de la patronne du pays, lui adressait des vœux et l'interrogeait sur ses intérêts les plus chers. On se dirigeait ensuite auprès de la fontaine. La jeune nymphe serrait en palpitant la main du jeune époux que ses parents lui destinaient, leurs regards se confondaient mutuellement; dans l'émotion de son cœur, elle détachait de ses habits l'*épingle prophétique*, et tandis que son amant la déposait en tremblant sur l'onde, son œil inquiet cherchait à découvrir ou son bonheur ou ses alarmes. Voilà ce qui avait lieu dans ces âges heureux, à la fontaine d'Azon; mais aujourd'hui cet usage a presque cessé, car nous ne sommes plus ni aussi pieux ni aussi amoureux qu'autrefois.

Après avoir comparé la fontaine d'Azon à plusieurs fontaines du paganisme, nous allons maintenant faire connaître les propriétés vraies ou fausses de quelques autres fontaines que les chrétiens ont eues et ont encore aujourd'hui en grande vénération.

A trois quarts de lieue de Landivisiau en Bretagne, il y a une fontaine appelée de Bodilis qui a la propriété de faire connaître aux amants si leurs maîtresses ont conservé leur innocence ; pour cela ils doivent leur dérober l'épingle qui est attachée à leurs vêtements, le plus près du cœur ; ils la posent sur la surface de l'eau, et observent avec attention ses moindres mouvements. Tout est perdu si l'épingle s'enfonce. Surnage-t-elle, la bien-aimée est encore vierge ? Mais on a observé que les jeunes filles de ce pays étaient depuis dans l'usage d'attacher leurs vêtements avec des épines ! nouveau sujet d'inquiétude causée par un sexe souvent plus ingénieux que fidèle.

Dans le 6.ᵉ siècle, les chrétiens adressaient encore des vœux à des *fontaines* appelées *sacrées* ; il y en avait une à cette époque près de Saint-Georges, à une lieue d'Auxerre, sur la rive gauche du ruisseau de Beauche ; elle était très-fréquentée ; on l'a appelée Divonne (*Dionna*), nom commun à un grand nombre de fontaines superstitieuses, qui avaient ordinairement des vertus particulières. Autrefois, près des sources qui étaient en grande vénération, les païens plaçaient des statues de nymphes, de naïades ou de quelques petits dieux champêtres que l'on y venait implorer. Les premiers ministres catholiques, très-prévoyants, se gardèrent bien de faire renoncer les peuples nouvellement convertis à leurs anciennes habitues; ils imaginèrent de placer de même des figures de saints, ou de faire construire des chapelles près des fontaines dont les eaux avaient quelques propriétés. Celles de la fontaine de Sainte-Reine, département de la Côte-d'Or, étaient très-détersives, et avaient la réputation de guérir la galle, la teigne et autres maladies de la peau. Dans la fontaine de Saint-Gorgon à Véron, et dans celle de Saint-Dizain en Auvergne, on plonge les jeunes enfants noués ou incommodés de hernies, pour les fortifier. A Sens, près de Saint-Paul, on trempait dans la fontaine de S.t-Melon, qui passait pour être très-fébrifuge, des chemises que l'on faisait ensuite endosser tout humides aux personnes malades de la fièvre. Celle de Saint-Julien du Mans, et celle de Saint-Clair étaient en grande réputation pour les maux d'yeux. Les eaux très-calmantes de la fontaines de Sainte-Restitute, au royaume de Naples, et de celle de S.te-Berthe, près d'Épernay, guérissaient les esprits aliénés; les eaux de celle de S.te-Avoie, près de Pleumelet en Bretagne, étaient bonnes pour affermir les jambes des enfants qui ne pouvaient pas marcher. Les fontaines de Saint-Gengoul, près de Langres, de Saint-Goulven en Bretagne, de Sainte-Osithe, au comté d'Essex en Angleterre, de Saint-Laurent à Rome, étaient fréquentées pour la guérison de toute espèce de maladies. Enfin, dans le Forez, il y avait une fontaine consacrée à Saint-Galmier, qui avait été serrurier, et dont les eaux qui avaient, dit-on, le goût du vin, rendaient la force aux ouvriers de cette profession, lorsqu'ils étaient épuisés.

Plusieurs chansons ont été faites sur la fontaine d'Azon; nous citerons les deux couplets suivants :

>Auprès d'Azon,
>Sur le gazon,
>On voit des fillettes gentilles
>Jeter dans l'onde leurs aiguilles,
>Pour connaître à leur mouvement
>Si, dans le cours de l'an,
>Elles cesseront d'être filles.
>Je ne sais si le signe est bon,
>Mais l'aiguillette allait au fond, etc.

Autre couplet.

>Dans ce mystérieux bassin,
>Gente Samaritaine
>Jadis consultait de l'hymen
>La fortune incertaine.
>Pour jouir d'un parfait bonheur,
>Mes amis, faut avoir un cœur
>Pur comme la fontaine, etc.

LE POPELIN OU POPELAIN,
ANCIENNE LÉPROSERIE OU MALADRERIE.

Dans l'endroit où existait anciennement cet hôpital (*Domus de Popelino*), pour les lépreux de la ville de Sens et des environs, il reste encore une ferme qui appartient à l'Hôtel-Dieu de cette ville, une portion de l'ancienne église, et un accin de quatre à cinq arpents entourés de murs élevés, construits solidement en grès. Cette maladrerie était près du chemin de Sens à Bray-sur-Seine. Au mur de l'enclos, du côté du chemin et du couchant, on remarque encore une ancienne inscription que nous allons rapporter. Au-dessus étaient les armes de la ville; à droite, celles du roi, et à gauche, celles du cardinal de Bourbon, archevêque de Sens. Les armes de ce dernier n'y furent placées qu'en qualité de bienfaiteur et non de fondateur.

INSCRIPTION DU POPELIN.

D. O. M. S (*).   (*) Sempiterno.

Et ad leprosos recipiendos et alendos, cives Senones, ante quingentos annos, hoc Nosocomium à fundamentis extruxerunt et opibus dotaverunt; ejus cura œdilibus civitatis delegata. Cum autem cura translata, muri cœteraque œdificia, injuriâ temporum et vetustate, partim jam essent collapsa e partim collaberentur; œdiles ad pristinam Nosocomii curam edicto regio revocati, pro eorum officio collapsa restitui et collabentia instaurari curaverunt, anno christianœ salutis M. D. IIII. XX.

TRADUCTION.

A DIEU TRÈS-BON, TRÈS-GRAND, ÉTERNEL.

Ce fut pour recevoir et nourrir des lépreux que les habitants de la ville de Sens, il y a plus de cinq cents ans, fondèrent et firent construire cet hôpital et le dotèrent de revenus; ils chargèrent de son gouvernement les magistrats de la ville. Mais la surveillance de cette maison étant passée dans d'autres mains, les murs et les autres bâtiments de cet hôpital sont en partie tombés de vétusté, et le reste menaçait également de tomber en ruine; les magistrats municipaux ayant été réintégrés par un édit du Roi, dans l'ancienne administration de cet établissement, ils ont fait relever par leurs soins les parties ruinées, et restaurer les parties qui se dégradaient. L'an de Jésus-Christ 1580.

Lorsque les habitants de la ville de Sens fondèrent cet hôpital, ils y mirent des frères et des sœurs pour soigner les malades; et il y eut un maître des frères religieux, et une maîtresse des sœurs religieuses, qui avaient la grande surveillance de la maison, divisée en deux parties, une pour chaque sexe.

A cette époque, toutes les villes de France furent obligées de bâtir un hôpital pour y faire soigner les lépreux, près d'un grand chemin, avec une église, un cimetière et un pasteur particulier.

En 1119, l'ordre des chevaliers de *Saint-Lazare* fut institué à Jérusalem, pour avoir soin des lépreux; leurs hôpitaux s'appelaient *Lazarets*. Ce nom a été donné depuis à ces établissements où les bâtiments de mer, soupçonnés de maladies contagieuses, sont tenus de faire la quarantaine, à une certaine distance des ports. *Saint Lazare* a toujours été invoqué par les lépreux, comme *saint Roch* est le patron des pestiférés. *Saint Lazare*, dans quelques pays, a été appelé *saint Ladre*, de là le nom de *ladres* donné aux lépreux, et ceux de *ladreries* ou *maladreries* (mal de ladrerie) donnés aux léproseries. En 1470, il y avait déjà de ces hôpitaux en France.

C'est par suite des croisades que cette maladie affreuse, espèce de gale invétérée qui corrompait la masse du sang, se répandit dans toute l'Europe. Son siége principal était en Egypte. On comptait 19,000 léproseries dans toute la chrétienté. En 1225, la lèpre était très-commune en France; il y avait 2,000 léproseries auxquelles le roi Louis VIII en mourant laissa cinq livres tournois à chacune. Dans le diocèse de Sens, elles s'élevaient au nombre de 80.

Rotharis, roi des Lombards, ordonna qu'un lépreux chassé de sa maison, et relégué dans un endroit particulier, ne pourrait plus disposer de ses biens, parce qu'une fois tiré de son logis, pour être conduit dans une léproserie, il était *censé mort*.

Dans un *Manuel instructif des Curés*, publié par le cardinal de Bourbon, archev. de Sens, et imprimé en 1555, on trouve la formule employée pour séparer les lépreux du peuple, et les mettre *aux champs*. On y voit que l'on séquestrait les *lépreux* des hommes sains, comme on sépare les *morts* des vivants. On couvrait du drap mortuaire ces pauvres malades, après qu'ils s'étaient confessés; on leur jetait de l'eau bénite, et on les conduisait hors de la ville, à la léproserie, en chantant le *libera*.

Chaque lépreux, en entrant, payait sa bienvenue. Voici quelques formules extraites du Manuel ci-dessus cité, et que l'on adressait à ces infortunés.

« Je te défends entrer ès églises, ès marchés, au molin, au four et à lieux èsquels il y a affluence de peuple. »

« Je te défends laver tes mains en fontaines et ruisseaux ; si tu veux boire, faut prendre avec vaisseau honnête. »

« Je te défends toucher aucune chose que voudras acheter, qu'avec verge nette pour la démontrance. »

« Je te défends entrer en tavernes et maisons ; si tu veux avoir vin ou viandes, qu'ils te soient apportés dans la rue. »

« Je te commande, si aucuns ont propos avec toi, de te mettre au-dessous du vent ; si tu es contraint de toucher arbre en passage étroit (sans doute en traversant quelque ruisseau), que ce soit avec les gants. »

« Je te défends avoir compagnie à autre femme que celle qu'as épousée en face de sainte Église, etc. »

Le jour de la fête de cet hôpital, pour régaler ces infortunés, on leur faisait une distribution de *fleur de froment pour faire tartes et pâtés*. Il y avait donc encore pour eux des plaisirs. Ils éprouvaient donc encore des jouissances, après avoir été conduits et enterrés dans cette espèce de tombeau, et accompagnés du *libera*.

Guy de Noyers, archevêque de Sens, avait fait un réglement vers l'an 1180, pour les léproseries de Sens et de Meaux; nous en extrairons quelques articles en conservant le style du temps; ils contiennent quelques singularités qui intéresseront nos lecteurs.

« Je Guiot, par la grâce de Dieu, archevêque de Sens, veuil et commande aux ladres du Popelin comme à ceux de Meaux, que les hommes soient séparés des fames; et que les hommes ne entrent point ès lieux des fames, soit malades ou sains; je veuil que les hommes mangent et dorment ensemble, et semblablement les fames..... Que si un malade est trouvé ès lieux des femmes, je veuil que il se abstienne de vin et de chair, par l'espace de trois jours; et s'il est trouvé de nuit avec une fame, que il mange à la terre pure, sans nappe, du pain et de l'yaue... Que si un est rebelle et inobédient à son maitre, ou en allant par les villes ou tavernes, je veuil que devant la porte, à piez nuz, avec verges tenant, que il demande grâces et miséricorde au maître et aux frères; aussy je veuil que en l'église ils tiennent silence, et en la table et au dortouer;

que ils parlent pou ou nient, et encore ils parlent bien bas….., etc. »

Un manuscrit rapporte que du temps du roi Jean, un soldat tout couvert de blessures et de plaies se présenta à ce monarque, et lui demanda la maladrerie du Popelin pour unique salaire de ses longs services; il l'obtint, avec tous les revenus, pour sa vie seulement. Sa mort étant arrivée quelque temps après, ce domaine retourna à son ancienne destination. Cette anecdote est dénuée de toute vraisemblance; le prince pouvait-il disposer d'un établissement utile qui était la propriété de la ville ? En second lieu, aurait-il donné à un simple soldat un bien considérable dont il aurait pu récompenser un habile capitaine qui aurait sauvé sa couronne ?

En 1194, Jean *Troussebaron*, malade de la lèpre, fit don de sa ferme de Béon, à la maladrerie du Popelin.

En 1200, Pierre *de Corbeil*, archevêque de Sens, accorda cinq jours d'indulgences à ceux qui iraient à la procession que l'on faisait au Popelin, le dimanche avant la Saint-Jean-Baptiste. Les religieux des abbayes de la ville de Sens s'y rendaient au nombre de trente-six, pour l'ordinaire, et l'administrateur du Popelin était tenu de leur donner à déjeûner, et de leur servir vin *blanc et clairet*, pain et *quatre jambons*. Les bouchers de la ville de Sens étaient tenus de donner aux malades de cette léproserie toutes les langues des moutons et des bœufs qu'ils tuaient.

Dans le cimetière, on voyait autrefois la figure d'une reine gravée sur une pierre; on a cru que c'était la fille de Philippe de Valois; mais ce prince ayant eu deux filles qui n'ont pas été enterrées en ce lieu, il faut croire que la tombe était celle d'une autre princesse.

Les malades diminuant, la maison et les revenus du Popelin furent réunis à perpétuité, en 1388, à l'archevêché de Sens, par une bulle de Clément VII, malgré l'opposition du maire et des échevins; mais en 1542, ils furent rendus au grand Hôtel-Dieu de Sens, par ordre du cardinal de Bourbon.

Il y avait autrefois une foire considérable en ce lieu, presque aussi fréquentée que celle de Saint-Loup, qui se tenait près de l'abbaye de Sainte-Colombe, et qui depuis la révolution a lieu dans la ville de Sens, le 1.er septembre. Celle du Popelin se tenait le jour de la Saint-Jean. Le prévôt de Sens était obligé d'aller à cette foire, avec ses sergents, pour y maintenir la police, et d'y rester depuis huit heures du matin jusqu'au soleil couché. Pour ce le prévôt recevait 15 sous, et les sergents, chacun 5 sous.

Outre cette foire du Popelin et celle de Saint-Loup, il y en avait une troisième, qui se tenait dans le faubourg Saint-Savinien, le jour de la fête de ce saint archevêque, et qui était si considérable, qu'on y voyait quelquefois des tonneaux de vin rangés depuis la place du Cloître de Saint-Étienne jusqu'à l'église de Saint-Savinien. Le vin ne valait ces années-là que 22 sous le muid. Du temps de Tristand de Sallazar, il valait 30 sous le muid, et le bichet de blé, 5 sous.

MAISON DES PESTIFÉRÉS;
CHAPELLE DE S.ᵗ-THIBAULT.

Cette maison était située sur le bord de la rivière d'Yonne, entre le faubourg Saint-Didier et la chapelle de Saint-Thibault.

Cette chapelle était dans la plaine entre Sainte-Colombe et le faubourg Saint-Didier, et entre la rivière d'Yonne et la grande route. Elle fut bâtie vers l'an 1085, et consacrée à saint Thibault, ermite, dont les reliques avaient été apportées d'Italie vers l'an 1075, par *Arnoul*, abbé de Sainte-Colombe. Elles reposèrent une nuit à Joigny, où une paroisse a été dédiée à ce même saint. Elles furent reçues à Sens avec une grande solennité par *Richer*, archevêque de cette ville. Saint Thibault était de la famille des comtes de Champagne; il naquit à Provins, en 1017, et mourut, en 1066, à Salanigo.

Cette chapelle fut entièrement détruite en 1567 par les calvinistes, et l'on éleva à la place une croix dont on voit encore aujourd'hui le socle à fleur de terre.

Des matériaux de cette chapelle, ainsi que de ceux de l'abbaye de S.t-Remy et de Notre-Dame-du-Charnier, l'on construisit la *maison des pestiférés* que l'on nommait aussi la *Maison-Dieu* ou *Maison de santé*.

Dans le milieu du 16.e siècle, la ville étant souvent désolée par la peste, on prit le parti de bâtir cet hôpital, hors de la ville. C'est par erreur que quelques auteurs ont cru que cette maison était dans l'emplacement où sont aujourd'hui les abattoirs; elle aurait été trop près des habitations. Nicolas Fritard, chanoine de Sens, contribua beaucoup à cette construction. Cet hôpital fut solidement bâti; Jean *Rousset* se rendit adjudicataire de l'entreprise pour 2,530 francs. Il était composé de douze chambres par bas et d'une chapelle dédiée à saint Roch, patron des pestiférés.

En 1564, il a été arrêté que sur le clergé et les habitants de Sens, il serait levé une contribution de cent francs par semaine, pour le besoin des pestiférés, savoir 60 francs sur le clergé et 40 francs sur les habitants.

Après la cessation de la peste, cette maison devint entièrement vacante. Nos magistrats ne surent pas utiliser un édifice où l'on aurait pu établir un hôpital pour les pauvres, où une manufacture, ou des casernes pour les troupes. En peu de temps, ce bâtiment devint méconnaissable par l'étonnante indifférence que l'on prit pour sa conservation; on négligea même d'y établir un concierge, ou même d'y loger gratuitement une famille pauvre qui au moins aurait gardé un édifice isolé comme cet hôpital, placé au milieu d'une plaine, et exposé sur une grande route. Les soldats qui étaient en garnison dans la ville, enfoncèrent les portes, y transportèrent leurs parties de jeu et de plaisirs. Bientôt ce lieu devint le rendez-vous journalier des écoliers et d'une jeunesse effrénée, qui s'appropriaient et vendaient pour subvenir à leur amusement tout ce qu'ils pouvaient en détacher, comme tuiles, carreaux, etc. Tous vagabonds et gens sans aveu y trouvaient jour et nuit un asile tranquille et commode pour s'y livrer à la débauche et au libertinage. Enfin les habitants pauvres des faubourgs crurent pouvoir partager avec les étrangers les débris de cette maison. Profitant du délabrement et du triste abandon où ils la voyaient, ils détachaient et emportaient la nuit tout ce qu'ils trouvaient à leur bienséance. Déjà les poutres étaient tombées et la charpente était brisée; la chapelle même dédiée à saint Roch, pour l'usage des pestiférés, à quelques pas de la maison, avait éprouvé le même sort, et la profanation s'était jointe au brigandage.

« Au milieu d'un dégât si général, l'amour de l'or

dre et le zèle du bien public dormaient d'un profond sommeil. Après plus de dix ans de dégradations continuelles, le 3 juillet 1681, on obtint des monitoires qui furent publiés dans toutes les paroisses, contre ceux qui avaient ruiné et abattu la charpente de cette maison, et qui en avaient emporté les tuiles, les briques et les bois, ainsi que contre ceux qui en retenaient les titres et les meubles. Malheureusement la plupart des auteurs du brigandage avaient eu le temps de mourir bien tranquillement après le délit. Les témoins qui pouvaient donner quelques indications restèrent sans langue. Cependant la risible précaution du monitoire servit du moins à conserver quelques débris, quelques restes de matériaux qui furent vendus au profit de l'Hôtel-Dieu, aux dames religieuses de l'abbaye de Saint-Antoine, et employés à clore leur immense jardin.

Depuis ce temps, il n'est plus resté aucuns vestiges de la maison des pestiférés, et il est même impossible d'en désigner au juste l'emplacement.

La ville de Sens a été souvent affligée du terrible fléau de la peste. Dans les premiers siècles de l'ère chrétienne, les habitants croyaient s'en préserver en accrochant des crampons de fer aux murailles dont la cité était environnée, et en y attachant des flambeaux allumés.

LA CHAPELLE DE SAINTE-BÉATE.

Cette antique chapelle située au nord-est de la ville de Sens, près du chemin qui conduit à Saligny, avait été bâtie dans l'emplacement d'un ancien village appelé *Sancy* ou *Sancey*. Vers l'an 875, les habitants de Sens se virent forcés de le détruire. Les barbares qui inondaient alors la France, incommodaient beaucoup la ville de Sens par les courses qu'ils faisaient dans tous les environs. On prit le parti de ruiner et de faire disparaître le village de *Sancy* qui leur servait de point de ralliement. *Sancy* devait son nom à saint *Sanctien* qui y avait été martyrisé vers l'an 276, avec sa sœur *sainte Béate* et saint *Augustin*. Quelques-uns y ajoutent saint *Félix* et saint *Aubert*, et disent que ces saints étaient tous venus d'Espagne avec *sainte Colombe*, et que l'empereur *Aurélien* leur fit souffrir le martyre, à l'exception de *sainte Colombe* qui était fort belle. Il voulut en vain lui faire abandonner sa religion pour épouser son fils ; mais elle résista avec courage et devint victime de son saint dévoûment trois ans après.

Au milieu des maisons qui furent construites dans ce lieu, s'éleva un temple en l'honneur des généreux défenseurs de la foi qui y avaient reçu la sépulture. En détruisant le village, les Sénonais respectèrent cette église qui, avant le 13.e siècle, avait le titre de prieuré de *Saint-Sanctien* et de *Sainte-Béate*. En 1284, sous le pontificat de Gilles ou Gillon Cornut, ce prieuré fut ruiné ou brûlé par une troupe de voleurs ; depuis cet incendie, on n'a conservé qu'une chapelle autour de laquelle il est aisé de reconnaître encore les ruines d'un village détruit. On y remarque surtout un puits qui était à l'usage des habitants, et sur la margelle duquel on voit encore les traces du frottement des cordes de ceux qui venaient y puiser de l'eau. Par la suite, cette chapelle devint l'oratoire de quelques ermites.

Vers le 9.ᵉ siècle, Anségise, archevêque de Sens, leva de terre les corps de *sainte Béate* et de *saint Sanctien*, pour les transférer à Saint-Pierre-le-vif. Cela n'empêcha pas les fidèles de continuer comme auparavant, d'aller en dévotion dans l'endroit où les corps de ces saints martyrs avaient reposé si long-temps.

Il y eut dans les temps anciens une confrérie de *sainte Béate* qui s'est soutenue jusqu'au commencement du 18.ᵉ siècle. On se rendit longtemps à la chapelle avec autant de ferveur que d'affluence ; mais par la suite il arriva que, quoique en allant on se comportât d'une manière très-édifiante, en revenant on tenait une conduite fort scandaleuse. On profita donc du défaut d'entretien et du délabrement de la chapelle pour l'interdire, et faire cesser des scènes qui faisaient grand tort à la religion. On défendit même aux religieux de Saint-Pierre-le-vif de la rétablir. Par la suite on permit aux missionnaires, auxquels on accorda cette chapelle, d'y célébrer la messe ; mais il leur fut expressément défendu d'y admettre aucune confrérie : ils la firent réparer vers l'an 1715.

Nos historiens, au sujet de cette confrérie, rapportent un trait qui prouve que ces pèlerinages n'avaient pas toujours pour but des œuvres pies. Un jeune homme et une jeune fille, qui faisaient partie de cette congrégation, s'étaient rendus fort tard à la chapelle ; ils y furent surpris par la nuit...... Le lendemain, à la pointe du jour, des bergers les trouvèrent tous les deux morts, étendus dans un champ, et serrés étroitement l'un contre l'autre par leurs embrassements...... On ne douta pas, dit la chronique, qu'ils n'eussent été tous deux frappés de mort, dans le moment où ils cherchaient à assouvir leurs coupables désirs. Cette catastrophe arriva vers 1510.

En 1617, deux pères pénitents vinrent s'établir à Sainte-Béate, avec l'agrément de l'abbé de Saint-Pierre-le-vif. En 1619, Jean Duperron le jeune, archevêque, confirma leur établissement dans ce même lieu ; mais le 21 juin 1620, ils obtinrent un arrêt du Parlement qui les autorisa à transférer leur résidence dans le faubourg Saint-Savinien, à Sens, où depuis ils firent bâtir leur monastère.

Par suite des décrets de l'Assemblée constituante, la chapelle de Sainte-Béate fut vendue comme tous les autres biens ecclésiastiques. Un prêtre respectable, M. Varin de la Mare en fit l'acquisition, non pas pour la démolir ou la dénaturer, mais pour la réparer et l'embellir. Il releva de ses faibles mains cette chapelle qui tombait en ruine, bâtit à côté une modeste habitation, et dans cet ermitage agréable, sans cesse protégé par ses vertus et son humilité, après avoir traversé tous les orages de la révolution, il y a terminé paisiblement ses jours, après avoir été toute sa vie un rare modèle de piété et de charité.

A la même époque, par un contraste bien frappant, nous avons vu le prélat qui occupait alors le siége de l'antique métropole des Gaules, se rendre adjudicataire de la célèbre abbaye de Saint-Pierre-le-vif, située à un quart de lieue de la chapelle de Sainte-Béate, détruire de fond en comble l'église et le cloître de ce monastère, et d'une main impie profaner les sépultures et faire disparaître les tombes de trente de ses prédécesseurs qui jusques alors avaient paisiblement reposé sous les voûtes de ce temple imposant; nos contemporains n'auront pas manqué comme nous, d'opposer la conduite irréligieuse du hardi destructeur de Saint-Pierre-le-vif, à celle du modeste chanoine de sa métropole, qui, sous ses yeux, préserva de sa ruine, et releva avec un zèle proportionné à ses faibles moyens la petite église de Sainte-Béate.

LA CHAPELLE DE St-SAUVEUR-DES-VIGNES.

Cette chapelle est située au levant de la ville de Sens, entre la chapelle de Sainte-Béate et la route de Sens à Troyes, au milieu d'un vignoble assez considérable d'où elle aura tiré son surnom.

Elle fut fondée en 813, suivant d'autres en 804, par *Magnus*, archevêque de Sens, de l'agrément de Flodoberg, abbé de Saint-Pierre-le-vif, sur le territoire duquel elle était située. En 1068, ayant été fouillée et détruite par les idolâtres, elle fut restaurée et consacrée de nouveau. Dans les décombres, on trouva, suivant *Clarius*, plusieurs tombeaux qui jusques alors avaient été inconnus; et on lut sur une pierre au bas du marchepied de l'autel, ce fragment..... *a bâti cette église et a été enterré au pied des tombeaux des martyrs*. Cette inscription ne pouvait regarder que *Magnus*. En 1127, cette chapelle fut donnée à l'abbaye de Saint-Jean; les moines en firent démolir tous les vastes bâtiments pour en bâtir leur couvent et rétablir leur église.

Du côté du midi, on lisait autrefois dans cette chapelle une épitaphe fort ancienne, gravée en caractère du 10.e ou 11.e siècle. Elle a été depuis transportée à la cathédrale, et fixée au mur de clôture du chœur, dans le bas-côté méridional.

Nous rapportons ici cette épitaphe, en la faisant suivre de sa traduction :

Morte soporatus juvenum pulcherrimus unus,
Nomine RACULFUS *hic recubat positus.*
Qui patiens, humilis, mitis, castusque suavis,
Præfulgens meritis clericus atque fuit.
Ob animam cujus cuncti rogitate precantes,
Parce, Deus, famulo qui jacet hoc tumulo.

Au bas de cette épitaphe on a ajouté ce qui suit, sur une autre pierre, en caractères modernes :

« Hoc monumentum, ineunte sæculo undecimo, piè di-
» catum memoriæ RACULPHI clerici, hujus ecclesiæ canonici,
» ad venerandæ antiquitatis specimen et canonicæ sanctitatis
» exemplar, à cœmeterio sancti Salvatoris translatum, digno
» decoratum fuit ornatu. A. R. S. M. DCC. LXI. »

TRADUCTION.

« Un jeune homme de la plus grande beauté, nommé
» RAOUL, repose ici dans le sommeil de la mort. Il fut patient,
» humble, doux, chaste et docile ; et fut un clerc très-recom-
» mandable par son mérite. O vous tous, priez pour le repos
» de son âme ; mon Dieu, pardonnez à votre serviteur que
» couvre ce tombeau. »

« Ce monument du commencement du onzième siècle,
» élevé par un pieux motif, à la mémoire du clerc RAOUL,
» chanoine de cette église, a été transporté du cimetière de
» Saint-Sauveur dans cette église, et placé ici avec des orne-
» ments convenables, tant pour conserver cette inscription
» pieuse et d'une vénérable antiquité, que comme un modèle
» de la sainteté canoniale, l'an de Notre-Seigneur 1761. »

Cette chapelle fut donc bâtie, comme nous l'avons dit, par l'archevêque de Sens *Magnus*, grand prélat, fort aimé de Charlemagne; il accompagna même ce monarque dans un voyage qu'il fit à Rome.

Il entoura cette église d'un cimetière, et en fit le lieu de la sépulture des chanoines; plusieurs archevêques y ont même été inhumés, à commencer par *Magnus*, mort en 817. Quelques auteurs ont donné le nom de *Saint* à ce prélat, et le nomment saint *Magnus* ou *Magnon*, saint *Magne* ou saint *Maing*; d'autres l'appellent même saint *Grand*. Pour relever son mérite, déjà bien éclatant, puisqu'il jouissait de la confiance de son prince, et qu'il était regardé comme un des premiers jurisconsultes de son siècle, on a été jusqu'à dire qu'il était cousin-germain de Charlemagne *(Carolus Magnus)*, sans doute à cause de la similitude des noms. Notre savant prélat ne se serait jamais attendu à ce qu'on lui forgeât un jour une telle illustration.

Magnus établit dans le prieuré de Saint-Sauveur des chanoines de Saint-Augustin; c'est pour cela sans doute que par la suite cette chapelle fut donnée à l'abbaye de Saint-Jean-lez-Sens. Dans les temps anciens, les fidèles s'y rendaient en grande affluence, l'une des fêtes de Pâques, avec ferveur et dévotion. Cette cérémonie a dégénéré par la suite en parties de plaisirs; et l'on profanait ce saint lieu en jouant et en buvant sur les tombes antiques des chanoines, qui ne pouvaient plus commander le respect.

Les religieux de Saint-Jean, plus ardents à toucher les revenus de cette chapelle qu'à l'entretenir, mirent en vente les démolitions de l'ancien édifice qui était très-vaste; de ces matériaux a été construite, au bout du faubourg Saint-Didier, une belle habitation, nommée pour cette raison le *petit Saint-Sauveur*.

A la place de l'ancienne chapelle, les religieux de Saint-Jean en firent construire une moins grande, qui a été vendue dans le commencement de la révolution. L'acquéreur la fit aussi démolir, en fit rebâtir une bien plus petite, et fit placer cette inscription au-dessus de la porte :

« Cette chapelle qui tombait en ruine, fut rebâtie en 1791,
» par les soins et aux frais de Nicolas-François JOLLY, mar-
» chand orfèvre à Sens, et propriétaire du terrain.
» Le pourtour de cette ancienne chapelle servait à la sépul-
» ture des archevêques de Sens et des abbés commendataires;
» l'on n'y a pas enterré depuis l'an 891.

» Chrétiens, si vous entrez un jour en ce saint lieu,
» Pour vous et pour JOLLY, songez à prier DIEU.

Cette inscription moderne annonce à tort que depuis 891 l'on n'y a pas enterré. Voici deux épitaphes que l'on y a trouvées et qui prouveront le contraire. La première est d'*Odo*, doyen de Sens, mort vers l'an 1167. L'autre est celle de *Denis*, autre doyen, mort en 1324, le 9 août.

Hic Senon. clarus jacet optimus
  Odo *decanus.*

Ecce Dionisius *Senonis civis....., Decanus....., hujus....., juris utriusque...... Dei gratia parcat ei. Decessit in vigilia beati Laurentii* 1324.

LA CHAPELLE SAINT-AGNAN.

Cette petite chapelle, bâtie sur le haut d'une montagne, au sud-est de la ville de Sens, est sur le territoire de Mâlay-le-vicomte, au-dessus du chemin qui conduit de ce village à Maillot.

Elle a été consacrée à *saint Agnan* ou *Aignan*, célèbre évêque d'Orléans, mort vers l'an 453. Sa fête se célèbre le 17 novembre ; le curé et les habitants de Mâlay s'y rendent avec grande dévotion ce jour-là, et en outre tous les ans, le 17 juin. L'existence de cette chapelle depuis un temps immémorial ; et la grande vénération des habitants de Mâlay pour *saint Agnan*, autorisent, avec beaucoup de fondement, l'opinion de quelques auteurs qui ont dit que ce saint évêque était né à Mâlay-le-vicomte. Léon Trippault, avocat au siége présidial d'Orléans, dans ses *Antiquités de la ville et du duché d'Orléans*, imprimées dans cette même ville, chez Gibier, en 1575, in-8.° ; et chez Boynard, en 1606, in-12, le dit positivement, et la tradition vient encore à l'appui de cette assertion, dans le pays Sénonais. Saint Agnan (*sanctus Anianus*), vivait du temps de saint Germain d'Auxerre et de saint Ambroise, archevêque de Sens. De son temps, Attila exerçait ses ravages en Europe. Rome fut préservée des fureurs de ce barbare et audacieux conquérant par saint Léon-le-grand; Troyes le fut par saint Loup, évêque de cette ville; Paris, par sainte Geneviève; et Orléans, par saint Agnan.

(*Tiré de l'Almanach de Sens de 1824.*)

FIN DES DÉTAILS HISTORIQUES SUR LES MONUMENTS RELIGIEUX.

CHAPITRE XV.

MOTTE DU CIAR.

A un demi-quart de lieue de la ville de Sens, sur la rive gauche de la rivière de Vanne et près de son confluent avec l'Yonne, on remarque une masse informe et assez élevée de ruines et de décombres qui proviennent d'un édifice important qui a existé dans cet endroit.

On donne le nom de *Motte du Ciar* (1) à ces

---

(1) D'autres écrivent *Motte du Ciard, du Siard, du Ciare, du Siarre.* Quelques-uns écrivent *Motte de César*, et d'autres l'appellent *Mont de Cérès*.

vestiges que la tradition désigne pour être ceux d'une ancienne forteresse bâtie par Jules César. La ressemblance des mots *Ciar* et *César* a pu faire naître cette conjecture; mais l'histoire ne nous offrant rien de certain à cet égard, pourquoi attribuerait-on plutôt l'origine de ce monument au vainqueur des Gaules, qu'aux autres empereurs romains qui ont aussi porté le nom de *César*?

D'autres annalistes ont soutenu que cet édifice n'avait jamais été une forteresse, mais plutôt un temple dédié à *Cérès*; ils fondent leur opinion sur ce que le mot *Ciar* paraît rappeler le nom de *Cérès*; sur ce que cette déesse avait un temple à Sens; enfin sur la position de ce même temple dans une plaine très-fertile en grains.

Si l'on en croit quelques autres écrivains, *Raynard*, comte de Sens, possesseur de trésors immenses, fit bâtir et fortifier un château dans ce lieu, pour s'y mettre à l'abri des insultes de ses voisins qui enviaient et sa puissance et ses richesses; et à l'appui de cette opinion, ils citent un acte public du 11 avril 1601 qui porte que *la Motte du Ciar* ou *de César* était autrefois le château des comtes de Sens.

Ces diverses opinions nous paraissent dénuées de vraisemblance. Si ce sont les ruines d'un temple seulement, pourquoi sont-elles entourées d'un mur de circonvallation dont il sera parlé ci-après? Si cet édifice n'a servi que comme forteresse aux Romains, pourquoi dans les décombres a-t-on trouvé des marbres et autres matériaux précieux et des débris de colonnes ? Si l'on doit attribuer son origine au comte Raynard (1), c'est-à-dire dans le 10.ᵉ siècle, lorsque tous les arts étaient dans l'enfance, lorsque les châteaux les plus renommés se bornaient à quatre tourelles et à un pont-levis, peut-on croire qu'il eût construit un édifice présentant encore aujourd'hui un massif de 45 pieds d'élévation, sur 50 toises de diamètre, entouré d'un mur de circonvallation ayant plus de 100 toises de rayon. Un prince avare aurait-il construit un édifice aussi immense, aurait-il fait une dépense aussi prodigieuse, uniquement pour conserver ses trésors ?

Nous croyons toutefois que ces différentes opinions peuvent se concilier ainsi :

Les Sénonais qui adoraient Cérès (ou peut-être une autre divinité), lui bâtirent un temple superbe près des rivières d'Yonne et de Vanne, au milieu d'une campagne fertile. Ils l'enrichirent de plusieurs espèces de marbres et d'autres précieux ornements dont on trouve encore des fragments épars au milieu

---

(1) Il y a eu deux comtes *Raynard* : ceci ne peut s'appliquer qu'au vieux, au même qui fit construire cette grosse tour que l'on voyait, avant la révolution de 1789, près des murs de la ville et de la rivière d'Yonne.

des ruines et dans les environs. Ce temple sera tombé de vétusté, dans un temps où les Sénonais, épuisés par les guerres des Romains qui venaient de les soumettre, n'étaient plus en état de le rétablir dans sa première beauté. Jules César, Julien ou d'autres empereurs s'en seront emparés et en auront fait un fort dans la vue de maîtriser la navigation de la Vanne et de l'Yonne, et de s'assurer d'une ville qu'ils désiraient maintenir sous la domination romaine. Par la suite, dans les guerres des Francs contre les Romains, ce château souffrit plusieurs assauts. Les comtes de Sens s'en emparèrent à leur tour et en réparèrent les fortifications; enfin pendant les guerres civiles, les Sénonais ont achevé de détruire ce monument qui avait déjà si fort souffert du temps et des fureurs de la guerre. Ils craignirent avec raison que dans les mains de leurs ennemis ce fort ne leur devînt préjudiciable. Des pierres de cet édifice, ils rétablirent les murs de leur ville, et c'est pour cela que l'on y remarque encore des fragments de colonnes, et des ornements d'architecture provenant originairement du temple de Cérès.

Vers la fin du siècle dernier, le maréchal de Vauban, passant à Sens, fut engagé à visiter les ruines de ce monument antique. Après les avoir examinées, il déclara qu'à en juger par le genre de construction et la manière dont les pierres étaient liées ensemble, cet édifice ne lui paraissait pas être l'ouvrage des Romains, mais des anciens Gaulois. Cette opinion du maréchal de Vauban ne détruit point la nôtre, car il n'a pas vu la forteresse bâtie par les Romains, mais simplement sa base, ou ses fondations qui étaient celles du temple de *Cérès*, construit antérieurement par les Gaulois. Il ne reste, en effet, aujourd'hui de cet ancien édifice qu'une masse énorme de pierres et de ciment présentant la forme d'un rocher; mais le grand nombre de médailles romaines, de tous les âges, trouvées à diverses époques dans les démolitions, prouve avec évidence que ce lieu a été habité par les Romains.

On ne peut considérer ces ruines qui ne sont plus, à proprement parler, que le *cadavre* d'un monument, sans éprouver ce sentiment de tristesse et de mélancolie qu'inspire naturellement à toute âme sensible, l'aspect d'un lieu fameux où la faux du Temps a exercé ses ravages.

La partie la plus élevée des décombres n'est guères que de 15 pieds au-dessus du sol ordinaire. On y reconnaît difficilement la forme des anciennes fortifications; mais quatre excavations profondes s'y font remarquer et attirent particulièrement l'attention des antiquaires. Leur forme est carrée et leur position à peu près symétrique. Les uns pensent qu'elles servaient de cachots, d'autres qu'elles étaient destinées à contenir des munitions ou des armes, d'autres enfin que le comte Raynard y entassait ses trésors. Ce fut sans doute au fond de ces mêmes excavations, que l'on découvrit ces aqueducs (1) dont Lamartinière parle dans son dictionnaire géographique. Mais ce qui prouve d'une manière indubitable que ces ruines sont celles d'une ancienne forteresse, ce sont les vestiges d'un grand mur de circonvallation qui, à une certaine distance, en défendait l'approche. On en reconnaît au couchant les traces et la direction d'abord sur l'une et l'autre rive de la Vanne qu'il semblait traverser, ensuite dans des terres labourables et des vignes. Au midi, on le retrouve encore ainsi que les restes d'une tour qui semblait y être adossée. Au levant il sert d'encaissement naturel à un chemin qui abou-

―――――――――――――――

(1) On a découvert, en 1790, entre Paron et Gron, les restes d'un ancien aqueduc dirigé vers la *Motte du Ciar*. Il est possible que les Romains qui avaient une grande prédilection pour les eaux des fontaines, aient fait construire à grands frais ce canal, qui paraissait prendre son origine à Collemiers, village élevé, où il y a une source très-abondante. Ce conduit traversait vraisemblablement le lit de la rivière d'Yonne, et venait aboutir aux aqueducs dont il est ici question. Ce sont aussi les Romains, que les entreprises les plus grandes et des dépenses incalculables n'arrêtaient jamais, qui firent construire ce canal qui, de la fontaine de Saint-Philbert à 3 lieues de Sens, amenaient des eaux limpides sur la place Saint-Etienne où existait anciennement un superbe bassin dont nous avons parlé, page 184.

it à un pont de bois jeté sur la Vanne; enfin du côté du nord, le mur est remplacé par cette rivière. Près du pont de bois, on aperçoit les débris d'un pont de pierre dont il ne reste plus que les culées, et vis-à-vis de ce pont, sur la rive droite, on distingue la forme d'une ancienne chaussée qui conduisait à la ville. Lamartinière nous dit encore, ainsi que d'autres historiens sénonais, que Sens s'étendait anciennement fort près de-là.

On se figurera aisément, d'après cette description, combien cette forteresse devait être formidable, et l'on se fera une idée de l'étendue, de la hauteur que devaient avoir ses fortifications et ses tours, si l'on songe que de leurs débris nos ancêtres ont d'abord réparé et relevé leurs murailles, et que depuis ce temps on en a construit un grand nombre d'édifices de la ville de Sens, notamment l'ancien monastère de Saint-Paul, l'hôpital général, les moulins ci-devant du Roi, et l'ancien grand séminaire.

Un historien du 16.e siècle nous rapporte un trait singulier de crédulité et de superstition, au sujet de la *Motte du Ciar.* « Le peuple sénonais, dit-il, s'imaginait alors que l'effigie du seigneur et de la dame de ce château, ainsi que de ses enfants, était en masse d'or enfouie sous les ruines avec d'autres richesses et trésors, et que la nuit on apercevait toujours quelque chose de brillant rejuire au milieu des décombres. Mais, ajoute-t-il, toutes les tentatives qui ont été faites pour les découvrir ont été infructueuses : la dureté de la pierre semblable au roc s'est toujours opposée à des fouilles tant soit peu profondes. »

Nous désirons que les détails (1) dans lesquels nous venons d'entrer au sujet de la *Motte du Ciar*, déterminent ceux de nos concitoyens qui seraient possesseurs de médailles trouvées dans les démolitions de cet édifice, à se réunir pour les comparer et les vérifier ensemble. Cet examen pourrait surtout les conduire à constater avec plus de précision la dernière époque à laquelle cette place a cessé d'être occupée par les Romains.

Nous ne terminerons pas cet article sans raconter à nos lecteurs une anecdote qui s'y lie naturellement, et dont on nous garantit l'authenticité. Elle prouvera que la science des médailles et des antiquités a ses manies comme l'amour des vers ou toute autre passion.

Vers l'année 1790 environ, un antiquaire de Sens s'était mis en tête d'étudier la position, l'origine et les différentes destinations de la *Motte du Ciar*, il s'y rendait tous les jours, et tous les jours il en rapportait ses poches remplies de morceaux de mar-

⸻

(1) Ces détails sont puisés dans plusieurs manuscrits, dans Moréri, Lamartinière, etc.

bre, d'albâtre, de porphyre et de quelques médailles. Vers la même époque, un particulier, pionnier de son état, entreprit de démolir pour son compte une partie des fondations de cet édifice, espérant trouver une indemnité de ses peines dans la vente des matériaux qu'il en arracherait. Notre savant en est instruit; il croit y voir un moyen d'accélérer ses découvertes, et se hâte de faire connaissance avec *Pérollet* (c'était le nom de l'ouvrier). Celui-ci découvre en effet quelques médailles, et s'attachant plutôt au métal qu'à l'effigie qui y es empreinte, il ne fait pas difficulté de les échanger avec notre antiquaire contre des pièces d'un même poids et d'une même valeur intrinsèque. Les affaires de notre amateur allaient bien, lorsqu'une découverte mille fois plus heureuse vint mettre le comble à sa joie. Il se promenait un jour en l'absence de *Pérollet*, sur les parties nouvellement démolies, et parcourait d'un œil avide le progrès des fouilles. Il trouve une médaille; puis une seconde; sa curiosité s'accroît. Il ne rougit pas de remuer lui-même et de bouleverser les pierres récemment détachées. Il aperçoit un morceau de fer qu'il tire avec peine à lui. O bonheur! c'est un instrument antique, de 3 pieds de longueur, s'élargissant à l'une de ses extrémités, et présentant à peu près la forme d'une cuiller. Il tressaille de joie, l'emporte en le cachant sous son manteau, et dès le soir même, c'est un des plus beaux ornements de son cabinet. Bientôt ses amis en sont instruits. On court examiner l'instrument antique, on s'épuise en conjectures sur son usage. Mais notre antiquaire a décidé que ce devait être la *cuiller à pot de Jules César.* Il ne lui donne plus d'autre nom, il force tous ses amis de céder à ses arguments; il ne rêve, il ne parle plus que de la *cuiller à pot de Jules César.* Un matin, Pérollet entre chez lui. Notre amateur d'aller à sa rencontre avec empressement. — Monsieur, lui dit Pérollet d'un air attristé, n'auriez-vous point trouvé mon *évidoir* dans une de vos promenades à la Motte du Ciar? — Comment, votre évidoir? — Oui, Monsieur, l'espèce de houlette qui me sert à vider les trous que je creuse pour faire jouer la mine; mais la voilà, continua-t-il, en apercevant la prétendue *cuiller à pot de Jules César*, suspendue dans le cabinet de l'amateur. Il est difficile d'exprimer si notre homme fut plus chagrin que confus; mais il fallut prendre son parti, et rendre à Pérollet sa houlette.

N. B. Quelques auteurs ont confondu la *Motte du Ciar* avec la *prison de César*, en latin *carcer Cæsaris*. Nous avons parlé ci-devant, page 134, de ce dernier monument qui est bien différent de l'autre.

(*Tiré de l'Almanach de Sens, an* IV, 1796.)

CHAPITRE XVI.

MASSOLAC.

La position de ce lieu désigné dans les anciennes chroniques, dans nos annales et dans certaines chartes authentiques comme un palais des Rois de la première race, est restée longtemps inconnue à nos historiens. Dom Michel Germain, dans son catalogue *des palais de nos Rois*, et dom Ruinart, dans ses notes sur Frédégaire, ont déclaré ignorer la vraie situation du *Massolac* (1). Dom Mabillon a assuré qu'il était dans le voisinage de Sens, et Adr. Valois, écrivant contre dom Germain, l'a au contraire trop rapproché de Paris. Mais l'infatigable abbé Lebeuf a retrouvé ce fameux *Massolac* dans *Maslay-le-Roi*, village à une lieue de Sens, sur la rivière de Vanne.

C'est à Massolac que se retiraient souvent les Rois de la première race, soit pour y tenir leurs états, soit pour y prendre quelques décisions éclatantes, soit enfin pour y jouir du divertissement de

(1) En latin *Masolacum*, ou *Massolacum*, *Mansolacum*, *Masolagum*, *Mansolagum*.

la chasse, la forêt d'Otho, autrefois beaucoup plus étendue, en étant fort voisine.

En 613, Clotaire II fit comparaître au château de Massolac, *Aléthée*, patrice de Bourgogne, qui avait conspiré contre lui. L'accusé n'ayant pu se justifier des crimes qu'on lui imputait, fut condamné à périr par le glaive.

En 637, les seigneurs de Bourgogne et de Neustrie s'y assemblèrent après la mort de Dagobert I, pour proclamer roi Clovis II, son fils.

C'est de ce même lieu qualifié *Curtis Dominica* (cour Souveraine), qu'est daté un privilége qu'*Emmon*, archevêque de Sens, donna au monastère de Saint-Pierre-le-vif, l'an 657. Suivant cet acte, Clotaire III y vint la 3.º année de son règne; il s'y trouva encore cinq ans après, suivant un autre diplôme cité par Mabillon.

Il ne reste plus aucuns vestiges de ce palais, qu'on présume avoir été détruit par les Sarrasins ; mais le nom en est toujours resté aux deux villages contigus, dont l'un s'appelle *Malay-le-Roi*, et l'autre *Malay-le-vicomte*. (Vulgairement *Malay-le-petit* et *Malay-le-grand*.)

La terminaison du mot *Maslay* rappelle celle du latin *acum* ou *iacum*, et nous en citerons plusieurs autres exemples, Seignelay, *Seligniacum* ; Mahnay, près d'Auxerre, *Mannacum* ; Aunay, *Abundiacum* ; Bray, *Braiacum*, et Lorray, *Loriacum*.

Dès le 10.e siècle, Maslay était aliéné en partie. Une Hermangarde en était dame. Depuis ce temps, la terre fut partagée en deux. Il y eut *Masliacus major* et *Masliacus minor* (Maslay-le-grand, et Maslay-le-petit); et au 13.e siècle, on disait *Maslcium Regis* et *Maslcium Vice-comitis* (Maslay-le-Roy et Maslay-le-vicomte); ainsi l'on voit que le mot de *Massolac* a souffert de grandes et fréquentes altérations: il y a plus, les titres français du 14.e siècle écrivent *Maalay*, ce qui paraîtrait au premier coup d'œil s'éloigner encore de l'étymologie en question, si le second *a* remplaçant ici l's comme dans beaucoup d'autres mots, n'annonçait pas que la première syllabe devait être longue.

Maslay-le-Roy, que l'on présume avoir été l'ancien *Massolac*, est aujourd'hui le moins considérable des deux Maslay, aussi lui donne-t-on le nom de *petit*. Maslay-le-vicomte au contraire, ou *Maslay-le-grand*, est un bourg assez peuplé, qui paraît avoir été davantage autrefois. A considérer sa position bien plus riante, bien plus pittoresque que celle de l'autre Maslay, la fertilité de la plaine et des prairies qui l'avoisinent, les restes des fortes murailles qui l'entouraient et ses fossés profonds, arrosés par les eaux de la Vanne qui en forme une véritable île, on serait tenté de croire que le *Massocum* y était plutôt bâti qu'à Maslay-le-Roi. On croit même reconnaître dans la structure antique de l'église, et dans les ruines des murailles qui environnaient le bourg, les matériaux et les débris de l'ancien Massolac.

En 1317, Philippe-le-Long céda la mouvance de la terre de *Malay* dont *Theil* dépendait, à Jean, comte de Joigny, pour avoir celle de Château-Régnard, qui appartenait auparavant aux comtes de Joigny. Depuis ce temps, la châtellenie de *Malay* a toujours relevé de ces comtes.

Philippe-le-Bel, et Jean Thibault, héritier de Marie, comtesse de Sancerre, avaient échangé la châtellenie de *Malay*, et toutes ses dépendances, contre le comté d'Angoulême. Cet échange fut ratifié au mois d'août 1318, par Philippe-le-Long, en faveur de Thibault et de Louis de Sancerre.

La partie la plus considérable de la terre aura pris naturellement le surnom de Maslay-le-vicomte, et l'autre moins importante aura toujours conservé son ancien nom de Maslay-le-Roi.

Voyez *Recueil de divers écrits pour servir d'éclaircissement à l'Histoire de France, par Lebeuf, Paris, 1738, deux vol. in-12 ; — Mercure de France, janvier 1725 et février 1730 ; — Moreri et Lamartinière ; — Histoire de France, par Velly, in-12 ; — Description de la France, par Piganiol de la Force*, etc.

(Tiré de l'*Almanach de Sens, an IV-1796*.)

CHAPITRE XVII.

THEIL.

ANCIEN PALAIS DES ROIS DE FRANCE.

Le nom de *Theil* que porte ce village a donné lieu à plusieurs étymologistes de faire des recherches que nous allons proposer à nos lecteurs. On a cru que ce lieu tirait son nom du grand nombre de *tilleuls* qui y étaient plantés. Les Latins appelaient *tiliacum*, *tiliolum* et *tiliata*, les plantations de tilleuls; *Tillia*, nom latin de *Theil*, a quelque analogie avec ces mots. Pezron prétend que *Teil*, chez les Celtes, signifiait fumier, et il fait remarquer que *Tylos* en grec a le même sens. Enfin, le célèbre Huet, évêque d'Avranches, fait venir *Theil* ou *Teil*, nom très-commun en Normandie, de l'allemand *Deale*, que les Normands prononcent Delle, et qui signifie pareillement en anglais, *portion*, *partie*. On serait tenté d'adopter cette dernière idée, lorsque l'on songe que *Theil*, ancienne maison royale, paraît n'avoir été qu'une *portion* ou *dépendance* de *Massolac*, cet autre palais beaucoup plus important des Rois de la première race, dont nous venons de parler, et qui était très-près de celui de Theil.

On ne doit pas regarder comme indifférents dans la géographie, les lieux où nos Rois se retiraient quelquefois pour y prendre le divertissement de la chasse, ou pour y tenir leurs états, ou bien enfin pour se soustraire au tumulte orageux des Cours.

Lebeuf a donc eu raison de tirer de l'obscurité l'ancien palais de *Theil*, où, si l'on en croit Odoran, chap. 20.°, la reine Constance se retira vers l'an 1017, avec son fils Hugues, encore très-jeune, pendant le voyage du roi Robert à Rome : *Factum est dum quodam tempore Robertus rex Romam peteret, ut Constantia regina, una cum filio Hugone parvulo, Tillo remaneret.* Dom Michel Germain a omis ce lieu dans son catalogue des palais de nos Rois.

Quelque temps après, la terre appartint à un seul seigneur qui, ayant eu huit enfants, en fit le partage entre eux de son vivant ; ce qui est cause qu'en 1789, elle était encore divisée en sept ou huit portions. Malay-le-Roi, dont la châtellenie portait le nom, est le plus petit des sept villages qui la composent, et le siège du bailliage, qui y était fixé dans l'origine, fut transféré à *Theil*, en 1540. Tout ce ressort était donc un territoire royal ; et le nom de *Villiers-Louis*, qui en faisait partie, vient encore à l'appui. Les huit prévôtés qui, suivant une charte de 1318, ressortissaient à ce bailliage, sont : 1.° celle de Pont-sur-Vanne ; 2.° celle de Noé ; 3.° celle de Mâlay-le-Roi ; 4.° celle de Palteau, hameau du village d'Armeau ; 5.° celle de Villiers-Louis ; 6.° celle de Vaumort ; 7.° celle de la Potence, au village de Villechétive ; 8.° enfin, celle de Maurepas, aux Bordes, annexe de Dixmont.

Il serait aussi difficile de retrouver aujourd'hui les ruines du palais de la reine Constance de Provence, à *Theil*, que de découvrir l'emplacement d'un ancien monastère de religieuses prémontrées, qui a existé également dans ce village. Ce couvent fut primitivement établi à Dilo, vers l'an 1145, fort près de l'abbaye de religieux du même ordre. Ces religieuses furent transférées par la suite à *Theil*, en un lieu appelé *Fosse-more*, où elles ne subsistèrent pas longtemps, ainsi que toutes les autres religieuses de cet ordre. *Postea in locum dictum de Fossâ-morâ, in vico de Teil translatæ, demùm, cum cæteris ordinis monialibus, prorsùs evanuerunt* (Galli christiana.) Sur la commune de Theil se trouve aujourd'hui un moulin appelé de *Fosse-more* ; était-ce là que subsistait jadis

Ce chœur où résonnaient les cantiques pieux ?

Ces religieuses avaient eu pour fondatrice une fille pieuse appelée *Isavie*, fille de Pierre *Skain*, de Vareilles.

De même que le palais de la reine Constance et le monastère de *Fosse-more*, l'ancien palais de

Massolac a aussi totalement disparu du territoire de Malay; on ne pourrait point, de nos jours, assigner leur emplacement. Cependant Nicole Gilles, Belleforest et Chappuis, ont cité les ruines d'un retranchement fait par les Anglais à Malay, au 14.e siècle; ne serait-ce pas plutôt des vestiges de l'ancien Massolac, dont ils auraient voulu parler, ou d'un fort occupé par les troupes du roi Henri I.ᵉʳ, lorsqu'elles campèrent à Malay en 1033.

(Tiré de l'Almanach de Sens, année 1808.)

CHAPITRE XVIII.

RECHERCHES

HISTORIQUES ET ANECDOTIQUES

Sur les Murailles de la ville de Sens

ET SUR SES BOULEVARDS ET PROMENADES.

La ville de Sens a été, pendant plusieurs siècles, entourée d'eau de tous côtés; elle avait la rivière d'Yonne au couchant, celle de Vanne au midi, et différents bras de cette dernière baignaient encore ses murs, au nord et au levant. Cette même rivière de Vanne se subdivise en outre en une infinité de canaux qui arrosent et fertilisent les potagers, dans la partie méridionale de ses faubourgs, et qui font en outre monvoir ses fabriques et ses usines.

Avant 1348, la ville de Sens n'était point environnée de fossés; au mois de septembre de cette année, Charles, dauphin et régent du royaume, pendant la captivité de son père, pour mettre la place de Sens à couvert des incursions des Anglais, répandus alors dans toute la France, ordonna aux habitants de ceindre leur ville de fossés. Pour obéir aux intentions du prince, les Senonais furent obligés de faire tous les sacrifices que le salut de l'État exigeait. Il fallut abattre le couvent de Saint-Remy, qui était près de la porte de ce nom, l'église de *Notre-Dame du Charnier*, près de la porte qui en a retenu le nom, le couvent des Dominicains ou Jacobins qui était entre les portes de Saint-Didier et de Saint-Antoine, dans l'emplacement où est aujourd'hui la salle de spectacle, celui des Cordeliers qui était près de la porte de Saint-Hilaire, et plusieurs autres édifices considérables. La ville fit planter sur le bord de ces fossés des arbres qui lui appartinrent par la suite, ainsi que le poisson de ces mêmes fossés dont elle adjugeait la pêche, de temps à autre.

En 1358, ces fossés furent achevés entièrement; mais le 13 avril 1369, le roi Charles V ordonna de supprimer les dos d'âne qu'on avait formés au milieu de ces fossés, et de n'en faire qu'un seul. Les corvées furent faites par les habitants de la ville et ceux des villages à cinq lieues à la ronde. Le 7 novembre 1473, le gouverneur de la province ordonna le curage de ces mêmes fossés, et de plus la réparation des remparts de la ville. Ces travaux furent faits par corvées; les habitants de la ville et ceux des villages à dix lieues à la ronde y furent employés. Le 6 novembre 1512, autre ordonnance rendue par Louis XII, pour le curage et l'agrandissement des mêmes fossés; les corvées furent faites par les Sénonais et les villageois à quatre lieues à la ronde.

Nous voyons dans un de nos annalistes qu'en 1408, la ville passa un bail du poisson des fossés, depuis la porte S.-Remy jusqu'à la porte d'Yonne, et de cette dernière à la porte Saint-Didier, moyennant 17 fr. pour les six années; et que l'on adjugea également, pour le même espace de temps, et moyennant 20 sous par an, la pêche des fossés, depuis la porte Saint-Remy jusqu'à celle de Notre-Dame.

Au commencement du 18.⁰ siècle, la ville de Sens était encore environnée de fossés profonds et marécageux, et de buttes de terre formées dans le temps des guerres, pour la défense de la ville. L'abord en était peu agréable; la plupart des portes étaient masquées par des bastions; la ville paraissait donc bâtie au milieu d'une crapaudière, ce qui sans doute fit donner alors à ses habitants le sobriquet de *crapauds*.

Après avoir parlé en général des anciens remparts et fossés de la ville, nous allons successivement faire connaître les embellissements qu'ils ont subis, et les événements qui les concernent.

PROMENADES.

Les promenades qui entourent la ville sont au nord, en tournant du levant au couchant : 1.° Le *Mail*, 2.° l'*Esplanade*, 3.° la *Promenade Saint-Didier*, 4.° le *Clos-le-Roi* ; et du couchant au levant, 5.° la *Promenade Saint-Remi*, 6.° la *Promenade Saint-Hilaire*, ou *Cours Bourrienne*, 7.° et le *Jeu de Paume*.

1.° *Le Mail.* — En 1369, Charles V ordonna de supprimer, comme nous l'avons dit, tous les dos-d'âne qui existaient au milieu des fossés qui environnaient la ville ; mais dans la seule partie qui va de la porte Saint-Antoine à la porte Notre-Dame, on ne put exécuter les intentions du Roi, parce que, disent les mémoires du temps, *les deniers du Comte manquèrent*. On aplanit depuis ce dos-d'âne et l'on en fit une belle promenade.

En creusant ces fossés, on trouva des restes anciens canaux en ciment, qui sans doute conduisaient l'eau à des bains qui existaient près du Clos-le-Roi, et dont nous aurons bientôt occasion de parler, ou bien à des moulins situés à l'entrée du faubourg Saint-Antoine, ou dans le clos des Jacobins (près de la salle de spectacle).

« Cette promenade a été plantée en marronniers, pendant l'hiver de 1719 à 1720 ; la partie qui est du côté de la porte Notre-Dame l'a été en sycomores.

Près de la partie orientale de ces fossés, il y avait un ancien monastère appelé *Notre-Dame-du-Charnier* ; ce surnom lui venait d'un grand cimetière où l'on enterrait la plus grande partie des habitants de la ville. Ce couvent fut brûlé en 872 par les Normands ; ayant été reconstruit, il fut détruit une seconde fois par le comte Raynard-le-vieux, vers l'an 998. L'archevêque Richer le fit rebâtir, et y fit venir des Bénédictins de la Charité-sur-Loire, mais en 1180, il fut incendié, la veille de Saint-Gervais, et totalement détruit pour la troisième fois. Enfin, pour la quatrième, sa ruine totale arriva, lors de la confection des fossés de la ville, vers l'an 1358. Cependant quelques bâtiments qui n'étaient pas dans l'alignement des fossés, n'ayant point été renversés, il y a eu pendant quelque temps encore, et notamment en 1396, deux religieux qui venaient participer aux distributions fondées par François de Chanteprime, à Saint-Hilaire.

« En 1568, à cause des larcins qui se commettaient par les habitants voisins du Charnier, on fit abattre leurs maisons, et d'autres dans la Coquesalle, pour le même motif. Il ne reste plus aucuns vestiges de ce monastère dont à peine on pourrait désigner la place. Une ruelle dite du *Charnier* en a seule conservé le nom ; vers les derniers temps, il n'y avait plus qu'un prieur et un sacristain de l'ordre de Cluny, qui jouissaient des revenus.

Outre ce Charnier, il y en avait encore deux autres, celui de Saint-Antoine et celui de Saint-Didier.

Dans les murs de ville qui longent la promenade du Mail, on remarque une petite porte qui communique aux bâtiments du collége. C'est par cette porte que le vendredi 11 février 1814, les Wurtembergeois s'introduisirent dans la ville de Sens. Dès le dimanche 30 janvier précédent, les Cosaques qui avaient investi la ville, en avaient déjà tenté une première attaque. Le vendredi 4 février, ils en tentèrent vainement une seconde. Le général Allix qui défendait la ville, avait fait murer les portes et toutes les issues, et l'ennemi avait cherché inutilement à les enfoncer à coups de canon. Le 10 février, le corps du prince de Wurtemberg commença une troisième attaque ; il s'était réuni en avant du faubourg Notre-Dame. Déjà il avait désespéré de prendre la ville par un coup de main ; il avait cherché en vain à l'incendier et n'avait pu y parvenir. Il lui eût été bien difficile de s'emparer de

Sens par la force, et peut-être même y aurait-il renoncé, n'en ayant point reçu l'ordre, si un homme (1) indigne du nom de Français ne fût venu lui faire connaître un passage qu'ils crurent facile : la petite porte du Collége. Bientôt les ennemis l'enfoncent, mais ils sont arrêtés par un mur construit depuis peu de jours; ils viennent à bout de le démolir, et arrivent dans la cour du Collége, où il leur fallut encore enfoncer une autre porte et forcer une grille en fer derrière lesquelles s'était retranchée la garnison. On connaît les suites funestes de cette journée si malheureuse pour la ville de Sens.

Un professeur (2) composa le quatrain suivant qu'il destina à être placé au-dessus de cette porte :

Ore fremens, Senonas hæc irruit hostis in urbem;
Vestibus et nummis Phœbi spoliavit alumnos;
Occidit miserum crudeliter ense magistrum,
Omnia vastavit..... scelerata vocabere porta.

Le prince royal de Wurtemberg, voulant donner une décoration à tous ceux qui avaient contribué à la prise de la ville de Sens, fit frapper une petite médaille en argent, représentant d'un côté une victoire, tenant une épée de la main droite et de la gau-

(1) L'opinion publique a accusé de cette félonie le nommé Antoine-Jean-Baptiste *Deline* dit *Larose*, qui est mort le 18 mai 1824, âgé de 41 ans; depuis 1814, il portait le surnom de *Larose le Cosaque*.

(2) M.r *Bardin*.

che une couronne, avec cette légende : *Gott seguete die vereinigen heere.* (Dieu protége les puissances alliées.) On lit au revers : *Bei Sens Durch den Kronprinzen von Wurtemberg. D. 24 mars 1814.* (Près de Sens, par ordre du prince royal de Wurtemberg, 24 mars 1814.) La date de cette médaille est celle de son émission.

2.° *L'Esplanade.* — Sur le bord des fossés qui défendaient autrefois la ville de ce côté, il y avait une promenade appelée le *vieux Mail*. Ces fossés ne furent entièrement comblés qu'en 1758, par ordre de M. Bertier de Sauvigny, intendant de Paris, et par les soins de M. Sallot père, maire de Sens à cette époque. Il y avait alors 400 n   'ils avaient été creusés d'après les ordonnances du roi Charles V. Pour remplir ces fossés, on ravala les terres des jardins voisins; et l'on détruisit l'ancien cimetière de l'Hôtel-Dieu (qui était au couchant du terrain où est actuellement la salle de spectacle.) Le nouveau cimetière fut reporté plus au nord de la promenade; on y reposa la porte qui était à l'ancien; et l'on y conserva au-dessus une inscription que l'on y lisait alors et qui a disparu, lors de la translation de ce cimetière, en 1803. Voici cette inscription telle qu'elle était gravée, au-dessous d'une tête de mort :

Le pauvre en sa cabane, où le chaume le couvre,
  Est sujet à ses lois,
Et la garde qui veille aux barrières du Louvre,
  N'en défend pas nos Rois (1).
                                    MALHERBE.

Mr de Luynes, alors archevêque de Sens, et les gouverneurs de l'Hôtel-Dieu n'avaient accordé la permission de prendre les terres de l'ancien cimetière, qu'à condition que le maire et les échevins feraient exhumer les corps pour les reporter dans le nouveau, ce qui eut lieu le 28 février 1756, après un service solennel dans la chapelle de l'Hôtel-Dieu, auquel assistèrent MM.^{rs} les gouverneurs et autres notables de la ville. On vit, à la même époque, le domestique d'un vertueux chanoine (Mr Mouflé, mort 22 ans auparavant, le 15 mars 1733), recueillir avec soin la tête et les ossements de son ancien maître, qui, par son testament avait désiré être enterré dans ce *cimetière des pauvres* et au pied de la croix; il plaça ces tristes dépouilles dans une bière de bois qu'il avait fait faire exprès, et les enveloppa d'une nappe blanche; il les fit replacer dans le nouveau cimetière, au pied de la

---

(1) En 1793, les mots *Louvre* et *Rois* qui terminent les 3.e et 4.e vers choquèrent d'ignorants démocrates qui se donnèrent la peine de les effacer, plutôt que de conserver en entier cette belle maxime d'égalité.

même croix que l'on y avait fait reposer ; et un chanoine de Notre-Dame de Sens fit la translation du corps de ce chanoine, avec les prières et suivant le rite accoutumé.

En 1794, il se passa des événements d'un autre genre. Le 23 mars, le corps de monseigneur le *Dauphin*, et celui de madame la *Dauphine*, furent exhumés du caveau où ils reposaient au milieu du chœur de la cathédrale, et portés dans le grand cimetière commun (1). Ce n'est que le 8 décembre 1814, qu'ils ont été réexhumés, et replacés avec une grande pompe, à la cathédrale, dans le lieu de leur première sépulture.

Deux jours après, le 25 mars 1794, les révolutionnaires firent aussi l'exhumation des corps de monseigneur le cardinal *de Luynes* et de M.^r le maréchal *du Muy*, et les portèrent également dans le même cimetière. Ces corps y sont restés depuis, sans que leurs héritiers, qui ont été engagés plusieurs fois à en faire faire la translation, aient jamais pris aucune détermination à cet égard. Combien doit gé-

---

(1) C'est le même cimetière de l'Hôtel-Dieu dont nous venons de parler, et dont la ville se servait depuis la translation de cet hôpital à l'abbaye de Saint-Jean, faubourg Notre-Dame ; il ne fut abandonné que lorsque l'on fit l'acquisition d'un grand terrain, ruelle des Ursulines, dont Mr *de Formanoir*, curé de Saint-Étienne, fit la bénédiction, et où l'on commença à enterrer, pour la première fois, le 13 août 1803.

mir la grande ombre de monseigneur le Cardinal *de Luynes*, de l'abandon prolongé, et de l'état d'abjection où reposent aujourd'hui ses tristes dépouilles! Ce n'est pas dans le *cimetière des pauvres* que doit rester inhumé celui qui fut à la fois un éminentissime et révérendissime cardinal, archevêque-vicomte de Sens, primat des Gaules et de Germanie, abbé comte de Corbie, commandeur de l'ordre du Saint-Esprit, président du bureau des communautés religieuses, l'un des quarante de l'Académie française, membre honoraire de l'Académie des Sciences, etc. »

Quant à Mr du Muy, il avait toujours désiré être inhumé aux pieds du Dauphin dont il avait été le mentor, et qui l'avait toujours chéri comme un ami tendre et vertueux. Sur sa tombe placée à quelques distances au-dessous du mausolée du prince, on lisait ces mots : *huc usque luctus meus*, ma douleur m'a conduit jusqu'ici. Lorsqu'en 1794, le corps de monseigneur le Dauphin fut transporté dans le cimetière commun, peu de jours après, on y transféra également, comme nous l'avons dit plus haut, celui de son fidèle mentor, qui semblait ne devoir jamais s'en éloigner, et l'on aurait dû en même temps y replacer la pierre tumulaire où étaient gravés ces mots : *huc usque luctus meus*, ma douleur m'a conduit jusqu'ici. En décembre 1814, les corps du Dauphin et de la Dauphine ont été replacés dans la cathédrale, et celui de M.' du Muy a été oublié (1); mais si leurs dépouilles mortelles se trouvent aujourd'hui séparées, leurs âmes généreuses sont réunies dans le séjour éternel.

Le Dauphin avait toujours eu la plus tendre affection pour le maréchal du Muy, dont la sagesse et la prudence consommées avaient également su lui inspirer la plus grande confiance. Le prince ayant un jour trouvé par hasard le livre de prières de M.' du Muy, y écrivit cette oraison : *Mon Dieu, protégez votre fidèle serviteur du Muy, afin que si vous m'obligez à porter le pesant fardeau de la Couronne, il puisse me soutenir par ses vertus, ses conseils et ses exemples.*

Louis XV ayant voulu le faire entrer dans le ministère, il refusa parce qu'il aurait fallu se prêter aux vœux de certaines personnes dont il ne voulait

---

(1) L'un des descendants de M.' *du Muy*, pair de France, passant par Sens en 1820, a visité la cathédrale; on lui fit remarquer la tombe du plus illustre de ses ancêtres, posée sur un caveau maintenant vide. Après qu'on lui eût donné les détails que nous venons de faire connaître sur l'exhumation du maréchal, on l'engagea à faire quelques sacrifices pour le faire réintégrer dans le lieu de sa première sépulture; il se contenta de faire faire pour lui une copie du portrait de M.' *du Muy*, que l'on conserve dans la salle du Chapitre. Il est mort depuis, en laissant une fortune immense à un petit-neveu, et il a oublié entièrement ce qu'il devait à la mémoire du vertueux maréchal, dont il portait le nom.

pas être le complaisant. Il écrivait à ce prince :
« Sire, je n'ai jamais eu l'honneur de vivre dans la
» société particulière de Votre Majesté ; par consé-
» quent, je n'ai jamais été dans le cas de me plier
» à beaucoup d'usages... A mon âge, on ne change
» guère sa manière de vivre..... Je prie Votre Ma-
» jesté de choisir un sujet plus capable que moi »
Cette lettre, dont le ton est si différent de celui des
courtisans, loin de déplaire au Monarque, lui inspira une plus forte estime pour celui qui l'avait
écrite. Il fut nommé plus tard ministre de la guerre
(en 1774), et est mort le 10 octobre 1775, dix
ans après monseigneur le Dauphin.

Les *du Muy*, dont le nom est *Félix*, sont origi-
naires du Piémont. Leur devise était : *Felices fue-
rant fideles* (les Félix furent fidèles.) ; ils ont ensuite ajouté à leur nom celui d'une terre en Provence, appelée *Le Muy*.

Mr de Sacy a peint au naturel M.^r le maréchal
du Muy, dans les vers suivants :

Sincère dans les Cours, austère dans les camps,
Stoïque sans humeur, généreux sans faiblesse,
Le mérite à ses yeux fut la seule noblesse.
Sous le joug du devoir, il fit plier les grands,
Et bravant leur crédit, mais payant leurs blessures,
Juste dans ses refus, juste dans ses présents,
Il obtint leur estime, en bravant leurs murmures.
Placé près d'un grand prince, objet de nos regrets,
Il fut et le censeur et l'ami de son maître,
Il n'eut point de flatteurs et ne voulut point l'être.

Aux deux extrémités de l'Esplanade, se trouvent deux portes, celle de *Saint-Antoine* au levant, et celle de *Saint-Didier* au couchant. On appelait aussi celle de *Saint-Antoine*, *porte du Cloître* ou *porte des Chanoines*, parce que ceux-ci la gardaient en temps de guerre, ce qui a cessé depuis que M.ʳ de Gondrin, archevêque de Sens, obtint un arrêt qui les en dispensa à l'avenir. Cette porte était précédée d'un double fossé, de deux terrasses, d'un corps-de-garde et de quelques murailles au bas. Il y avait à côté un escalier en pierre pour monter dans les chambres qui étaient au-dessus, et où se tenait la garde. Vis-à-vis de cette porte, à l'entrée du faubourg, il y en avait une autre, appelée *porte Feu-Galon*, dont nous avons parlé ci-devant, page 249.

La *porte Saint-Didier* qui était à l'autre bout de la promenade, était défendue par un pont-levis et un fossé à fond de cuve; il y avait aussi un escalier en pierre pour monter au corps-de-garde établi au-dessus. Toutes les fortifications qui masquaient cette porte disparurent en 1755, lorsque l'on combla les fossés pour faire l'Esplanade. En 1752, le maire et les échevins présentèrent une requête à l'Intendant, à l'effet de démolir la porte de S.ᵗ-Didier et la fontaine de l'Esplanade; M.ʳˢ du Chapitre, du Présidial et de l'Élection s'opposèrent à cette requête, et le 3 mars 1755, l'Intendant rendit une ordonnance portant que cette porte serait conservée, ainsi que la fontaine, vu son utilité pour la ville et les villages. Au-dessous de cette fontaine était un lavoir auquel on tenait beaucoup, parce que l'eau n'en gelait jamais ; lorsqu'on parla de combler l'une et l'autre, tout le quartier se mit en rumeur, et les servantes de Mrs du Cloître ne furent pas celles qui firent le moins de bruit. Ce lavoir déparait beaucoup l'Esplanade, mais l'archevêque, pour contrarier le maire, en raison d'anciennes querelles, se mit à la tête du parti qui demandait sa conservation, et obtint un succès complet. On la surnomma la *fontaine de Luynes*, et Mr Pelée de Chenouteau, conseiller au bailliage de Sens, fit imprimer une allégorie intitulée : *Le triomphe de Biblis ou le rétablissement de la fontaine de Luynes*, huit pages in-4.° Il y chante et les avantages de la fontaine et les bienfaits du prélat ; il y dépeint aussi de la manière suivante les travaux des lavandières :

Les nymphes Bocagères,
Les nymphes Potagères,
Viennent avant le lever du soleil,
Avec un nombreux appareil.

Chacune en décente attitude,
Humblement à genoux, aux pieds de ses grandeurs,
Lui rend grâces de ses faveurs.

Et les nymphes d'ancienne et nouvelle fabrique,
    Gémissantes sous le fardeau,
    De mainte affaire trop publique,
Produisent le matin les pièces au bureau.
    Ici j'y vois une main virginale,
    Qui plonge dans une eau lustrale,
    Enseignes, voiles et drapeaux,
    Et les consacre aux déesses des eaux.
    Là, j'aperçois une naïade
Qui jette adroitement sur une palissade,
Ses drapeaux honorés des bienfaits de *Biblis*,
    Plus blancs que l'albâtre et les lis ;
    Afin que la reconnaissance,
    Egale la munificence,
En étalant aux yeux de l'univers,
    Au bruit des voix et des concerts,
    Ses voiles blancs comme la neige.
Autour de la déesse est un nombreux cortège,
De nymphes dont les voix s'élèvent jusqu'aux cieux,
    Et qui d'un ton mélodieux
    Chantent en mesure et cadence.

On prétend que cette fontaine dont nos ancêtres ont joui si longtemps, fut découverte sous le règne de Charles V, dans le temps que l'on creusa les fossés de la ville. Elle fut entièrement supprimée et comblée en 1810, après avoir plus de 60 ans décoré l'Esplanade. Cette belle promenade a encore été gâtée dans une autre circonstance. En 1783, on décida d'y faire passer la grande route de Paris à Lyon ; précédemment elle traversait les rues des Porcelets, de l'Ecrivain et de Saint-Didier ; mais un incendie considérable qui eut lieu dans la rue Dauphine, en 1776, et qui fit reconstruire, dans un alignement convenable, plus d'une vingtaine de maisons, donna l'idée d'y faire passer la grande route, d'ouvrir une nouvelle porte de ville sur l'Esplanade, de couper cette promenade, et de traverser un grand enclos appelé le Clos des Jacobins, situé entre le bâtiment actuel de la Comédie et le faubourg Saint-Antoine. Si cette route a l'inconvénient de couper d'une manière désagréable, en deux parties inégales, et par une chaussée bien plus élevée, la belle promenade de l'Esplanade; si elle a en outre le désavantage de troubler les marchés de la grande place, par le passage continuel des voitures et des chevaux, les habitants en sont bien dédommagés sous d'autres rapports, car elle embellit et vivifie la partie la plus belle et la plus commerçante de la ville.

Dans le *vieux Clos des Jacobins*, dont nous venons de faire mention, il y avait anciennement une chapelle de Saint-Louis qui fut détruite en 1374. De ses débris on construisit, près du pont d'Yonne une tour pour défendre deux moulins que l'on projetait d'y bâtir, et dont nous avons parlé ci-devant, page 264.

Lorsqu'en mai 1755, on commença à enlever les terres du Clos des Jacobins, où était autrefois la chapelle de Saint-Louis, et plus anciennement le couvent de ces moines, on fouilla sous les murs de l'ancienne église, et à quatre pieds de profondeur, on trouva un *tombeau construit en maçonnerie* sur les quatre faces, et dans lequel était un cadavre. Des découvertes de ce genre ne sont pas sans exemples, et prouvent que les tombeaux en maçonnerie ont été en usage dans plusieurs lieux.

Dans cet enclos passait un bras de la Vanne nommé le *ru de Monderet* ou de *Mondereau*, lequel y faisait tourner un moulin qui, en 1289, appartenait aux chanoines de Saint-Pierre de la cathédrale. En 1686, en travaillant dans les fossés près du même enclos, on découvrit un souterrain très-bien voûté, qui est, sans doute, le même dont nous avons parlé plus haut, et dont on a aussi trouvé des vestiges près du Clos-le-Roi.

Vis-à-vis de l'ancien cimetière, on remarquait dans les murs de ville le cintre et la forme d'une ancienne poterne qui était ouverte anciennement; elle a porté différents noms, savoir : celui de 1.° *poterne de Saint-Benoît*, parce qu'elle était près d'une église paroissiale dédiée à ce Saint; 2.° *porte des Bénédictins*, parce que Eudes, roi de France, accorda aux Bénédictins de Sainte-Colombe, en 891, la permission d'entrer dans la ville par cette porte; 3.° enfin *poterne aux Poissons*, parce que ces moines y passaient, dit-on, pour aller au *Marché aux poissons*. C'est par cette poterne que les religieux de S.ᵗᵉ

Colombe entraient dans la ville pour se retirer dans leur *hôtel* qui était situé rue de Laurencin (où est aujourd'hui la maison de M.ᵐᵉ veuve Chandenier), et notamment dans le temps des guerres. On appelait ces maisons *hôtels des Abbés*. Les moines de S.t-Pierre-le-Vif avaient le leur, Grande-rue, à l'hôtel des Tournelles (c'est aujourd'hui le grand séminaire). Les religieux de Saint-Remy se retiraient également toutes les fois que les ennemis faisaient des incursions autour de la ville, dans leur hôtel, rue des Trois-Rois; enfin les chanoines réguliers de Saint-Jean venaient se réfugier dans une maison, rue de la Parcheminerie, vis-à-vis de celle de Montpezat.

Les moines de S.te-Colombe, lorsqu'ils venaient à Sens, avaient coutume d'enfiler une petite ruelle qui les conduisait presque directement à la *poterne aux Poissons*. Cette petite ruelle nommée aujourd'hui *ruelle à Jolly*, se nommait anciennement *ruelle Bordeau*, parce que, suivant un ancien mémoire, c'était par-là que ces moines venaient s'esbahir dans la ville. (On remarquera qu'alors la nouvelle route n'existait pas.) Cette poterne a été détruite depuis quelques années.

3.º *Promenade Saint-Didier*. En 1513, le duc de Guise fit faire un boulevard sur le bord des fossés de la ville, depuis la porte Saint-Didier jusqu'à la porte d'Yonne. On trouva alors sous ce boulevard des parties de ce même souterrain que l'on avait déjà découvert dans les fouilles des fossés du Mail et de ceux de l'Esplanade. En 1549, au mois de septembre, en travaillant aux mêmes fossés, on trouva près de l'église Saint-Didier une pierre sculptée, d'un pied de large sur un pied et demi de long, sur laquelle étaient représentées deux figures ; l'une était un Mercure tenant un caducée de la main gauche, et l'autre, une déesse vêtue, ayant sur sa tête un croissant, et tenant dans sa main droite une corne d'abondance.

Au mois d'avril 1791, lorsque M.^r le marquis de Chambonas, alors maire de Sens, s'occupait de faire combler les fossés de Saint-Didier, et de faire faire la plantation de la nouvelle promenade qui devait embellir cette partie de nos boulevards, les ouvriers trouvèrent à trente toises environ des murs de la ville, à une distance à peu près égale de la rivière d'Yonne, et à cinq pieds de profondeur, une chambre pavée en mosaïque, et dans les terres qui la couvraient, quantité de corniches en marbre blanc d'un très-gros grain. On présuma alors avec raison, que cette chambre était une salle de bains le pavé était formé de petites pierres à peu près cubiques de quatre à cinq lignes, blanches, jaunes, rouges ou noires. Les blanches et les jaunes paraissaient être de pierre calcaire, et les rouges étaient de poterie. On trouva encore dans les mêmes fouilles des médailles depuis Jules César jusqu'à Julien, des lampes en cuivre, des bras d'une statue de bronze, des feuilles de couronnes de laurier en or, et enfin une petite figure en bronze de trois pouces de haut, représentant un voyageur tenant de la main droite une sonnette d'argent, portant sur sa tête un chapeau à grandes ailes appelé *petasus*, et levant un pied en l'air. On crut d'abord que c'était un Mercure (1), mais comme ce dieu est toujours représenté avec son caducée, ses ailes et ses talonnières, et jamais avec une sonnette, on a pensé, avec plus de raison, que cette figure était plutôt celle d'un de ces messagers ou courriers appelés en latin *tabellarii*, auxquels on donnait ordinairement l'attribut du *petasus*. Du reste, on lit dans Martial qu'il y avait près des salles de bains des hommes qui sonnaient pour annoncer au peuple les heures auxquelles l'entrée en était ouverte.

Près de cette mosaïque, on a découvert en outre des vestiges de ce même conduit souterrain dont nous avons déjà parlé.

« Au sujet de la découverte de cette mosaïque et de cette antique salle de bains, nous ferons connaître ici une anecdote (2) qui a quelque ana

---

(1) Cette figure est conservée aujourd'hui à Paris, dans le cabinet de M.r *Quatremère de Quincy*.
(2) Cette anecdote n'a pas été insérée dans l'Alman. de 1826.

logie avec celle que nous avons rapportée ci-devant, page 340, article de la *Motte du Ciar*.

« Tous les mouvements de terre, pour déblayer cette mosaïque, faisaient découvrir souvent des fragments antiques, ou quelques médailles peu intéressantes. Un très-savant bibliographe, M.¹ François-Xavier *Laire* (1), qui demeurait alors à Sens, suivait assidûment ces travaux, et recueillait soigneusement les antiquités, parce qu'il avait le goût de cette science, et y était assez habile. Quelques-uns de ses amis imaginèrent de lui jouer un tour. On se procura quelques ferrailles, quelques vieux cuivres qui après avoir séjourné un jour ou deux dans du vinaigre, furent enfouis la nuit au lieu même où l'on démembrait la mosaïque. Dès le lendemain, ils furent découverts sous les yeux mêmes de l'antiquaire qui s'en empara, en payant bien les ouvriers, comme il faisait toujours. Grand sujet d'étude pour lui, conjectures de toutes sortes, mais le morceau qui le charmait le plus, et sur lequel il n'eut pas de doute, était une prétendue lampe antique qu'on savait très-bien n'être que la tête d'un coq de clocher. Le tube grossier qui avait figuré le bec de l'oiseau fut reconnu pour un porte-mèche, et une espèce d'œil, indiqué à coups de

---

(1) M.¹ *Laire*, ancien minime, est mort bibliothécaire du département à Auxerre, le 27 mars 1801, âgé de 62 ans.

poinçon par le chaudronnier, marquait assez bien la destination du vase; Voilà donc une belle dissertation commencée au sujet de cette pièce curieuse, et la dissertation n'eût pas tardé à voir le jour, par la voie de l'impression, et à passer peut-être dans les collections académiques, si l'on n'eût pensé qu'il ne fallait pas pousser plus loin la plaisanterie. On dessilla donc les yeux de notre antiquaire trop zélé. Il fut d'abord sur le point de se fâcher; mais comme il avait un très-bon esprit et beaucoup de gaîté, il prit le parti d'en rire avec ses amis. »

Il y a quelques années, on a aussi trouvé un autre souterrain très-bien voûté en pierres de taille; il se prolongeait en forme d'arc dont les deux extrémités venaient toucher les murs de ville, à droite et à gauche de la porte Saint-Didier. Ce conduit paraissait destiné à servir d'aqueduc; il était rempli d'eau en grande partie dans toute sa longueur; on l'a parcouru au moyen d'un petit batelet, et l'on a remarqué, de distance en distance, soit à droite soit à gauche, des cintres de portes plus ou moins élevées, dont la plupart avaient été condamnées, et qui sans doute étaient des embranchements de ce même conduit.

D'autres souterrains bien voûtés ont encore été trouvés à diverses époques, dans les fouilles qui ont été faites, soit pour creuser les fossés de la ville, soit pour les combler. Sous l'Esplanade, il en existait un, dit-on, qui venait de la plaine, et se rendait sous les murs de ville, à l'église de S.-Benoît; les moines de Sainte-Colombe s'en servaient pour se réfugier dans leur hôtel situé près de là, quand les ennemis désolaient les dehors de Sens. On a aussi prétendu qu'un autre souterrain se dirigeait également sous les murs de ville, depuis la Grosse-Tour, jusque dans la plaine, et que ce conduit servait aux comtes de Sens, pour faire des sorties, et pour leur usage particulier.

En sortant de la porte S.-Didier, il y avait autrefois un pont qui traversait les fossés. Il avait été bâti en 1551, en pierres de taille, par les soins de Rolland-le-Hongre et Claude Biart, marchands et échevins de cette ville. Il fut rebâti en 1642, par Baptiste Driot, avocat et receveur des deniers communaux. Ce pont semblait se diriger de la porte Saint-Didier à l'église de ce nom. Le ruisseau qui sortait de la ville se partageait en deux à l'entrée du pont, et les eaux se déchargeaient de chaque côté par des gorges dans les fossés profonds qui défendaient la ville de ce côté. Ce pont fut totalement détruit en 1753, lors de la confection de la promenade de l'Esplanade.

4° *Promenade du Clos-le-Roi.* — Elle est l'extrémité de celle de Saint-Didier, et tirait son nom d'un clos de vignes environné de haies, et qui appartenait à nos Rois vers l'an 1220. L'abbé Velly dit qu'autrefois nos Rois buvaient à leurs tables les seuls vins qu'ils recueillaient dans leurs vignobles. Les vins de Sens et de Paron étaient anciennement très-estimés, et Henri IV en faisait beaucoup de cas.

Le ru de Mondereau qui traversait anciennement le Mail et l'Esplanade, passait aussi près du Clos-le-Roi; on voit, dans nos annales, qu'alors il y avait près de là, une *rue des Tanneries*; ces usines ne pouvaient être mises en activité que par ce canal.

En 1716, cette promenade fut plantée en beaux ormes; et peu de temps après on les arracha, parce qu'il fut question d'y construire des casernes; on replanta alors ces arbres sur l'ados des fossés du Mail. Mais le projet des casernes ayant été abandonné, on replanta en 1722, sur le Clos-le-Roi, de beaux ormes qu'on fit venir de Vitry. Ils ont été vendus et abattus en 1790 et 1791, et de leur produit on a construit le port qui va depuis cette promenade jusqu'au pont d'Yonne. En 1374, on avait redressé et réparé, sans doute pour la navigation, les chaussées depuis le Clos-le-Roi jusqu'au Moulin-d'en-bas.

Le 2 septembre 1624, il se passa sur cette promenade, qui servait alors de lieu de réunion et de divertissement pour la jeunesse sénonaise, une scène tragique qui donna lieu à un procès, et pour lequel un factum a été imprimé en faveur des demandeurs. Nous en extrairons le passage suivant, en conservant le style naïf du narrateur.

« Marguerite *Gibier*, jeune demoiselle à marier
» (fille de demoiselle Bénigne Delaporte, veuve de
» feu M.ʳ Claude *Gibier*, seigneur de Serbois,
» conseiller et avocat du Roi au bailliage de Sens),
» se promenait sur le Clos-le-Roi, en compagnie
» de jeunes femmes et filles qui se récréaient à
» danser, lorsque Anthoine Legrand, accompagné
» de Charles Legrand, son frère, et de Nicolas
» Guyon, armés chacun d'un poignard en leur po-
» che, s'y trouvèrent, et après avoir bu, par tous
» trois, une bouteille de vin en ladite place, ledit
» Anthoine s'approcha de la danse, présenta la
» main à ladite Marguerite, qui s'excusa sur les
» fréquentes prières que sa mère et son frère (maître
» Anthoine *Gibier*, qui avait succédé à son père
» dans les places et qualifications ci-dessus détail-
» lées) lui avaient faites de se désister de cette suite et
» recherche affectée. Elle se retire de la danse pour
» n'empêcher la compagnie. La femme dudit *Gibier*
» fit l'honneur audit Legrand de lui présenter la
» main pour danser, excusant sa sœur sur l'obéis-
» sance aux défenses de sa mère ; il refuse..... Il
» fait cesser la récréation de la compagnie, et excite
» une rumeur scandaleuse.....

» Ledit Gibier qui se promenait avec une autre
» compagnie en a avis ; il s'approche, remontre
» doucement audit Legrand que plusieurs fois il l'a
» prié de se désister de sa sœur.... Abruptement
» ledit Legrand répliqua audit Gibier, que *par la
» mort Dieu il valait bien sa sœur*, et de suite, lui,
» son frère et ledit Guyon se jettent sur ledit Gibier,
» le mettent par terre, lui donnent cinq coups de
» poignard, dont il en a eu un dans la gorge, et
» trois en la face dont l'un dans l'œil droit qu'il
» perdit tout à fait.... Ledit Guyon fut saisi sur-le-
» champ, les autres prirent la fuite. »

Un jugement survint qui leur appliqua les peines réservées aux assassinats, guets-apens, diffamations, etc.

5.º *Promenade Saint-Remy.* — A l'extrémité occidentale de cette promenade, entre les murs de ville et la rivière d'Yonne, on construisit, en 1502, un bastion nommé *cavalier*, qui, dans cet endroit où il n'y avait pas de fossés, servait à empêcher les ennemis d'approcher des murailles et de la porte d'Yonne, de même que la Grosse-Tour servait à garantir la ville de toute attaque sur le point opposé.

Cette promenade tire son nom d'une abbaye de Bénédictins, fondée en 805 du temps de Charlemagne ; elle porta quelque temps le nom de *Saint-*

Robert, avant d'être dédiée à *saint Remy*. Ce monastère a éprouvé de grands revers, et s'est relevé plusieurs fois de ses ruines ; en rappelant en peu de mots les catastrophes sous lesquelles il a succombé, nous ferons connaître de grands désastres qui ont aussi affligé la ville et tous les environs.

En 834, le monastère de Saint-Remy fut détruit une première fois par les Sarrasins et les Visigoths, du temps de saint Ebbon, archevêque de Sens. Il l'a été une seconde fois par les Normands vers l'an 886, sous le pontificat de l'archevêque Evrard ; à l'approche de ces farouches guerriers, les religieux se retirèrent dans leur hôtel situé rue des Trois-Rois, avec leurs reliques et leur trésor. Du haut de leurs murailles les Sénonais virent avec douleur ce monastère devenir entièrement la proie des flammes. Henri I.er, roi de France, ruina ce couvent pour la 6.e fois en 1054. Son but avait été de faire recevoir Gelduin, comme successeur de Léothérie sur le siége de Sens, tandis que Eudes, comte de Champagne, qui, après la mort de Raynard, s'était mis en possession du comté de Sens, prétendait au contraire faire installer Maynard ; les deux princes firent leur paix ; *Gelduin* fut installé, mais ayant été déposé en 1049, *Maynard* lui succéda par la suite. En 1358, pour la quatrième fois, ce monastère fut encore renversé, à cause des fossés que l'on fut obligé de faire pour défendre la ville ; enfin, la cinquième fois, le couvent de Saint-Remy fut ruiné entièrement en 1567, par les Calvinistes. Depuis cette époque, il ne s'est pas relevé de ses ruines. Une chapelle qui avait été bâtie dans l'emplacement de cet ancien monastère en 1644, et dont Octave de Bellegarde posa la première pierre, fut vendue et démolie, à l'époque de la révolution.

Après la première destruction en 834, ce monastère avait été transféré à Varcilles, à 4 lieues de Sens. Vers l'an 915, il fut rebâti et rétabli à Sens, par l'abbé Bruno. En 1054, l'abbé Odo le fit relever une seconde fois sur ses ruines; enfin en 1584, cette abbaye fut réformée et unie à celle de Saint-Pierre-le-vif-lez-Sens.

Le monastère de Saint-Remy occupait autrefois le terrain où sont aujourd'hui la maison de M.' Cornisset l'aîné, et les jardins adjacents. Lorsque l'on y fait quelques fouilles profondes, on y découvre communément des restes de constructions, des tombeaux, des ossements humains, etc. En 1812, on trouva dans le jardin du sieur *Benoît*, une grande tombe sur laquelle était gravée la figure d'un abbé de ce couvent, avec ses attributs. On lisait au-dessus de sa tête : WILLMS ABBAS HIC JACET, et autour ces quatre vers léonins :

Hunc Deus emunda, pereat ne morte secunda.
Huic in jucundâ cœli, Deus, æde locum da.
Jura tuendo fuit stabilis, licet esset in œvi
Flore suo; tenuit hæc loca sorte brevi.

Cet usage de faire rimer les vers et même les hémistiches était fort en usage à cette époque et depuis; la coutume s'en est même introduite dans les hymnes et les proses de l'église; on croyait flatter les oreilles en les frappant plusieurs fois des mêmes sons. Nous ne devons pas critiquer la rime dans les vers latins, puisque nous l'avons adoptée nous-mêmes dans la poésie française; aussi Voltaire a-t-il dit :

La *rime* est nécessaire à nos jargons nouveaux ;
Enfant demi-formé des Normands et des Goths,
Elle flatte l'oreille; et souvent la césure
Plaît, je ne sais comment, en rompant la mesure.

En 1790 et 1791, on combla toute cette partie des fossés depuis la porte Dauphine jusqu'à la rivière, et l'on y fit de belles plantations. On doit tous ces embellissements à M.^r le marquis de Chambonas, alors maire de la ville.

Près de la porte Saint-Remy étaient les cimetières de Saint-Pierre-le-rond et de Saint-Romain, qui avaient été bénits en 1702; ils ont été détruits, lors de la confection des nouvelles promenades en 1791.

Après la tragique affaire des Loges, commune de Vaudeurs, on éleva sur cette promenade près de la porte Dauphine, un petit monument à la mémoire des six malheureuses victimes de cet événement; on y grava leurs noms et ceux de vingt-trois personnes qui y furent blessées. Au bas, on lisait ce distique :

« Généreux citoyens, qui ne vous porte envie ?
» Même au sein de la mort vous retrouvez la vie. »

Cette journée malheureuse eut lieu le 19 juin 1794. Les trois frères *Chaperon* furent investis et brûlés vifs dans leur maison; leur sœur et leur domestique furent conduits à Paris, et condamnés à mort par le tribunal révolutionnaire, comme complices d'une rébellion à main armée contre les autorités; une servante qui avait aussi été arrêtée fut acquittée.

Ce monument avait été construit avec les débris des tombeaux des Duprat, des Duperron et des Sallazar, archevêques de Sens; mais tout cède au torrent des révolutions. Les monuments de ces grands prélats ont à peine duré deux ou trois siècles; celui qui fut élevé pour éterniser l'affaire des Loges a subsisté à peine l'espace de six ou sept ans; il n'en reste pas le moindre vestige.

6.° *Promenade de Saint-Hilaire* ou *Cours Bourrienne, depuis la porte Dauphine jusqu'à la porte Formeau.* — Près de la porte Dauphine, un riche Sénonais nommé Garnier-Dupré, gentilhomme et seigneur de Granchettes, Noslon, la Chapelle feu-

Païen (la Chapelle-Champigny), Rupcouvert, etc., fonda vers l'an 1208, un hôpital pour y héberger et nourrir les pauvres malades pèlerins ; il fit aussi construire un cimetière et une chapelle en l'honneur de Dieu et de saint Jacques ; et il fit en faveur de cet hôpital une donation de tous ses biens et de vignes et de prés qu'il possédait sur le territoire d'Auxerre. On appela cet hospice *la Maison pour les pèlerins* ou *la Maison-Dieu*. Lorsque l'on creusa les fossés de la ville, en 1358, cet édifice fut détruit ; lors de la démolition, on trouva dans un pilier, quantité de pièces d'or *qui y avaient été cachées, pour la réédification de cet hôpital, en cas de ruine*. Le bruit de la découverte de ce trésor fit arriver bientôt à Sens Jean de Châlons, gouverneur de Brie et de Champagne ; il s'en saisit, et annonça que la somme serait employée aux affaires urgentes du Roi. L'hôtel-Dieu obtint pour indemnité, après beaucoup de réclamations, la concession du Poids du Roi dont il a toujours joui jusqu'à la révolution. Dans l'emplacement de ce même hôpital, on bâtit une petite chapelle de Saint-Jacques qui fut démolie par la suite.

Après la destruction de cet édifice, l'établissement fut transféré rue du Cheval-rouge, dans un emplacement situé entre l'église de Saint-Pierre-le-rond, et une grande maison où est la Mairie en 1838. Cette *Maison-Dieu*, réédifiée par les aumônes des fidèles, en l'honneur de la Madeleine, devint par la suite insuffisante, et fut réunie en 1544 au grand Hôtel-Dieu situé sur la grande place, en face de la cathédrale. Le cardinal de Bourbon, vers le même temps, unit aussi au grand Hôtel-Dieu le prieuré de *Saint-Antoine* de Sens, faubourg du même nom, avec tous ses revenus. C'est dans l'emplacement de ce prieuré qui a donné son nom au faubourg, que fut transférée en 1629, une célèbre abbaye de Bénédictines, qui avait été fondée par Héloïse, abbesse du Paraclet, en 1151, à la Pommeraie, paroisse de la Chapelle-sur-Oreuse, à trois lieues de Sens.

La *Maison-Dieu* de la rue du Cheval-rouge, abandonnée dès l'année 1544, ne fut démolie qu'en 1677 ; partie de ses matériaux servirent à clore le cimetière du grand Hôtel-Dieu (autrefois sur l'Esplanade) ; les gouverneurs de l'Hôtel-Dieu vendirent ensuite l'emplacement de cet hôpital à M. Vezon, lieutenant-général du bailliage, propriétaire de la maison voisine, côté du nord. Après la fameuse bataille de Rocroy, en 1646, on avait envoyé 500 prisonniers espagnols dans la ville de Sens ; on en renferma un grand nombre dans cette *Maison-Dieu* qui était alors vacante ; d'autres furent mis dans des caves, mais quelque temps après, on les occupa aux réparations de la rue de Chèvre.

L'hôtel-Dieu, place Saint-Étienne, outre la réunion du prieuré de Saint-Antoine, obtint encore du Roi, et grâces au zèle de Mr *de la Hoguette*, archevêque, la maladrerie du Popelain dont s'étaient emparés les chevaliers de Saint-Lazare, celle de Véron, et celle de Béon qui fut ôtée aux Jésuites. Mr *de Chavigny*, en 1721, fit encore accorder par le Régent, à cet établissement de bienfaisance, dix minots de sel à prendre tous les ans dans les greniers à sel de la ville. Cette maison fut réparée à grands frais en 1683.

Par une bulle de Martin IV, vers l'an 1281, on voit qu'il y avait à Sens le *grand* et le *petit Hôtel-Dieu*, et que ce pontife les prit alors sous sa protection. En 1396, des frères et des sœurs prenaient soin des malades; par la suite des religieuses restèrent seules.

L'administration de l'*Hôtel-Dieu* date du mois d'avril 1533, suivant une sentence du bailliage. Cette maison, dont la fondation se perd dans la nuit des temps, possédait, il y a plus de mille ans, suivant des baux qui étaient conservés dans les archives, une ferme située à Villeroy, appelée la *Maison-Dieu*, et composée de 300 arpents de terre et de 150 arpents de bois.

(Tiré de *l'Almanach de Sens*, de 1826.)

7.° *Jeu de Paume.* — L'espace des promenades compris entre la Porte-Formeau et la porte Notre-

Dame a été disposé pour servir de Jeu de paume. D'immenses travaux de terrasse ont été exécutés à grands frais, pour faire disparaître et combler les fossés qui existaient auparavant dans cette partie des boulevards.

On voyait précédemment en cet endroit un calvaire, où, depuis l'année 1741, existait une *croix dite de la Mission*. Cette croix rappelle un événement célèbre dans les fastes ecclésiastiques de notre ville.

C'est le 12 mars 1741 que commencèrent à Sens les prédications du fameux père *Bridaine*, l'un des plus éloquents missionnaires qui aient illustré la chaire française. Mr *Languet*, archevêque de Sens, le Chapitre, et les autres prêtres et religieux de la ville, se rendaient exactement aux exercices, et une foule immense remplissait tous les jours la cathédrale. Des cantiques étaient chantés de tous côtés; et certes, il fallait que *Bridaine* fût bien puissant, pour mettre ainsi toute une ville en mouvement. Pour lui, la chaire était un trône où il exerçait, dans toute son étendue, une tyrannie honorable...... Il ne voulut pas quitter les Sénonais sans leur laisser un signe qui rappelât le souvenir de sa Mission. Il annonça en chaire qu'il planterait une *Croix* hors de la ville, et il engagea tous ses auditeurs à aller travailler de leurs mains, sur le lieu destiné à recevoir cette Croix. Ce fut dans l'emplacement où est aujourd'hui le Jeu de paume, que la croix fut plantée et près de l'aqueduc; un chemin en forme de dos-d'âne, c'est-à-dire pratiqué entre deux fossés, y conduisait et commençait près de la porte Notre-Dame. Pour former ce chemin, au milieu du grand fossé de la ville, toute la population se mit à l'ouvrage; plus de deux mille personnes y travaillaient constamment avec pioches, crochets, pelles et brouettes. Hommes et femmes, de tout âge, de tout rang et de toute profession, électrisés par les prédications du zélé missionnaire, s'y rendaient dès le matin, et se faisaient gloire de mettre la main à l'œuvre; l'archevêque, les ecclésiastiques donnèrent eux-mêmes l'exemple, et l'on remarqua au milieu des travailleurs jusqu'à des enfants de 3 à 4 ans qui portaient de la terre dans de petits paniers. Le terrain ainsi préparé et aplani, la croix y fut plantée avec la plus grande solennité, et elle y est restée jusqu'à la révolution de 1789. Dix ans après, les fossés furent comblés, le terrain nivelé, et le Jeu de paume y fut établi tel qu'il existe aujourd'hui.

(Article inédit.)

CHAPITRE XIX.

SUITE

DES RECHERCHES

SUR LES MURAILLES DE LA VILLE DE SENS, LES PORTES DE VILLE, LES TOURS OU TOURELLES.

La ville de Sens est entourée de vieilles murailles qui lui donnent un aspect gothique; ces remparts, conservés et réparés dans les siècles féodaux, deviennent un objet d'intérêt pour l'observateur. Il est peu de villes, et l'auteur de la *Description routière et géographique de la France* assure même qu'il n'en est point dans le royaume, qui offre d'aussi beaux restes de remparts antiques. Il est à regretter que depuis quelques années la démolition nous en enlève de temps en temps de belles parties. Nous pensons que nos lecteurs liront avec intérêt les détails dans lesquels nous allons entrer, au sujet de l'origine de ces murailles.

On remarque que ces murs sont fondés sur des pierres énormes, de quatre à cinq pieds de long et de deux à trois pieds d'épaisseur; c'était là ce genre de construction que les anciens appelaient avec raison *opus cyclopæum*. Au-dessus, il y a un corps de maçonnerie d'environ deux toises de haut, dont le parement est formé de petits pavés carrés de quatre à cinq pouces, séparés de distance en distance par trois rangées de briques. Ces cordons de briques, qui formaient une triple ceinture autour de toute la ville, étaient, dit-on, anciennement dorés, et de-là le nom d'*Orbandelle* (bande d'or), que l'on prétend avoir été porté par la ville de Sens. Nous ferons observer ici que Châlons-sur-Saône se nommait à peu près de même ; son nom d'*Orbandalle* lui venait également de *trois cercles de briques dorées dont les murailles de la ville étaient bandées comme d'une ceinture.* Cet ouvrage est dû aux Sarrasins, si l'on s'en rapporte aux historiens de Châlons ou à la tradition du lieu. (1)

---

(1) On voyait à Mâlay-le-vicomte, près des moulins, une partie de murailles antiques, d'une construction semblable à celle des murs de Sens. Ce mur est désigné dans une ancienne charte conservée dans le pays, sous le nom de *murus Saracenorum*, ce qui vient à l'appui de l'opinion des habitants de Châlons qui regardent leurs murailles comme ayant été bâties par les Sarrasins. Cependant ces peuples n'ont fait leur première irruption dans les Gaules qu'au milieu du 8.e siècle, et les murs de la ville de Sens passent pour être bien plus anciens, d'après le sentiment de la plupart des antiquaires qui les ont observés. Le mur des Sarrasins, à Mâlay, a été entièrement détruit depuis quelques années. Son parement était formé de rangs de briques et de petits pavés, comme les murs de Sens.

Entre ces trois rangs de briques, il y avait des crampons de fer, où l'on dit qu'on attachait des lumières, tout autour de la ville, dans les temps de peste; d'autres ont prétendu que l'or était si commun dans l'ancienne *Orbandelle*, qu'elle était environnée d'une chaîne d'or massive, soutenue à ces crampons en forme de ceinture. Mais au milieu de tant de fables il est bien difficile de saisir le vrai.

Nous ne devons pas non plus oublier de parler de ces signes de croix que saint Savinien, premier archevêque de Sens, imprima, vers l'an 240, avec son doigt sur les grosses pierres de ces murs, comme sur la cire molle, pour en chasser les démons. Le cordelier *Nicolas de Lyra*, mort en 1340, et *Bureteau*, historien sénonais, qui écrivait en 1520, ont assuré les avoir vus, sans doute avec les yeux de la foi.

Il est évident que ces murailles et ces tours ont été bâties postérieurement à la conquête des Gaules par les Romains; car la démolition de plus de douze cents villes gauloises, ayant été ordonnée par Jules César, afin de contenir les peuples qu'il avait subjugués, on doit croire que Sens qui lui avait fait une résistance si longue et si opiniâtre, ne dut pas être épargné. Mais ces murs ont dû être rebâtis quelque temps après; car Julien l'Apostat, en 356, s'y défendit vigoureusement contre les Allemands, et les força enfin d'en lever le siège. Il y a tout lieu de croire que les murs actuels subsistent depuis cet empereur, ou sont peut-être plus anciens que lui d'un siècle. Ils datent de l'établissement du christianisme dans cette ville. Il est même constant qu'ils n'ont été construits qu'avec des matériaux provenant des démolitions des anciens temples païens. Ces pierres énormes portent même la plupart sur la face intérieure des inscriptions romaines, des débris de figures et de divinités du paganisme, des fragments de colonnes et de chapiteaux, etc. Ces murs ont donc été bâtis primitivement d'une manière uniforme, ainsi que les tours; et toutes les parties qui ne portent pas les trois cordons de briques et qui ne reposent pas sur des assises de pierres énormes, ont été relevées postérieurement et sont modernes. L'abbé Lebeuf a remarqué que dans beaucoup d'autres villes, les fondations des murailles ont été contruites également de débris de monuments du paganisme; et il en fixe l'époque au 4.e ou 5.e siècle, ce qui, suivant nous, est trop retardé, du moins pour ce qui regarde la ville de Sens.

Ces murs offrent des particularités qui ont frappé les curieux. Leur construction en petits pavés, taillés très-régulièrement en pierres de taille et non en grès, ressemble à celle d'un petit amphithéâtre qui existe à Chenevière, paroisse de Montbouy, près de Montargis. On remarque également à Trèves plusieurs *propugnacula* ou forteresses composées de petites pierres taillées avec la même régularité.

Dans les murs de Sens, on trouve trois arcades du même appareil que celles des Thermes de Trèves ; ce sont de pleins-cintres avec des bandes de briques qui dessinent les archivoltes. Les claveaux sont composés d'une pierre et de deux briques posées alternativement. Une autre arcade fait voir sous l'archivolte des lozanges comme celles qui se remarquent aux aqueducs de Saint-Just et de Chaponost à Lyon. (1)

Du côté de la porte Formeau, on remarque une brèche considérable qui fut faite lors du siége de Sens par Henri IV, le 14 mars 1590. Après la bataille d'Ivry, ce prince avait résolu de réduire cette ville à son obéissance. Il la battit avec neuf gros canons qui firent deux brèches assez profondes. Le sieur *de Chanvallon*, sage et prudent gouverneur de la ville, capitula avec le Roi, à l'insu des habitants. Il considérait que Sens n'était pas une ville de

---

(1) Les trois arcades dont nous parlons ici, et qui anciennement pourraient bien avoir été des poternes, étaient situées l'une près de la porte Formeau ; la seconde, non loin de la terrasse du jardin du Collége ; et la troisième, sur l'Esplanade, et toutes les trois à la proximité d'une tourelle. Il ne reste plus aujourd'hui que celle qui est près de la porte Formeau, côté du midi.

guerre, et qu'elle était sans secours, enfin que la victoire remportée à Ivry, avait déjà entraîné la reddition de plusieurs villes importantes. Mais le peuple sénonais s'obstina à ne point se rendre, et témoigna hautement qu'il aimerait mieux mourir que de se soumettre à un prince qui ne professait pas la religion des rois de France. Le gouverneur fut obligé de se conformer à la résolution des habitants. Les brèches faites, on soutint trois assauts où il périt peu de personnes du côté des assiégés, et plus de mille du côté des assiégeants. Les habitants avaient suffisamment d'artillerie pour se défendre, mais peu de munitions. Les paysans des villages voisins s'étaient réfugiés dans la ville ; ceux de *Courlon* se trouvèrent placés dans la tour, près de laquelle fut faite la brèche. C'était du côté de la porte Formeau, le long de la rue de Champfeuillard, qui fut même appelée pour cette raison *rue de la Brèche*. (Nous avons déjà parlé de ce siége, ci-devant page 102.)

Le roi leva, quelques jours après, le siége d'une ville qui arrêtait ses conquêtes, pour marcher droit à Paris, où des affaires plus importantes l'attendaient. Ce ne fut qu'au mois d'avril 1594, que la ville de Sens se rendit à son souverain légitime. Le fanatisme avait répandu le bruit que saint Savinien et saint Hilaire avaient paru visiblement sur les murs de la ville pour la défendre contre les infidèles, ce qui avait obligé, disait-on, le roi de lever le siége et de prendre le chemin de Paris, où il se convertit à la foi catholique.

Nous voyons dans nos annales que ceux qui se permettaient de démolir les murs de ville, étaient autrefois punis bien sévèrement. Le 20 avril 1518, Jean *Charles* et sa femme, convaincus de ce délit et de la soustraction des pierres qui provenaient des fondations, furent condamnés à crier merci à Dieu, au Roi, à la justice, au maire, aux échevins et au procureur de ville, au parquet de la Prévôté, tenant tous deux une torche à la main, nu-tête, à genoux et les mains jointes, et à réparer le dommage suivant l'estimation qui s'en ferait ; ledit Charles fut banni en outre et pour toujours de la ville, banlieue et prévôté, et sa femme pour six ans, et ils furent condamnés à la confiscation de leurs biens, pour payer ledit dommage et les frais de justice.

Le 1.er juillet 1681, des particuliers ayant démoli une casemate le long des murs de ville, au-dessous de l'église de Saint-Hilaire, et s'en étant approprié les matériaux, on s'occupa d'informer contre eux ; mais l'affaire fut étouffée dès sa naissance. En 1723, quatre ou cinq jeunes gens ayant abattu une partie des parapets du pont de Saint-Didier, en ont été quittes pour réparer entièrement à leurs frais les deux parapets de ce pont.

Près de la rivière d'Yonne et des murs de ville,

au bas de la terrasse des prisons, il y avait un ouvrage carré appelé *Cavalier*, élevé de quinze à seize pieds, dont le parement n'était que de moellons et les encognures de pierres de taille. Ce petit bastion avait été construit en 1502, si l'on s'en rapporte à l'inscription de cette date gravée sur une pierre du côté du couchant. On communiquait autrefois de la terrasse des prisons sur celle de ce Cavalier par un pont-levis. Cette fortification fut détruite en 1790 et 1791, lors de la plantation des promenades de Saint-Remi. (1)

DES PORTES DE LA VILLE.

Des neuf portes dont la ville de Sens était entourée, il y en avait cinq anciennes, qui paraissaient avoir été construites dans le 14.e siècle, savoir : les *portes Notre-Dame*, *Saint-Antoine*, *Saint-Didier*, *Saint-Remy* et *Saint-Hilaire*. Des quatre autres, les *portes d'Yonne*, *Dauphine* et *Formeau* sont de construction moderne, et la *porte Royale* ou *de l'Esplanade* n'a été ouverte et n'existe que depuis 1787.

De la porte d'Yonne à la porte Formeau, côté du nord, on comptait quatorze tourelles, et côté du

---

(1) On voit encore la forme qu'elle avait, sur les anciens plans de la ville de Sens.

midi douze autres. Quelques-unes de ces tourelles ont été démolies depuis une vingtaine d'années.

1.° La porte Notre-Dame était connue dès l'an 423, sous le nom de *porte Saint-Léon*. En 959, le duc *Helpon*, commandant des Saxons, avait annoncé audacieusement qu'il brûlerait toutes les églises des environs de Sens et qu'il viendrait planter sa lance sur cette même *porte de Saint-Léon*; mais il fut tué dans le combat qui eut lieu à Villiers-Louis.

On lisait autrefois au-dessus de cette porte, à droite, vis-à-vis du faubourg, ce vers :

Antiqua urbs Senonum, nullâ expugnabilis arte.

On y remarquait des machicoulis dont on ne se servait qu'avant l'invention du canon. Cette porte, d'après le genre de sa construction, paraît avoir été bâtie sous Charles V. En 1396, les gardes des clefs de cette porte avaient des gages.

Les archevêques de Sens faisaient anciennement leur entrée par cette porte; cet usage a cessé depuis plusieurs siècles.

Le dimanche des Rameaux, les enfants de chœur de la cathédrale montaient au-dessus de cette porte, et ils y chantaient: *Gloria laus et honor tibi sit*. En 1718, quelques chanoines prétendirent que la ville devait ce jour-là, on ne sait sur quel fondement, un rafranchissement à ces enfants de chœur. Le maire, Benoît d'Autun, voulut bien pour cette fois les en gratifier, mais sans que cela tirât à conséquence, et cette prétention ne fut plus renouvelée par la suite.

La porte Notre-Dame tire son nom du prieuré de *Notre-Dame* du *Charnier* qui était bâti presque vis-à-vis, à l'entrée du faubourg.

2.° La *porte Saint-Antoine* se nommait anciennement *porte du Cloître*; à l'entrée du faubourg, vis-à-vis, il y en avait une autre appelée *porte Feu-Galon*, suivant un acte de 1239; on n'a aucun renseignement sur la destination et l'origine de cette dernière. Celle de Saint-Antoine tire son nom, ainsi que le faubourg, d'un prieuré qui était situé à l'extrémité, et dans l'emplacement duquel fut transférée, en 1629, l'abbaye des Bénédictines de Notre-Dame de la Pommeraie.

A toutes ces portes, il y avait anciennement des ponts-levis sur les fossés qui entouraient la ville. On les remplaça par des ponts en pierre, vers le commencement du 17.e siècle.

3.° La *porte S.t-Didier*, ainsi nommée de l'église paroissiale de ce nom, bâtie vis-à-vis, était moins ancienne que les précédentes. Il y avait un corps-de-garde au-dessus; elle était masquée autrefois par des fortifications considérables que M. Sallot, maire, fit démolir en 1755, lorsqu'il fit planter la promenade de l'Esplanade.

4.° La *porte de Saint-Remy* tire son nom de l'ancienne abbaye de Saint-Remy, qui était bâtie en face. Il y avait attenant une tour où fut enfermé *Croullant*, lors de l'insurrection du jeu de taquemain; on l'appelait la *tour des Larrons*. (*Voyez ci-devant, page* 148, *Jeu de taquemain.*) La *butte des Arbalétriers* était, en 1561, en un lieu voisin de la porte Saint-Remy.

5.° La *porte Saint-Hilaire*, de peu d'importance, tire son nom de l'église paroissiale qui y était attenante.

C'était une poterne plutôt qu'une porte, mais qui était défendue comme les autres par des machicoulis.

6.° La *porte d'Yonne*, en face du pont bâti sur la rivière de ce nom, était autrefois un gros corps de bâtiment construit en pierres de taille, sans aucun ornement d'architecture. Le grand corps-de-garde établi dans cet édifice, était aussi consacré aux démonstrations anatomiques. A côté de l'escalier qui conduisait au-dessus, il y avait un poteau sur lequel étaient représentées si grossièrement trois fleurs de lis, qu'on les prenait pour des *crapauds*; de là, dit-on, vient le sobriquet donné aux habitants de Sens ; mais d'autres prétendent avec raison qu'ils le doivent aux nombreux marais, aux ruisseaux et aux fossés bourbeux dont les murs de la ville étaient autrefois environnés.

Depuis la construction du pont d'Yonne terminé en 1742, on a détruit l'ancienne porte d'Yonne, parce qu'elle ne se trouvait plus dans l'alignement ni du pont ni de la Grande-rue. La nouvelle fut élevée par les soins de M.ʳ Sallot, maire de ville alors.

Cette porte autrefois était celle par laquelle se faisaient les entrées solennelles des rois, des princes et des archevêques.

L'entrée du cardinal Duprat eut lieu par cette porte, le 6 août 1535.

Le 14 mars 1563, le roi Charles IX fit son entrée dans cette ville par la même porte. Vis-à-vis de l'église de Sainte-Colombe, dans la Grande-rue, la fille du sieur Pierre, grenetier, montée sur une estrade qui avait été dressée à cet effet, et que l'on avait décorée de fleurs de lis, lui présenta un bouquet, et lui récita plusieurs vers français, composés par le sieur Lescheneau, avocat en cette ville.

En 1585, le duc de Guise avait fait passer son armée sur les ponts de Sens, et il déjeûna dans le corps-de-garde de la porte d'Yonne, où le maire lui avait fait apporter des vivres et du vin. Il parut satisfait et ne voulut point entrer dans la ville. Le roi avait défendu qu'on le laissât passer; mais il y passa.... Le maire ne put guère s'y opposer : le duc était gouverneur de la province.

Le 23 août 1618, le duc de Nevers, nommé gouverneur de la même province, fit son entrée à Sens par la même porte.

Le 25 octobre 1658, Louis XIV se rendant de Paris à Dijon, fit aussi son entrée à Sens par la porte d'Yonne. Les habitants de Sens, sous les armes, étaient allés au-devant de lui jusqu'à Sainte-Colombe. La salve de mousqueterie qu'ils firent effraya si vivement les chevaux des deux carosses occupés par les filles d'honneur de la reine mère, qu'elles manquèrent de se noyer dans la rivière d'Yonne qui était alors débordée. Le roi fut reçu par le maire et par M.r de Gondrin, archevêque de Sens, qui le haranguèrent. La Grande-rue était toute tendue de tapisseries jusqu'à la cathédrale.

Le lendemain, le jeune monarque (il n'avait alors que vingt ans et n'était pas encore marié), voulut se faire voir à son peuple, et il se promena l'après-midi dans la ville, monté sur un petit cheval et accompagné de plusieurs seigneurs de son âge. Quoiqu'il neigeât beaucoup, pour le divertir, on avait mis des poissons dans les ruisseaux qui circulent dans les rues de la ville.

Le soir, le capitaine-commandant de la bourgeoisie vint demander le mot d'ordre pour les rondes au capitaine des gardes. Le roi le voulut donner lui-même à cet officier. Le lendemain, il entendit la messe au couvent des Pères Jésuites, et il ordonna que les habitants qui devaient le reconduire, fussent sans fusils ni mousquets, mais portassent seulement leurs épées au côté, à cause du malheur qui avait manqué d'arriver la veille aux filles de la reine. Il sortit par la porte Commune et se rendit ensuite à Joigny.

Le 29 mars 1683, le même prince fit encore son entrée à Sens par la même porte.

Le 17 août 1621, Méhémet Effendi, ambassadeur turc, entra en pompe par la porte d'Yonne. Cinquante dragons du régiment d'Orléans, alors en garnison à Sens, allèrent au-devant de lui jusqu'à Villeneuve-la-Guyard avec la maréchaussée. Arrivé sur les fossés de S.¹-Didier, il fut salué d'une salve de six pièces de canon. La bourgeoisie en armes, l'accompagna jusqu'à l'hôtellerie de la Levrette, (1), où il descendit à neuf heures du matin. Le maire, à la tête du corps de ville, le harangua. On lui présenta ensuite des massepains, des tourtes en confiture et des confitures sèches. On ne les accompagna ni de vin ni de gibier, suivant les ordres que l'on avait reçus; et pour cette raison, on les pré-

---

(1) Cette auberge était dans la maison de M.ʳ Hattier fils, fabricant de chandelles, grande-rue.

senta dans des corbeilles, et non dans des plats d'argent. Le lendemain matin, à quatre heures, l'ambassadeur, escorté de la bourgeoisie et des cinquante dragons, sortit de la ville et partit pour Dijon.

Le 28 décembre 1765, l'entrée du corps de monseigneur le Dauphin eut lieu une première fois par la porte d'Yonne qui était toute tendue en noir, et pour la seconde fois par la même porte, le 8 décembre 1814, lors de sa réinhumation.

Monseigneur l'archevêque de Loménie fit aussi son entrée solennelle par cette même porte, le 3 mai 1790.

7.° La *porte Dauphine* a été appelée primitivement *porte de Saint-Pregts* et ensuite *porte Commune*, depuis qu'en 1283 on y construisit un gros corps de bâtiment, flanqué de deux grosses tours dont la toiture était terminée en pointe. Au milieu était une belle flèche où l'on avait placé la *cloche de la Commune*, qui, de temps immémorial, avait été au-dessus de cette porte, ou à côté, dans une tour particulière.

En 1564, on sonnait cette cloche, tous les jours, pendant une demi-heure, à neuf heures du soir ; et par la suite, on la sonnait depuis la Saint-Remy jusqu'à Pâques à huit heures du soir, et de Pâques à la Saint-Remy, à neuf heures. Le sonneur recevait dix livres de gage, avait son logement au-dessus de la porte, était exempt de toutes impositions, et la ville lui fournissait les cordes nécessaires. Quand on procédait à l'élection des échevins, on la sonnait depuis huit heures du matin jusqu'à neuf; ceux qui négligeaient alors de se rendre aux assemblées de la Commune étaient amendables de douze deniers. Quand il y avait un incendie dans la ville ou dans les faubourgs, c'était aussi cette même cloche que l'on tintait.

Les prisons civiles étaient autrefois dans ce bâtiment; le geôlier était en même temps le sonneur de la Commune.

Pendant les guerres civiles, après la mort de Henri III, on avait construit en pierres de tailles, sur le boulevard, vis-à-vis de cette porte, un cavalier en forme d'avant-poste, qui était défendu, comme toutes les autres entrées de la ville, par un pont-levis. Ce pont fut détruit par la suite et remplacé par des arches en maçonnerie; entre ces deux portes, il y avait un corps-de-garde. En 1785, ce cavalier fut rasé entièrement, et les fossés qui le défendaient furent comblés au moyen de corvées très-multipliées qui firent même murmurer le peuple. On construisit dans le même emplacement un aqueduc couvert de dalles pour conduire les eaux des fossés de la ville.

En 1772, la *porte Commune* fut démolie, tant parce qu'elle tombait en ruine, que parce qu'elle ne se trouvait pas dans l'alignement de la grande route. La nouvelle porte fut reconstruite en 1777, sur les dessins de M.ʳ C.-A. Guillaumot, architecte de l'Intendance, et nommé depuis administrateur de la manufacture des Gobelins; mais la rue Dauphine ayant été tracée depuis, la porte neuve n'est plus à un pied près au milieu de l'alignement de la route.

Cette porte fut appelée *porte Dauphine*, et ce monument, à la fois triomphal et funéraire, fut érigé par la ville de Sens en reconnaissance de l'honneur que monseigneur le Dauphin et M.ᵐᵉ la Dauphine lui avaient fait de choisir son église métropolitaine pour le lieu de leur sépulture.

Elle est composée d'une ouverture en arcade avec deux massifs, ornés chacun de trois médaillons sur chaque face. Du côté du faubourg, les deux médaillons du haut devaient contenir les bustes du prince et de la princesse. Les deux du milieu devaient représenter, d'un côté, le moment de la bataille de Fontenay, où le fils de Louis XV voulut se mettre à la tête de la maison du roi; de l'autre, le mariage du Dauphin. Dans les deux médaillons du bas, on devait graver des inscriptions analogues à ces deux événements. Du côté de la ville, les deux médaillons du haut devaient être décorés des chiffres du Prince et de la Princesse; les deux du milieu étaient destinés à rappeler les tristes circonstances de leur mort, et ceux du bas devaient être occupés par des inscriptions relatives à la perte cruelle que la France avait faite. Au-dessus de l'arcade, un cartel du côté du faubourg devait représenter les armes de France; et de l'autre côté devaient être placées, dans un autre cartel, les armes de la ville. Les bas-reliefs de ces médaillons devaient être composés par M.ʳ *Dupâquet*, sculpteur; mais la mort de Louis XV, arrivée à cette époque, en fit ajourner l'exécution.

8.º La porte *Formeau*, très-ancienne, était ouverte autrefois; elle fut fermée en 1556, comme on le verra ci-après, et rouverte en 1804. On commença à construire la porte actuelle le 24 août de la même année.

On ignore d'où lui vient son nom. Lebeuf croit qu'on devait plutôt l'appeler *porta Firma*, porte fortifiée, que *porta formosa*, belle porte; mais aucune de ces étymologies n'est fondée. D'autres tirent son nom de *forum aquæ* : place, entrée de l'eau.

Charles, régent de France, pendant la détention du roi Jean, son père, avait ordonné aux habitants de Sens de refaire à leurs frais les fossés de la ville. L'intention de ce prince fut de mettre cette place à couvert des Anglais, répandus alors dans toute la France. Pour obéir aux ordres du souverain, les Sénonais furent obligés de faire des sacrifices énormes ; mais leur piété et leur dévouement pour leur roi les leur rendirent bien légers. Le couvent des Pères Jacobins, situé où est aujourd'hui la salle de comédie, l'église de Saint-Léon et le prieuré de Notre-Dame-du-Charnier, près de la porte Notre-Dame, le monastère des Pères Cordeliers et l'ancien Hôtel-Dieu, près de la porte Dauphine, l'abbaye de Saint-Remy, près de la porte Saint-Remy, furent entièrement détruits et bouleversés, ainsi qu'un grand nombre de bâtiments particuliers. Pour dédommager en quelque sorte les Sénonais des pertes et des dépenses considérables occasionnées par ces travaux immenses, le Régent, par sa chart edu mois de septembre 1358, leur accorda la propriété des nouveaux fossés et le droit d'y mettre et nourrir du poisson. Une autre charte avait aussi imposé une somme considérable sur les greniers à sel d'Auxerre, au profit de la ville de Sens, pour l'aider dans la réparation de ses murs. Les portions qui ont été refaites à cette époque, sont celles qui paraissent d'une construction plus moderne que les autres.

C'est alors qu'un bras de la Vanne, détourné à Malay-le-Vicomte, dans un canal appelé depuis le *ru de Monderéau*, et qui appartient à la ville, vint se jeter dans les fossés, vis-à-vis de l'ancienne porte Formeau. L'eau baignait les murailles de la ville tout à l'entour, et 153 ans s'écoulèrent encore avant qu'elle entrât dans l'intérieur et circulât dans les rues. Ce ne fut guère qu'en 1531 que les maire et les échevins firent construire un canal de bois pour l'y introduire. Ce canal, composé de troncs d'arbres creusés en auges, soutenus d'espace en espace par des poteaux, ne promettait pas une longue durée : aussi vingt-cinq ans après, on fut obligé de construire un aqueduc en pierre, tel que nous le voyons. Les maires et les échevins obtinrent à cet effet du roi Henri II, des lettres-patentes, datées de Paris, du 26 novembre 1556, qui, *en approuvant la construction dudit canal qui était de bois, et qu'ils ont fait faire de pierre, pour jeter l'eau esdites rues et fossés, tant pour nettoyer, préserver du feu qui y est fort à craindre, étant toutes les maisons bâties de bois, que pour la tenir en toute sûreté et défense ; permit aux habitants d'employer leurs deniers communs, dons et octroys à l'entretènement et réparation dudit canal.*

Cet aqueduc retint le nom d'*Auges* qu'il devait à sa première construction, et il est encore ainsi appelé de nos jours. Voici l'inscription qui y fut placée à cette époque sur une grande pierre ovale, du côté de la ville.

« Quod Urbi et Civibus felix faustumque sit, annos ab hinc
» V et XX quem ligneis canalibus opt. reip. curatores in ur-
» bem primum deduxerunt, hunc vetustate collapsum aquæ-
» ductum Æmilius *Gibier*, regiæ advocationis triumvir, ac
» decurion. primus, Ludovic. *Pescheur*, jurisecons., Nic. *Lé-*

» *lasseur*, cognitor, Franc. *Chevalier*, Savinian. *Duport*, de-
» curion, ac Jo. *Bourgoing*, pub. pecuniæ procurator, consi-
» gnato in eam rem *Henrici* Franc. regis invictissimi diplo-
» mate, Joanne *Richer*, præfecturæ judice primario, Roberto
» *Hemard* causar. capital. quæsitore et Claud. *Couste*, urbi
» præfecto, rempubl. feliciter moderantibus anno salutis per
» christum restitutæ MDLVI, publicâ pecuniâ faciendum
» curaverunt. »

En 1758 et 1759, la partie du canal qui commence à l'abbaye de Saint-Jean, et finit aux fossés de la ville, menaçant ruine, les maire et les échevins en firent faire la réparation avec beaucoup de solidité. La dépense coûta 6,000 francs. L'époque de cette reconstruction fut aussi consignée sur une pierre placée au mur du canal, proche du moulin de Saint-Jean. Voici l'inscription française que l'on y grava :

« Du règne de Louis XV. »

« L'an 1768, sous le consulat de MM. Antoine-Blaise
» *Aublet*, conseiller au bailliage et siége présidial de cette ville
» de Sens, maire électif en exercice ; Michel *Sallot*, premier
» avocat du Roi ès-dits siéges, ancien maire alternatif ; Jean
» *Berthelin*, docteur en médecine ; Sébastien *Epoigny*, mar-
» chand, ancien juge-consul ; Martial *Layné*, procureur du
» Roi au grenier à sel ; et Jean *Pierron*, marchand, ancien
» juge-consul, échevin ; ce canal a été reconstruit par les
» soins de M. Nicolas *Jolly*, marchand, ancien échevin et
» ancien juge-consul de ladite ville. »

Outre le grand avantage que ce canal offre à la ville de Sens pour obvier aux incendies, il sert à entretenir la propreté dans les rues, et il empêche qu'il ne s'élève de nos demeures aucune de ces exhalaisons empestées qui portent, dans le sein des citoyens, des germes de maladie; et lorsqu'il est arrivé que la contagion a soufflé sur notre pays des vapeurs funestes, on a, pour la dissiper, fait circuler de tous côtés l'eau avec plus d'abondance.

En 1586, la peste désolait la ville de Sens; les magistrats s'occupant d'éloigner ce fléau, publièrent, le 11 septembre, un règlement portant que pour mieux nettoyer la ville, le maire, les échevins et le procureur de ville seront tenus de faire courir l'eau par toutes les rues en grande abondance, tant que la nuit durerait, depuis 7 heures du soir jusqu'à 6 heures du matin, etc.

Pareils dangers menacèrent encore la ville en 1627, le 26 juillet; le même règlement fut remis en vigueur par ordre des magistrats, et il fut publié, revêtu en outre de la signature des médecins, chirurgiens et apothicaires qui avaient été convoqués à cet effet avec tous les notables de la ville.

9.° Enfin la dernière porte de ville est celle de l'Esplanade, appelée *porte Royale*, qui a été ouverte en 1787, pour le passage de la nouvelle route tracée depuis la place de Saint-Étienne jusqu'à l'extrémité du faubourg Saint-Didier.

(Tiré de *l'Almanach de Sens*, de 1819.)

CHAPITRE XX.

DESCRIPTION HISTORIQUE

DE LA
CATHÉDRALE DE SENS.

Les historiens ne sont pas d'accord sur l'époque précise de l'établissement de la religion chrétienne à Sens. Les uns la placent dans le premier siècle, d'autres la rejettent au second, et d'autres au troisième ; mais comme la vérité des événements, et leur intérêt, ne consistent pas seulement dans leurs dates, nous rapporterons en substance les faits relatifs à la première fondation de notre église, et nous suivrons d'abord l'opinion de ceux qui placent son berceau dans le premier siècle.

Dès que *saint Pierre* eut érigé à Rome le trophée de la Croix, il envoya *Savinien* et *Potentien* dans les Gaules pour y jeter les premières semences de l'Évangile, et leur donna pour coopérateur, dans cette sainte et pénible fonction, un chrétien aussi éclairé que pieux, nommé *Altin*. Sens était alors la principale ville des Gaules, et la métropole d'une province considérable. Ces trois apôtres dirigent leurs pas vers cette cité; en passant par le Gâtinais, ils s'arrêtèrent quelque temps à Férrières, y propagèrent le christianisme, et y laissèrent Altin pour achever leur ouvrage.

Arrivés à Sens, Savinien et Potentien vont s'établir à quelque distance de la ville, dans un faubourg nommé *le Vic* (1), et nommé depuis *le Vif*, par corruption. Un citoyen de qualité et très-riche, nommé *Victorin*, leur donna l'hospitalité, et reçut en échange le précieux don de la foi. Témoins de ce bonheur, *Sérotin* et *Eodalde*, Sénonais d'une naissance distinguée, annoncent le désir de le partager; on les en rend dignes par l'instruction, et peu après ils sont admis dans l'ordre sacré des Lévites.

Le nombre des fidèles croissait de jour en jour, et il était question de trouver un lieu où l'on pût les rassembler pour la prière commune et l'administration des sacrements. Dans ce bourg du *Vic*, les Païens avaient un temple fameux; Savinien en chasse les idoles, et le consacre à Jésus-Christ sous

---

(1) *Vic*, comme nous l'avons déjà dit, vient du mot latin *vicus*, qui signifie *bourg*. Clarius, dans sa chronique, nous apprend qu'en 1112, *Arnoul*, abbé de Saint-Pierre-le-vif, fit fortifier ce bourg d'un rempart et d'une palissade.

18.

le titre de *Saint-Sauveur*. Cette *première église* (1) de Sens a pris depuis le nom de *Saint-Savinien*.

Comme le zèle, et surtout celui de la religion, ne cherche qu'à se répandre, Savinien envoya dans les principales villes des environs, des hérauts de l'Évangile, et se réserva le soin de faire la conquête de Sens. Dom *Mathoud* dit que saint Pierre et saint Paul apparurent à saint Savinien, lui annoncèrent leur mort, et lui ordonnèrent d'élever à Sens, une église sous leur invocation; il ajoute que l'apôtre sénonais fit construire en conséquence l'église de Saint-Pierre-le-vif (2), laquelle fut ensuite augmentée et dotée par *Clovis*, à la prière de *Théodéchilde*, sa fille, qui y mit des religieuses sous la conduite d'*Amalbert*.

——————

(1) Il ne faut pas confondre avec cette église, une chapelle appelée *Saint-Sauveur-des-vignes*, que *Magnus*, archevêque de Sens, fit construire et entourer d'un cimetière, et dont nous avons parlé ci-devant page 328.

(2) *Savinien* fut le premier des prélats qui ont occupé le siège de Sens, et Mr *de Loménie* a été l'un des derniers; celui-ci a fait détruire de fond en comble cette église de St Pierre-le-vif que l'apôtre de Sens avait fondée. On remarquera encore que Mr *de Loménie* a été enterré dans le cimetière de Saint-Savinien, près de cette église où le premier évêque de Sens était mort pour la Foi, plus de quinze cents ans auparavant. Le jour que Mr *de Loménie* mourut, son église cathédrale, à laquelle il avait renoncé depuis trois mois, fut convertie en temple de la Raison, et défense fut faite d'y célébrer dorénavant la messe.

L'idolâtrie avait, au milieu de la ville, un temple fort grand. Savinien le renversa d'un souffle (*solo nutu*, dit Mathoud), et il fit bâtir au même lieu trois églises qui, par leur proximité, semblaient n'en former qu'une; il les mit sous l'invocation de la Sainte-Vierge, de Saint-Jean-Baptiste et de Saint-Étienne.

Potentien et Sérotin, après avoir prêché l'Évangile à Orléans, à Chartres, à Paris et à Troyes, revinrent à Sens, où les attendait la palme du martyre. Savinien l'obtint le premier, ensuite Victorin qui la partagea avec son fils à peine âgé de 7 ans. Comme Savinien disait la messe, dans la partie souterraine de l'église de Saint-Sauveur, il mourut de deux coups de hache qu'il reçut à la tête. Potentien, son successeur dans l'épiscopat, ne lui survécut que d'un an; il versa son sang pour la foi, ainsi que Sérotin, Altin, Éodalde, et nombre d'autres chrétiens qui furent tous inhumés dans les cryptes de Saint-Sauveur, théâtre de leur martyre.

Les cryptes étaient des espèces de grottes ou de voûtes souterraines, où les premiers chrétiens se retiraient pour leurs exercices de religion, pendant les persécutions des princes idolâtres. La paix ayant été rendue aux églises, on les conserva avec vénération comme les berceaux de la Foi que les premiers apôtres y avaient enseignée, comme des lieux qu'ils avaient honorés de leur présence, sanctifiés par leurs prières et leurs veilles, et arrosés quelquefois même de leur sang. On y mettait souvent en dépôt les reliques des martyrs (1). Dans beaucoup de villes, il existe encore de ces cryptes, pratiquées sous certaines églises, de l'antiquité desquelles elles sont une marque assurée. A Sens, il n'y a plus aujourd'hui que la crypte de Saint-Savinien qui ait échappé aux ravages des temps, aux guerres religieuses et aux révolutions. Dans la cathédrale, il y en avait anciennement trois, placées dans l'endroit où sont aujourd'hui, derrière le sanctuaire, la chapelle de Saint Savinien, et les deux chapelles adjacentes, dédiées à Sainte-Colombe et à Notre-Dame de Lorette. Elles servaient de lieux d'assemblée pour les chrétiens de la ville qui y célébraient les saints mystères, comme la crypte de Saint-Savinien servait aux néophytes du faubourg. Celles de la cathédrale subsistèrent dans leur premier état jusques sous Archambauld, en 968; alors elles furent totalement détruites par un incendie, avec la grande église.

Les trois cryptes de la cathédrale étaient d'abord

---

(1) L'usage des *lampes* et des *cierges*, conservé aujourd'hui même dans les églises les plus éclairées, est dû à la profonde obscurité qui régnait dans ces cryptes, et ce fut encore, moins pour les décorer que pour les rendre plus sombres, que l'on imagina par la suite de peindre les vitraux de nos temples.

ces trois chapelles que saint Savinien avait fondées et dédiées à la Vierge, à saint Jean-Baptiste et à saint Étienne. Si l'on en croit plusieurs annalistes, ce ne fut que sur la fin du 3.ᵉ siècle, et non dans le 1.ᵉʳ (1), que furent construites primitivement ces trois chapelles. A cette époque, on commença à bâtir quelques oratoires; cependant, Sens resta encore en grande partie sous le joug de l'idolâtrie, jusqu'à l'an 484 ou 85 environ, que Clovis fit mourir *Siagrius*, grand-maître de la milice romaine. On put donc alors renverser librement les temples du paganisme et leurs idoles, construire des oratoires et des chapelles, et y adorer en paix le Tout-Puissant. Constantin ayant permis de changer les cryptes en églises, les fidèles, par respect, bâtirent leurs temples dans le même emplacement et conservèrent même ces cryptes.

Robert, moine de Saint-Marien d'Auxerre, dit que ces trois chapelles furent bâties par S.ᵗ Savinien, au milieu de la ville. Elles étaient isolées et sépa-

---

(1) On a peine à croire en effet que *Savinien*, dans le 1.ᵉʳ siècle, comme le prétendent quelques-uns de nos historiens, aussitôt son arrivée, ait renversé les temples dédiés à Mercure et à Bacchus pour bâtir une église sur leurs fondements. D'autres disent qu'il éleva cette église à côté de ces temples mêmes. Il n'est pas vraisemblable que ce saint apôtre ait pu fronder alors aussi ouvertement un peuple d'idolâtres qui n'eussent point laissé un tel affront impuni.

rées l'une de l'autre, car on voit dans la vie de saint Loup qu'il rencontra saint Willebaud dans le passage entre Notre-Dame et Saint-Étienne. La chapelle dédiée à ce saint martyr était au milieu, la chapelle consacrée à la Vierge était à droite, et celle de Saint-Jean-Baptiste était à gauche. Chacune avait son clergé particulier qui célébrait son office à des heures distinctes; cet usage se pratiqua pendant plusieurs siècles, jusqu'à ce que le Chapitre de Saint-Étienne eût admis au chœur de la grande église et à toutes les distributions, d'abord les Chapitres de Notre-Dame et de Saint-Jean, ensuite celui de Saint-Pierre qui fut fondé en 1480, par Guy de Roye, et enfin celui de la Madeleine-du-Trésor fondé en 1189.

Mézeray a observé que dans le 8.ᵉ siècle les églises et la plupart des autres bâtiments étaient en bois, et qu'on ordonna alors que les autels fussent en pierre (1). Il est vraisemblable que la cathé-

---

(1) Les premiers autels furent faits en bois, et même il y en eut de *portatifs*. Saint *Wulfran*, archevêque de Sens, est le premier en France qui se soit servi d'un autel portatif, suivant *Fleury*, hist. ecclésiastique. Cet autel était en forme de bouclier carré ; il y avait des reliques aux quatre coins et dans le milieu. Dans d'autres autels, on plaçait les châsses les plus précieuses ; un simple rideau les cachait par-devant, et on les découvrait aux regards des fidèles dans les grandes solennités. Par la suite, ces rideaux ont été remplacés par des devants d'autels plus ou moins richement décorés.

drale de Sens, jusqu'au milieu du 10.ᵉ siècle, ne fut pas construite plus solidement : cela a été justifié par sa ruine arrivée plusieurs fois, soit par les incendies, soit parce qu'elle était de mauvais matériaux qui ne résistaient pas longtemps aux injures de l'air.

Lyon est la seule ville qui ait comme Sens une cathédrale formée de trois églises réunies, savoir : de Saint-Étienne, Saint-Jean et Sainte-Croix ; à la place de cette dernière, la cathédrale de Sens a eu la chapelle de la Vierge. A Sens ainsi qu'à Lyon, la chapelle de Saint-Jean-Baptiste servait, dans l'origine, de Baptistère pour toute la ville (1) ; mais la différence est qu'à Lyon la cathédrale n'a pas pris le nom de *S.ᵗ-Étienne* comme à Sens, mais celui de S.ᵗ-Jean au lieu de S.ᵗ-Étienne dont la chapelle était cependant au milieu, mais plus petite que les deux autres, et sans doute moins à la portée des habitants. La cathédrale de Sens a porté quelque temps le nom de *Notre-Dame*; un ancien diplôme en fait foi (2), mais le nom de Saint-Étienne a fini par y

---

(1) Jusqu'à la révolution de 1789, les fonts baptismaux sont restés à Sens, dans la chapelle de Saint-Jean. M.ʳ *de Loménie* les fit transférer dans la chapelle de Sainte-Croix, lors de la suppression de la paroisse de ce nom. On n'aurait jamais dû les déplacer, par respect pour un usage qui date des premiers siècles du christianisme.

(2) On lit ce passage dans le titre par lequel les chanoines de la cathédrale admirent à chœur de l'église de Sens, les

obtenir la préférence, comme à Lyon celui de S.-Jean, et comme dans d'autres villes celui de Notre-Dame, sur d'autres chapelles adjacentes.

Les cryptes et les chapelles de l'église de Sens, fondées et bâties par saint Savinien, subsistèrent donc à peu près, dans leur premier état, jusques sous Vénilon; elles tombèrent alors de vétusté, mais ce prélat les fit rétablir et relever à ses frais, et en fit la dédicace en l'honneur de Sainte-Croix, le 4 des Ides de décembre de l'année 841.

Elles ne subsistèrent guère longtemps, car nous voyons dans Taveau que 86 ans après, *Atalde*, surnommé *le Vénérable* (qui mourut en 932), les fit encore réparer à ses frais, parce qu'elles menaçaient ruine. Le *Gallia Christiana* dit seulement qu'*Atalde* fit réparer l'église de la *Vierge-Marie*; mais, comme nous l'avons déjà observé, peut-être l'église de Sens portait-elle alors indifféremment le nom de Notre-Dame ou celui de Saint-Étienne.

L'an 970, au mois de juillet (d'autres disent 968 ou 969), sous l'épiscopat d'*Archambauld*, noble d'extraction, mais ignoble de mœurs, mauvais chrétien et mauvais prêtre (1), l'église de Saint-

---

chanoines réguliers de Saint-Jean, en l'année 1111 : *Stephanus præpositus postulavit à canonicis Beatæ Mariæ et Sti Stephani Senonensis ecclesiæ*, etc.

(1) Cet indigne prélat menait la vie la plus scandaleuse à Saint-Pierre-le-vif, dont il révoltait les moines par ses excès

Étienne fut brûlée entièrement et détruite jusqu'aux fondements, ainsi que les deux chapelles adjacentes. Le Cloître des Chanoines, la librairie ou bibliothèque et les archives devinrent aussi la proie des flammes. Ornements, vases sacrés, reliques, tout fut encombré sous les ruines de l'édifice qui s'écroula au milieu de l'embrasement.

Quelques auteurs, partisans d'*Archambauld*, disent que ce prélat, au mois d'août suivant, fit d'abord refaire les grottes ou cryptes, puis relever le sanctuaire, mais on a peine à croire à une pareille action de la part d'un homme qui, selon le plus grand nombre de nos annalistes, remplissait au déshonneur de l'Église la place d'archevêque de Sens, et dont le nom, suivant eux, mériterait d'être rayé du tabulaire des prélats qui ont occupé ce siège.

Dieu ayant pitié de l'église de Sens, lui envoya un nouveau Zorobabel qui prit soin de son culte, et travailla à relever son temple. *Saint Anastase*, surnommé l'*homme de Dieu*, bien différent d'Ar-

en tout genre. Il y entretenait un nombre infini de femmes, de chevaux, de chiens et d'oiseaux. Ses revenus ne suffisant pas pour tant de dépenses, il s'empara des biens de l'église, en vendit les ornements, réduisit les moines de son diocèse à la dernière nécessité, en fit tuer 12 en une nuit, chassa honteusement ceux de Saint-Pierre-le-vif, et de plusieurs autres monastères.

chambauld, son prédécesseur, pour ses mœurs et son zèle religieux, commença, en 972, à jeter les fondements de ce vaste édifice. C'est ce prélat vénérable qui doit être regardé à juste titre comme le vrai fondateur de la cathédrale ; c'est lui qui en forma par conséquent le plan et qui en donna le dessin tel qu'il a été suivi, sauf celui de la croisée qui est du 13.º siècle. Il disposa les trois chapelles dans l'ordre où elles étaient placées auparavant, c'est-à-dire, Saint-Étienne au milieu, celle de la Vierge à droite, et celle de Saint-Jean à gauche. Il conduisit le chœur jusqu'aux chapiteaux des piliers ; mais la mort l'arrêta dans l'exécution de ses pieux desseins.

Anastase avait racheté la plus grande partie des biens de l'église qu'Archambauld avait donnés à titre de récompense aux compagnons de ses exploits militaires (1). Inépuisable en aumônes, quand il avait épuisé les ressources que lui fournissaient son éco-

---

(1) *Elpon* ou *Elpoin*, commandant des troupes saxonnes, envoyé par l'empereur pour venger l'évêque de Troyes que Robert, comte de Champagne, père d'Archambauld, avait chassé de la ville, se rendit dans la plaine de Villiers-Louis pour battre une armée, commandée par Raynard, comte de Sens, et Archambauld, qui volait au secours de son père. Le prélat sénonais tailla en pièces l'armée d'Elpoin, et fit mordre la poussière à ce chef orgueilleux qui avait annoncé hautement qu'il planterait sa lance sur la porte de Saint-Léon de

nomie et son abstinence (1), il en parlait aux rois et aux princes, et sollicitait des secours pour subvenir aux frais des immenses constructions qu'il avait entreprises. Enfin il donna tous ses biens pour doter les Chanoines de Notre-Dame et de S.-Jean, dont les chapelles furent bâties et terminées avant Saint-Étienne; car on lit dans une chronique que le Synode de 980 se tint dans la chapelle de la Vierge, celle de Saint-Étienne n'étant point encore achevée.

Sévin lui succéda en 977. Ce prélat, d'un génie vaste et d'un courage à toute épreuve, vint à bout d'achever l'édifice. Il y sacrifia tout son patrimoine et vécut avec austérité; mais l'église de S.-Étienne resta quelques années sans bénédiction, parce que le comte *Raynard* l'empêchait; Sévin fut même sacré à Auxerre, à cause des persécutions qu'il éprouvait à Sens de la part de Raynard. Cependant il parvint à faire la dédicace de la cathédrale, le 13

Sens (appelée depuis porte de Notre-Dame); cette victoire rendit Archambauld encore plus audacieux et plus extravagant dans ses plaisirs.

(1) Saint Anastase se rendit recommandable par de longs jeûnes. Depuis le jour de son ordination jusqu'au jour de sa mort, il ne mangea point de viande. Il rappela tous les religieux qu'Archambauld avait expulsés, et fit construire autant de lieux saints que son prédécesseur en avait démoli ou profané.

octobre 999, avec trois de ses suffragants : *Héribert*, d'Auxerre; *Roëlin*, de Nevers, et *Milon*, de Troyes. Sévin, à côté de son église, fit construire aussi un palais archiépiscopal.

En 1122, soit que les ouvrages eussent été faits à la hâte, soit qu'ils eussent été conduits par de mauvais constructeurs, l'église menaça ruine, et *Daimbert*, archevêque de Sens, la fit réparer. (Nous pensons que cela doit s'entendre particulièrement des voûtes). Ce fut aussi sous son épiscopat que l'on réunit, au moyen des bas-côtés, les chapelles de Notre-Dame et de Saint-Jean à la mère-église. Ces deux chapelles ont eu longtemps chacune un portail libre et apparent, en face de l'autel ; ils ont été depuis masqués ou plutôt supprimés, lors de la construction de la croisée, en 1491.

Hugues de *Toucy*, archevêque de Sens, mort en 1168, fit faire des réparations considérables dans la cathédrale.

En 1184, sous Guy de Noyers, l'église de Saint-Étienne fut plus d'à moitié brûlée. Philippe-Auguste la fit réparer ; ce prince fit aussi élever la *tour de plomb*, que l'on a depuis ainsi appelée, parce que n'ayant pu être terminée à cause des guerres, on l'a couverte en lames de ce métal.

En 1267, la surveille de Pâques, la *tour de pierre* que l'évêque Sévin avait fait élever, menaça ruine ; elle tomba le surlendemain avec un fracas épouvantable, tua tous ceux qui passaient sur la place, ruina les édifices voisins et écrasa les personnes qui s'y trouvaient. Voici comment la chronique de Saint-Pierre-le-Vif rapporte ce malheur :

Anno milleno centum bis LV cum duodeno,
In cœna domini, Senonis tam turris amœna
Incœpit cadere, per quam plures periere ;
Inde die terna fuit hujus tota ruina.

Pierre de *Charny*, sous le pontificat duquel ce désastre arriva, travailla à relever la tour de pierre, que l'on appela également par la suite *tour neuve*. Il fit aussi terminer la tour de plomb, et la fit couvrir telle qu'on la voit aujourd'hui. Il employa à ces réparations le produit d'une table de vermeil que l'on plaçait devant le maître-autel, et qui avait été donnée à l'église par Sévin, ainsi que cet autre magnifique rétable qui fut porté à la Monnaie en 1760.

En 1294, Étienne *Béquard*, archevêque de Sens, laissa par testament 1,200 livres (somme alors fort considérable), pour l'entretien de la cathédrale et pour faire les vitres. (D'autres disent qu'il fit un don de 500 livres de rente, dans la même intention.)

La même année 1294, le pape *Célestin* accorda une bulle pour les réparations de cette église, dont quelques parties tombaient en ruine ; il ordonna qu'elle serait rétablie aux frais des bénéficiers du diocèse.

La croisée, cette partie de l'église qui la traverse entre le chœur et la nef, fut commencée en 1491, au mois d'avril. Ce fut Guillaume Gennart, doyen de Sens, décédé en 1492, qui posa la première pierre de la *porte d'Abraham*, ainsi appelée parce que ce patriarche immolant son fils y fut représenté sur le pilier du milieu. Dom Morin, *Histoire du Gâtinais*, dit que Guillaume II de Melun, fit bâtir le portail d'Abraham, et y fit mettre ses armes; comme ce prélat est mort en 1376, nous présumons que ce fut plutôt Louis de Melun qui abdiqua en 1474, et qui aura peut-être laissé au Chapitre une somme dans cette intention; il est certain qu'on y remarque les armes de la maison de Melun. La belle rose en vitraux peints que l'on admire au-dessus de ce portail, fut faite aux frais de Gabriel *Gouffier*, doyen de Sens, décédé en 1519. Elle représente le Paradis, on y distingue le bienfaiteur avec ses armoiries; il semble se recommander aux prières de ceux qui contempleront la beauté de cet ouvrage.

Cette vitre est moins grande, mais elle est bien plus estimée que celle qui est vis-à-vis, au-dessus du portail de l'archevêché. Ce dernier fut fait, ainsi que le vitrail qui est au-dessus, aux frais et par les soins de Tristand de *Sallazar*, archevêque de Sens; on y remarque également ses armoiries.

Ce ne fut guère que sous l'épiscopat de Sallazar que la cathédrale parvint à cet état de perfection où nous la voyons aujourd'hui (1). En 1506, il fit faire la charpente des grandes voûtes ; et il donna, à différentes reprises, des sommes considérables pour l'embellissement et les réparations de cette église. Sous François I.er, on distribua aux églises de France l'argent qui était destiné pour une croisade contre les Turcs. Sallazar, vers l'an 1518, obtint une somme qu'il employa particulièrement à élever et à décorer la tour de pierre. On y voyait autrefois ses armes et celles du roi. Le vandalisme les a fait disparaître en 1794. Auparavant, la tour de pierre était de la même hauteur que la tour de plomb, et couverte pareillement de même métal. Seulement au faîte de la tour de pierre, était autrefois une tourelle où l'on avait placé une guérite pour servir de guet à la ville (2), et de plus une horloge

---

(1) Le cadran et ses accessoires qui sont au-dessus du portail principal de la cathédrale, ont été faits aux dépens de Tristan de Sallazar. Peu de prélats ont comblé l'église de Sens d'autant de bienfaits et de libéralités. Il laissa en mourant les plus grands regrets au Chapitre et à la ville, auxquels sa mémoire fut longtemps chère. Ce fut encore Sallazar qui donna à la cathédrale un magnifique calice d'or qui, en 1526, fut vendu 1700 ducats pour servir à la rançon de François I.er

(2) Les comptes de *Jean de Savigny*, procureur de la ville, de 1368 à 1374, prouvent que le guet a toujours été en cette tour ; il y a été continué pendant les guerres des Normands, Bourguignons, Anglais, Huguenots, etc.

qui appartenait à la Commune. On lit dans les *Mémoires de littérature* que *Charles V* paya la moitié d'une lanterne de bois faite pour contenir une horloge placée au haut de la cathédrale de Sens. En effet, cette horloge fut faite par *Pierre Mellin*, horloger du roi, et mise avec sa cloche nouvelle au-dessus de la tour de pierre, en décembre 1377 ; Charles V paya 500 francs d'or. Dans un compte de la ville, de l'an 1475, on voit que le droit de maille sur le pain, accordé l'année précédente, par une charte de *Louis XI*, était pour l'entretien de cette même horloge.

Sallazar fit donc élever la tour de pierre jusqu'à la lanterne qui la termine, mais cette lanterne ne fut terminée qu'en 1532 et années suivantes, par le cardinal *Duprat* qui donna, pour cette construction, 4,700 livres, somme qui, aujourd'hui, vaudrait plus du quadruple. La lanterne étant achevée, on y plaça l'ancienne horloge. La nouvelle qui nous annonce aujourd'hui les heures, a été faite en 1781, aux frais de la ville.

Godinet, architecte et sculpteur célèbre, natif de Troyes, est celui qui a conduit la construction de la tour de pierre et de la lanterne, faites sous Sallazar et Duprat. Cet artiste a exécuté d'autres embellissements dans l'intérieur de la cathédrale.

Nos historiens ne nous ont pas transmis les noms des autres architectes qui ont dirigé antérieurement les diverses parties de ce bel édifice.

Avant 1774, il y avait au sommet de la lanterne une statue colossale (de six pieds six pouces de haut) en bois, et revêtue de plomb ; elle représentait un Sauveur ressuscité, tenant sa croix d'une main, et de l'autre donnant sa bénédiction (1). Elle y avait été placée en 1702, suivant la date qu'on y a remarquée au bas, lorsqu'on l'a descendue. An-

---

(1) Cette figure qui représentait Jésus-Christ, était cependant appelée vulgairement *Dieu le Père*. Le dimanche 19 juin 1774, elle fut frappée du tonnerre qui l'ébranla et y mit le feu, à 4 heures et demie du matin ; des secours prompts arrêtèrent les progrès de l'incendie. La statue fut provisoirement étayée et assujettie à sa base avec des cordes, pour empêcher sa chute totale. Il y eut contestation entre la Ville et le Chapitre pour savoir aux dépens de qui la statue serait ou réparée ou descendue. Le Chapitre prétendait avec raison que la lanterne où se faisait autrefois le guet, et où l'horloge de la ville était placée, appartenait à la Ville ; le corps municipal objectait, sans soutenir le contraire, que le *Sauveur* devait être particulièrement entretenu par l'église. En attendant une décision, le procureur du Roi, par sentence du bailliage, fut autorisé à faire descendre la statue, aux dépens de qui il appartiendrait, par provision, et sans préjudicier aux droits des deux corps. Elle fut descendue le 21 juillet. Le plomb qui pesait 214 livres, et le fer et le bois provenant de la statue, furent vendus, et le produit de cette vente excédant de 3 liv. 18 sous les frais de démolion et de descente, cette somme fut déposée au greffe. Comme il avait été dit dans la sentence, qu'à défaut de deniers suffisants pour payer ces frais, il serait délivré un *executoire* sur le Chapitre, ce corps en appela seulement quant à ce grief.

paravant il y en avait une autre qui fut mise le 21 juillet 1582, par Jean *Pouville*, couvreur; elle était pareillement de bois et couverte en plomb; et, avant celle-ci il y en avait une en pierre, qui fut probablement posée en l'an 1534 ou environ, après la construction de la lanterne; ainsi il est évident que ces statues exposées aux injures de l'air avaient souvent besoin d'être renouvelées.

Avant de parler de l'intérieur de la cathédrale, des embellissements particuliers qu'elle a reçus en différents temps, et de quelques événements célèbres qui s'y sont passés, nous donnerons ici un tableau comparatif de ses dimensions avec celles de quelques autres basiliques.

On remarquera aisément que la tour de pierre ayant 42 toises d'élévation, et la longueur de l'église depuis la base de cette tour jusqu'au chevet de la chapelle de Saint-Savinien, étant de 58 toises 4 pieds, il y a une différence de 16 toises 4 pieds. Cette église est construite devant une grande place qui a 43 toises 5 pieds de long, ce qui fait 11 pieds de plus que la hauteur de la tour de pierre.

La *croisée* de cette cathédrale a des proportions moins correctes que celles des autres églises avec lesquelles on la compare. Elle n'a que 6 toises 4 pieds de large, tandis que la nef a 7 toises 2 pieds; la largeur devrait être la même, et sa voûte est aussi plus élevée.

A la suite du tableau comparatif des dimensions de la cathédrale, nous donnons la liste chronologique des prélats qui ont occupé le siége de Sens, depuis *saint Savinien* jusqu'à M. *de Loménie.* Cette liste est littéralement copiée sur le tableau du Sanctuaire de la cathédrale, que l'on doit regarder comme ayant été dressé d'après les notes les plus authentiques; il y fut placé en 1751.

DIMENSIONS ET MESURES PARALLÈLES
DES ÉGLISES

De Saint-Pierre de ROME,
De Notre-Dame de PARIS,
De Saint-Pierre de TROYES,
De Saint-Etienne de SENS.

(Les dimensions sont en toises et en pieds.)

Dimensions.	Rome.	Paris.	Troyes.	Sens.
	T. P.	T. P.	T. P.	T. P.
Longueur intérieure.	94 »	63 »	58 3	58 4
Longueur extérieure.	110 »	68 »	60 »	67 »
Largeur intérieure.	70 »	25 »	25 4	19 »
Largeur de la nef.	13 4	6 4	5 4	7 2
Largeur de la croisée.	13 4	6 4	5 4	6 4
Hauteur des voûtes sous clef.	24 »	16 2	15 »	15 »
Hauteur de la coupole ou des tours.	66 »	33 »	32 »	42 »

SERIES

PONTIFICUM SENONENSIUM.

S. Savinianus, *circiter annum* 240 *sedebat.*
Potentianus *ceu* Potentius.
Leontius.
Severinus, *circiter annum* 365 *sedebat.*
Audaldus.
Heraclianus.
Lunarius.
Simplicius.
S. Ursicinus.
Theodorus.
Siclinus.
S. Ambrosius.
S. Agrœtius, *circiter annum* 473.
S. Heraclius, *circiter annum* 495.
S. Paulus.
S. Leo, *vixit ad annum* 538.
Constitutus, *circiter annum* 570.
S. Arthemius, *mortuus anno* 609.
S. Lupus I, *m.* 623.
Richerius I *ceu* Mederius, *circiter annum* 625.
Hildegarius, *circiter annum* 631.
S. Aumbertus *ceu* Honobertus, *circiter annum* 650.
Armentarius, *circiter annum* 653.
S. Arnulphus *ceu* Aunulphus.
S. Emmo, *mortuus anno* 675.
Landobertus, *circiter annum* 677.
S. Wulframnus, apostolus Frisiæ, *circiter annum* 693.
S. Goëricus, *circiter annum* 697.
S. Ebbo, *circiter annum* 740.

DE SENS. 429

Merulphus,	*depositus anno* 744.
Ardobertus,	*electus anno* 744.
Lupus II,	*circiter annum* 765.
Willicharius, archiepiscopus Galliarum,	*circiter annum* 769.
Godescalchus.	
Gumbertus.	
Petrus.	
Willebaldus.	
Bernaredus,	*circiter annum* 794.
Ragimbertus,	*circiter annum* 796.
Magnus,	*mortuus post* 816.
Hieremias,	*m. anno* 828.
Aldricus,	*m.* 840.
Wenilo,	*m.* 865.
Egilo,	*m.* 870.
Ansegisus, Germaniæ et Galliarum primas,	*mortuus* 882.
Everardus,	*m.* 887.
Walterius I,	*m.* 923.
Walterius II,	*m.* 927.
Ataldus (venerabilis),	*m.* 932.
Willelmus,	*m.* 938.
Gerlannus,	*m.* 950.
Hildemannus,	*m.* 955.
Archembaldus,	*m.* 965.
Anastasius,	*m.* 977.
Seuvinus,	*m.* 999.
Leothericus,	*m.* 1032.
Gelduinus,	*depositus anno* 1049.
Mainardus,	*m.* 1062.
Richerius II,	*m.* 1096.
Daimbertus,	*m.* 1122.
Henricus Sanglier,	*m.* 1143.
Hugo de Toucy,	*m.* 1168.

Guillelmus de Champagne, cardinalis, archiepiscop. Remensis, *anno* 1177.
Guido de Noyers, *m.* 1193.
Michael de Corbeil, *m.* 1199.
Petrus de Corbeil, *m.* 1221.
Galterus Cornut, *m.* 1241.
Gilo Cornut I, *m.* 1252.
Henricus Cornut, *m.* 1258.
Guillelmus de Broce I, *abdicavit anno* 1267.
Petrus de Charny, *m.* 1274.
Petrus d'Anisy, *m.* 1274.
Gilo Cornut II, *m.* 1292.
Stephanus Béquard de Penoul, *m.* 1309.
Philippus Leportier de Marigny, *m.* 1316.
Guillelmus I de Meleun, *m.* 1329.
Petrus Roger, cardinalis, summus pontifex CLEMENS VI.
Guillelmus de Broce II, *m.* 1338.
Philippus de Meleun, *m.* 1345.
Guillelmus II de Meleun, *m.* 1376.
Ademarius Robert, *m.* 1385.
Guntherus de Bagneaux, *m.* 1386.
Guido de Roye, archiepiscopus Remensis.
Guillelmus de Dormans, *m.* 1405.
Joannes de Montaigu, *m.* 1415.
Henricus de Savoisy, *m.* 1422.
Joannes de Nanton, *m.* 1432.
Ludovicus de Meleun, *abdicavit anno* 1474.
Stephanus Tristand de Sallazar, *m.* 1519.
Stephanus de Poncher, *m.* 1525.
Antonius Duprat, cardinalis, legatus, cancellarius, *m.* 1535.
Ludovicus de Bourbon, cardinalis, *m.* 1557.
Joannes Bertrandi, cardinalis, *m.* 1560.
Ludovicus de Lorraine, cardinalis de Guise, *abdic. m.* 1563.

DE SENS.

Nicolaus de Pellevé, cardinalis, m. 1594.
Reginaldus de Beaune, eleemosynarius, m. 1606.
Jacobus Davy Duperron, cardinalis, magnus eleemosynarius, m. 1618.
Joannes Davy Duperron, m. 1621.
Octavus de Saint-Larry de Bellegarde, m. 1646.
Ludovicus-Henricus de Gondrin, m. 1674.
Joannes de Montpézat de Carbon, m. 1685.
Harduinus Fortin de la Hoguette, comes consistorii, m. 1715.
Dionysius-Franciscus Bouthillier de Chavigny, m. 1730.
Joannes-Josephus Languet, comes consistorii, regiæ Navarræ (domus) superior, m. 1753.
Paulus d'Albert de Luynes, cardinalis, m. 1788.
Stephanus-Carolus de Loménie de Brienne, cardinalis, minister, m. 19 februarii 1794.

(Petrus-Franciscus-Marcellus de Loménie, coadjutor archiepiscopis Senon., occisus 10 maii 1794.)

VACANCE DU SIÈGE. — *Loménie de Brienne prêta le serment à la constitution civile du clergé en 1791, et en vertu de la nouvelle circonscription des diocèses, il prit le titre d'évêque du département de l'Yonne. — Ce siège fut supprimé en 1801, et ce département a été compris depuis dans le nouveau diocèse de Troyes, jusqu'en 1817. — L'archevêché de Sens ayant été rétabli, M.r de La Fare quoique nommé en 1817, n'a été installé que le 28 décembre 1821, après 27 ans 10 mois de vacance du siège de Sens.*

Anna-Ludovicus-Henricus *de La Fare*, cardinalis, installatus 29 novemb. 1821; mortuus 10 decemb. 1829.
Joannes-Josephus-Maria-Victor *Cosnac*, installatus 4 novemb. 1830.

CHAPITRE XXI.

SUITE
DE LA DESCRIPTION DE LA CATHÉDRALE
de Sens.

L'intérieur de cette église offre aux regards des curieux plusieurs objets qui, la plupart, ont peu de mérite pour les amateurs des beaux arts; mais qui sont remarquables par les traits historiques dont ils rappellent le souvenir.

Au premier gros pilier de la nef, proche de la porte de l'église, et du côté opposé à la chaire, on remarque une petite figure grosse comme le poing, placée à 20 pieds environ d'élévation, entre 2 colonnettes qui font partie du pilier. Cette petite tête, appelée vulgairement *Pierre du Cuignet, du Coignet* ou *du Coignot*, rappelle un trait historique relatif à Pierre de *Cugnières*, avocat-général du Parlement de Paris, que l'on a voulu ridiculiser ainsi, pour venger le clergé des entreprises qu'il avait tentées contre sa juridiction. Pierre de Cugnières prétendait que le clergé anticipait journellement sur l'autorité royale et séculière, et y voulut mettre des entraves : sur quoi le roi Philippe de Valois, convoqua dans son palais, en 1330, les députés laïques de son royaume, pour décider leur différend avec le clergé si vivement attaqué. Vingt prélats y comparurent ; les seigneurs complaignants apportèrent leurs mémoires : leurs plaintes et celles du parlement furent rédigées par P. *de Cugnières.* Il commença son discours par ce texte de l'Évangile : *Rendez à César ce qui est à César, et à Dieu ce qui appartient à Dieu.* Après avoir exposé tous ses griefs contre le clergé, dont Voltaire porte le nombre à 66, l'orateur conclut à ce que les prélats se contentassent du *spirituel*, et de la protection que le Roi leur accordait à cet égard, et à ce que le *temporel* appartînt au souverain et aux seigneurs laïques. Voltaire rapporte, avec un ton amèrement ironique, le précis de la réponse que fit Pierre *Roger*, alors archevêque de Sens, et qui fut depuis élevé au trône pontifical, sous le nom de Clément VI (1). Il déclara d'abord qu'il ne parlait point pour être jugé, mais pour juger ses adversaires, et pour instruire le Roi de son devoir. Il dit que Jésus-Christ, étant Dieu et homme, avait eu le pouvoir *spirituel* et *temporel*, et que, par conséquent, les ministres

---

(1) Ce prélat passait dans son temps pour un vaste génie. Pétrarque a beaucoup loué sa mémoire dont il fut, dit-on, redevable à un coup de pierre qu'il avait reçu à la tête, dans sa jeunesse.

de l'église, qui lui avaient succédé, étaient les juges-nés de tous les hommes sans exception. Il ajouta :

> Sers Dieu dévotement ;
> Baille-lui largement ;
> Révère sa gent (*ses gens ou ses ministres*)
>   duement ;
> Rends-lui le sien entièrement.

Ces rimes, dit Voltaire, firent un très-bel effet. Le roi se montra favorable aux ecclésiastiques, et le pape Jean XXII lui-même l'en remercia.

Mais Pierre de *Cugnières* ne s'étant point tenu pour battu, continua, avec plus d'ardeur qu'auparavant, ses efforts pour ruiner entièrement la juridiction ecclésiastique. Le roi convoqua une nouvelle assemblée, le 7 décembre 1335, au bois de Vincennes. L'affaire y fut discutée de part et d'autre, examinée avec soin dans plusieurs séances, et débattue en présence du roi, des princes et des seigneurs de sa Cour. Les droits du clergé y furent soutenus et défendus avec beaucoup de force et de vigueur par plusieurs prélats recommandables par leurs vertus et leur savoir, et notamment par *Guillaume de Brocia* (qui avait succédé depuis peu à *P. Roger* dans l'archevêché de Sens), et par Pierre *Bertrand*, évêque d'Autun. Le roi, touché des raisons du clergé, déclara publiquement qu'il ne voulait, en aucune façon, donner atteinte à ses droits, et qu'il aimait mieux les augmenter que de les diminuer. Les séances finirent le 29 décembre, jour auquel l'Église honore particulièrement saint Thomas de Cantorbéry, mort pour la défense des libertés et des immunités de l'Église.

C'est en reconnaissance de ce jugement qu'on donna à *Philippe de Valois* le surnom de *Catholique*, et que Guillaume de Brocia fit placer en relief la statue équestre de ce prince, au-dessus de la porte collatérale de l'église de Sens, à main droite de l'entrée principale. Le vandalisme révolutionnaire a détruit en partie ce monument dont on distingue encore aujourd'hui quelques vestiges. On y lisait autrefois ce distique que l'on s'était contenté d'écrire au-dessus; le temps l'a effacé entièrement :

Regnantis veri cupiens ego cultor haberi,
Juro rem Cleri libertatemque tueri.

Un ouvrier chargé, en 1517, de repeindre cette statue, mit au cou du roi Philippe de Valois, le cordon de Saint-Michel. Cet anachronisme choqua d'autant plus, que cet ordre ne fut institué que sous Louis XI, conséquemment plus d'un siècle après Philippe de Valois.

Paris, Laon et plusieurs autres villes imitèrent l'exemple donné par *G. de Brocia*, et donnèrent à Philippe de Valois les mêmes témoignages de reconnaissance, en faisant placer sa statue au-dessus des portes de leurs cathédrales. *Dubreuil*, dans ses *Antiquités de Paris*, dit que l'on a aussi donné le nom de Pierre du *Cuignet* à une petite et laide figure qui est à Notre-Dame, à un coin du jubé, du côté du midi, au-dessus de la figure d'Enfer. Il ajoute : *Et n'est aucun avoir vu cette église, s'il n'a vu cette grimace.*

Le pauvre P. de Cugnières, ainsi déchu de ses prétentions, de la manière la plus humiliante, se vit partout vilipendé, et de plus chansonné.

Nous rapporterons ici les deux premiers couplets de la longue chanson qui courut alors, pour donner à nos lecteurs une idée de la gaîté et de la simplicité de nos bons aïeux.

Venez, venez, venez, venez
Veoir maistre Pierre du Cognet.
Sans causes il n'a pas renom,
C'est une gratieuse imaige ;
Amoureux, doux et mignon,
Et un souverain visaige.
Il a un peu faute de nez,
Mais, seurement, je vous promets
Que ne connûtes onc si doucet,
Le plus godin (*joli*) de tous les laïcs,
C'est maistre Pierre du Cognet.
Venez, venez, etc.

Par son maintien doux et courtois,
Amoureux et non rebelle,
On lui a offert maintefois
Devant son saint nez des chandelles.

Bourgeois, marchands, tant beaux que laids,
Gâteurs de pavez ou palais,
Rinceurs de tasses et gobelets,
A Notre-Dame devez aller
Veoir maistre Pierre du Cognet.
Venez, venez, venez, venez
Veoir maistre Pierre du Cognet.

On remarque comme une singularité, du côté des orgues, deux colonnes qui, vis-à-vis, sont remplacées par un pilier. Ces deux colonnes sont à gauche, en entrant dans la nef, et le pilier à droite. On ne peut guère expliquer cette bizarrerie dans la construction d'un édifice bâti avec autant de solidité que de régularité. Cependant si l'on considère les détails des ornements parallèles, on y trouve des différences très sensibles, faites pour étonner particulièrement les artistes.

Nous désirerions aussi pouvoir donner une explication satisfaisante du motif qui a engagé les architectes de ce temple, à placer un grand cierge ou flambeau parmi les colonnes qui composent le premier pilier à main droite, en entrant dans la nef. Quelques personnes prétendent que ce flambeau est un emblème que l'on remarque également dans plusieurs autres églises. C'est une longue colonnette tronquée, surmontée de flammes ; elle traverse les chapiteaux des piliers, et s'élève jusqu'aux voûtes.

Il y avait autrefois des chapelles à chaque pilier de l'église ; on les ôta en 1680. Les figures des Apôtres qui y étaient adossées et qui ont disparu en 1794, avaient été posées en 1534, aux frais de M.ʳ Nicolas *Fritard*, chanoine de Sens. M.ʳ *d'Hesselin*, doyen de Sens, mort en 1772, pour les garantir de la poussière qui tombait des voûtes, fit faire, au-dessus de ces figures, des couronnements qui n'ont pas été détruits, et que l'on remarque encore aujourd'hui.

Le grand autel, et le magnifique baldaquin soutenu sur quatre colonnes de marbre, furent élevés en 1742, sur les dessins de *Servandoni*, aux frais de M.ʳ *Languet*, archevêque.

Le sanctuaire et le chœur furent pavés en 1743. La nef et tout le reste de l'église le furent en 1769; cette dernière dépense monta à 30,000 fr.

L'église a été blanchie entièrement en 1767, par des ouvriers italiens; cette dépense coûta 5,000 fr.

La principale porte du chœur a été posée en 1762; les deux jubés, et les deux autels de Saint-Martin et de Saint-Louis, qui sont au-dessous, ont été finis la même année.

Les stalles ont été posées en 1730. Précédemment, il y en avait d'autres qui avaient été faites sous *Louis de Melun*, ou sous *Tristand de Sallazar*, son résignataire; celles d'avant avaient été faites aux frais d'*Hugues de Toucy*.

Anciennement, les orgues étaient placées dans

celle des arcades de la nef qui est vis-à-vis du sépulcre. On y montait par le même escalier qui conduit à la petite chapelle de Saint-Denis, au-dessus de ce même sépulcre. En 1722, elles furent transférées dans le jubé de l'Évangile, où elles restèrent jusqu'en 1734. A cette époque, on posa au-dessus des grandes portes de l'église, le buffet et tous les accessoires que l'on y voit aujourd'hui ; ils furent construits du produit d'une réserve obtenue du Roi par le Chapitre, en 1725. Un chanoine de Notre-Dame, nommé *Servignien*, en 1720, était organiste de la cathédrale. Les premières orgues qui parurent à Sens, furent placées dans l'église de Saint-Hilaire, en 1550. Ce ne fut guère qu'un demi-siècle après qu'on en vit à Saint-Étienne.

La musique était autrefois rigoureusement proscrite de cette église. Le Chapitre de Sens, fidèle à cet antique axiome : *Ecclesia Senonensis nescit novitates*, s'opposa constamment à l'introduction de tout autre instrument que les orgues, dans la cathédrale. Dom *Martenne*, en parlant de cette église, dit que de son temps on y chantait un beau plain-chant, bien plus agréable que la musique ; il ajoute qu'il assista à une grande messe des morts qu'on chanta d'un ton extraordinairement bas ; je ne sais, dit-il, si cela n'était point affecté pour marquer la tristesse et le deuil.

Au-dessous des orgues, on voyait autrefois un

grand labyrinthe incrusté en plomb dans le carreau de la nef dont il occupait toute la largeur. Cet ouvrage, très-ingénieusement combiné, avait 30 pieds de diamètre ; il fallait une heure entière pour en parcourir tous les circuits, et l'on faisait 2,000 pas en les suivant exactement, sans repasser par le même endroit. Il fut enlevé en 1768, lorsque MM." du Chapitre firent paver régulièrement leur église. Nous présumons que ce labyrinthe fut fait avec le plomb que l'on retira de la tour de pierre, qui, avant 1518, était couverte de ce métal comme l'autre tour.

On n'a pu préserver des ravages de la révolution une chaire célèbre que l'on voyait autrefois dans la nef de cette église. Cette chaire était celle où *saint Bernard* avait fait censurer *Abailard*, dans le concile convoqué, en 1140, par Henri *Sanglier*, archevêque de Sens. *Abailard*, qui avait demandé ce concile pour justifier sa doctrine, y fut confondu par le saint Docteur, dès la première interpellation. Cette assemblée était nombreuse : le roi Louis-le-jeune, lui-même, y assista accompagné de *Thibaud*, comte de Champagne, et du comte de Nevers ; et, outre tous les prélats de la province de Sens, *Samson*, archevêque de Reims, y vint avec trois de ses suffragants.

Abailard avait déjà été condamné, pour ses erreurs en matière de foi, dans un concile tenu à

Soissons, et il ne s'était pas corrigé. « Lorsqu'il parle
» de la Sainte-Trinité, disait saint Bernard, il le
» fait dans le goût d'Arius; c'est Pélage sur la
» grâce; c'est Nestorius sur la personne de Jésus-
» Christ. » Le saint abbé de Clairvaux le vit en
particulier, et lui parla avec tant de force qu'il tira
de lui-même une promesse de corriger ce que l'on
reprenait dans ses écrits; mais Abailard ne tint pas
parole, il provoqua même l'accusation de saint
Bernard, et sachant que l'archevêque de Sens devait tenir un concile de sa province, il engagea ce
prélat à y inviter l'abbé de Clairvaux, afin que le
différend fut jugé contradictoirement entre les deux
parties. Saint Bernard eut d'abord de la répugnance
à accepter le défi; il se croyait trop faible pour se
commettre avec un antagoniste aussi aguerri qu'Abailard; car ce dernier n'était pas moins fameux
alors par ses talents, son érudition et ses vastes
connaissances, que par sa passion malheureuse
pour la sensible Héloïse que sa tendresse, son esprit et ses charmes ont également immortalisée.
Saint Bernard craignit donc d'exposer à un affront
la cause de la vérité; c'est ce qu'il écrivit au Pape,
en lui disant qu'il n'était qu'un enfant dans le genre
de combat où Henri Sanglier voulait l'engager.
Cependant, vaincu par les instances de ses amis,
il se rendit à Sens au temps marqué.

Saint Bernard et Abailard parurent ensemble

devant le concile. Le premier produisit les ouvrages composés par l'autre, ou que le public lui attribuait, et des extraits de ces livres, et il le somma ou de nier que ces écrits et ces propositions fussent de lui, ou, s'il s'en reconnaissait l'auteur, d'en entreprendre la défense ou bien de les corriger. Abailard n'accepta aucun de ces trois partis, et sans vouloir s'expliquer, il en appela au pape. On a dit qu'il craignait une émeute populaire, dans laquelle il eût été exposé à être mis en pièces. Mais c'est une allégation sans preuve, et elle ne le justifie pas d'avoir décliné un tribunal qui était de son choix. Malgré les instances des prélats, il persista dans son appel, et refusa opiniâtrément de répondre. Le concile respectant l'autorité du souverain pontife, et ne voulant pas cependant que l'erreur parût triompher de la vérité, condamna les propositions qui lui avaient été déférées, et ne prononça rien contre la personne de l'accusé. Les archevêques de Sens et de Reims, ainsi que saint Bernard, en rendant compte au pape de ce qui s'était passé dans le concile, le prièrent de condamner les livres d'Abailard au feu, et d'imposer un éternel silence à ce docteur téméraire. Innocent II prononça le jugement demandé par eux, et leur donna commission d'arrêter Abailard, et de l'enfermer dans un monastère. Pierre le vénérable, abbé de Clugny, épargna ce genre de punition à ce malheureux, que la légèreté et l'amour d'une vaine gloire avaient égaré. Il le recueillit dans son monastère, lui fit abjurer ses erreurs, et le réconcilia avec saint Bernard.

Abailard mourut en 1142, muni des sacrements de l'église qu'il reçut avec de grands sentiments de piété. Quelques auteurs, entre autres dom *Mathoud*, ont prétendu que ce philosophe avait été chanoine de Sens, et d'autres qu'il était chanoine de Chartres ; et l'on voit même, dans une des vitres de la cathédrale de cette dernière ville, un Pierre *Baillart*, représenté en chanoine, que l'on assure être le fameux Pierre *Abailard*.

Il s'est tenu à Sens un grand nombre d'autres conciles moins célèbres que celui de 1140. Nous en donnons ici la suite chronologique, sans entrer dans des détails qui nous feraient sortir des bornes que nous nous sommes prescrites. Plusieurs de ces assemblées ne portent même que le nom de *synodes*, surtout celles qui ont été tenues dans les derniers siècles.

En 601 ou environ. — A ce concile, on traita de la réformation des mœurs, de la simonie et de l'ordination des néophytes. Le P. *Mansi* conjecture que ce fut à cette assemblée que *saint Colomban* fut appelé, et refusa de se rendre, parce qu'on devait y agiter la question qui divisait alors les Français et les Bretons, touchant le jour de Pâques.

657 ou 665, ou suivant d'autres 670. — Ce concile fut tenu par *saint Emmon*, sous le règne de Clotaire III; il y fut question d'affranchir de la juridiction des évêques, les religieux de Saint-Pierre-le-vif et de Sainte-Colombe-lez-Sens. Trente prélats y assistèrent.

846 ou 850. — *Vénilon* y ordonna chorévêque *Audradus Modicus*. Ce concile est daté dans Albéric : *Anno tertio induciarum* ; ce mot *induciarum* marque la paix de 843, entre les fils de Louis-le-débonnaire.

852 ou 853. — On y traita de la confirmation de l'abbaye de Saint-Remy-lez-Sens, dans ses priviléges.

853. — Vénilon présida encore ce concile qui fut convoqué par rapport à *Burchard*, évêque de Chartres, à la consécration duquel la plupart des évêques de France s'opposaient. Charles-le-chauve écrivit en sa faveur, et Burchard fut sacré à Sens, après le concile.

862 ou 863. — Dans ce concile que présida le même Vénilon, on déposa *Herman* ou *Hériman*, évêque de Nevers.

920 ou 923. — Ce concile fut tenu par *Vauthier*, pour réformer la discipline ecclésiastique, surtout à l'égard des religieux et des religieuses : *Propter scandala gravia quæ ex monialium conversatione veniunt*, dit le second canon de ce concile.

980. — Concile tenu par *Sévin*, au sujet d'une donation faite à l'abbé et aux moines de Saint-Pierre-le-vif, et à l'église de Saint-Savinien.

986. — Concile relatif à la discipline ecclésiastique.

1048. — Concile au sujet de l'établissement du monastère de Saint-Ayoul de Provins, que Thibaud III, comte de Champagne, voulait fonder. Henri I.er, roi de France, assista à cette assemblée qui fut présidée par *Gelduin*, archevêque de Sens.

1074. — Concile tenu en faveur du monastère de *Celle* ou *Moutier-la-Celle*, près de Troyes.

1075. — Autre concile en faveur du même monastère.

1080. — Autre, présidé par *Richer*, au sujet des priviléges de Saint-Pierre-le-vif.

1083. — Autre, tenu par le même, suivant une charte de *saint Rémy*, et dont on ignore le sujet.

1127. — Autre, présidé par Henri *Sanglier*, suivant une charte de l'abbaye de Saint-Jean, et dont on ignore également le sujet.

1140. — C'est le concile où fut condamné Abailard, et dont nous avons parlé précédemment.

1144. — Concile tenu pour l'ordination de *Hugues de Toucy*, archevêque de Sens.

1198 ou 1199. — Dans ce concile convoqué par *Michel de Corbeil*, contre l'hérésie dite *Populicana*, on déposa l'abbé de Saint-Martin de Nevers. Les *Poplicains*, espèce de Manichéens, découverts en Nivernais, niaient la présence réelle de Jésus-Christ dans l'eucharistie. *Pierre de Capoue*, cardinal et légat du Saint-Siége, envoyé par le pape Innocent III, présida l'assemblée. On y traita aussi des moyens d'obliger le roi Philippe-Auguste, à reprendre sa femme *Ingerburge*, et à quitter *Agnès de Méranie*.

1209. — Concile de Sens, où l'on ordonna de brûler tous les livres d'Aristote, avec défense de les lire, de les copier ou de les garder. *Rollin* parle de ce concile de Sens, qu'il dit avoir été tenu à Paris.

1216. — Concile tenu cette année, et contenant 7 canons. On en ignore le sujet.

1239. — Autre, en 14 canons, relatif à la discipline ecclésiastique, et au clergé régulier et séculier.

1252. — Concile d'où l'on envoya une monition canonique à Thibaud VI, roi de Navarre et comte de Champagne, pour l'engager à restituer les biens de l'église acquis depuis 40 ans dans ses États. *Gilon Cornut* présida l'assemblée à laquelle assistèrent 6 ses suffragants.

1256, 31 juillet. — Ce concile, tenu par Henri *Cornut*, fut relatif à l'homicide d'un ecclésiastique, et à un différend entre l'université et les frères prêcheurs.

1256, 24 octobre. — Autre concile tenu par le même, où l'on ordonna au Chapitre de Chartres de se retirer à Étampes, jusqu'à ce qu'on lui eût assuré sa tranquillité à Chartres.

1269. — Concile en 6 canons, contre l'incontinence des clercs, et pour la réforme de la discipline ecclésiastique. *Pierre de Charny* le présida.

1274. — Concile tenu par *Pierre d'Anisy*, dont on ne sait pas le sujet.

1280. — Concile tenu par *Gilon Cornut* II, relatif à quelques violences faites dans une église du diocèse de Chartres.

1299. — Concile relatif à la discipline ecclésiastique.

1310. — Concile de Sens, convoqué à Paris, par *Philippe de Marigny*, frère d'Enguerrand de Marigny, contre les Templiers.

1320. — Autre concile, en 4 articles, relatif à la discipline ecclésiastique. On y interdit les lieux où les clercs auraient été emprisonnés par des juges laïques. Il y est fait mention, pour la première fois, de l'exposition et de la procession du Saint-Sacrement. *Guillaume de Melun* présida l'assemblée.

1323. — Concile de Sens, cité dans *Labbe* et dans *Hardouin*.

1329 ou 1330. — Autre, tenu par *Guillaume de Brosse*, concernant la discipline ecclésiastique.

1346. — Autre concile de Sens, cité dans *Hardouin*; et dans *Luc d'Achéry*, tom. v, p. 128.

1429. — Concile tenu par *J. de Nanton*, chez les Barnabites de Paris, pour la réforme de la discipline ecclésiastique.

1460 ou 1461. — Autre, tenu à Sens, par *Louis de Melun*, au sujet de la juridiction et de la discipline ecclésiastique.

1485. — Dans ce concile, présidé par *Tristand de Sallazar*, on confirma les canons du concile de 1460, sauf quelques modifications.

1524. — Synode d'*Étienne de Poncher*, dont les statuts sont imprimés en un vol. in-4.º Paris, *Chevalon*, 1524.

1528. — Concile de Sens, tenu à Paris au mois de février, par le cardinal *Duprat*, pour y condamner *Luther* et ses adhérents.

1554. — Synode tenu par le cardinal *de Bourbon*, dont les statuts sont imprimés in-8.º, Sens, *Delamarre*, 1554.

1612. — Concile de Sens, convoqué à Paris par le cardinal *Duperron*; on y condamna le *Traité de la puissance ecclésiastique et politique*, du célèbre *Edmond Richer*, docteur de Sorbonne.

1644. — Synode d'*Octave de Bellegarde*, dont les statuts furent publiés, en latin, en 1645.

1650, le 17 mai. — Synode des évêques et des députés ecclésiastiques de la province de Sens, convoqués à Paris par *Henri de Gondrin*, où l'on condamna un libelle dirigé contre ce prélat, par les Jésuites, et intitulé : *Théotyme, ou dialogue instructif sur l'affaire présente des Jésuites de Sens.*

Cette condamnation fut approuvée depuis par tout le clergé de France. (Voy. *Mém. du clergé.*)

1658. — Autre synode, tenu par *Henri de Gondrin*, et dont les statuts ont été imprimés en 1659, in-8.°, et en 1665, in-12.

1660. — Synode tenu à Sens, le 2 mai, où l'on condamna un livre intitulé : *Apologie des casuistes.*

1678. — Autre synode tenu à Sens, par *J. de Montpézat*, dans lequel ont été confirmés les règlements des synodes précédents.

1692. — Autre synode, par *Fortin de la Hoguette*, dans lequel ont été examinés les anciens statuts synodaux du diocèse, qui ont été augmentés par ce prélat, et publiés en 1693, in-8.°

1699, le 1.er juin. — Synode à Sens, où fut censuré le livre intitulé : *Maximes des Saints*, composé par *Fénélon*, archevêque de Cambray.

1761, le 29 mars. — Assemblée des évêques de la province de Sens, présidée par *Paul d'Albert de Luynes*, pour le sacre de M.r de Barral, évêque de Troyes.

(*Tiré de l'Almanach de l'an* xiii.)

CHAPITRE XXII.

DESCRIPTION DES MAUSOLÉES.

Le vandalisme révolutionnaire a fait disparaître de cette église plusieurs mausolées qui autrefois y attiraient l'attention des curieux et des connaisseurs. Il ne reste maintenant aucun vestige de celui des *Sallazar* qui ornait la nef, ni de celui des deux *Duperron* qu'on voyait placé au-dessus de la porte latérale du chœur (côté de l'épître). Le tombeau du cardinal *Duprat*, placé à gauche du maître-autel, est détruit en grande partie ; seulement on a soustrait à la faux de l'anarchie, les précieux bas-reliefs qui le décoraient : ces morceaux, estimés particulièrement des artistes, sont aujourd'hui déposés dans la salle dite du Chapitre, où les amateurs et les étrangers vont encore les admirer.

MAUSOLÉE DE DUPRAT.

Description de ce monument, insérée dans le MAGASIN ENCYCLOPÉDIQUE, *en* 1795.

La fureur destructive ne se borna pas, en 1794, à détruire le portail de la cathédrale de Sens, ni à en précipiter les statues colossales qui décoraient l'extérieur; si elle eût terminé là sa rage, les arts n'auraient pas tant à gémir, ni tant d'objets à regretter; mais l'intérieur, rempli de monuments et de chefs-d'œuvre, fut leur théâtre principal : les tombeaux des Sallazar, des Duperron, des Duprat, tous en marbre ou en albâtre, furent livrés aux marteaux de ces furieux, et ils n'en épargnèrent que ce qu'ils ne purent atteindre.

Parmi ces monuments, le tombeau d'Antoine Duprat, chancelier de France et cardinal, était celui qui fixait le plus l'attention; placé dans le sanctuaire, à côté de l'autel, il y faisait un objet de curiosité pour les voyageurs. Un corps mort, couché et étendu sur la pierre, présentait un vrai modèle et une parfaite imitation du sort humiliant que la nature destine à chaque individu; il paraissait rongé de vers et n'offrant qu'un spectre décharné et un tableau dégoûtant, mais vrai dans toutes ses parties. Ce corps, dis-je, et les ornements qui accompagnaient le haut du mausolée, ont été brisés sans qu'on ait pu parvenir à en rapprocher les fragments.

Les quatre faces étaient ornées de bas-reliefs de la plus grande beauté; et ils sont la seule chose que, avec du courage et de sages précautions, on ait pu sauver; pendant plus de deux ans, ils ont été tenus cachés derrière des livres qui leur ont servi de remparts et de rideaux. En totalité, la longueur de ces bas-reliefs est de quinze pieds et un pouce; ils sont distribués en six pièces de seize pouces de hauteur, qui toutes se rapportent aux quatre événements les plus marquants de la vie de ce prélat. Pour leur intelligence, j'analyserai la vie de Duprat, duquel peu d'écrivains ont dit du bien, et on ne peut disconvenir qu'il ne fût un modèle du plus parfait égoïsme, et l'homme le plus ambitieux.

Antoine Duprat naquit à Issoire en Auvergne, vers l'an 1463, et il reçut une très-bonne éducation. Après de bonnes études, la duchesse d'Angoulême, mère de François I.er, l'employa à Cognac dans la régie de ses biens; ensuite il fréquenta le barreau à Toulouse. Après son mariage avec Françoise *Veny*, fille d'un riche négociant et bourgeois de Riom, il fut pourvu de la charge de lieutenant-général au bailliage de Mont-Ferrand en 1490, et ensuite avocat-général du parlement de Toulouse en 1495.

Il fut appelé, en 1503, à Paris, par le roi Louis XII, et pourvu d'une charge de maître des requêtes; créé président en 1506, et enfin premier président en 1507. Cette même année sa femme mourut à l'âge de trente ans, et fut enterrée aux Minimes de Chaillot, où l'on voyait son tombeau et son épitaphe (1). Il en eut deux fils et deux filles : l'aîné

---

(1) Duprat portait d'or, à une fasce de sable accompagnée de

des fils continua la famille et la postérité, et *Guillaume*, le plus jeune, fut fait évêque de Clermont.

Après la mort de sa femme, quoique premier président, il entra dans les ordres, et fut successivement évêque de Meaux, ensuite d'Alby, et en 1515, le roi François I.er le fit chancelier de France, et ayant accompagné le roi dans la conquête du Milanais, il fut fait chancelier de Milan. Ce fut là, de concert avec François I.er et le pape Léon X, que l'on cassa la pragmatique, et que l'on établit le concordat contre l'injustice duquel toute la France réclama; mais Duprat convoitait le chapeau de cardinal.

On ne peut cependant disconvenir que Duprat ne fut un habile politique. On trouve dans *Camusat* (*Mélanges historiques*, imprimés à Troyes en 1619), une lettre de lui au pape Clément VII, datée de 1531, où il traçait à ce pontife une conduite prudente, telle qu'il la devait tenir à l'égard du divorce de Henri VIII; mais aveuglé par ses propres intérêts, il leur sacrifia ceux de l'État.

Pendant la prison de François I.er, en Espagne, Duprat se fit nommer par la reine mère à l'archevêché de Sens, vacant par la mort d'Étienne Poncher; mais le chapitre nomma en même temps Jean

---

trois trèfles de sinople, dont deux en haut et un par bas, (Voyez *Antiquités nationales*, par A.-L. Millin, tome II, article 12, pag. 18.

de *Sallazar*, et Duprat, ayant envoyé un fondé de procuration pour prendre possession en son nom, il fut cruellement maltraité par les habitants de Sens, et il ne put s'acquitter de sa commission; en sorte, disait M.ᵣ de Gondrin, dans un de ses *Factum* contre le Chapitre de Sens, page 243, qu'il n'osa mettre le pied dans la ville, où il n'entra qu'après sa mort, sans avoir pu voir son église.

Le pape Clément VII lui donna le chapeau en 1527; et par une bulle du 4 juin 1530, il le nomma légat en France, et en cette qualité il fit son entrée solennelle à Paris, le 17 septembre 1530. Cette entrée, qui fait le sujet le plus beau d'un des bas-reliefs, est décrite fort au long par Godefroy, cérémonial français, tome 2, page 822.

La mère du roi, sa protectrice, et de laquelle il avait été le ministre des vengeances, étant morte en 1531, il commença à perdre son crédit, et le perdit tout à fait par l'excès de son ambition, et voici le fait : le pape étant mort en 1534, Duprat porta ses vues jusqu'à prétendre lui succéder, et il en communiqua le projet à François I.ᵉʳ qui lui répondit n'avoir pas le moyen de le porter jusques-là; mais Duprat, sans se déconcerter, répliqua qu'il pouvait lui-même subvenir à toutes les dépenses : cette réponse fit connaître au roi les richesses qu'il avait amassées. Duprat, trompé dans ses espérances, tomba malade de chagrin à Nantouillet, et le roi fit saisir ses meubles et ses trésors. Il voulut en porter ses plaintes; il n'eut d'autre réponse de François I.er que celle d'être traité comme il avait conseillé qu'on traitât les autres, et il mourut dans son château de Nantouillet au mois de juillet 1535. Son corps fut ensuite conduit à Sens, où il fut enterré.

J'ai trouvé dans les archives de l'archevêché une espèce de concile provincial de Sens, assemblé à Saint-Germain-en-Laye, le 25 mai 1532, de l'autorité d'Antoine Duprat, cardinal, archevêque de Sens, et président du concile, dans lequel il accorde, sur les ecclésiastiques de son diocèse, une levée de 4 décimes, pendant 2 ans, en forme de don gratuit, pour obtenir la rançon et la délivrance du dauphin et du duc d'Orléans détenus en otage à Madrid. Ce concile, dans lequel il ne s'agissait que du temporel, n'a pas eu place dans la grande collection, et on peut le regarder comme faisant partie de celui que le même Duprat assembla sous le nom de concile de Sens, en 1528, contre les erreurs de Luther, et qui fut imprimé chez Simon de *Colines*, en 1532, in-folio.

Toutes ces particularités ont été tirées des archives de l'archevêché et du Chapitre, et elles sont nécessaires pour l'explication des bas-reliefs de son tombeau. La première pièce le représente siégeant à la chancellerie, avec tout l'ordre et les costumes qui s'observaient dans cette juridiction; la deuxième, son entrée à Paris en qualité de légat ; la troisième, l'assemblée du concile où il présida ; la quatrième enfin, l'entrée du corps de Duprat à Sens, après sa mort, avec le cortége nombreux qui l'accompagnait.

On remarque dans les bas-reliefs une grande correction de dessin, une perspective bien suivie, des têtes très-caractérisées, et enfin un ensemble digne d'un grand maître, et le tout exécuté sur de la pierre douce, ou plutôt de l'albâtre ou gypse tiré des carrières de Salins en Franche-Comté, comme celui qui a servi pour les tombeaux des ducs de Bourgogne, qui se voyaient aux Chartreux de Dijon.

Quant à l'artiste qui en fut l'auteur, il ne m'a pas été possible, malgré mes recherches, d'en découvrir autre chose, sinon que la sculpture en a été faite à Grenoble, et a été transportée à Sens ; et que le tout en place a coûté dix mille écus. Je laisse aux amateurs les soins de découvrir quel fut l'artiste célèbre qui, vers 1540, se trouvait à Grenoble : il en était venu un pour élever un tombeau au chevalier Bayard.

Godefroy ayant cru intéresser la postérité par la description de l'entrée que Duprat fit en qualité de légat à Paris, laquelle est représentée dans le 2.ᵉ bas-relief, j'ai pensé qu'il ne serait pas moins intéressant de donner celle de l'entrée de son corps à

Sens, et de la pompe funèbre qui s'y fit. Elle servira à faire connaître jusqu'où l'on portait le luxe et l'appareil dans ces cérémonies, au commencement du 16.e siècle. Après la mort du chancelier Duprat, le 9 juillet 1535, son corps fut embaumé et placé dans un cercueil de plomb. Le jeudi, 5 d'août, il fut amené à Sens, et déposé au faubourg Saint-Maurice, dans la maison de Jean *Bijard*, et son portrait fut mis dans l'église de ce faubourg, où le jour suivant on fit un office solennel.

Le même jour, treize crieurs, vêtus de noir, portant ses armoiries sur leurs habits, parcoururent la ville en annonçant l'enterrement pour les deux heures après midi; et à deux heures précises, le chapitre de la cathédrale, accompagné du clergé séculier et régulier, et de plusieurs séculiers tous chaperonés, ayant tous à la main une torche garnie d'armoiries, alla recevoir le corps. Ils passèrent par la Grande-rue, toute tapissée en noir, et sur la porte de chaque maison était une torche ardente avec les armoiries du Cardinal.

Tel fut l'ordre de la marche du cortége :

1.° La marche fut ouverte par ceux qui portaient les torches pour la Ville. Ils étaient suivis de ceux de la confrérie de Saint-Nicolas, fondée dans la chapelle de Saint-Laurent à l'archevêché, et d'un grand nombre de domestiques du Cardinal, tous avec armoiries, vêtus en noir et chaperonés.

2.º On voyait ensuite les croix des treize curés de la ville, les crosses des cinq abbayes avec leurs religieux, ensuite les Cordeliers et les Jacobins, et les Augustins de la ville de Paris, marchant tous avec chacun une torche armoriée.

3.º Les treize crieurs jurés.

4.º Un homme à cheval, vêtu de noir, et portant un tapis de drap d'or bordé de soie.

5.º Suivaient cent hommes de pied de la légation, tous en deuil et en chaperon.

6.º Quatre chevaux, couverts de noir, portant le corps placé sur un chariot branlant. Ces chevaux étaient montés par quatre hommes vêtus en noir, et le maire et les échevins de la ville, marchant à côté de la voiture, portaient un riche dais au-dessus du corps.

7.º Suivaient les officiants de l'église avec des torches.

8.º On voyait un homme sur un cheval, couverts l'un et l'autre de velours noir; cet homme portait la masse, et était précédé d'un cheval couvert de velours noir, croisé de satin blanc, avec un oreiller sur lequel était placé un petit coffre qui indiquait les sceaux de la chancellerie.

9.º Ensuite un homme, vêtu de velours noir, monté sur une mule, couverte de velours rouge traînant jusqu'à terre, portait devant lui le chapeau de cardinal.

10.º Deux pages à cheval tout habillés et couverts de velours noir, portant l'effigie du cardinal, qui était couverte d'un dais ou ciel de drap d'or que portaient d'autres pages à pied.

11.º Ses deux fils, l'évêque de Clermont et Antoine Duprat, seigneur de Nantouillet, assistés de deux présidents au parlement, ayant chacun un homme portant les queues de leurs robes qui pendaient de cinq à six aunes.

12.º Enfin, grand nombre de gentilshommes en deuil, le bailli de Sens, le lieutenant-général et le lieutenant-particulier, l'avocat et le procureur du roi, tous en habit de deuil et en chaperon, terminaient le cortége. Mais lorsque le corps fut arrivé devant l'église, les domestiques firent tapage, et mirent en pièces à coups d'épée le dais de drap d'or qui couvrait l'effigie.

L'église fut toute tapissée en noir ; on déposa dans le chœur, sous une chapelle ardente, son cercueil de plomb cousu dans du velours noir et couvert d'un magnifique poêle en drap d'or. Le lendemain on fit les obsèques. A la dernière messe se firent les offrandes. Ses deux fils, précédés du clergé, et accompagnés des deux présidents du parlement et du bailli de Sens, s'y présentèrent ; et on portait devant chacun d'eux un gros cierge en cire blanche, auquel on avait attaché plusieurs écus d'or.

Un docteur de Sorbonne prononça l'oraison funèbre dans le chœur, et après la cérémonie, on déposa le cercueil dans une des chapelles, où il resta jusqu'à ce qu'on eût fini le caveau qui lui était destiné, et où il fut déposé à côté du grand autel, sur lequel, quelques années après, on plaça son superbe mausolée; et enfin la cérémonie se termina par un grand et magnifique repas donné à l'archevêché.

A l'honneur de Duprat, on peut rappeler ici qu'il avait augmenté l'Hôtel-Dieu de Paris d'une grande et belle salle, et d'un grand portique en pierres de taille, du côté du Petit-Pont, à la droite duquel on voyait sa statue à genoux, les mains jointes et en costume de cardinal. (*Cet article est de M.* Laire, *décédé bibliothécaire, à Auxerre en* 1801.)

MAUSOLÉE DU DAUPHIN ET DE LA DAUPHINE.

Ce mausolée, dont la cathédrale de Sens est embellie, est celui de Louis (1), dauphin de France (fils de Louis XV et père de Louis XVI), et de Marie-Josèphe DE SAXE, son épouse. Nous entrerons dans quelques détails, au sujet de l'origine et

---

(1) P. Gallet, dans son *Voyage sentimental de Paris à Berne*, Paris, 1801, 2 vol. in-12, dit à tort, qu'il a vu à Sens le mausolée du grand Dauphin. On sait que les historiens ne donnent cette qualification qu'au Dauphin fils de Louis XIV, père du Dauphin connu sous le nom du duc de Bourgogne, et grand-père de Louis XV.

de la construction de ce monument, et, après en avoir donné une description circonstanciée, nous la ferons suivre de quelques critiques judicieuses et même sévères qui en ont été faites.

Pour conserver ce magnifique mausolée, on fut obligé, dans le commencement de 1793, de le faire transporter hors de l'église, et de le déposer dans une maison du Cloître, sous une simple remise. Il y resta jusqu'au rétablissement du culte, époque à laquelle il a été replacé, non au milieu du chœur, où il était antérieurement, mais dans la chapelle de Sainte-Colombe, derrière le sanctuaire.

On se demanda, lors de la mort du Dauphin, et l'on se demande encore aujourd'hui, pourquoi ce prince avait choisi Sens pour le lieu de sa sépulture, avec d'autant plus de raison que cette ville ne possédait les restes d'aucun roi de France, si ce n'est de Raoul (1), à qui quelques historiens n'accordent que le titre d'usurpateur. Les uns ont présumé que le cardinal de Luynes, qui resta auprès du Dauphin, pendant toute sa maladie, l'avait engagé à demander qu'il fût enterré à Sens ; suivant d'au-

---

(1) Raoul mourut sans lignée à Auxerre, le 15 janvier 936 ; il reçut les honneurs de la sépulture et fut enterré à l'abbaye de Sainte-Colombe-lez-Sens. (Cette abbaye était le lieu ordinaire de la sépulture des comtes de Sens.) Il laissa à cette abbaye son sceptre, sa couronne et plusieurs richesses. Son tombeau qui était peu élevé fut détruit par les Calvinistes en 1567.

tres, ce propos était sans fondement; mais le Dauphin ayant toujours manifesté le désir d'être inhumé dans le diocèse où il aurait cessé de vivre, c'est parce qu'il mourut à Fontainebleau qu'il a eu sa sépulture à Sens. Il en avait, ajoute-t-on, désigné lui-même l'endroit au milieu du chœur de l'église métropolitaine.

Ce prince étant mort le 20 décembre 1765, âgé de 36 ans, le Roi manda Mgr le cardinal de Luynes pour lui apprendre que son fils avait souhaité qu'on l'inhumât dans son église. Ce ne fut que le 28 que ses tristes obsèques se célébrèrent avec toute la pompe convenable. Un grand nombre d'ouvriers sous les ordres de M. de Moranzol, contrôleur des bâtiments du Roi, dès le 21, s'étaient livrés à la construction d'un caveau voûté en pierres de taille, au milieu du chœur spacieux de la cathédrale (1).

_____

(1) En faisant la fouille pour la construction de ce caveau, on trouva les corps de deux archevêques de Sens : l'un nommé *Gaultier Cornut* avait été en 1234 nommé ambassadeur, avec le seigneur *Jean de Neesle*, pour aller faire la demande en mariage de *Marguerite*, fille aînée du comte de *Provence*, pour *Saint-Louis*. Les ambassadeurs amenèrent cette princesse à Sens, où le même Gaultier fit la cérémonie du mariage, avec la magnificence qui convenait au siècle et à la circonstance. Quelques jours après, la jeune reine fut couronnée également à Sens, dans la cathédrale. Cet archevêque mourut en 1241; il était enterré à droite du côté de l'Épître. L'autre qui se nom-

D'autres fabriquèrent une infinité de bancs destinés à placer les personnes que le devoir et la piété amèneraient à cette cérémonie, et élevèrent l'estrade sur laquelle devait être exposé le corps du Prince.

L'église fut revêtue de tentures jusqu'à la naissance des voûtes, et le chœur fut fermé par un grand drap mortuaire, au milieu duquel était placé l'écu de Monseigneur le Dauphin. Une litre de velours, garnie d'armoiries, ceignait le chœur en entier. Les stalles, les pupitres, les bancs et les pavés étaient couverts de draps noirs ; sur la cor-

---

mait *Gilles* ou *Gillon Cornut II*, arrière-neveu du précédent, mourut en 1292, et fut enterré à gauche, côté de l'Evangile. Ces deux archevêques furent retirés et transférés aussitôt dans le caveau destiné depuis à la sépulture de leurs successeurs, au bas des degrés du sanctuaire. Le corps de Gaultier s'était conservé 524 ans, entier et sans dérangement, dans l'attitude qu'on lui avait donnée lors de sa sépulture. Ses dalmatiques et sa chasuble de soie, de couleur tannée, conservaient encore cette couleur, et leur premier arrangement ; le *pallium* s'y retrouvait aussi. Ce prélat couché dans une bière de pierre, portait au doigt un anneau d'or travaillé, où était enchâssé un rubis cabochon ; il avait sur la poitrine un calice avec sa patène et à côté de lui une crosse dont le haut était de cuivre doré émaillé, et le bâton de bois vermoulu. Ces quatre pièces, qui s'étaient conservées sans altération, furent déposées alors dans le trésor de Saint-Etienne. Aux premières impressions de l'air, on vit le corps s'affaisser, et au toucher se réduire en poussière, à l'exception de quelques gros ossements.

niche des stalles, régnait un long cordon de fleurs de lis entremêlées de cierges.

Le samedi 28, tout se trouvant prêt pour la célébration de ces tristes obsèques, Mr de la Roche-Aymon, archevêque de Reims et grand aumônier de France, fit à onze heures du matin, à Fontainebleau, la cérémonie de lever le corps, qui fut placé dans un char funèbre (1), et le convoi se mit en marche dans l'ordre suivant : 2 gardes-du-corps ouvraient; suivaient 60 pauvres vêtus de drap gris (2), portant des flambeaux ; venaient ensuite un détachement de 50 mousquetaires de la seconde compagnie, 50 de la première, et 50 chevau-légers, rangés sur deux files. Un carrosse de Monseigneur le duc d'Orléans, dans lequel étaient 4 gentilshommes de ce Prince, précédait 4 carrosses du Roi. Les deux premiers étaient occupés par les menins (3); le troisième l'était par Monseigneur le

---

(1) Ce char n'était pas aussi élevé que ceux qu'on avait coutume de construire pour de pareilles pompes, à cause des portes très-basses de la ville de Moret où le convoi devait passer.

(2) Tous ces pauvres reçurent chacun 12 livres outre leur habillement. Le Roi ayant remis à madame la Dauphine 50 louis qui s'étaient trouvés dans la cassette du Dauphin, après sa mort; cette vertueuse princesse les donna à Mgr le cardinal de Luynes, pour en faire la distribution aux pauvres les plus nécessiteux de la ville de Sens.

(3) MM.^{rs} du Muy, de Périgord, de Choiseul (le comte), de Civrac, de Rochechouart, du Châstelet-Lomont, de Bouf-

duc d'Orléans, premier prince du sang, nommé par le Roi pour présider à ces lugubres funérailles; ce Prince était accompagné du duc de Fronsac, du duc de Tresmes, du marquis de Chauvelin, du comte de Pons, et du vicomte de Noé. Dans le quatrième carrosse étaient le grand aumônier de France, un aumônier du Roi (M.r l'abbé de Talleyrand), le confesseur du Dauphin (l'abbé Caulet) et le curé de Fontainebleau (M.r Meynier, missionnaire). Ces carrosses étaient drapés et attelés de 8 chevaux caparaçonnés de noir, chargés de bandes de moire d'argent. Venaient ensuite les pages de madame la Dauphine, ceux de la Reine, 24 pages du Roi et plusieurs écuyers de leurs majestés. Quatre trompettes des écuries et les hérauts d'armes précédaient M.r de Nantouillet, maître des cérémonies, et M.r le marquis de Dreux, grand-maître des cérémonies de France. Quatre chevau-légers marchaient immédiatement devant le char funèbre où était placé le cercueil de monseigneur le Dauphin, environné de 4 chapelains du Roi, qui portaient les coins du poêle. Ce char était cintré et couvert d'une draperie noire tombante jusqu'à terre; une grande croix de moire d'argent la traversait. Aux angles étaient les armoiries de ce prince.

---

fiers, de Fosseuse, de Tavannes, de Talleyrand, du Roure et de Choiseul (le vicomte).

Il était entouré d'un grand nombre de valets de pied de sa Majesté. Les commandants des gendarmes, des chevau-légers et des mousquetaires étaient près des roues; aux deux côtés marchaient les cent Suisses de la garde du Roi. M.' de Saint-Sauveur, lieutenant des gardes-du-corps, suivait le char, à la tête de son détachement. Après lui venait un autre détachement de 50 gendarmes; le carrosse de monseigneur le duc d'Orléans attelé de 8 chevaux et drapé comme les précédents, suivait ce cortége. Personne n'était dans cette voiture, et les pages de ce Prince, vêtus de deuil, étaient à cheval des deux côtés. Le carrosse de M. le grand aumônier venait ensuite, suivi de celui de M. le duc de Trosmos et de quelques autres qui terminaient cette pompe funèbre. Toutes les troupes de sa Majesté, ainsi que les pages et les valets de pied, portaient des flambeaux.

A sept heures du soir, ce magnifique convoi arriva et fit son entrée dans la ville de Sens, par la porte d'Yonne (1). Les habitants, et une foule immense d'étrangers que ce lugubre appareil avait attirés, bordaient les rues, et remplissaient les maisons qui étaient sur le passage. Le char funèbre

---

(1) Cette porte était la principale de la ville, comme nous l'avons dit ci-devant, pag. 400. Lors de l'entrée du convoi funèbre du Dauphin, elle fut couverte de tentures noires.

étant parvenu sur la place de S.t-Étienne, tous les différents détachements s'y rangèrent en ordre de bataille.

M.gr de Luynes, archevêque de Sens, revêtu de ses habits pontificaux, accompagné des évêques de Callinique, d'Auxerre et de Coutances, et du clergé de son église, tous en chape et un cierge à la main, reçut le corps de monseigneur le Dauphin, qui fut d'abord porté par les gardes-du-corps, sur une table préparée à l'entrée de la nef. Le grand aumônier de France, en le présentant au Chapitre, fit un discours auquel l'archevêque de Sens répondit. On récita les prières ordinaires, et le prélat donna au corps l'eau bénite et l'encens. Ensuite il fut porté dans le chœur; 4 dignitaires du Chapitre soutenaient les quatre coins du poêle, et il fut placé sur l'estrade élevée pour le recevoir. Là, tandis qu'on réitérait l'aspersion de l'eau bénite et l'encensement, on étendit sur le poêle qui couvrait le cercueil, le manteau à la royale. A la tête, fut posée, sur un coussin de velours noir, une couronne d'or entourée d'un crêpe; et aux pieds, les colliers des différents ordres du Roi, et celui de la toison-d'or; un dais aux armes du Dauphin terminait le catafalque, et les gradins étaient garnis d'une multitude de cierges. Le corps resta ainsi exposé toute la nuit, pendant laquelle des chanoines et des chantres récitèrent continuellement des psaumes.

Plusieurs gardes-du-corps et cent Suisses restèrent aussi dans l'église.

Le lendemain 29, à neuf heures et demie du matin, les 4 hérauts d'armes et le roi d'armes, couverts de crêpes, vinrent s'asseoir aux 4 coins du catafalque ; le roi d'armes se mit aux pieds. Plusieurs officiers des gardes faisaient placer, avec l'ordre et la décence convenables au lieu et à cette cérémonie, les différentes compagnies des tribunaux de la ville ; et plus de 1,500 personnes, vêtues de noir, furent assises tant dans les côtés du chœur que dans le sanctuaire et les jubés. Lorsque tout fut disposé, le duc de Fronsac, le marquis de Chauvelin et les menins qui s'étaient rendus chez monseigneur le duc d'Orléans, en sortirent pour aller prendre leurs places dans l'église, et un moment après, M.r le marquis de Dreux vint avertir S. A. S. et la conduisit. Ce prince était, ainsi que la veille, en long manteau de deuil porté par le comte de Pons ; il avait par-dessus, les colliers de l'ordre du Saint-Esprit et de la Toison d'or. Ses gentilshommes le précédaient, et il était accompagné du duc de Tresmes qui marchait un pas en arrière. Après avoir traversé la cour de l'archevêché, il entra dans l'église. Étant parvenu au milieu du chœur, il fit une révérence à l'autel, ensuite au cercueil de monseigneur le Dauphin, et vint se placer dans la seconde stalle du côté de l'épître, proche du sanctuaire, la première étant restée vide. Le duc de Tresmes et les autres personnes occupaient les stalles suivantes du même côté. Celles du côté de l'Évangile vis-à-vis demeurèrent vacantes. Le marquis de Dreux, grand-maître, et M.r de Nantouillet, maître des cérémonies, se placèrent aux pieds du catafalque, sur des siéges qui leur étaient destinés : les autres officiers, aussi vêtus de longs manteaux de deuil, occupèrent les places que leurs rangs ou leurs charges leur assignaient. Les chanoines étaient dans les stalles restantes à droite et à gauche ; MM.rs les évêques de Callinique, d'Auxerre et de Coutances furent placés dans le sanctuaire.

M.gr le cardinal de Luynes, revêtu de ses habits pontificaux, assisté de deux dignitaires du Chapitre, et environné d'un nombreux cortége d'ecclésiastiques, célébra le saint sacrifice avec la plus grande solennité, à la fin duquel le prélat revêtu d'une chape, et toujours environné du même cortége, se rendit auprès du catafalque dont il fit deux fois le tour, en donnant aux Princes l'eau bénite et l'encens ; après quoi le cercueil fut descendu par les gardes-du-corps, de l'estrade dans le caveau. Le roi d'armes dit alors aux hérauts qu'ils s'apprêtassent à remplir les fonctions de leurs charges. L'un d'eux descendit dans le caveau ; un autre resta sur le degré ; le roi d'armes aussitôt dit : *Monsieur le* marquis de Chauvelin, maître de la garde-robe du Roi, apportez le manteau à la royale de monseigneur le Dauphin. Ce manteau lui fut remis sur une écharpe de taffetas noir, et il le fit poser par les hérauts sur le cercueil. Il dit ensuite : *Monsieur le duc de Fronsac, premier gentilhomme de la chambre du Roi, apportez à Mgr le Dauphin la couronne royale*, qui lui fut pareillement remise et placée dans le caveau, dont l'entrée fut à l'instant fermée d'une tombe. Alors le roi d'armes cria à deux différentes fois : *Très-haut, très-puissant et excellent prince, monseigneur Louis, dauphin de France, est mort*. La dernière fois, il ajouta : *Priez Dieu pour son âme*. Cette funèbre cérémonie achevée, M.^r le duc d'Orléans s'approcha et rendit à ces précieux restes les derniers devoirs, en saluant profondément le tombeau qui les renfermait. Ce prince fut ensuite conduit par les seigneurs et les menins, dans son appartement à l'archevêché, où il reçut les compliments de tous les corps ecclésiastiques et laïques de la ville de Sens.

Peu de temps après, un architecte fut chargé par madame la Dauphine, de lever un plan dessiné de l'église métropolitaine de Sens, et principalement du chœur et du caveau où reposait ce qu'elle avait de plus cher. Cette princesse, dès la mort de son auguste époux, avait annoncé hautement son intention d'être inhumée dans le même tombeau.

Un magnifique mausolée devait le couvrir, et M.^r le marquis de Marigny, directeur des bâtiments du Roi, satisfait des ouvrages qui avaient déjà illustré Guillaume *Coustou* fils (1), le chargea de cette entreprise glorieuse. Il fallait que le sujet allégorique indiquât en même temps la présence du prince inhumé et le désir qu'avait manifesté la princesse d'être réunie au corps de son époux. Pour remplir ces vues, *Coustou* imagina de représenter le Temps couvrant d'un voile funéraire l'urne de monseigneur le Dauphin, et de laisser l'autre urne découverte. Cette idée allégorique eut la préférence sur plusieurs autres non moins ingénieuses. Madame la Dauphine décéda (2) avant l'entière exécution du monument. *Coustou* en commença le modèle en 1766, et ne négligea rien de ce qui dépendait de lui pour répondre à la confiance du directeur des bâtiments du Roi. A peine l'illustre artiste avait-il mis la dernière main à son ouvrage, qu'il termina glo-

---

(1) Cet artiste était fils et neveu de deux hommes déjà célèbres dans la sculpture. Il mourut le 13 juillet 1777, âgé de 61 ans.

(2) Marie-Josèphe *de Saxe* mourut le 13 mars 1767 ; conformément à ses désirs, ses cendres furent réunies à celles de son époux ; la cérémonie de ses obsèques se fit les 22 et 23 mars, avec non moins de pompe que celle de son époux. Ce ne fut que dix ans après, que le mausolée fut placé sur leur tombe.

rieusement sa carrière; cependant il n'eut pas la consolation de voir le monument assemblé et monté dans le lieu de sa destination.

On ne pouvait regarder autrefois ce mausolée, placé au milieu du chœur de la cathédrale, sans être frappé de sa magnificence : aussi un voyageur (1) a-t-il dit, en le voyant, *qu'il effaçait le faste sacré, et insultait à l'Éternel ;* mais cette réflexion se ressent du moment d'effervescence révolutionnaire où l'auteur écrivait. Un autre amateur, qui vit le monument en 1777, en a publié une description dont nous donnerons ici un extrait à nos lecteurs.

Ce mausolée lui semble un véritable poëme. « Je vois, dit-il, une action qui commence; l'intérêt s'augmente, et l'attention suspendue est enfin satisfaite par le plus sublime dénouement. J'entre dans le temple que ce monument doit décorer. La première figure qui se présente à mes regards est celle de l'*Amour conjugal.* Il est dans l'abattement, son flambeau est éteint, il l'éloigne de sa vue, et laisse tomber avec douleur ses regards sur un *enfant* tout en pleurs qui brise les chatnons d'une chaîne entrelacée de fleurs, symbole de l'hymen. Le *Temps* a déjà couvert de son voile funéraire

---

(1) Pierre Gallet, *Voyage sentimental,* déjà cité, p. 466.

l'urne de l'auguste Prince, et se dispose à l'étendre également sur celle qui est destinée à sa vertueuse épouse... Ces 2 urnes funèbres sont liées ensemble d'une guirlande de la fleur qu'on nomme *immortelle*. J'avance autour du monument : une inscription funèbre arrête mes regards ; je remarque ensuite du côté qui fait face à l'autel, le *Génie* des sciences et des arts, qui, environné de ses attributs, et appuyé sur un globe, regrette le bonheur et pleure les exemples que la terre a perdus. Tandis que l'*Immortalité* est occupée à former un faisceau ou trophée des attributs symboliques des vertus dont le Dauphin et la Dauphine furent les modèles, et en consacre le souvenir à la postérité ; la *Religion* pose sur leurs urnes une couronne d'étoiles, symbole des récompenses célestes destinées aux vertus chrétiennes. »

» Dans ce mausolée, on remarque de la grandeur, de la noblesse, une majestueuse douleur. Si vous en examinez les détails, que d'esprit, de finesse et de grâces ! Que la figure de la *Religion* est belle et sublime ! quelle dignité, quelle sagesse dans son attitude ; et que de décence dans ses draperies ! L'*Immortalité*, susceptible de plus d'agréments et de légèreté dans les siennes que n'en exigeait la *Religion*, tient le cercle et le laurier, attributs qui lui appartiennent. Le regret causé par la mort du Dauphin, la satisfaction d'enrichir son tombeau du trophée de ses vertus morales, forment sur son visage une expression compliquée très-intéressante; la balance de la Justice, le miroir de la Prudence, le lis de la Candeur, enlacés dans les branches du palmier, sont les matériaux du trophée. La Religion et l'Immortalité sont liées par la même médiation du Génie des sciences et des arts, dont ce prince faisait son amusement. Pénétré de la plus vive consternation, il essuie d'une main ses larmes, et de l'autre tient un compas pour mesurer le globe céleste qui lui sert de soutien.

» Au jugement de tous les connaisseurs, l'antiquité n'a rien de plus pur, de plus correct que la statue de l'*Hymen* : il est représenté sous la figure d'un jeune homme ailé ; sa douleur et son abattement sont de la plus grande vérité. Quelle délicate allégorie présente cette guirlande de fleurs entrelacées dans la chaîne que tient dans ses mains cet *enfant* assis aux pieds de l'Hymen ! Chaîne et guirlande, tout est brisé ; les chaînons et les roses effeuillées sont dispersées à l'entour, en désordre..... Des trophées abattus, parmi lesquels on remarque un carquois et des ruines d'architecture, servent de degrés au Temps pour s'appuyer sur le piédestal. Sa faux est dans ses bras. L'artiste n'a pas mis de férocité dans ses traits ; ce n'est point ce destructeur impitoyable qui frappe et renverse avec une joie cruelle. Ministre des décrets célestes, on reconnaît à sa tristesse mâle et sévère que l'obéissance seule les lui fait exécuter. Sa taille est d'une belle proportion, ses formes sont élégantes, ses chairs ont la fermeté de celles d'un bel homme. On remarque autour de l'Amour conjugal cinq brillantes étoiles : elles désignaient alors cinq rejetons précieux que le ciel conservait pour le bonheur de la France. »

« Un autre critique a dit que dans ce mausolée, on n'envisageait rien de sublime, très-peu d'unité et beaucoup d'images décousues et trop ressemblantes. On est tenté, continue-t-il, de regarder comme un pléonasme, la fleur appelée *immortelle* employée d'une part, et l'*Immortalité* ensuite personnifiée de l'autre. Mais la première désigne l'union immuable qui va régner désormais entre les deux époux, et la seconde est uniquement relative au souvenir durable de leurs vertus.

» Il s'ensuit au moins une stérilité d'invention dans l'artiste qui a confondu encore ces deux idées dans une troisième, car la couronne d'étoiles dont la *Religion* veut faire rayonner à jamais les deux urnes cinéraires, est encore une sorte d'*immortalité*, qui ne peut être que celle des bienheureux.

» Les airs de tête, l'expression de visage de ces personnages allégoriques offrent trop de ressemblance. La douleur est le sentiment dominant de la *Religion*, de l'*Immortalité* et du *Génie des arts* ; ce dernier doit avec raison témoigner l'affliction que lui fait éprouver la perte d'un élève et d'un protecteur; mais la *Religion* ne doit-elle pas plutôt se réjouir de voir dans le ciel deux héros chrétiens, dont le salut sur la terre était toujours en danger? et l'*Immortalité*, dont la figure annonce des regrets, ne semble-t-elle pas hésiter à couronner ces Princes, comme si des vertus et des forfaits en même temps les avaient illustrés, ce qui certes n'est pas à leur égard?

» On a trouvé les urnes trop mesquines et ne frappant pas assez par leur masse. Elles ne représentent qu'imparfaitement les augustes époux que doivent concerner toutes les parties de la composition.

» L'*Amour conjugal* dont l'artiste a fait un être distingué de l'*Hymen*, est une mauvaise allégorie qui ne fait qu'augmenter le galimatias de ce poëme froid et obscur, mélange bigarré du profane et du sacré, qui répugne à l'esprit et devrait être proscrit d'un temple religieux. *Coustou* s'imaginant sans doute distinguer l'Amour conjugal de l'*Amour* ordinaire, l'a fait grand, et lui a donné la forme d'un adolescent; cette idée recherchée déplaît encore à la plupart des spectateurs. On ne s'habitue point à voir l'*Amour* raisonnable.

» Enfin, quant à l'exécution du monument, continue le même critique, elle est grande, noble, savante, correcte et même hardie. Les figures de la *Religion* et de l'*Immortalité* sont habillées avec des draperies jetées avec grâce, à larges plis dont les contours moelleux marquent bien ceux du corps des deux divinités. La figure du Temps est imposante, dans une attitude vraiment pittoresque; elle a fourni à l'artiste l'occasion d'employer la vigueur et l'énergie de son ciseau. »

Bernardin-de-Saint-Pierre qui vit ce mausolée à Paris, en a porté un jugement bien différent. Selon lui, nos artistes s'écartent quelquefois de l'objet principal jusqu'à l'omettre tout à fait. C'est le reproche qu'il a fait à Coustou. « La première chose que je cherchai à y reconnaître fut la ressemblance du Dauphin et de la Dauphine, à la mémoire desquels le monument était élevé : il n'y en avait pas seulement les médaillons. On y voit le Temps avec sa faux, l'Hymen avec des urnes et toutes les idées rebattues de l'allégorie qui est souvent, pour le dire en passant, le génie de ceux qui n'en ont pas. Pour achever d'en éclaircir le sujet, il y a de longues inscriptions latines assez étrangères à la mémoire du grand prince qui en était l'objet.

Voilà, continue Bernardin-de-Saint-Pierre, un beau monument national! des inscriptions latines pour un peuple français; et des symboles païens pour une cathédrale. »

Les électeurs du département de l'Yonne, rassemblés, le 3 septembre 1792, dans la nef de cette église, pour nommer des députés à la Convention nationale, virent dans ce mausolée un monument du despotisme (1). Déjà, par l'ordre de quelques-uns d'eux le marteau était levé, mais par la vigoureuse et louable fermeté de feu M.ʳ *Ménestrier*, maire alors, ce chef-d'œuvre de l'art fut préservé de la destruction. C'est en octobre 1793, en vertu d'un décret qui supprimait tous les signes de la féodalité, que ce mausolée disparut de la cathédrale; on pénétra ensuite dans le caveau où reposaient les corps du Dauphin et de la Dauphine; on les transporta dans le cimetière public où ils furent inhumés suivant l'usage ordinaire; on en fit autant de ceux du maréchal du Muy et du cardinal de Luynes, que l'on retira également des caveaux qu'ils avaient dans la cathédrale.

---

(1) Nos neveux auront peine à croire les événements extraordinaires et tragiques dont cette ville fut témoin en peu de jours. Le cardinal de Loménie se présenta pour chanter, en faveur de cette réunion si libérale, une messe du Saint-Esprit, suivi d'un officier qui lui portait *la queue*. Le plus étonnant fut de voir le soir, le président de cette même assemblée, Lepelletier=Saint-Fargeau, ancien président à mortier, parcourant gaiement les rues, tandis qu'on y promenait la tête d'un citoyen, et non-seulement faisant flotter son bonnet rouge en l'air, mais encore en chantant, accompagné des plus forcenés partisans de l'anarchie:

Qu'un sang impur abreuve nos sillons.

CHAPITRE XXIII.

NOTICE

SUR LES DEUX GROSSES CLOCHES

DE LA

CATHÉDRALE DE SENS.

Dans une des deux tours de cette église, dite la *tour de pierre*, il y a deux cloches d'une grosseur prodigieuse, appelés vulgairement les *Bourdons*. Avant de parler de leur origine et de leur poids, nous commencerons par indiquer quelques autres cloches fameuses, afin de mettre nos lecteurs à même d'en faire la comparaison avec celles de Sens.

On regarde la cloche de Pékin comme la plus grosse cloche du monde entier; elle pèse, dit-on, de 120 à 125 milliers. Les Chinois l'ont sonnée, il y a quelques années, en réjouissance d'une victoire remportée sur les Tartares. Il y avait fort long-temps qu'on ne l'avait entendue, et on en raconte des effets bien extraordinaires. Il faut cent hommes pour la sonner; on est dans l'usage de prévenir le public quelques jours d'avance, car elle cause une secousse si violente, qu'elle casse les vitres et les porcelaines, fait tomber les cheminées, écrouler les murs, mourir les nouveaux-nés parmi les hommes et les animaux, et avorter les femmes grosses.

La cloche de Moscou pèse, dit-on, 70 milliers; elle a 22 pieds 14 pouces 4 lignes de diamètre. Elle est tombée en 1737, et, depuis ce temps, on ne l'a pas relevée.

Celle de Nankin pèse 50 milliers.

La plus grosse cloche connue, après les trois dont nous venons de parler, était celle de Rouen, appelée *Georges d'Amboise* : elle pesait, dit-on, 35 milliers, et avait 8 pieds 3 pouces 6 lignes de diamètre; elle fut cassée et fondue en 1793. Elle avait été fêlée en 1786, à l'arrivée du roi.

Celle de Paris, appelée *Emmanuelle*, pèse, dit-on, de 30 à 31 milliers; elle a 8 pieds 1 pouce de diamètre.

Celle d'Erfort en Allemagne a 7 pieds 10 pouces de diamètre, et pèse 28,563 livres; elle a 10 pouces d'épaisseur.

Celle de Reims a 7 pieds 8 pouces de diamètre, et pèse 24 milliers, suivant son inscription.

Celle de Tours, avait 7 pieds 7 pouces 3 lignes de diamètre, et pesait 25 milliers.

Les deux cloches de Sens ne sont pas moins remarquables par leur grosseur, leur poids, leurs belles proportions, et surtout leur accord merveilleux. La plus grosse, appelée *Savinienne*, est peut-être la plus parfaite qui ait jamais été fondue, pour l'exactitude des dimensions, la forme élégante et le son harmonieux. La seconde, appelée *Potentienne*, quoique fondue par le même artiste et à la même époque, a des proportions moins correctes et moins agréables, et qui ne sont pas en rapport avec celles de Savinienne. Cette dernière a de plus que Potentienne 5 pouces de hauteur et 10 pouces de plus dans son évasement ; mais la différence n'est pas la même pour l'épaisseur, elle n'est seulement que de deux lignes.

Comparaison de quelques dimensions de Georges-d'Amboise avec les deux grosses cloches de Sens.

GEORGES-D'AMBOISE.

Diamètre. . . . . 8 p. 3 pouc. 6 lign.
Circonférence (1). . . . . . 26 p. » 8 lign.
Épaisseur de la cloche . . . 8 pouc. 6 lign.
Hauteur intérieure, prise de
   la naissance de l'anneau

---

(1) La circonférence d'un cercle, suivant *Archimède*, contient en longueur supposée étendue en ligne droite, 3 diamètres, plus un septième de diamètre.

qui porte le battant jusqu'à
la base horisontale de la
cloche. . . . . 7 p. 8 pouc.
Circonférence du battant. . 3 p. 4 pouc. 6 lign.
Poids de la cloche. . . . . . 35 milliers.

SAVINIENNE.

Diamètre. . . . . 8 pieds.
Circonférence . . . . 25 p. 1 pouc. 8 l. 1/2
Épaisseur . . . . 6 pouc. 5 lign.
Hauteur intérieure. . . . . . 6 p. 1 pouc.
Circonférence du battant . . 3 p. 1 pouc.
Longueur du battant . . . . 6 p. 2 pouc.
Poids du battant . . . . 572 livres.

POTENTIENNE.

Diamètre. . . . . 7 p. 2 pouc.
Circonférence. . . . . 22 p. 6 pouc. 3 l. 1/2
Épaisseur. . . . . 6 pouc. 3 lign.
Hauteur intérieure . . . . . 5 p. 8 pouc.
Circonférence du battant. . 2 p. 10 pouc.
Longueur du battant . . . . 5 p. 4 pouc.
Poids du battant . . . . . . 477 livres.

On remarquera d'après ces calculs que Georges-d'Amboise avait en hauteur intérieure 19 pouces de plus que Savinienne; 3 pouces 6 lignes de plus dans son diamètre, et 2 pouces 6 lignes de plus en épaisseur. Sa hauteur était donc beaucoup trop forte pour son évasement, et son trop d'épaisseur faisait qu'elle rendait un son sourd et une espèce de bourdonnement qu'on n'aurait même pas entendu, dit *Pluche*, si l'on n'avait été averti que la cloche dût sonner.

Il est difficile d'annoncer d'une manière certaine le poids des bourdons de Sens. Les inscriptions qu'ils portent n'en font aucune mention, non plus que les mémoires du temps où ils ont été fondus. Si d'un côté nous comparons leurs dimensions à celles de plusieurs autres cloches, nous évaluerons Savinienne à 29 milliers, et Potentienne à 27, au plus; mais si, d'un autre côté, nous ajoutons foi à une tradition perpétuée de père en fils parmi nos sonneurs, la plus grosse pèse 32 milliers, et la moins grosse 28. Rien de plus incertain que les *échelles campanaires* adoptées par quelques fondeurs et publiées par quelques mathématiciens qui ont prétendu évaluer le poids d'une cloche d'après son diamètre. Ce problème ne peut facilement se résoudre, quelques fondeurs ayant suivi des règles particulières, et souvent varié les proportions selon leur caprice. D'après l'échelle de Pluche (insérée dans le tome 7 du *Spectacle de la nature*, Paris 1747, page 348), Savinienne devrait peser 35,600 livres, et Potentienne 33,900. Suivant Lalande (*Almanach des Physiciens pour l'an IX*, page

44), Savinienne pèserait 22,418 livres, et Potentienne 16,129 livres. Si l'on fait attention au rapport que les fondeurs ont toujours établi entre le poids d'une cloche et celui de son battant, on n'obtiendra pas un résultat plus satisfaisant. L'usage est de donner à une cloche de 500 livres un battant d'un peu moins de 25 livres; à une cloche de 1,000 livres un battant d'un peu moins de 50 livres, et un d'un peu plus de cinq cents livres à une cloche de vingt milliers. Or Savinienne, ayant un battant de 572 livres, devrait peser à peu près vingt-trois milliers. Mais toutes ces conséquences ne sont pas mieux fondées que celles que l'on s'aviserait encore de tirer du nombre de bras qu'il faut pour sonner les unes ou les autres. Ainsi l'on ne pourrait pas raisonnablement présumer que les deux cloches de Sens pèsent ensemble le tiers de celle de Pékin, parce qu'il faut cent hommes pour sonner cette dernière, qui pèse 125 milliers, et 32 hommes pour sonner Savinienne et Potentienne.

La sonnerie de Sens qui, depuis plusieurs siècles, passait pour la plus belle et la plus harmonieuse de toute la France, n'était pas moins célèbre par son antiquité. Qui n'a pas entendu parler de la fameuse cloche appelée *Marie*, laquelle un jour *sonna toute seule et d'elle-même*, si l'on en croit une tradition du pays sénonais? Voici l'événement qui a donné lieu à cette espèce de prodige que nos légendaires ont placé au nombre des miracles de saint Loup, évêque de Sens (1).

En 613, Clotaire II, roi de Soissons, voulant s'emparer des états de Thierry II, roi de Bourgogne, qui venait de décéder, envoya une armée pour attaquer Sens. Alors St Loup craignant pour son peuple les désordres qui suivent ordinairement la guerre civile, entra dans son église, et fit sonner la cloche dénommée Marie, pour appeler les fidèles qui vinrent se mettre en prières avec lui. Dieu les exauça ; les ennemis dont les oreilles n'étaient pas encore faites au bruit d'une cloche aussi grosse, furent saisis d'une terreur subite, et se retirèrent aussitôt (2). Mais quelque temps après, Clotaire s'étant rendu maître de Sens, fit enlever la cloche qui, peu de temps auparavant,

---

(1) Le titre d'*archevêque* ne fut donné que vers la fin du 7.e siècle aux prélats qui occupèrent le siége de Sens. *Géric*, qui vivait sous Clovis III, a été le premier décoré de ce titre.

(2) On fixe le premier usage des cloches en France, au commencement du 7.e siècle, et particulièrement dans la Bourgogne. Sous Charlemagne les cloches devinrent très-communes, mais on n'en faisait pas encore de bien grosses. Il n'est pas étonnant que les troupes de Clotaire, qui étaient composées de Normands et de Parisiens, aient pu être effrayées au point de fuir, en entendant un bruit inattendu et nouveau pour eux. On peut comparer l'épouvante que causa alors la cloche *Marie*, à celle qu'occasionna aux habitants du bourg de Gonesse, à 4 lieues de Paris, la chute d'un ballon, peu de temps après l'invention des machines aérostatiques.

avait épouvanté ses troupes, et la fit transporter dans son palais à Paris. La chronique rapporte qu'en sortant de Sens, la cloche perdit entièrement son son. Devenue alors inutile à Clotaire, ce prince la renvoya; mais une fois arrivée à Pont-sur-Yonne, elle recouvra son ancien son, et elle résonna plus harmonieusement que jamais. Le temps où l'on a écrit ce récit merveilleux est bien différent du siècle où nous vivons.

Cette cloche Marie, connue aussi sous le nom de *cloche de saint Loup*, a été refondue plusieurs fois depuis 613; elle l'a été pour la dernière fois en 1524, avec une autre cloche appelée Savinienne. Celle-ci aura sans doute été cassée et refondue en 1560, pour faire partie du bourdon qui porte son nom. Quant à la cloche Marie, elle a été fêlée en septembre 1792, en sonnant l'assemblée des électeurs qui se tint à Sens à cette époque. Elle a été depuis descendue et conduite à Paris, avec les sept autres cloches qui étaient dans la tour de plomb (1).

Les deux bourdons furent fondus, tous les deux, en 1560, l'année du décès de Jean Bertrandi, cardinal et archevêque de Sens.

---

(1) Quelques historiens ont cru que cette cloche, et les trois autres qui étaient dans le clocher en flèche au-dessus de la croisée de la cathédrale, étaient celles même dont l'archevêque *Sévin* fit présent à l'église de Sens. Mais Sévin étant mort en 999, il n'a pu donner la cloche *Marie* dont il a été question en 613.

Savinienne fut faite la première au mois d'août;
elle ne fut baptisée que le 17 octobre suivant, par
M.*r* de *Challemaison*, doyen de la cathédrale. Les
parrains furent MM.*rs* Christophe *d'Illiers*, grand
vicaire; Jean *Richer*, président du présidial; Robert *Hémard*, lieutenant criminel, et le savant
Claude *Gousté*, prévôt de Sens. Les marraines furent M.*me* *Lhuillier*, veuve d'Ambroise *L'huillier*,
lieutenant criminel, et M.*me* *Hodoard*, veuve de
Jacques *Hodoard*, avocat du roi. On lit sur cette
cloche l'inscription suivante, qui fera connaître le
nom de l'habile artiste qui l'a fondue, ainsi que
Potentienne. Les quatre vers latins ont été composés
par Guillaume *Fauvelet*, archidiacre de Melun et
chanoine de Sens.

Anno milleno quingento terque viceno,
Facta sonans Senonis Saviniana fui.
Obscuræ nubis tonitru ventosque repello;
Ploro defunctos, ad sacra quosque voco.
Archiepiscopatum Romæ tenente Pio quarto, regnante
Francisco secundo.

† *Gaspard* Mongin-Viard *m'a faicte.*

Un poëte contemporain a traduit de la manière
suivante le quatrain ci-dessus :

Je fus fondue à Sens, l'an mil cinq cent soixante;
Par mon son, et le nom du premier saint primat,
La tempête et les vents n'offensent ce climat.
Je semonde (*convoque*) à l'office, et les morts je lamente.

Le troisième vers annonce que dans ce siècle-là, comme de notre temps, on attribuait aux cloches la vertu d'écarter les orages.

Potentienne fut fondue en novembre 1560, et elle ne fut baptisée que le 3 janvier suivant, par le même *Chaltemaison*, doyen. Les parrains furent MM.rs *Roger de Lure*, bailli de Sens; Christophe *Ferrand*, lieutenant particulier, et Pierre *Guillaume*, receveur du domaine. Les marraines furent M.me *Cartault*, épouse de Nicolas *Cartault*, avocat, et MM.lles de *Beaumoulin* et *Lhuillier*.

On lit l'inscription suivante sur cette cloche :

Potentiana ego proxima Savinianæ comes, fusa mense novembris anno Christi 1560, Pio *quarto romano pontifice, regnante* Francisco *secundo, Joanne* Bertrando *romanæ ecclesiæ cardinali*, arch. Senon.

† *Gaspard* Mongin-Viard *m'a faicte.*

Nous croyons qu'il y avait, outre cette inscription, des vers sur cette cloche; car nous lisons dans un manuscrit que MM.rs du Chapitre, qui avaient fait seuls les frais de ces deux cloches, firent effacer des armoiries et des vers que le fondeur y avait mis sans leur permission.

On admire la solidité et la construction savante du beffroi où sont placés ces deux énormes bourdons. Le P. *Féri*, minime, membre de l'académie des sciences, fut appelé en 1760 par MM.^{rs} du Chapitre, pour perfectionner encore cette charpente, et pour mettre les deux cloches en état d'être sonnées avec plus de facilité; il a conduit cet ouvrage et dirigé toutes les réparations avec le plus grand succès.

(Tiré de *l'Almanach de Sens*, de l'an XIII.)

Le 14 mai 1837, jour de la Pentecôte, la cloche Savinienne a été fêlée au moment où l'on commençait à la sonner, pour annoncer la grande messe. On a attribué cet accident au relâchement ou allongement du baudrier qui supportait le battant, lequel au lieu de porter sur sa *frappe* ordinaire, a atteint le bord plus mince et inférieur de la cloche.

La fêlure que ce bourdon a éprouvée n'ayant eu lieu que très-près du bord, on espère, au moyen de quelque réparation, pouvoir encore l'utiliser et la conserver.

Le ton de Savinienne était un *la* bémol, et celui de Potentienne un *fa* dieze.

CHAPITRE XXIV.

FIN DES RECHERCHES
HISTORIQUES ET ANECDOTIQUES
SUR LA CATHÉDRALE DE SENS.

Dom Martène a dit que la cathédrale de Sens était grande et large, et pouvait passer pour une des plus belles du royaume. Ses deux tours de hauteur inégale, s'élèvent majestueusement au-dessus de tout l'édifice, et dominent la ville, la plaine et une grande partie de l'horison.

Mr Fenel, savant doyen de Sens, pensait que la cathédrale, telle qu'elle subsiste aujourd'hui, avait été terminée vers le milieu du 12.e siècle. Bien certainement cette église n'est pas la même que celle que l'archevêque Sévin avait consacrée en 997; car l'historien Clarius dit que le pape Alexandre III, qui habita cette ville du temps de Hugues de Toucy (vers 1160), consacra l'autel de Saint-Pierre *in ecclesiâ novâ*, dans l'église neuve. C'est donc sous Henri Sanglier et Hugues de Toucy que cet édifice fut conduit à sa perfection.

En l'examinant dans ses détails, on distingue des parties d'un goût bien plus ancien que dans d'autres. Si l'on compare le style de la construction de la chapelle de St Jean, avec plusieurs portions des bas-côtés où il n'y a pas de chapelles, on remarquera dans ces divers endroits de petites arcades en plein cintre, soutenues sur des colonnes, tandis que partout ailleurs, il y a des cintres en ogive. Que l'on considère donc avec attention cette même chapelle de Saint-Jean, les piliers de son sanctuaire, sa voûte en cul-de-four, signe de la plus haute antiquité, on se convaincra facilement que ce sont là les parties de ce vaste édifice qui datent de plus haut, et qui auront seules résisté aux ruines et aux incendies qui l'ont détérioré plusieurs fois. Les pleins cintres sont évidemment du 10.e siècle, et les monuments où l'on remarque des cintres en ogive sont bien postérieurs. La tour de plomb offre beaucoup de pleins cintres, tandis qu'il n'y en a pas à la tour de pierre, ce qui dénote bien que cette dernière est moins ancienne que l'autre.

Il faut convenir que si d'un côté l'on a des beautés de détail et de la hardiesse à admirer dans la construction des édifices gothiques, sous un autre rapport, on doit en blâmer le grotesque et la confusion des ornements trop multipliés. Ici, sous des chapiteaux de colonnes, se trouvent placés des mascarons ridicules; là, des figures de monstres ou des diables; plus loin, des têtes de Méduse ou de Gorgone, et autres figures hideuses capables d'effrayer les enfants et les esprits faibles. Quelquefois des saillies extraordinaires, des culs-de-lampe et des clefs pendantes, d'un volume énorme, surprennent au premier coup d'œil, mais des supports cachés en fer en diminuent tout le mérite.

PARVIS.

On donne ordinairement ce nom aux grandes places qui sont devant les cathédrales, et on le fait venir du mot *paradis*, parce qu'il était d'usage, aux portails des églises, de représenter les anges et les saints qui habitent la céleste demeure du Très-Haut. Sur le parvis de Saint-Étienne, il y avait anciennement une fontaine; ce qui avait lieu dans beaucoup d'autres villes. Dans quelques églises, ces fontaines étaient dans l'intérieur; à Sens, l'église paroissiale de Sainte-Colombe, dans la Grande-rue, en offrait un exemple. Les eaux en étaient bénites, et les premiers chrétiens, seulement avant d'entrer dans leurs temples, se lavaient les mains, le front et quelquefois la bouche, parce que c'était par-là que l'on recevait le corps de Notre-Seigneur. A ces fontaines ont ensuite succédé les bénitiers, d'abord placés au dehors et ensuite au dedans des églises; par la suite, on s'est contenté seulement d'y tremper le bout du doigt, et de s'en mouiller le front

Les anciens se contentaient de le faire *en entrant*, mais les bonnes gens de la campagne et même des villes, maintenant, en prennent aussi en sortant. C'est ici le cas de rappeler qu'à Sens, comme à Paris, autrefois les enfants de chœur ne prenaient jamais de l'eau bénite qu'en entrant, et jamais en sortant de l'église.

Au mois de juillet 1788, on a enlevé cinq grandes marches, par lesquelles on descendait de la place dans la cathédrale, tant par la porte principale que par les deux petites portes latérales. Depuis ce temps on entre dans cette église et l'on en sort de plain-pied, comme on avait toujours fait précédemment par les portes d'Abraham et de l'Archevêché; on a remarqué que ce n'est pas la place qui aurait été exhaussée anciennement, car on n'a pas trouvé, en la baissant, d'ornements cachés près des portes de l'église.

Le portail de Saint-Étienne est d'un goût fort ancien, et l'on y remarque un amas confus de pièces d'architecture et de figures assez bien travaillées pour le temps où elles ont été exécutées.

La façade est composée de trois portails, dont nous allons faire successivement la description.

PORTAIL PRINCIPAL.

Entre les deux battants de la porte, sur un pilier de pierres de taille, est placée la statue de saint

Étienne, patron de l'église et du diocèse de Sens. Le saint martyr tient un livre dans ses mains ; cette figure est la seule peut-être de tout cet édifice dont la tête n'ait pas été brisée dans les temps de la terreur ; et ce qui l'a fait respecter a été sans doute l'idée d'écrire en gros caractères : *Livre de la Loi*, sur le volume d'évangile placé dans ses mains.

Au-dessous du Saint, sont représentées la Religion et la Justice assises et foulant aux pieds deux monstres qui caractérisent les hérésies ; la Justice tient une épée. Le long du pilier à droite, sont des rinceaux ou pampres, chargés de raisins becquetés par des oiseaux ou cueillis par des hommes ; dans la partie inférieure, sont représentés un homme tenant une grappe et foulant la cuve, et une autre figure dont le sujet nous est inconnu. Le long du même pilier à gauche, sont des ornements de caprice, sans raisins ni oiseaux ; au bas, deux sujets inconnus.

A gauche et à droite de la grande porte, sont représentés les douze Apôtres, tenant chacun les livres de l'évangile qu'ils ont enseigné et pratiqué. Au-dessous des Apôtres, à droite, on voit une suite de 24 petits bas-reliefs dans lesquels sont figurés les divers travaux de la campagne des douze mois de l'année. Ce calendrier rural est curieux à voir. C'était alors la coutume de placer aux portails des églises les douze signes du Zodiaque conjointement avec les travaux agricoles des mois qui y correspondent. Voici le détail des douze bas-reliefs de la rangée supérieure :

1. Une figure inconnue portant un manteau.
2. Un homme couvert d'un manteau et se chauffant.
3. Un autre coupant du bois.
4. Un autre couvert d'un long manteau et paraissant semer.
5. Un autre à cheval ayant un bras levé.
6. Un homme fauchant.
7. Un autre portant des gerbes.
8. Un autre battant en grange.
9. Des vendangeurs.
10. Un homme entonnant du vin.
11. Un autre cueillant du gland.
12. Un homme à cheval sur un porc.

Les douze sujets de la rangée inférieure représentent :

1. Un homme tenant une espèce de raquette, et à cheval sur un poisson.
2. Une sirène tenant un poisson.
3. Un homme armé d'un glaive, et debout devant un enfant.
4. Un autre debout devant un enfant auquel il paraît pardonner.
5. Deux hommes se battant : l'un tient un bouclier, l'autre lève un bâton.

6. Deux hommes se battant à coups de poing.

7. Deux femmes se battant.

8. Deux hommes se battant.

9. Une femme assise sur un temple.

10. Un homme baptisant un personnage qui incline la tête.

11. Un homme debout, levant un glaive sur un autre personnage qui tient un bouclier.

12. Une femme assise, les bras étendus.

Au-dessous des Apôtres, à gauche de la porte, sont représentés sur deux lignes vingt-quatre autres sujets correspondants à ceux que nous venons de décrire. On y remarque des animaux inconnus et des figures emblématiques dont l'explication est très-difficile. Voici ce que les douze figures de la rangée du haut laissent à peu près deviner.

1. Une figure, les pieds en l'air, représentant la révolution de la terre.

2. Un éléphant portant l'Arche ou un édifice surmonté d'une rotonde.

3. Un oiseau ailé portant une crête de coq.

4. Un griffon à quatre pattes.

5. Un oiseau ressemblant à une cigogne, et portant un enfant.

6. Un chameau monté par un enfant.

7. Un homme embrassé par un ours.

8. Un lion tournant la tête, et paraissant tenir un objet dans sa gueule.

9. Un oiseau à long cou, sans crête, avec des pattes d'oie.

10. Un homme terrassant un quadrupède dont il ouvre la gueule. Il porte un manteau flottant, ainsi que ses cheveux.

11. Un animal debout, portant des cornes.

12. Un quadrupède (tout mutilé) avec une queue contournée.

Les douze sujets de la rangée inférieure représentent des rosaces et autres ornements insignifiants, dont nous ne pouvons définir l'usage.

Dans le tympan qui est au-dessus de la porte à deux battants, on a représenté l'histoire du martyre de saint Étienne, dont les diverses circonstances représentent autant de bas-reliefs.

Les contours de la voussure sont ornés d'une multitude d'anges, d'archanges, chérubins, séraphins, saints et saintes, bienheureux et autres esprits angéliques qui, tous ensemble, offrent l'image du Paradis. Ils contemplent une main sortant d'un nuage (au 2.ᵉ cintre); on la reconnaît pour la marque de la divinité; c'est de cette main toute-puissante de Dieu, figurée ici, qu'il est dit dans saint Jean, 10, 18; *Et non rapiet eos quisquam de manu meâ.*

De chaque côté de la porte principale, sont représentées, à droite, les cinq Vierges sages, tenant leurs lampes droites et allumées; et à gauche les cinq Vierges folles qui tiennent les leurs renversées.

Au-dessus de l'arcade en ogive de ce même portail, dans les angles, on remarque deux grands bas-reliefs de forme circulaire ; le premier représente une ville dont les portes sont ouvertes. Au-dessus est un homme qui a les bras étendus. On aperçoit à la porte de cette ville un ange qui sonne de la trompette pour appeler les fidèles dans cette cité sainte, la nouvelle Jérusalem.

Le second médaillon représente une ville fermée, au-dessus de laquelle est un homme triste et pleurant : *Eo quòd non sint qui veniant ad solemnitatem,* et plus haut un hibou, symbole de l'hérésie et des ténèbres de l'erreur.

Au-dessus de la première galerie de la façade et du cadran, on voyait anciennement la majesté divine, encensée par des anges en adoration ; ce qui semble annoncer aux chrétiens ce qu'ils devraient faire toujours.

Au-dessus de la porte principale, il y avait aussi autrefois une magnifique rose en vitraux peints, dans le genre de celles que l'on admire au-dessus des portes latérales de la croisée de l'église. Elle fut détruite entièrement par suite d'une décharge considérable d'artillerie qui eut lieu à Sens, ainsi qu'un feu de joie et autres réjouissances, pour la naissance du roi en 1638. (*Voyez ci-devant, page* 407.)

PETIT PORTAIL A DROITE,

DIT DE SAINTE-CROIX, SOUS LA TOUR DE PIERRE.

On y voyait autrefois à droite sept grandes statues d'Apôtres, qui ont été détruites et renversées par le vandalisme. Sur le bandeau qui est au-dessous, sont des figures d'un travail assez rare, représentant en relief quinze prophètes de l'ancien Testament. Au côté gauche du portail, il y avait aussi anciennement deux autres Apôtres, et au-dessous, l'on voit encore aujourd'hui les figures de sept autres prophètes d'une proportion beaucoup plus petite. Dans le tympan qui remplit le fond du cadre ogive, au-dessus de la porte, on a représenté le trépas de la sainte Vierge. (C'est de ce côté que l'on entrait pour aller à la chapelle de la Vierge.)

Au-dessus de ce portail, à droite, était placée la statue équestre de Ph. de Valois; on en remarque à peine quelques vestiges. Guillaume de Brocia, archevêque de Sens, avait fait élever ce monument en reconnaissance du jugement prononcé le 29 décembre 1335, par ce monarque, en faveur des droits et des immunités du clergé (Voy. au sujet de cette décision, rendue malgré les instances de P. de Cugnières, ci-devant page 432.) On lisait au-dessus ces deux vers :

Regnantis veri cupiens ego cultor haberi,
Juro rem Cleri libertatemque tueri.

Un ouvrier, chargé, en 1517, de repeindre cette statue, par un anachronisme choquant, plaça au cou de Philippe de Valois le cordon de Saint-Michel, qui ne fut institué que sous Louis XI, c'est-à-dire plus d'un siècle après. Quelques auteurs ont rapporté que plusieurs églises de France, à l'instar de celle de Sens, élevèrent un superbe monument à Philippe de Valois; c'est à tort. A Paris, c'est la statue de Philippe-le-Bel que l'on voyait dans la nef de Notre-Dame; le motif de cette érection était l'accomplissement d'un vœu que ce prince avait fait à la Vierge, avant la bataille qu'il gagna à Mons-en-Puelle, sur les Flamands rebelles, le 18 août 1304. A Chartres, le même prince avait établi une fondation pour le même sujet; mais la statue n'y fut jamais placée.

PETIT PORTAIL A GAUCHE,

SOUS LA TOUR DE PLOMB.

On a cru à tort que cette tour était le reste d'un temple de païens, à cause de quelques figures idolâtres que l'on a cru y remarquer au portail. Il est bien constant que cette église a été bâtie plusieurs fois depuis saint Savinien.

A droite de la porte, on voyait trois statues représentant Élie, Jérémie et saint Jean-Baptiste, et à gauche, trois autres : celles d'un roi et d'une reine, et celle de leur fille qui tenait une pierre dans sa main pour indiquer, disait-on, que c'était elle qui avait posé la première pierre de cet édifice. On a conjecturé que ces figures étaient celles de Clovis, de Clotilde et de Théodéchilde leur fille.

On regarde aussi cette dernière princesse comme fondatrice de l'abbaye de Saint-Pierre-le-Vif; et, suivant une autre tradition, la reine Clotilde était regardée comme fondatrice de la paroisse de Saint-Pierre-le-Donjon de cette ville, réunie, en 1750, à Saint-Hilaire, et démolie en 1776.

La fondation supposée de la cathédrale par Théodéchilde, morte vers l'an 563, tombe d'elle-même, lorsque l'on considère la forme et les ornements de ce portail dont la construction ne remonte pas au-delà du 12.e siècle Cette tour fut élevée par les ordres de Philippe-Auguste, après le funeste incendie de 1184. Il faut donc plutôt en conclure, pour cette raison, que l'on y plaça la représentation de ce roi et d'Isabelle de Hainault son épouse. Quant à la troisième figure qui tient en sa main la pierre angulaire, nous n'en pouvons dire le nom.

Les figures de Clovis, de son épouse et de sa fille, ne pouvaient donc être celles que l'on voyait à ce portail, avant qu'elles aient été renversées par la hache révolutionnaire; car Clovis est mort en 511, et l'église de Sens fut totalement détruite par un incendie en 970. (Voyez ci-devant, pag. 416.)

D'ailleurs, sainte Théodéchilde, qui a fondé Saint-Pierre-le-vif, n'était pas fille de Clovis, mais de Thierry I.er, roi d'Austrasie et fils de Clovis ; elle devint reine des Varnes. On la nomme en français *Théchilde*, *Théodéchilde* ou *Theudéchilde*, et en latin *Thechildis* ou *Theutechildis*; elle mourut en 563, et sa fête se célèbre le 26 juin. On ne doit pas non plus la confondre avec *Théodégilde*, seconde femme de *Caribert*, roi de Paris en 566. A Saint-Pierre-le-vif, on lisait autrefois cette épitaphe où on lui donnait à tort la qualité de fille de Clovis :

Hic jacet Sancta Theodechildis, Clodovei *primi francorum regis filia, cujus hortatu Benedictinum istud cœnobium à patre fundatur, et ejus basilica à christo domino mirabiliter consecratur anno* D. VII.

On a fait aussi cette épitaphe française sur la même fondatrice :

« Théodéchilde, reine, a fait bâtir ce lieu,
» Le dotant de grands biens pour des hommes de Dieu. »

Cette princesse avait été mariée à *Radiger*, roi des Varnes, peuples de la Frise et de la Batavie. Ce prince, pour l'épouser et pour s'appuyer de la protection de Thierry, son père, roi d'Austrasie, avait répudié sa première femme, fille du roi des Brittiens, peuple de la Grande-Bretagne. Cette dernière princesse, avec la protection du roi son père, arma une puissante flotte, descendit sur la côte des

Varnes, livra bataille, vainquit son mari et le fit son prisonnier. Ce dernier obtint son pardon, consentit à la reprendre et renvoya en France Théodéchilde qui passa le reste de ses jours en œuvres de charité et de piété. Elle vint à Sens, fonda le monastère de Saint-Pierre-le-vif où elle fut enterrée. Son corps fut trouvé en 1643.

Dans le tympan, au-dessus de cette porte, sont représentés divers traits de la vie de saint Jean-Baptiste. (C'est par cette porte que l'on entrait pour aller à la chapelle de Saint-Jean, dans cette même église.) Plus haut, l'on voit la représentation de la résurrection de Jésus-Christ. Tout dans le bas, à droite, un bas-relief représente la *Libéralité*, ouvrant ses trésors; on lit au-dessus en caractères gothiques : *Largitas*. A gauche, on voit la figure de l'*Avarice*, pleurant, et assise sur son coffre, se déchirant le visage et s'arrachant les cheveux. Au-dessus, on lit : *Avaritia*.

PORTES LATÉRALES.

Celle qui est au nord, dite d'*Abraham*, fut construite sous Louis de Melun qui fit mettre ses armoiries. On voyait à l'extérieur et au milieu la statue du saint patriarche dont elle porte le nom; et dans les côtés les figures de plusieurs rois de l'ancien testament; on lisait leurs noms gravés au bas, tels que David, Salomon, etc. Il y avait à gauche, une petite figure de vierge pour laquelle les mariniers avaient une grande vénération et qu'ils décoraient de fleurs, dans de certaines circonstances. Cette figure, ainsi que toutes les autres qui décoraient ce portail, a été détruite ou mutilée par les iconoclastes révolutionnaires. Au-dessus de cette porte, il y a une très-belle rose en vitraux, dont nous avons parlé. (Voy. ci-devant, pag. 422.) Dans un des panneaux, du côté de la chapelle de Saint-Jean, on remarque un roi renversé et précipité du haut d'un édifice; la couronne tombe au-dessous de sa tête : c'est sans doute Ochosias.

La porte latérale, du côté de l'archevêché, a été construite du temps de l'archevêque *de Sallazar*; nous en avons aussi parlé ainsi que de la belle rose en vitraux qui est au-dessus. (Voy. pag. 422.)

TOUR DE PLOMB.

On appelle ainsi l'une des tours de la cathédrale, à cause des lames de plomb dont elle est couverte. On la nommait aussi la vieille tour, ou tour de St-Michel, parce qu'il y avait anciennement une chapelle consacrée à ce saint archange. Elle fut supprimée et détruite en 1770, et on y plaça les archives du Chapitre que l'on voulait mettre à l'abri de l'humidité et des incendies. La dépense de cette translation a coûté 3,000 liv.

Cette tour a précédé de plusieurs siècles la *tour*

de pierre. Dans cette dernière, en 1222, Philippe de Mantes, doyen de la cathédrale, fonda la chapelle de Saint-Vincent, et l'acte de fondation porte que cette chapelle fut érigée dans la *tour neuve*, donc la tour de plomb était bien plus ancienne. Celle-ci a été bâtie du produit de la vente d'un rétable de vermeil que l'archevêque Sévin avait donné en 978 à son église, pour en décorer le maître-autel. En 989 environ, le même prélat fit présent d'un autre rétable bien plus précieux; celui-ci tout en or, avait été conservé jusqu'en 1760; mais il fut alors porté à la Monnaie pour les besoins de l'Etat. Le Chapitre de Sens en toucha la valeur en une somme de 40,000 fr. qui fut convertie en une rente de 2,400 fr. que le trésorier touchait tous les ans, et qui cessa d'être payée lors de la suppression du Chapitre en 1790.

Cette tour fut bâtie en grande partie par les libéralités de Philippe-Auguste. Elle devait être terminée en pierre, mais elle ne put l'être à cause des guerres; on fut obligé de la couvrir de lames de plomb.

TOUR DE PIERRE.

Cette tour était autrefois couverte en plomb comme l'autre, parce que, par les mêmes motifs, on n'avait pu la terminer. Ce n'a été que sous Tristan de Sallazar que l'on a pu l'élever jusqu'à la lanterne. On l'appela longtemps *la tour neuve* et ensuite *tour de Saint-Vincent*, à cause d'une chapelle de ce nom qui y avait été fondée, au-dessous de la sonnerie des bourdons. La figure colossale de ce saint était placée à l'extérieur, en face du midi, dans une grande niche.

La cathédrale de Sens, et notamment ses tours, paraissent avoir été construites avec des pierres provenant des carrières de Tonnerre ou des environs; cependant celles de la lanterne sont d'un grain beaucoup plus tendre que celles du reste de l'édifice; car, quoique plus modernes, les marches de l'escalier en sont bien plus usées. Une remarque bien singulière, c'est qu'à l'une des marches les plus élevées de l'escalier conduisant à l'horloge, il y a un fer à cheval sculpté; et que cette même empreinte se trouve sur la plupart des pierres qui ont servi à la construction du pont du Gard, et du cirque des Arènes à Nîmes. Nous ne pouvons expliquer si cette marque a quelque rapport avec la carrière d'où les pierres proviennent, ou bien à l'ouvrier qui les aura taillées ou employées.

SUR LE CLOITRE ET L'ARCHEVÊCHÉ.

L'archevêché était primitivement placé dans le cloître, à gauche à côté de la cathédrale. Les chanoines y ont été cloîtrés en commun jusqu'à Jérémie; (cet archevêque est mort en 828.) Alors, le

Chapitre de Sens commença à se relâcher de cette belle discipline qui régnait depuis longtemps entre l'archevêque et les chanoines. Le prélat les conduisait comme un abbé commande à ses religieux, et les chanoines lui obéissaient, même pour la nourriture et le vêtement.

Le cloître fut entièrement brûlé en 968 ; ce qui obligea Archambault, qui demeurait précédemment avec ses chanoines, à se retirer à Saint-Pierre-le-vif. Daïmbert, vers l'an 1108, obtint du roi Philippe I.er qui était alors à Sens, que le cloître fût fermé de murailles. D'autres disent que ce fut sur la demande d'*Etienne*, prévôt de la cathédrale, que cette grâce du roi fut accordée.

En 1454, sentence fut rendue portant qu'en cas de guerre, le Chapitre ne pourrait fermer ses portes la nuit (car le cloître était alors environné de cinq portes, et dans tout cet enclos l'on comptait environ 30 maisons canoniales) ; et que s'il arrivait un accident de nuit, dans tout autre temps où elles ne seraient pas ouvertes, les portiers seraient tenus de les ouvrir, d'après les ordres du gouverneur de la ville ou du procureur du roi.

Il y avait à Sens, au centre du Cloître, comme dans beaucoup d'autres villes, une petite place appelée Préau (*pratellum*), au milieu de laquelle était un puits, pour l'usage de la vie commune. Autrefois le célébrant allait tous les dimanches le bénir à la procession. Ce puits qui a été détruit en 1788, pour réparer celui de la place Saint-Étienne, passait pour un chef-d'œuvre d'architecture ; il avait été construit l'an 1534, sur les dessins de Godinet, fameux architecte de Troyes, et des deniers d'une croisade qui n'eut pas lieu. Deux chanoines de Sens, Nicolas Fritard et Nicolas Richer, son oncle, présidèrent à cette construction. Ce puits était couronné d'un dôme très-élégant, en forme de lanterne, enrichi de bas-reliefs, taillé à jour, d'une délicatesse et d'une légèreté singulières, et supporté sur trois colonnes entre lesquelles étaient 3 pendentifs ou commencements d'autres colonnes. L'eau en était très-saine, et l'on avait placé dans le haut, au-dessous d'une frise circulaire, cette inscription (avec la date de 1534) :

O vos qui non habetis argentum, bibite aquam cum lœtitiâ.

Ces mots sont tirés en partie d'Isaïe, 55, 1, où on lit : *Omnes sitientes, venite ad aquas, et qui non habetis argentum,....* Près de ce puits, il y avait une petite promenade plantée anciennement en sycomores, et vers les derniers temps, en tilleuls.

Il y avait aussi autrefois, au milieu du cloître, une petite chapelle sous l'invocation de Saint-Cyr (enfant de 3 ans, martyrisé avec Sainte-Julitte sa mère, à Tharse en Cilicie.) Cette chapelle fut bâtie, dit-on, par Richer, archevêque, mort en 1096, pour l'usage de 4 chanoines infirmes, chargés de la desservir ou faire desservir. Dès 1745, on cessa de faire l'office dans cette chapelle; et on commença à le célébrer d'abord dans la chapelle de Saint-Savinien, derrière le chœur de Saint-Étienne, et par la suite dans le chœur même. La fête se célébrait le 16 juin. Pour aller à cette chapelle, la procession sortait de l'église par une porte dite de Saint-Denis, placée où est la chapelle du sépulcre; près de cette porte était anciennement le palais de l'archevêque; une petite rue conduisait à la chapelle de Saint-Cyr. Il ne reste plus aujourd'hui aucun vestige ni de cette ancienne chapelle, ni de ce palais épiscopal, ni de cette petite rue (1).

En 1731, M.r Languet publia un nouveau catéchisme que les religieuses Ursulines, et plusieurs curés de cette ville, s'obstinèrent à ne pas vouloir enseigner. Ce prélat les fit interdire en 1735, et fit ouvrir dans cette même chapelle de Saint-Cyr, une classe, pour y faire enseigner à ses frais les jeunes filles; deux sœurs y faisaient l'instruction. Mais après la mort de M.r Languet, cette école fut entièrement supprimée, en 1754.

---

(1) La chapelle de Saint-Cyr était placée dans la maison où demeure aujourd'hui M.r *Dallemagne*; la porte de l'église dite de Saint-Denis, condamnée entièrement aujourd'hui, se voit dans la maison de M.r *Hédiard*, docteur.

Nous avons vu plus haut qu'après l'incendie du cloître en 968, Archambauld était allé habiter Saint-Pierre-le-vif. Sévin, l'un de ses successeurs, voulant demeurer près de son église, jeta les fondements du palais épiscopal, dans l'emplacement où nous le voyons aujourd'hui. Cet édifice fut détruit et remplacé par un autre que Gauthier Cornut fit bâtir en 1231, près de la place Saint-Etienne. (C'est dans l'endroit où siégeaient autrefois les tribunaux.) Ce prélat fit construire ce palais avec une grande solidité et avec de belles pierres de taille, *ex lapidibus quadratis*, ce qui fut vu alors avec admiration, car ces matériaux étaient rares dans le pays. Un de nos annalistes, Geoffroy de Collon, a dit de lui, qu'il fit faire aussi des prisons près de son palais : *Iste Galterus fecit Senonis palatium novum, cum carceribus in curiâ archiepiscopali.*

Mais en 1267, la chute imprévue de la tour de pierre, ruina la plus grande partie du palais des archevêques; *Pierre de Charny*, sous le règne duquel arriva ce désastre, s'appliqua à le réparer. Cet archevêque fit placer dans le haut (au-dessus du marché au poisson), cinq grandes statues colossales, aujourd'hui mutilées. Celle du milieu représentait Saint-Etienne ; à sa droite et à sa gauche étaient Saint-Savinien et Saint-Potentien. Du côté de la cathédrale était *Pierre de Charny*, ayant les mains jointes et implorant ces trois Saints. Enfin, du côté de la Grande-rue, était la figure du roi Louis IX à genoux. Ce prince à cette époque n'avait pas encore été canonisé; il ne le fut qu'en 1297.

Guillaume II de Melun ajouta quelques édifices à l'archevêché, et obtint du roi Jean, en 1356, une juridiction entière pour toute l'enceinte de son palais. Les prisons et les cachots qui en dépendaient alors faisaient horreur. Autrefois, la juridiction des évêques et des ecclésiastiques était très-étendue. On cite le trait d'Odon, abbé de Sainte-Géneviève, qui permit qu'une fille serve de sa terre, épousât un compagnon de l'abbaye de Saint-Germain-des-prés, à condition que l'abbé de Saint-Germain lui donnerait une autre fille serve en échange.

Gonthier de Bagneaux, prélat d'un grand mérite, n'occupa que peu de temps le siége de Sens. Il était d'une humeur sauvage et vivait fort retiré dans son palais, *sicut nycticorax in domicilio*. Il avait adopté pour emblème un hibou avec cette devise : *Habitat mens cauta recessus*. Sur la petite tourelle au nord de ce palais, près de la tour de pierre, on avait représenté, dans le haut, ce même hibou accompagné d'une petite figure qui avait l'air de s'enfuir.

En 1521, Etienne Poncher fit construire le bâtiment de l'archevêché qui longe la Grande-rue. Dans une frise circulaire, placée sous l'entablement d'une petite tourelle, où était un escalier à côté du logement du concierge, on lisait en grosses lettres frisées, hautes d'environ deux pieds, ces mots : *Costruxit : R : D : Ste : de Ponchier : Ar : Sen : Anno : Dni : M : D : XXI.*

En 1557, Louis de Bourbon fit bâtir la partie qui regarde le jardin, sauf le grand escalier que le cardinal Duperron fit faire en 1612.

Mr de Gondrin fit construire le petit corps de logis qui est sur la Grande-rue, le long du jardin, et où il plaça sa bibliothèque ; et, vis-à-vis, la chapelle dite de l'Ordination, au-dessus de la grande sacristie. (1).

En 1677, Mr de Montpézat fit agrandir le jardin comme il est, en achetant des maisons et une partie de la rue dite *du Pied-fort* et appelée depuis de son nom *rue de Montpézat*. On a débité à tort que cette rue n'existait pas anciennement, que ce prélat l'avait fait percer pour séparer son jardin de celui des Jésuites qui occupaient alors le collège

---

(1) Entre la grande sacristie de la cathédrale et le grand escalier de l'archevêché, il y avait anciennement une chapelle dite de Saint-Laurent, où Richer, archevêque de Sens, fut inhumé en 1096. Cette chapelle érigée depuis en Chapitre, fut transférée par la suite dans la partie de l'archevêché où étaient autrefois les tribunaux, et où existait l'Officialité avant la révolution. Le terrain où était anciennement la chapelle de Saint-Laurent, n'était sans doute pas compris, du temps de Richer, dans l'enceinte du palais de l'archevêque.

de cette ville ; et le motif que l'on en donnait était qu'il avait eu à se plaindre de leur indiscrétion, parce qu'ils avaient rapporté et mal interprété une conversation que la proximité et le voisinage leur avait permis d'entendre.

De son temps (en 1683), le roi coucha dans l'archevêché. Le lendemain de son départ, le feu prit dans les écuries. Sa majesté donna à ce prélat 10,000 liv. pour relever ce bâtiment qui précédemment était de bois. Il fut rebâti en pierres et en briques, avec un fronton du côté de la cour (c'est la partie où sont les remises).

Au bas de la partie de ce palais, occupée aujourd'hui par les corps de garde, il y avait déjà dès 1266, des petites maisons adossées ; elles furent achetées par Mr de Luynes et détruites entièrement en 1787. En 1802, Mr Gavo, maire alors, fit construire, dans l'emplacement où étaient autrefois ces mêmes maisons, une halle au poisson, aux deux extrémités de laquelle se trouvent aujourd'hui ces corps de garde.

(Tiré de l'Almanach de 1820.)

SUPPLÉMENT *contenant l'indication de quelques Tableaux et autres objets d'art, remarquables dans la Cathédrale de Sens.*

Dans la chapelle de Saint-Eutrope et dans celle de N.-D. de Lorette, sont des vitraux fort admirés des connaisseurs; ils ont été peints par le célèbre Jean *Cousin*. Les premiers représentent, ainsi qu'on lit dans le bas de chacun des panneaux, des traits de la vie de saint Eutrope. Ceux de l'autre chapelle font voir la sibylle qui explique à l'empereur Auguste une vision qu'il eut au sujet de la naissance de J.-C. On lit au bas cette réponse de la sibylle : *Hic te majorem ipsum adora*.

Dans la chapelle de Saint-Germain est un bas-relief en marbre, par *Gois*, représentant le trait de Saint-Nicolas qui donne à un vieillard une somme d'argent pour marier ses filles. Le tableau placé sur l'autel, représentant saint Germain, est de *Parrocel*.

Dans la chapelle de Saint-Thomas de Cantorbéry, est un excellent tableau de *Bounieu*, où cet artiste a représenté une entrevue de cet archevêque avec le pape Alexandre III, en présence de Hugues de Toucy, prélat de l'église de Sens. Thomas Becquet, pour se soustraire aux persécutions de Henri II, roi d'Angleterre ; et le saint Père, pour éviter celles de l'empereur Frédéric Barberousse, s'étaient réfugiés tous deux dans cette ville, en 1163. Le tableau représente le trait suivant :

« Saint Thomas, ayant rendu compte au Pape des contrariétés qu'il éprouvait pour soutenir les intérêts de l'Église, tira de son doigt son *anneau pastoral*, et le remit au S.ᵗ Père, en le priant de vouloir bien recevoir sa démission, se déclarant indigne d'un poste si éminent ; mais le Pape replaça lui-même l'anneau au doigt du prélat et l'exhorta à continuer de combattre avec le même courage pour les droits du Seigneur. »

Dans la chapelle de la Vierge, est un grand tableau de *Restout* ; et dans la même chapelle, on conserve une Vierge sculptée en pierre, qui, comme objet d'art, n'a d'autre mérite que son antiquité. Elle y fut placée en 1334, aux frais d'un chanoine de Sens.

Dans une niche, au-dessus de l'autel de cette même chapelle, on remarque une belle Vierge en marbre blanc, tenant dans ses bras l'Enfant Jésus. Elle est due au ciseau de *Lorta*, élève de *Bridan*.

Dans la chapelle de Saint-Savinien, est représenté en stuc le martyre de cet apôtre, premier évêque du pays sénonais. Les figures et les draperies, estimées des connaisseurs, ont été exécutées en 1773.

Dans la salle du Chapitre, on voit un beau Christ, peint par *Lebarbier* ; les portraits de 13 archevêques de Sens ; ceux du Dauphin et de la Dauphine, dont cette église possède les précieux restes et le mausolée ; ceux de feu Louis XVIII, leur auguste fils, et de feu Marie-Joséphine-Louise de Savoie, son épouse ; enfin, celui de M.ᵣ le maréchal du Muy, menin de monseigneur le Dauphin, et enterré à ses pieds à l'entrée du chœur.

Au-dessus de l'autel où *St-Louis* fut marié le 27 mai 1234, avec Marg. de Provence, à gauche de la principale entrée du chœur, cette cérémonie est représentée en un bas-relief estimé des connaisseurs. De l'autre côté de la grille du chœur, au-dessus de l'autel dédié à saint Martin, le même artiste a rendu, dans un autre bas-relief, le trait de ce saint archevêque de Tours, qui se dépouilla charitablement de son manteau pour en couvrir un indigent.

Le chœur de cette église, en 1826, a été décoré, du côté droit, d'un grand tableau représentant *Saint-Louis* portant la Sainte-Couronne d'épines, accompagné de l'aîné de ses frères, Robert, comte d'Artois. Cette précieuse relique étant arrivée à Sens, ces deux princes, nu-pieds et en chemise, la prirent sur leurs épaules, et la portèrent ainsi à l'église métropolitaine de Saint-Étienne, au milieu du clergé qui vint au devant en procession. Ce tableau, de la composition de Mr *Gaillot*, a fait partie des expositions du salon de peinture, en 1824. En 1831, un autre peintre, Mr *Thomas*, a exposé un tableau représentant le même sujet, et destiné à l'église de Saint-Louis d'Antin, à Paris.

En face du tableau de Saint-Louis, celui qui représente Jésus-Christ guérissant un paralytique, est de la composition de Mr *Chabord*.

FIN.

TABLE
DES CHAPITRES.

Pages.

CHAPITRE PREMIER. Origine et fondation de la ville de Sens. — Recherches sur les Gaulois-Sénonais, et sur l'ancien *Agendicum*. 1

CHAPITRE II. Temps fabuleux et incertains. . 14

CHAPITRE III. Expéditions de *Sigovèse* et de *Bellovèse*, et des deux *Brennus*. 17

CHAPITRE IV. Conquête des Gaules par Jules César. 27

CHAPITRE V. *Accon* et *Drapès*, chefs des Gaulois-Sénonais. 34

CHAPITRE VI. Sur les anciens Rois de la ville de Sens. 41

CHAPITRE VII. Histoire militaire des Gaulois-Sénonais, commandés par les deux *Brennus*. 43

Pages.

Chapitre VIII. Suite de l'histoire militaire des Sénonais; conquêtes de Jules *César*. . 65

Chapitre IX. Suite de l'histoire militaire des Sénonais. — Siége de la ville de Sens défendue par l'empereur *Julien* dit l'Apostat. 71

Chapitre X. Suite de l'histoire militaire des Sénonais. — Bataille de Dormelles, sous Clotaire II, en 600. — Siége de Sens, en 615. — Autre siége, en 731. 79

Chapitre XI. Fin de l'histoire militaire des Sénonais. — Siége de Sens par les Normands, vers l'an 886. 86

Chapitre XII. Description topographique, historique et anecdotique de la ville et des faubourgs.

   Territoire de Sens. 89

   Sens *intrà muros*. 98

   Rues de la ville, au nombre de 45, par ordre alphabétique. 99

   Anecdote du jeu de Tacquemain. . . . 147

   Observations critiques sur la même anecdote. 155

DES CHAPITRES. 517

Pages.

CHAPITRE XIII. Places publiques, Marchés
et Halles.

 Place Saint-Étienne. 182
 Anecdote du vol de la coupe de Saint-
  Étienne, par Jean *Pagnard*, en 1541. 185
 Critique de la relation précédente. . . . 188
 Place du Samedi. 208
 Place Drapès. 211

CHAPITRE XIV. Sens *extrà muros*. 220
 Faubourg Saint-Savinien. 221
 Coquesalles. 244
 Faubourg Saint-Antoine. 247
 Couvent des Ursulines. 251
 Faubourg Saint-Didier. 255
 Faubourg d'Yonne. 258
 Faubourg Saint-Pregts. 265

CHAPITRE XIV. *(Suite.)* Recherches curieuses
et anecdotiques sur plusieurs monuments
religieux.

 La chapelle Saint-Bond. 271
 Les Vaumartoises. 276
 La croix de Saint-Médard. 277

	Pages.
La Croix des Brûlés.	279
Les Tombelles de S.t-Martin-du-tertre.	280
L'Église de Saint-Martin-du-tertre.	284
Sainte-Colombe-lez-Sens.	289
Noslon ou Noolon.	299
La Fontaine d'Azon.	305
Le Popelin, ancienne Léproserie ou Maladrerie.	312
La Maison des Pestiférés, la Chapelle de Saint-Thibault.	320
La Chapelle de Sainte-Béate.	324
La Chapelle de S.t-Sauveur-des-vignes.	328
La Chapelle de Saint-Agnan.	332
CHAPITRE XV. La Motte du Ciar.	333
CHAPITRE XVI. Massolac, ancien palais des Rois de France.	343
CHAPITRE XVII. Theil, ancien palais des Rois de France.	347
CHAPITRE XVIII. Recherches sur les murailles de la ville de Sens, et sur les sept promenades.	350
1.° Le Mail.	353

	Pages.
2.º L'Esplanade.	357
3.º Promenade Saint-Didier.	368
4.º Le Clos-le-Roi.	373
5.º La promenade de Saint-Remy.	376
6.º La promenade de Saint-Hilaire, ou cours Bourrienne.	380
7.º Le Jeu de paume.	383
CHAPITRE XIX. Suite des recherches sur les murailles de la ville, sur les 9 portes de ville, et les tours ou tourelles.	386
1.º Porte Notre-Dame.	394
2.º Porte de Saint-Antoine.	395
3.º Porte de Saint-Didier.	395
4.º Porte de Saint-Remy.	396
5.º Porte de Saint-Hilaire.	396
6.º Porte d'Yonne.	396
7.º Porte Dauphine.	400
8.º Porte Formeau.	403
9.º Porte de l'Esplanade.	407

	Pages.
Chapitre XX. Description historique de la Cathédrale de Sens.	408
Dimensions comparées de la cathédrale de Sens, avec d'autres églises.	427
Catalogue ou liste chronologique des Archevêques de Sens.	428
Chapitre XXI. Suite de la même description	432
Liste chronologique des Conciles de Sens.	443
Chapitre XXII. Description des Mausolées de la cathédrale de Sens.	450
Mausolée de Duprat.	450
Mausolée du Dauphin et de la Dauphine.	460
Chapitre XXIII. Notice sur les deux grosses cloches de la Cathédrale.	479
Comparaison de quelques dimensions de Georges-d'Amboise avec les deux grosses cloches de Sens.	481
Chapitre XXIV et dernier. Fin des recherches historiques et anecdotiques sur la cathédrale de Sens.	490
Le Parvis.	492
Le Portail principal.	493

Le petit Portail à droite, dit de Sainte-
   Croix, sous la Tour de pierre. 499
Le petit Portail à gauche, sous la Tour
   de plomb. 500
Les portes latérales. 503
La Tour de plomb. 504
La Tour de pierre. 505
Sur le Cloître et l'Archevêché. 506
Supplément contenant l'indication de
   quelques Tableaux et autres objets
   d'art, remarquables dans la Cathé-
   drale de Sens. 513

Fin de la Table des Chapitres.

www.ingramcontent.com/pod-product-compliance
Lightning Source LLC
Chambersburg PA
CBHW051401230426
43669CB00011B/1729